普通高等教育“十三五”规划教材
全国高等医药院校规划教材

医药市场营销学

（第2版）

罗 臻 刘永忠 主编

清華大學出版社
北 京

内 容 简 介

本教材以医药市场营销活动及其规律为重点，以医药产品营销战略和策略为主线，全面系统地阐述了医药市场营销学理论知识体系，反映了医药市场营销学领域的新理论、新知识、新进展和新需求。本教材共分17章，42.9万字。

本教材可供全国高等院校药学类专业学生学习和使用，也可作为相关医药工作人员从事教学、研究及经营管理等工作的参考用书。

图书在版编目（CIP）数据

医药市场营销学/罗臻，刘永忠主编．—2版．—北京：清华大学出版社，2018（2023.8重印）
（普通高等教育“十三五”规划教材　全国高等医药院校规划教材）
ISBN 978-7-302-49702-8

Ⅰ．①医…　Ⅱ．①罗…　②刘…　Ⅲ．①药品－市场营销学－医学院校－教材　Ⅳ．①F724.73

中国版本图书馆CIP数据核字(2018)第035656号

责任编辑：罗　健
封面设计：戴国印
责任校对：赵丽敏
责任印制：杨　艳

出版发行：清华大学出版社
网　　址：http://www.tup.com.cn，http://www.wqbook.com
地　　址：北京清华大学学研大厦A座　　**邮　　编**：100084
社 总 机：010-83470000　　**邮　　购**：010-62786544
投稿与读者服务：010-62776969，c-service@tup.tsinghua.edu.cn
质 量 反 馈：010-62772015，zhiliang@tup.tsinghua.edu.cn
印 装 者：三河市铭诚印务有限公司
经　　销：全国新华书店
开　　本：185mm×260mm　　**印　　张**：16　　**字　　数**：429千字
版　　次：2013年6月第1版　2018年9月第2版　　**印　　次**：2023年8月第6次印刷
定　　价：49.80元

产品编号：075948-01

《医药市场营销学》编委会名单

主　编　罗　臻　刘永忠

副主编　刘桂林　张立明　袁　虹

编　者　（按姓氏拼音顺序）

李　靖　甘肃中医药大学

李　乐　石河子大学

李　岩　新疆医科大学

刘桂林　温州医科大学

刘永忠　江西中医药大学

罗　臻　兰州大学

曲伟红　九江学院

任　玙　广东医科大学

王　玲　新疆医科大学

王利彦　青海大学

尹小悦　赣南医学院

袁　虹　江西中医药大学

于美玲　宁夏医科大学

张　雷　南昌大学

张　珉　江西中医药大学

张军民　兰州大学

张立明　宁夏医科大学

张文君　哈尔滨商业大学

前言

PREFACE

医药市场营销学是市场营销学的一个分支，它是在市场营销理论指导下，总结医药市场营销活动的特点和规律，进一步指导医药市场营销实践活动的学科。由于医药产品在质量、政策、监管等方面的特殊性，医药市场营销既遵循普通商品市场营销的一般规律，又有医药产品营销的特殊性。医药市场营销学课程的根本任务是让学生掌握从事医药营销工作所必需的基本知识、基本理论和基本技能；使学生掌握医药市场营销学理论体系，熟悉医药市场营销活动的基本规律，了解医药市场营销活动的基本程序；让学生能综合运用医药市场营销学理论，指导医药营销实践。

《医药市场营销学》（第2版）共17章，主要内容分为四部分：第一部分为医药市场分析，包括医药营销环境、医药消费者市场购买行为、医药组织市场购买行为、医药市场调研与预测、医药市场竞争战略的分析；第二部分为医药营销战略，包括医药市场细分、医药目标市场选择、医药产品市场定位；第三部分为医药营销策略，包括医药产品、品牌、价格、渠道、促销等营销策略；第四部分为医药网络营销策略、中药材和中药饮片营销策略、医药物流管理、药店营销、医药国际市场营销。

本教材具有“新、专、实、精”的特点：“新”指本教材体现了市场营销学领域的新理论、新知识、新进展和新需求，如新增加了医药网络营销策略、中药材和中药饮片营销策略和新政策对医药市场营销的影响等内容；“专”指本教材体现了密切结合医药产品营销的特点，专业性、政策性非常突出；“实”指本教材体现了贴近教学、贴近学生、贴近实践的特色，理论性、实践性非常突出，如每章后面都安排了“案例学习”，帮助学生理解理论，了解医药营销实践活动；“精”指本教材内容力求精练、精简。

本教材可供全国高等院校药学类专业学生学习和使用，也可作为相关医药工作人员从事教学、研究及经营管理等工作的参考用书。

经过全体编委的辛勤努力和协作，终于圆满完成了本教材编写与审定任务。在此，向所有参编院校的老师表示衷心的感谢！

不妥之处，恳请广大师生和读者指正。

罗　臻　刘永忠

2018年1月

前言

目　录

CONTENTS

第1章　绪论 …… 1

第1节　市场营销学概述 …… 1

一、市场的概念和类型 …… 1

二、市场营销的概念 …… 3

三、市场营销学的研究内容和方法 …… 4

第2节　市场营销学的演变与发展 …… 5

一、市场营销学的产生与发展 …… 5

二、市场营销观念的演变 …… 8

三、市场营销学的新进展 …… 9

第3节　医药市场营销学概述 …… 12

一、医药市场营销学的含义 …… 12

二、医药市场营销的特征 …… 13

三、医药市场营销的影响因素 …… 13

四、医药市场营销学的研究内容 …… 14

五、学习医药市场营销学的意义 …… 14

案例学习 …… 15

思考题 …… 16

第2章　医药市场营销环境分析 …… 17

第1节　医药市场环境概述 …… 17

一、医药市场营销环境的概念及特点 …… 17

二、医药市场营销环境的分类 …… 18

三、研究医药市场营销环境的意义与方法 …… 18

第2节　医药市场宏观环境分析 …… 19

一、人口环境 …… 20

二、经济环境 …… 21

三、自然环境 …… 22

四、科技环境 …… 22

五、政治和法律环境 …… 23

六、社会文化环境 …… 23

第3节　医药市场微观环境分析 …… 24

一、医药企业 …… 24

二、供应商 …… 24

三、市场营销中介 …… 25

四、竞争者 …… 25

五、顾客 …… 26

六、公众 …… 26

第4节　国家医药政策变化对医药市场营销的影响 …… 27

一、主要政策概述 …… 27

二、国家具体医药政策变化对医药市场营销的影响 …… 29

第5节　医药市场环境对营销决策的影响 …… 31

一、医药市场环境的机会与威胁分析 …… 31

二、医药企业市场营销决策 …… 32

案例学习 …… 33

思考题 …… 34

第3章　医药消费者市场购买行为分析 …… 35

第1节　医药消费者市场行为概述 …… 35

一、医药消费者市场概述 …… 35

二、医药消费者市场购买行为概述 …… 36

第2节　影响医药消费者购买行为的因素分析 …… 37

一、文化因素 …… 38

二、社会因素 …… 39

三、个人因素 ………………………… 40
四、心理因素 ………………………… 41
五、药品自身因素 …………………… 42
第3节 医药消费者购买行为分析 …… 43
一、医药消费者购买类型 ………… 43
二、非处方药购买行为分析……………… 45
三、处方药购买行为分析 ………… 45
第4节 医药消费者购买决策过程 …… 46
一、确认需求 ………………………… 47
二、搜集信息 ………………………… 48
三、评价方案 ………………………… 48
四、决定购买 ………………………… 49
五、购买后评价 ……………………… 50
案例学习 ……………………………… 51
思考题 ………………………………… 52

第4章 医药组织市场购买行为 ……… 53
第1节 医药组织市场的类型和特点 …………………………… 53
一、医药组织市场的概念 ………… 53
二、医药组织市场的购买类型 ……… 53
三、医药组织市场的特点 ………… 54
四、影响医药组织购买的主要因素 …… 54
第2节 医药产品生产者市场购买行为分析 ………………………… 55
一、医药产品生产者的购买行为类型 ………………………………… 55
二、影响医药产品生产者购买行为的因素 ………………………………… 56
三、医药产品生产企业购买的参与者 …… 56
四、医药产品生产企业购买决策程序 …… 57
第3节 医药中间商市场购买行为分析 ………………………… 58
一、医药中间商的购买行为类型 ……… 58
二、影响医药中间商购买行为的因素 ………………………………… 58
三、医药中间商购买的参与者 ……… 59
四、医药中间商购买决策程序 ……… 59
第4节 医疗机构市场购买者行为分析 ………………………… 60
一、医疗机构的购买行为类型 ……… 60
二、影响医疗机构购买行为的因素 …… 60
三、医疗机构购买的参与者…………… 61
四、医疗机构购买决策程序…………… 62
案例学习 ……………………………… 62
思考题 ………………………………… 63

第5章 医药市场调研与预测 ………… 64
第1节 医药市场信息 ……………… 64
一、医药市场信息概述 …………… 64
二、医药市场营销信息系统………… 66
第2节 医药市场营销调研 ………… 66
一、医药市场营销调研概述………… 66
二、医药市场营销调研的特点……… 67
三、医药市场营销调研的类型……… 67
四、医药市场营销调研的步骤……… 68
五、医药市场营销调研的方法……… 69
六、医药市场营销调研的内容……… 72
第3节 医药市场预测 ……………… 73
一、医药市场预测概述 …………… 73
二、医药市场预测的程序 ………… 74
三、定性预测方法 ………………… 75
四、定量预测方法 ………………… 75
案例学习 ……………………………… 77
思考题 ………………………………… 78

第6章 医药市场竞争战略 …………… 79
第1节 竞争者分析 ………………… 79
一、识别竞争者 …………………… 79
二、判别竞争者的战略和目标 ……… 80
三、分析竞争者的优势和劣势 ……… 81
四、判断竞争者的反应模式………… 82
五、竞争对策 ……………………… 82
六、制订竞争营销战略 …………… 83
第2节 医药市场基本竞争战略 …… 84
一、成本领先战略 ………………… 84
二、差异化战略 …………………… 84
三、聚焦战略 ……………………… 85
第3节 不同竞争地位医药企业的竞争战略 ………………………… 86

一、医药市场领先者战略 …………… 86
二、医药市场挑战者战略 …………… 87
三、医药市场跟随者战略 …………… 88
四、医药市场补缺者战略 …………… 89
案例学习 …………………………… 89
思考题 ……………………………… 91

第7章 医药市场细分与市场定位 …… 92
第1节 医药市场细分 …………… 92
一、医药市场细分的概念和意义 ……… 92
二、医药市场细分的原则 …………… 93
三、医药市场细分的依据 …………… 94
四、市场细分的方法和步骤 ………… 96
第2节 医药目标市场选择 ………… 97
一、医药目标市场的概念 …………… 97
二、评估医药目标市场 ……………… 97
三、医药目标市场选择策略 ………… 98
四、影响医药目标市场选择的因素 …… 99
第3节 医药市场定位 …………… 100
一、医药市场定位的概念和作用 …… 100
二、医药市场定位的层次 …………… 101
三、医药产品市场定位的原则 ……… 101
四、医药产品市场定位的方法 ……… 102
五、医药产品市场定位的程序和步骤 … 103
六、医药产品市场定位策略 ………… 104
七、医药产品市场定位误区 ………… 104
案例学习 …………………………… 105
思考题 ……………………………… 106

第8章 医药产品策略 ………………… 107
第1节 医药产品的概念 …………… 107
一、医药产品的整体概念 …………… 107
二、医药产品的分类 ………………… 108
第2节 医药产品的生命周期及营销策略 ………………… 109
一、医药产品生命周期的概念 ……… 109
二、医药产品生命周期各阶段的特点及营销策略 ……………… 110
三、医药产品其他类型的生命周期 … 112
第3节 医药产品组合策略 ………… 113
一、医药产品组合及其相关概念 …… 113
二、医药产品组合策略 ……………… 114
第4节 医药产品包装策略 ………… 115
一、医药产品包装概述 ……………… 115
二、医药产品包装的作用 …………… 115
三、医药产品包装的设计要求 ……… 116
四、医药产品包装的策略 …………… 117
第5节 新药研究开发概述 ………… 118
一、新药的定义 ……………………… 118
二、药物研究开发的类型 …………… 118
三、药物研究开发的特点 …………… 119
四、我国药物研究开发状况 ………… 119
五、国外药物研究开发状况 ………… 120
案例学习 …………………………… 120
思考题 ……………………………… 121

第9章 医药产品价格策略 ………… 122
第1节 影响医药产品定价的因素 … 122
一、医药产品价格的构成要素 ……… 122
二、影响医药产品价格的因素 ……… 123
第2节 医药产品定价的目标与程序 ………………………… 124
一、医药产品的定价目标 …………… 124
二、医药产品的定价程序 …………… 125
第3节 医药产品的定价方法 ……… 126
一、成本导向定价法 ………………… 127
二、需求导向定价法 ………………… 128
三、竞争导向定价法 ………………… 129
第4节 医药产品定价策略 ………… 129
一、折扣与折让策略 ………………… 130
二、差异定价策略 …………………… 130
三、心理定价策略 …………………… 131
四、地理定价策略 …………………… 132
五、促销定价策略 …………………… 132
六、医药产品生命周期不同阶段的价格策略 ……………………… 133
第5节 医药产品价格变动分析 …… 133

一、医药企业变价分析 ………………… 133
二、顾客对医药企业变价的反应 …… 134
三、医药企业对竞争对手变价的反应 ……………………………… 134
第6节　我国药品定价政策的改革 … 134
一、总体要求 ……………………… 135
二、改革药品价格形成机制 ………… 135
三、强化医药费用和价格行为综合监管 ……………………………… 135
四、加强组织实施………………………… 136
案例学习 …………………………………… 136
思考题 ……………………………………… 138

第10章　医药产品分销渠道策略 … 139
第1节　医药产品分销渠道的作用与类型 ……………………………… 139
一、医药产品分销渠道的概念及特点 … 139
二、医药产品分销渠道的类型 ……… 140
三、医药产品分销渠道的功能及作用 … 141
第2节　医药产品分销渠道设计与建设 ……………………………… 143
一、影响医药产品分销渠道设计与选择的因素 …………………… 143
二、医药产品分销渠道设计与建设 … 144
第3节　医药产品分销渠道管理 …… 148
一、选择渠道成员 …………………… 148
二、激励渠道成员 …………………… 148
三、评估渠道成员 …………………… 150
四、调整渠道成员 …………………… 150
五、医药产品分销渠道冲突的分类及管理 ……………………………… 151
六、“窜货”现象及其管控………………… 152
第4节　我国医药产品分销渠道现状及发展趋势 ………………………… 153
一、我国医药产品分销渠道的现状 … 153
二、我国医药产品分销渠道发展趋势 … 153
案例学习 …………………………………… 154
思考题 ……………………………………… 155

第11章　医药产品促销策略 ……… 156
第1节　医药产品促销的基本概念 … 156
一、促销及医药产品促销的概念与作用 ……………………………… 156
二、医药产品促销的信息传播过程 … 157
三、药品促销组合………………………… 157
第2节　医药产品人员促销策略 …… 159
一、人员促销的概念和特点 ………… 159
二、人员促销的作用 ………………… 160
三、促销人员的基本素质要求 ……… 160
四、促销人员的工作策略 …………… 161
五、促销人员的管理 ………………… 162
六、医药促销团队建设与管理 ……… 164
第3节　医药产品广告促销策略 …… 165
一、医药产品广告概述 ……………… 165
二、医药产品广告的目标 …………… 166
三、医药广告经费预算 ……………… 166
四、医药产品广告的媒体选择 ……… 166
五、医药产品广告设计 ……………… 168
六、医药产品广告效果评价 ………… 169
第4节　医药产品销售促进 ………… 170
一、医药产品销售促进概述 ………… 170
二、医药产品销售促进方法 ………… 170
三、医药产品销售促进实施 ………… 171
第5节　医药公共关系策略 ………… 172
一、医药公共关系概述 ……………… 172
二、医药公共关系应遵循的原则 …… 173
三、医药公共关系工作程序 ………… 174
四、医药企业危机公关 ……………… 174
案例学习 …………………………………… 175
思考题 ……………………………………… 176

第12章　医药品牌策略………………… 177
第1节　品牌概述 …………………… 177
一、品牌的概念与组成 ……………… 177
二、品牌的作用…………………………… 178
第2节　医药品牌策略 ……………… 179
一、品牌化策略…………………………… 179
二、品牌归属策略………………………… 180

三、品牌统分策略 …………………… 180
四、品牌延伸策略 …………………… 181
五、品牌再定位策略 ………………… 181
六、品牌特许策略 …………………… 181
第3节　医药品牌建设与管理 ……… 182
一、医药品牌设计与培育 …………… 182
二、医药品牌管理与维护 …………… 183
案例学习 ……………………………… 184
思考题 ………………………………… 186

第13章　医药网络营销 …………… 187
第1节　网络营销概述 …………… 187
一、网络营销的定义 ……………… 187
二、网络营销的特点 ……………… 187
三、网络营销的主要方式 ………… 188
四、网络营销的新媒体 …………… 190
五、新媒体对网络营销的作用 …… 191
第2节　我国医药网络营销发展现状 ……………………………… 191
一、我国医药网络营销发展的法律、政策环境 ……………………… 191
二、我国医药网络营销的发展情况 … 192
三、我国医药网络营销的特点 …… 193
四、我国医药网络营销发展的制约因素 ………………………… 193
五、我国医药网络营销未来的发展趋势 ……………………………… 194
第3节　医药网络营销策略组合 …… 194
一、医药网络营销策略组合的基本原则 ……………………………… 194
二、医药网络营销策略 …………… 195
案例学习 ……………………………… 197
思考题 ………………………………… 198

第14章　中药材和中药饮片营销策略 ……………………………… 199
第1节　中药材和中药饮片营销概述 ……………………………… 199
一、中药材和中药饮片的概念 …… 199
二、中药材和中药饮片的营销特点 … 199
三、中药材和中药饮片营销的机遇与挑战 …………………………… 200
第2节　中药材和中药饮片营销策略 ……………………………… 201
一、产品策略 ……………………… 201
二、价格策略 ……………………… 202
三、渠道策略 ……………………… 203
四、促销策略 ……………………… 203
五、品牌策略 ……………………… 204
案例学习 ……………………………… 204
思考题 ………………………………… 206

第15章　医药物流管理 …………… 207
第1节　物流管理概述 …………… 207
一、物流的概念 …………………… 207
二、现代物流系统的构成与功能 …… 208
三、物流管理的主要内容 ………… 209
第2节　医药物流概述 …………… 210
一、医药物流的概念 ……………… 210
二、医药物流管理的内容 ………… 210
三、医药第三方物流 ……………… 210
四、医药供应链管理 ……………… 213
第3节　我国医药物流的现状和发展趋势 ……………………………… 215
一、我国医药物流的发展现状 …… 215
二、我国医药物流行业的发展趋势 …… 216
案例学习 ……………………………… 218
思考题 ………………………………… 219

第16章　药店营销 ………………… 220
第1节　药店营销管理概述 ……… 220
一、药店的分类 …………………… 220
二、药店营销的概念及作用 ……… 221
三、药店经营的特点 ……………… 221
四、药店营销管理内容 …………… 221
第2节　药店营销定位 …………… 222
一、影响药店营销定位的因素 …… 222
二、药店市场营销定位 …………… 222
第3节　药店的营销策略 ………… 223

一、药店营销产品策略 ……………… 223
二、药店营销价格策略 ……………… 224
三、药店促销策略 ……………… 224
四、药店展示营销策略 ……………… 226
五、药学服务营销策略 ……………… 227
第4节 药店选址 ……………… 228
一、药店选址的重要性 ……………… 228
二、药店选址的原则 ……………… 229
三、药店选址策略 ……………… 230
案例学习 ……………… 231
思考题 ……………… 232

第17章 医药国际市场营销 ……… 233
第1节 医药国际市场营销概述 …… 233
一、医药国际市场营销的概念 ……… 233
二、医药国际市场营销的特点 ……… 233
三、医药国际市场营销的意义 ……… 234
第2节 医药国际市场营销环境分析…… 234
一、政治环境分析 ……………… 234
二、法律环境分析 ……………… 235
三、人口环境分析 ……………… 235
四、经济环境分析 ……………… 235
五、社会文化环境分析 ……………… 235
六、国际医药竞争环境分析 ………… 235
第3节 医药国际市场目标选择与进入方式 ……………… 236
一、医药国际市场目标选择 ………… 236
二、医药国际市场进入方式 ………… 236
第4节 医药国际市场营销策略 …… 237
一、医药国际市场营销产品策略 …… 237
二、医药国际市场营销渠道策略 …… 238
三、医药国际市场营销定价策略 …… 239
四、医药国际市场促销策略 ………… 239
五、我国医药国际市场营销的现状与发展策略 ……………… 240
案例学习 ……………… 241
思考题 ……………… 242
参考文献 ……………… 243

第1章 绪论

学习目标和基本要求

通过本章学习，掌握市场和市场的构成要素，市场营销和医药市场营销的基本概念，医药市场营销的特征；熟悉医药市场营销的内容、医药市场营销的影响因素；了解市场营销观念的演变，市场营销学的产生、发展过程及其新进展。

随着我国经济的快速发展和市场经济地位的确立，我国的医药市场日渐成熟，竞争也越来越激烈。医药企业既要面对国内同行企业的竞争，还要面临跨国医药企业的挑战，医药企业要在市场竞争中求得生存和发展，就必须牢固树立市场观念，制订营销战略和策略，提高企业的核心竞争力。

第1节 市场营销学概述

市场营销是一个不断发展的概念，不同的学者在不同时期从不同的角度有不同的理解。现代市场营销观念，不仅要反映市场营销活动的内容，而且还要体现营销与市场的关系，全面理解市场的含义，对准确把握市场营销学的内涵有重要的意义。

一、市场的概念和类型

（一）市场的含义

“市场”一词最早是卖主和买主聚集在一起进行物品交换的场所。如《周易·系辞下》所言：“神农日中为市，致天下之民，聚天下之货，交易而退，各得其所。”在我国古代社会，生产力有了一定发展后，人们开始有了少量剩余农产品可以交换，因而产生了原始市场。传统观念的市场是商品交换的场所，如商店、商场、集市、交易所等。

经济学家认为，市场是商品经济的范畴，他们从经济学角度提出市场的概念，认为市场是社会分工的产物，哪里有社会分工，哪里就有商品的生产和交换，哪里就有市场的存在。因此，市场是一种供求关系，是商品交换关系的总和。从根本上说，市场的发展是由消费者决定并由生产者推动的动态过程，通常情况下，在组成市场的双方因素中，消费者的需求是决定性因素。市场能够联结生产者、经销商与消费者并为他们提供合适的交换场所，实现生产者、经销商和消费者各自的利益。

管理学家从具体的交换活动及其规律来认识市场，认为市场是供需双方在共同认可的交易条件下自由进行的商品交换活动，是商品流通领域一切商品交换活动的总和。

社会学家认为，市场具备两层意义：第一层意义是场所，如传统市场、股票市场、期货市场等。市场不一定是真实的场所或地点，也包括虚拟的空间，如现在许多买卖都是通过计算机网络来实现的；另一层意义为交易行为的总称。因此，市场不仅仅是场所，还包括了在此场所进行交易的行为。市场上各种商品的交换关系本质上体现了交换双方之间的利益关系，因而市场反映一定的社会关系。

也有学者认为市场是指顾客群体，即那些具有特定需要或欲望，愿意并能够通过交换来满足这种需要或欲望的全部顾客。美国营销学大师菲利普·科特勒（Philip Kotler）指出："营销者经常利用市场这个术语来代表各种各样的顾客。一般而言，他们往往把卖方的集合看成行业，而把买方看作市场。"它们之间的关系可以用图 1-1 表示。

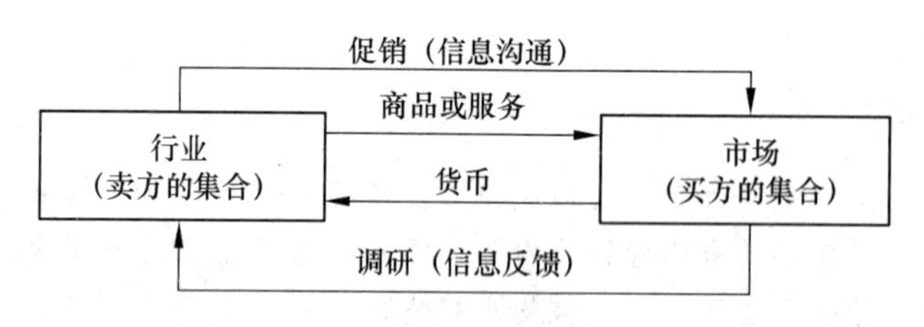

图 1-1　基础的市场营销关系图

综上所述，现代市场营销理论认为，市场概念至少有四层含义：一指商品交换的场所和领域；二指商品生产者和消费者之间各种经济关系的总和；三指消费者有购买力的需求；四指某种商品现实和潜在顾客的总和。这四层含义是相互联系的。市场是社会分工和商品经济发展的必然产物。因此，社会分工越细，商品经济越发达，市场的范围和容量就越大。

（二）市场的构成要素

市场包含三个要素，即有某种需求的人、满足这种需求的购买能力和购买欲望。用公式表示：

市场＝人口＋购买力＋购买欲望

市场的这三个要素相互制约，缺一不可，只有三者结合起来才能构成现实的有效市场，才能决定市场的规模和容量。人口是构成市场的基本要素，人口的多少决定着市场的规模和容量，而人口的构成及其变化则影响着市场需求的构成和变化；购买力指消费者购买商品或服务的能力，购买力的高低由消费者的收入水平决定；购买欲望是消费者购买商品或服务的动机、愿望和要求，它是消费者的潜在购买力转换为现实购买力的必要条件。因此，市场是上述三个要素的统一。

（三）市场类型

市场的类型可从不同的角度进行划分。在市场营销的研究与实践中，常用以下分类方式。

1. 按购买者及其购买目的的不同分类　按购买者及其购买目的的不同，可将市场分为消费者市场、生产者市场、中间商市场、政府市场和非营利性市场五大类。这种分类方法的优点是可深入了解不同市场的特点，更好地体现以顾客为中心的经营理念，以更好地满足不同的消费需求。

2. 按产品的自然属性不同分类　按产品的自然属性不同，可将市场分为商品市场、金融市场、证券市场、资本市场、劳动力市场、技术市场、信息市场等。这种分类方法有利于专业化经营。

3. 按市场的地域范围不同分类　按市场的地域范围不同，可将市场分为国际市场和国内市场；国内市场又可以分为城市市场、农村市场。这种分类方法的优点是：有利于企业根据不同地域经济、文化、技术等环境的差异，制订差异化的营销方案，增强对市场的适应性。

4. 按供需双方在市场中的地位不同分类 按供需双方在市场中的地位不同，可将市场分为买方市场和卖方市场。买方市场指在供需关系中，买方处于主动地位，买方成为市场主导者的市场。买方市场的基本表现形式是市场上商品的供应量超过了需求量，买方有着更大的挑选商品的余地和更多的购买商品的机会。买方市场对消费者有利。卖方市场指在供需关系中，卖方处于主动地位，卖方成为市场主导者的市场。卖方市场的基本表现形式是市场上商品短缺，供不应求，商品价格有上升的趋势。卖方市场对商品供应者有利。

二、市场营销的概念

（一）市场营销的定义

伴随营销理论和实践的创新与发展，市场营销的定义在不同时期有不同的表述。

市场营销（marketing）简称“营销”，指个人或组织通过交易其创造的产品或价值，以获得所需之物，实现双赢或多赢的过程。在中国，市场营销一般包含两层含义：一种是动词性质的市场营销，指企业的具体经营活动或行为；另一种是名词性质的市场营销，作为一门学科，指研究组织的市场营销活动或行为的学科。市场营销的内涵比较广泛，它不仅包括产品销售，更倾向于企业在对市场进行充分的认识和分析的基础上，建立以市场需求为导向，从产品设计开始的全部经营活动。在中国台湾省，学者们一般把“marketing”翻译为“行销”，即用“市场的现在进行时”来表达“产品、价格、通路、促销的变动性导致供需双方变化的微妙关系”。“行销”概念强调了市场需求及营销策略的变动性。

美国市场营销协会（American Marketing Association，AMA）在2004年夏季营销教学研讨会上，对市场营销提出了新定义：“市场营销既是一种组织职能，也是为了组织自身及利益相关者的利益而创造、传播、传递客户价值和管理客户关系的一系列过程。”

杰罗姆·麦卡锡（Jerome McCarthy）将市场营销定义为“市场营销是企业经营活动的职责，它将产品及劳务从生产者直接引向消费者或使用者，以便满足顾客需求及实现公司利润，同时也是一种社会经济活动过程，其目的在于满足社会或人类需求，实现社会目标”。

目前，学术界比较认可美国著名营销学大师菲利普·科特勒对市场营销的定义，即：“市场营销是个人和群体通过创造并同他人交换产品和价值，以获得其所需所欲之物的一种社会和管理的过程。”该定义强调了营销的价值导向。全面理解该定义，需要准确把握以下内涵：

第一，市场营销是一种社会和管理的过程；

第二，市场营销的核心是交换；

第三，主动追求交换的一方是营销者；

第四，市场营销的目的是满足交换双方的需求。

（二）市场营销的相关核心概念

1. 需要、欲望和需求 需要（need）主要指消费者生理及心理的最基本要求，是人类的生存基础要求没有得到满足的感受状态，是人们某种不足或短缺的感觉。它是促使人们产生购买行为的原始动机。需要对人类而言有共性，比如人们为了生存，需要满足衣、食、住、行等生理需要及克服危险、恐惧等社会和个人需要，这是人们与生俱来的需要，市场营销者是创造不了这种需要的，而只能适应它。

欲望（want）是消费者较高层次的需要，指想得到某种具体的东西以满足或部分满足某种需要的愿望，满足这种需要可以通过不同的东西来实现。欲望与消费者所处的社会、经济、文化层次和个性特征密切相关。欲望对消费者个体而言具有特性，这种有差异的需要就是欲望，不同的欲望可以通过不同的产品和方式得到满足。欲望随着消费者条件的变化而变化，市场营销者能够通过营销活动刺激消费者的欲望。

需求（demand）指人们有支付能力并且愿意购买具体产品或服务的欲望。并非所有的人类欲望都能转化为需求，购买能力是关键问题。所以，需求是以购买能力为基础的欲望。人类欲望无限，而购买能力有限。消费者的需求是现代企业营销活动的根本。影响市场需求变化的两个最基本因素就是收入和价格。

2. 产品 产品（product）泛指一切能满足某种需求和欲望的集合，主要包括有形的商品和无形的服务。在生产经营过程中，人们往往过多地注重有形实物产品，而忽视无形服务所产生的效益，容易犯"营销近视症"。产品的概念是多层次的，有些消费者对有形产品的需求有时不如对无形服务的需求强烈。当人们身体生病时需要有形的药品和无形的医疗服务，如果是心理疾病则有可能更加需要无形的心理治疗。

3. 顾客让渡价值与顾客满意 顾客让渡价值（customer delivered value）指顾客获得的总价值与顾客购买该产品付出的总成本之间的差额。顾客获得的总价值包括顾客在购买和消费产品过程中所期望得到的全部利益的总和，包括产品价值、服务价值、人员价值和形象价值。顾客总成本指顾客为购买某一产品所支付的货币成本、时间成本、体力和精神成本等。一般来说，顾客追求价值最大化，他们在购买产品时会形成一种价值期望，会了解产品是否符合他们的期望价值，并据此做出决定是否购买。企业为吸引更多的潜在顾客，就必须向顾客提供具有更多"顾客让渡价值"的产品。

顾客满意（customer satisfaction）指一个人比较一个产品的可感知效果与他的期望值后所形成的愉悦或失望的感觉状态。顾客满意是一种由比较而形成的感觉状态，是消费者对购买商品后与购买前所感知的商品质量之间差异的评价。顾客满意常常表现为 3 种情况：

（1）不满意：可感知实际效果＜期望值；

（2）满意：可感知实际效果＝期望值；

（3）很满意：可感知实际效果＞期望值。

顾客让渡价值的高低会影响他们的满意程度，当然顾客的满意程度还与顾客的期望值密切相关，这将影响顾客再次购买的可能性。所以，在市场营销活动中，营销者要善于管理顾客的期望值，把顾客的期望值控制在适当的范围。

4. 交换和交易 交换（exchange）指从别人那里取得想要的产品或服务，同时以自己的某种产品或服务作为回报的行为。营销建立在交换的基础上。交换与生产一样创造价值，通过交换人们可以降低生产成本，同时获得更多的消费机会。交换是营销的核心。交换必须满足三个条件：第一，必须存在愿意交换、有交换能力的双方；第二，双方都有对方所需的物品；第三，双方都能自由地接受或拒绝对方的物品。

交易（transaction）指交换双方之间价值交换的行为，包括协议一致的条件、时间和地点等，交易是交换活动的基本单元。所以，交易的发生涉及这几个方面：两件及其以上有价值的物品、双方协商同意的条件（包括时间、地点）、交易双方必须执行承诺的法律条款。

三、市场营销学的研究内容和方法

（一）市场营销学的研究内容

市场营销学是从微观角度来研究市场营销活动及其规律的学科，它的主要研究内容：企业在动态市场上如何识别、分析、评价、选择和利用市场机会，提供适销对路的产品或服务，以满足消费者的需求，有效地管理其市场活动，实现企业的目标。具体来说，市场营销学主要研究市场信息、市场调研与预测、市场营销战略、市场营销策略、市场营销管理等内容，为市场营销活动提供理论、思路和方法。

（二）市场营销学的研究方法

市场营销学属于综合性应用学科，需要经济学、管理学、心理学、社会学、行为学、统计学、传播学和信息学等多门学科的理论支撑，研究方法分为传统研究方法和现代研究方法。

1. 传统研究方法 包括历史研究法、产品研究法、组织研究法和职能研究法。

（1）历史研究法：就是从事物发展演变过程和规律的角度来分析、研究和阐述有关市场营销问题的方法。例如，分析研究市场营销观念、市场营销战略、市场营销方式、市场营销渠道等方面的发展变化，分析其发展变化的原因，掌握其演变的规律性，进一步指导市场营销实践活动。

（2）产品研究法：就是以产品研究为出发点，主要研究产品的研制开发、包装设计、品牌商标、价格、渠道、促销的方法。产品研究法侧重于考察不同产品的营销个性问题。该方法重视产品的质量和成本，并没有认真考虑消费者的需求，容易产生“营销近视症”。

（3）组织研究法：以参与营销活动的组织机构为研究对象。该方法以市场营销制度为出发点，侧重研究营销渠道系统中的机构和组织，如分析研究供应商、代理商、批发商、零售商等市场渠道成员选择、激励、管理等问题。

（4）职能研究法：以市场营销活动的各种职能为研究对象。该方法分析研究各种市场营销职能，包括决策、计划、组织、监督、调节、控制等职能。

2. 现代研究方法 包括管理研究法、系统研究法、社会研究法。

（1）管理研究法：该研究法是从管理决策的角度来分析、研究市场营销问题的方法。该方法分析企业营销的微观环境和宏观环境，针对目标市场需求特点，结合企业战略目标和资源，研究企业如何最有效地为目标市场服务，制订出最佳的营销组合策略，实现既定的战略目标。该方法重视市场营销计划、执行、控制、调整和评价等管理职能研究。

（2）系统研究法：该研究法充分运用系统工程的原理和方法，从市场营销管理系统的角度出发，分析企业内部系统、外部系统以及各系统之间相互影响、相互制约和相互作用的关系。该研究法认为，只有保持各系统相互适应、协调和平衡，才能使整个系统达到最佳的运转状态。如企业内部的研发、生产、财务、人事、营销等各职能部门的协调运转问题。

（3）社会研究法：该研究法是以社会营销观念为核心。市场营销活动的作用是双向的，一方面促进社会经济繁荣发展，满足人们生产、生活的需求；另一方面造成了诸如污染环境、破坏生态平衡等某些负面效应。因此，该研究法以社会整体利益为导向，分析研究兼顾社会、消费者和企业自身三个方面利益的市场营销理论和方法。

第2节 市场营销学的演变与发展

一、市场营销学的产生与发展

市场营销学从产生到现在仅有百余年的历史，但发展十分迅猛。19世纪中叶，美国国际收割机公司的麦克密克（McCormick）首先提出了市场营销理论。20世纪初，随着泰勒（Frederick Winslow Taylor）的《科学管理原理》一书的出版，以市场为核心的营销活动以及理论研究受到美国学术界和企业界的高度重视，标志着现代企业管理的开端。现代市场营销学始于20世纪初期的美国。

随着社会的进步和经济的发展，市场营销学理论发生了巨大的变化，从传统以企业为中心的市场营销学演变为现代以顾客为中心的市场营销学，甚至上升到以整个社会利益为中心的社会市场营销学；从企业营利组织营销扩展到非营利组织的营销。如今，市场营销学已成为管理学、经济学、行为科学、心理学等多学科相互结合的应用性边缘学科。市场营销学发展大致经历了以下四个阶段。市场营销学思想的发展演变如图1-2所示。

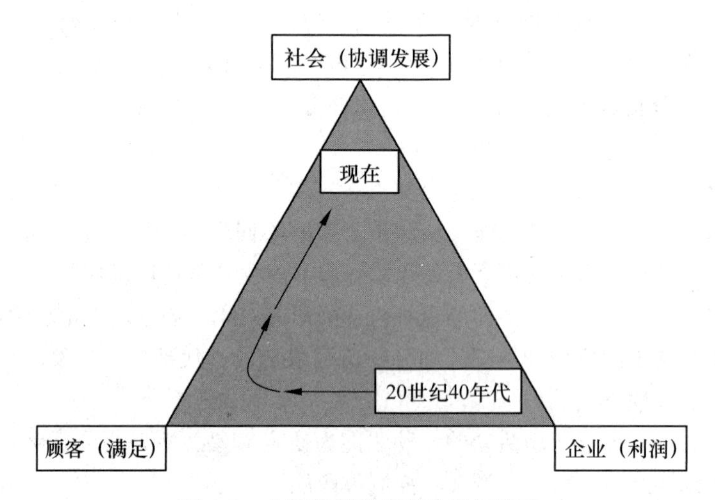

图1-2　市场营销学思想的发展演变

（一）市场营销学的萌芽阶段

市场营销学的萌芽阶段在1900—1930年。这一时期，世界主要资本主义国家经过工业化革命，其社会生产力迅速提高，出现相对的生产过剩。在这种情况下，部分企业开始重视如何更好地将自己的商品推销出去，并注意研究和采用推销手段和广告。此时，市场营销学处于萌芽阶段。首先，在大学里开设市场营销学课程。美国宾夕法尼亚大学、密歇根大学、加州大学和匹茨堡大学等于20世纪初开设了市场学课程。1910年，美国威斯康星大学的巴特勒（R. S. Bulter）教授出版了《市场营销方法》一书，从此，市场营销作为一门学科的专有名词；1918年，弗莱德·克拉克（Fred E. Clark）编写了《市场营销原理》讲义，被多所大学采用。其次，不少学者研究市场营销。1915年阿切·W. 肖（Arch W. Shaw）出版了《关于分销的若干问题》一书，将营销从生产中剥离出来，并从整体上考察分销的职能。最后，市场营销相关术语广泛应用。巴特勒、约翰·B. 斯威尼（John B. Swirniy）、赫杰特齐（J. E. Hagerty）等营销学者在美国广泛使用“市场营销”相关术语。

这一阶段的市场营销理论依据是传统的经济学，商品经济发展刚刚起步，社会生产力水平还不高，理论水平与当时企业观念、生产观念相适应，还没有形成真正的市场营销观念，但他们已跳出了生产活动的范围，把市场营销作为专门的问题来研究，这是一大进步。

（二）市场营销学的初步发展阶段

市场营销学的初步发展阶段为1931—1945年。这一时期，资本主义国家的经济危机极大地震撼了美、英等国家。由于生产相对严重过剩，市场需求降低，产品大量积压，几乎所有的企业都面临销售问题，亟须解决的不是如何扩大生产和降低成本，而是销售产品。为了争夺市场，企业提出了“创造需求”的口号，开始重视市场调查、分析和预测，以了解市场需求。这一阶段的主要标志：其一，1932年，克拉克（F. E. Clerk）和韦尔达（L. D. H. Weld）出版了《美国农产品营销》一书，指出市场营销的目的，并对美国农产品营销进行了全面的论述；其二，1942年，克拉克出版了《市场营销学原理》一书，将营销功能归结为交换功能、实体分配功能和辅助功能等，提出了“推销创造需求”的观点；其三，1931年，许多企业家、市场营销人员与市场营销学者自觉地成立了美国销售学协会，对商品销售出现的问题进行了专门研究，并且开设销售理论学习班。AMA在美国各地设有许多分会，客观上对市场营销理论的推广和传播产生了积极作用。

这一阶段由于社会动荡，特别是第二次世界大战，社会生产力的发展相对阻滞，市场营销理论的创新速度也比较缓慢。

（三）市场营销学的快速发展阶段

市场营销学的快速发展阶段为1946—1965年。第二次世界大战以后，社会相对和平，经济快速发展，人们对市场营销的认识和研究进一步深入，这一阶段提出和总结了一系列新的观念和理念。这一时期的代表人物有范利（Vaile）、格雷特（Grether）、考克斯（Cox）、梅纳德（Maynard）、贝克曼（Beckman）、罗·奥尔德逊（Wraoe Alderson）、约翰·霍华德（John A. Howard）及尤金尼·麦卡锡（E. J. Mclarthy）。1950年，尼尔·鲍顿（N. H. Borden）首次提出“市场营销组合”概念；同年，乔尔·迪安提出“产品寿命周期”概念。1952年，范利、格雷斯和考克斯合作出版了《美国经济中的市场营销》一书，系统地阐述了市场营销与个人分配之间的相互关系，提出市场营销是生产的开始，而不是生产过程的终点，市场营销还包括为市场提供适销对路的产品。1952年，梅纳德和贝克曼出版了《市场营销学原理》一书，提出了市场营销的新定义，即“市场营销是影响商品交换或商品所有权转移，以及为商品实体分配服务的一切必要的企业活动”。1955年，西德尼·莱维（Sidney Levy）提出“品牌形象”概念；1956年，温德尔·史密斯（Wendell R. Smith）提出“市场细分”概念；1957年，奥尔德逊出版的《市场营销活动和经营行为》一书，提出了“功能主义”学说。1960年，麦卡锡在《基础市场营销学》一书中，对市场营销管理提出了新的见解：消费者即目标市场，企业制订市场营销组合策略以满足目标市场的需求，实现企业经营目标。一个好的市场营销组合策略应该包括两点：第一，确定目标市场，企业按照市场需求提供产品；第二，市场营销组合中的可控制变数很多，但是通常将主要的可控制变数归纳为四个：产品策略（product）、定价策略（price）、促销策略（promotion）、分销策略（place），这就是著名的4P营销策略组合（产品、价格、渠道、促销）理论，该理论至今还对营销产生巨大的影响。

这一阶段已形成比较完善的市场营销的原理及研究方法，现代市场营销学理论发展较快。

（四）市场营销学的发展成熟阶段

市场营销学的发展成熟阶段是从1966年开始至今的阶段。随着科学技术的快速发展，社会生产力进一步提高，消费者需求发生了深刻变化。市场营销学引进了计算机理论、信息论、控制论、统计学、运筹学等理论方法，市场营销的基本理论、学科体系、传播领域等都有了重大的发展。市场营销论著不断涌现，观念不断创新。这一时期最具有代表性的人物有“现代营销之父”——菲利普·科特勒（Philip Kotler）、“现代管理学之父”——彼得·德鲁克（Peter Ferdinand Drucker）、“竞争战略之父”——迈克尔·波特（Michael E. Porter）、阿尔·赖斯（Al Ries）、杰克·特劳特（Jack Tront）及唐·E. 舒尔茨（Don E. Schultz）等。20世纪70年代美国的阿尔·赖斯和杰克·特劳特提出市场定位的新概念，1981年又在《广告攻心战略——品牌定位》一书中进行了全面论述，市场定位这一新概念及其战略思想成为企业营销战略中的一个重要环节。1971年，杰拉尔德·泽尔曼（Gerald Zaltman）和菲利普·科特勒提出了“社会营销”的概念，指出营销活动过程中考虑社会目标的意义，如资源节约和环境保护等。1977年，林恩·休斯塔克提出了“服务营销”的独特见解。唐·E. 舒尔茨博士的《整合营销传播》提出的战略性整合营销传播理论，成为20世纪后50年最主要的营销理论之一。1981年，克里斯琴·格罗路斯（Christian Gronroos）提出“内部营销”的观念，指出营销工作不仅仅是企业营销部门的职责，企业的各个部门和所有员工都应在本职工作中贯彻顾客导向的营销观念。1983年，西奥多·莱维特（Theodore Levitt）提出“全球营销”概念。1986年，菲利普·科特勒提出了“大营销”的概念。20世纪90年代，信息技术的蓬勃兴起将营销带进了“定制营销”的时代；随着贸易的全球化，全球性的竞争催生了“战略营销关系网络”等。进入21世纪，随着互联网的发展和应用，网络营销发展迅猛。

这一阶段已形成完善成熟的市场营销的理论体系，现代市场营销学已基本形成。

总之，市场营销学的发展过程是市场营销理论与实践随着社会生产力和商品经济的发展不断创新、不断发展、不断丰富和不断完善的过程。可以预见，随着社会的发展和科技的进步，市场营销学的新理论、新观点和新方法还会不断涌现，市场营销学理论一定会向更深层次发展。

二、市场营销观念的演变

市场营销实践活动都会遵循一定的指导思想，它是一种观念、一种态度或者一种思维方式。市场营销观念也被称之为市场营销哲学，它反映了一个企业对待企业自身、客户和社会三者之间利益关系的态度、行为准则和经营方式，是企业市场营销活动的出发点。市场营销观念是随着生产力、科学技术的发展以及市场供求关系的变化和市场竞争态势发展演变的。

（一）生产观念

以生产为导向的生产观念是最古老的营销哲学。生产观念产生于19世纪末20世纪初，当时的背景是社会生产力水平比较落后，生产满足不了消费者需求，产品处于供不应求的状态。消费者的需求量大而购买力不高，消费者的选择余地很小甚至没有选择。生产观念主要表现为企业生产什么产品，市场上就销售什么产品。在这种观念指导下的企业经营重点是努力提高生产效率，增加产量，降低成本，生产出让消费者随处可以买得起的产品。这种观念的基本出发点在生产而不在市场。

生产观念并没有考虑消费者的需求和产品的质量、品种，是以企业为中心的经营理念。因此，生产观念只适用于卖方市场。

（二）产品观念

以产品为导向的产品观念是在生产观念的基础上发展起来的。产品观念产生于20世纪30年代以前，它比生产观念出现的时间稍晚，但两者并存的时间较长。产品观念认为，质量是影响消费者购买的决定性因素，企业应该努力生产质量优、性能好、有特色的产品。产品观念过分迷恋于追求产品的高质量，容易忽视消费者的实际需求，会因为生产成本与产品价值过高而难以为消费者接受。在产品供给不太紧缺或稍有宽裕的情况下，产品观念常常成为一些企业的经营指导思想。“酒香不怕巷子深”是这种观念的形象说明。

产品观念忽视消费者的需求和市场的变化，还只是从企业出发，以生产为中心，使产品改良和创新处于“闭门造车”的状态。

（三）推销观念

以推销为导向的推销观念是生产观念、产品观念的延伸。推销观念盛行于20世纪三四十年代，当时西方一些发达国家完成了工业革命，生产力得到空前的发展，商品生产规模日益扩大，产品质量不断提高，买方市场开始在西方国家逐渐形成。企业为了在竞争中立于不败之地，纷纷重视推销工作，如组建推销组织、培训推销人员、研究推销方法、进行广告宣传等，以诱导消费者购买产品。推销观念认为，企业产品的销售量总是和企业所做的促销努力成正比的。推销观念本质上依然是生产什么销售什么。

由生产观念、产品观念转变为推销观念，是企业经营思想上的一大变化，但这种变化没有摆脱“以生产为中心”的范畴。

（四）市场营销观念

以顾客为中心的市场营销观念是营销学的一次革命。市场营销观念产生于20世纪50年代。随着“二战”后科学技术的兴起，西方企业的研发和创新能力不断提高，新产品竞相上市，社会产品供应量迅速增加，产品供大于求，市场竞争加剧。在需求方面，消费需求不断扩大，消费形式也变得更加多样化。这就要求企业要认真研究消费需求，并根据目标顾客的需求及其变动不断调整自己的营销策略。市场营销观念的基本内容是：顾客需要什么样的产品，企业就应当生产、销售什么产品。企业要从以自己为中心转向以消费者为中心，一切活动都要围绕着满足消费者的需求来进行，消费者的需求在整个市场营销中始终处于中心地位。

市场营销观念是买方市场条件下产生的以消费者为中心的营销观念，企业要十分重视市场调研，在消费者需求的动态变化中不断发现并满足其市场需求。

（五）社会市场营销观念

以社会长远利益为中心的社会市场营销观念是对市场营销观念的重要补充和完善。20世纪70年代以来，西方发达国家在经济高度繁荣的同时，面临一系列带有普遍性的社会问题，比如说环境污染、资源浪费、通货膨胀、忽视社会责任等。这些问题往往与许多企业过度重视满足消费者需求而忽视社会整体和长远利益有关。例如，一次性餐具迎合了消费者追求便捷、卫生的需求，但却导致了资源的浪费和城市环境污染的增加。因此，企业应当树立一种更加全面的新型营销观念。1971年，杰拉尔德·泽尔曼和菲利普·科特勒最早提出了“社会营销”的概念。社会市场营销观念认为，消费者的需求与消费者或社会的长远利益并非总是一致的；关心并满足消费者长远利益和社会整体利益的企业，将越来越受到消费者的欢迎；企业能否吸引并保住大量顾客的关键不仅在于满足消费者眼前的需求，还在于企业能否顾及消费者及社会的长远利益。

社会市场营销观念强调以社会整体利益为导向，企业的经营行为要兼顾社会利益、消费者利益和企业自身利益三个方面，实现社会与企业可持续发展。社会市场营销观念是以科学发展观为指导思想的经营战略，是市场营销学未来的发展方向。

三、市场营销学的新进展

社会不断发展，竞争日益激烈，理论持续创新。在不断变化的市场环境中，为适应营销实践的要求，涌现出一系列新的营销理念与方法，如绿色营销、事件营销、体验营销、网络营销、关系营销、整合营销、直复营销、文化营销、口碑营销、服务营销、数据库营销等。下面简单介绍其中具有代表性的内容。

（一）绿色营销

绿色营销（green marketing）指企业在生产经营过程中将企业自身利益、消费者利益和环境利益三者统一起来，实现企业与环境协调发展，并以此为中心对产品和服务进行设计、生产、定价和销售的过程。绿色营销更加注重资源的节约和综合利用，向消费者提供安全、卫生的绿色产品，并使产品具有多种用途及回收功能，消除一切污染环境的行为，注重保护生态环境。绿色营销既是企业、社会可持续发展战略的必然选择，又是生态文明建设的要求。

绿色营销是在人们追求健康、安全、环保的背景下所发展起来的新的营销方式。在短期内，绿色营销会增加企业成本，并且往往会将增加的成本转嫁给消费者，但从长远看，绿色营销更加符合人类对未来的要求，绿色营销成本整体趋于下降。对于制药行业而言，一方面，药品与人民生命安全和健康密切相关，制药行业承担着治病救人的神圣职责，另一方面，制药行业属于污染比较严重的行业，废气、废水、废物对空气、水源和土壤污染严重，医药企业迫切需要改变观念，实行绿色营销。

（二）事件营销

事件营销（event marketing）是通过把握新闻的规律，策划、组织和利用具有新闻价值的人物或事件，并有效传播这一新闻事件，从而达到提高企业知名度、塑造企业形象并最终促进产品销售的效果。21 世纪通信技术和互联网技术的飞速发展给事件营销带来了巨大的发展空间，通过网络、电视、报纸等媒介，一个事件或者一个话题可以更轻松、快速地进行传播并引起关注。事件营销是近年来国内外流行的一种营销手段，它集新闻、广告、传播、公共关系于一体，为促进产品销售创造机会。

事件营销的特征主要表现在：一是事件营销必须依托有新闻价值的事件。不管是借助别人的事件，还是自己策划的事件，营销核心始终围绕事件主体和公众关注的热点进行营销，把企业的产品或服务传递给顾客，从而塑造企业和产品的良好形象。二是事件营销具有双重目的。事件营销的本质就是让事件策划成为有价值的新闻。一方面事件营销的目的是宣传企业，另一方面借助一个公众高度关注的事件以新闻事件的方式促进产品的宣传和销售。三是事件营销具有第三方公正性。事件营销借助第三方公正组织或权威个人，将产品信息传播给目标市场，比广告更具隐蔽性和持久性，不容易引起公众的抵触情绪。四是事件营销具有风险性。事件营销具有较大的风险，主要来自于媒体的不可控制和公众对新闻事件的理解。一个成功的事件营销必须把握好各个环节，并通过精心策划和组织，增强事件的新闻性。

（三）体验营销

体验营销（experiential marketing）指让目标顾客通过看、听、触、用、参与的手段，使其亲身体验企业提供的产品或服务，充分刺激和调动消费者的感官、情感、思考、行动等因素，让顾客实际感知产品或服务的品质和性能，从而实现购买的一种营销方式。体验营销主要以满足消费者的体验需求为目标，以拉近企业和消费者之间的距离为重要经营手段。这种营销方式突破了传统上“理性消费”的假设，消费者在消费前、消费中和消费后的体验对其购买行为至关重要，消费者在消费过程中是兼具理性和感性的。

体验营销的模式主要有感官体验营销、情感体验营销、思考体验营销和行动体验营销。体验营销要充分考虑消费者的需求，重视对其感觉、内心和思想的触动，引发消费者产生购买动机。体验营销并不适合所有行业和所有产品，运用体验营销的产品应该具备不可察知性，其品质必须通过使用（体验）才能判断其特性。

（四）网络营销

网络营销（cyber marketing）是以国际互联网为基础，借助计算机技术，利用数字化信息、计算机通信和网络媒体的交互性来实现营销目标的一种新型营销方式。网络信息技术的发展、消费者价值观的改变和激烈的商业竞争，是网络营销产生和发展的主要背景。网络营销具有全球性、交互性、虚拟性、经济性、便捷性、整体性、技术性等诸多特征。网络营销常用方法有网上宣传、网上市场调查、网上分销、网上直接营销、网络营销集成等。

网络营销产生于 20 世纪 90 年代，发展十分迅猛。网络营销的发展极大地改变了人们的消费方式，具有良好的发展前景。2016年中国网络零售交易额达5.16万亿元人民币，约为世界整个网购交易规模的四分之一，占中国社会消费品零售总额的比重超过八分之一。2017年11月11日(也称“双11节”)，2017年天猫“双11节”总交易额达到1682亿元，与2016年相比增长39%，比2009年“双11节”的交易额增长超过3000倍。中国网络市场交易中诚信缺失成为制约其快速发展的主要因素，因信用缺失所造成的无效成本已占中国GDP的10%。近年来，各种网络诈骗案件层出不穷，消费者对网上购物顾虑重重，企业对在网上的商务活动也心存疑虑，这是未来必须下大力气解决的问题。

(五) 关系营销

关系营销（relationship marketing）指企业在盈利的基础上，建立、维持和促进与顾客以及其他利益相关者之间的关系，以实现参与各方的价值目标，从而形成一种兼顾各方利益的长期关系。关系营销强调，企业的营销活动是与消费者、供应商、分销商、竞争者、政府机构、公众以及企业内部员工产生互动作用并建立长期关系的过程。

关系营销与传统营销的根本区别在于对顾客的理解和对待方式的不同。传统营销对关系的理解仅仅限于向顾客出售产品，完成交易，把顾客看作产品的最终使用者；关系营销则把顾客看作是有着多重利益关系、多重需求、有思想、有情感、存在潜在价值的群体，企业营销活动的核心是建立并发展与利益相关方之间的良好的合作伙伴关系。关系营销活动应坚持信誉第一、双向沟通、信息共享、互惠互利、统筹兼顾等原则。在激烈竞争的市场环境里，只有互利互惠的关系才是最稳定、最可靠的关系。

(六) 整合营销

整合营销（integrated marketing）是以顾客需求为中心，通过对各种营销工具和手段的系统化组合，以使交换双方在交互中实现价值增值的营销理念与方法。整合营销的实质是系统化地集成各种营销要素，以产生协同效应。

整合营销包含水平整合和垂直整合。水平整合包括传播信息整合、传播工具整合、传播要素资源整合三个方面；垂直整合包括市场定位整合、传播目标的整合、品牌形象整合三个方面。从战略上讲，整合营销是将企业营销活动的各方面、各环节、各阶段、各层次、各策略加以系统的规划和有机组合。从战术上讲，整合营销的具体模式主要是成本整合、渠道整合、资源整合、信息整合、传播整合等。

(七) 直复营销

直复营销（direct marketing）是一种互动的营销系统，运用一种或多种广告媒介在任何地点产生可衡量的反应或交易。直复营销实质就是企业以营利为目的，以个性化和大众传媒向目标市场或目标顾客发布营销信息，以寻求对方直接回应（定购或问询），从而达到销售产品并获得企业发展的营销管理过程。

直复营销具有互动性、可衡量性、广泛性等特征。营销媒体在直复营销中显得尤为重要，根据营销媒体的不同，直复营销可分为电话营销、直邮营销、电视营销、广播营销、网络营销、数据库营销等几种类型。直复营销充分迎合了21世纪人们需求多样化、消费个性化、购买便捷化等趋势的要求，其成功的关键是目标顾客的选择、产品质量与服务的保证、人性化互动关系的建立与维持等。

(八) 文化营销

文化营销（cultural marketing）指企业营销活动中有意识地通过发现、培养或创造某种核心价值观念，针对企业目标市场的文化环境采取一系列的文化适应和沟通策略，以实现企业经营目标的一种营销方式。文化营销的实质性内涵在于核心观念的培养和塑造，以文化为媒介，通过营销策略建立与顾客及社会公众全新的利益共同体关系，进而达到使顾客满意的目的。

文化营销体现在产品、品牌、企业文化三个层面。产品是文化价值观的实体化或载体，产品文化体现在产品的设计、研发、生产、使用等各个方面。品牌的优势取决于独特的个性和文化内涵，品牌的背后是消费者的文化认同和价值选择。企业文化是指导和约束企业整体行为、员工行为及企业风格的价值理念，文化营销就是把企业的精神、价值观、伦理等理念文化整合并传播给目标市场。

第 3 节　医药市场营销学概述

医药市场营销学是市场营销学的一个分支，是在市场营销学的理论指导下，总结医药市场营销活动的特点和规律，进一步指导医药市场营销实践活动的学科。由于医药产品在质量、政策、监管等方面的特殊性，医药市场营销既有普通商品市场营销的一般规律，又具有医药产品营销的特殊性。

一、医药市场营销学的含义

（一）医药市场的概念

医药市场指所有对医药产品有需求（现实和潜在的需求）的个人或组织的总和，即所有现在和未来对医药产品有需求的人构成了医药市场。人口、需求、购买力构成了医药市场的三要素。医药市场是医药企业从事营销活动的出发点和归宿，正确分析医药市场需求是制订医药市场营销方案的前提。

（二）医药市场的分类

对医药市场进行分类，有利于营销人员更好地认识和了解特定的市场。医药市场的分类主要有以下几种。

1. 按医药产品的类型分类　医药市场可以分为药品市场、医疗器械市场、医疗耗材市场、医药服务市场。本书重点介绍药品市场。

2. 按医药产品购买者的特性分类　医药产品市场可以分为消费者市场和组织者市场。组织者市场又可以分为生产者市场、中间商市场、非营利机构市场和政府市场。该分类方法可以更好地体现以顾客为中心的现代营销学指导思想。

3. 按营销区域分类　医药市场可以根据医药产品的营销区域分为国内市场和国际市场。国内市场还可以进一步分成不同的大区，如华北市场、华东市场、华南市场、西北市场等。国际市场也可以进一步分为北美市场、南美市场、欧洲市场、非洲市场、亚洲市场等。该分类方法对建立和管理区域市场十分有用。

4. 按医药产品的供求关系分类　医药市场可以分为卖方市场和买方市场。当医药产品供不应求时，购买者竞争激烈，产品卖给谁由卖方掌握，购销主动权和定价权由卖方控制，这种情况就形成了卖方市场；相反，当医药产品供过于求时，销售者竞争激烈，消费者有更多的选择权，购买谁的医药产品、购买哪种医药产品由消费者说了算，价格由市场体现，这种情况形成了买方市场。

（三）医药市场营销的概念

医药市场营销是医药组织和个人通过创造并同他人或其他组织交换医药产品和价值以满足双

方需求和欲望的社会管理过程。全面理解该定义，需要准确把握以下内涵：

1. 医药市场营销的主体为医药组织 医药产品是特殊商品，医药市场营销的主体主要指医药组织，即制药企业、药品批发企业、医疗机构药房和社会药房。

2. 医药市场营销的客体是医药产品和价值 医药产品主要指药品和药学服务；价值包括医药产品的价值和使用价值。

3. 医药市场营销的核心是交换 交换是医药市场营销的核心。交换过程是积极、主动寻找机会，满足双方需求和欲望的过程。

4. 医药市场营销是一个社会管理过程 医药市场营销过程由一系列活动构成，涉及卫生、药监、物价等政府机构，医药产品是重要的民生产品，社会关注度高，医药企业必须承担社会责任。

5. 医药市场营销的最终目的是满足营销双方的需求 即满足消费者对医药产品及服务的需求和医药企业通过营销获取经济效益的需求。

二、医药市场营销的特征

医药产品是特殊商品，直接关系到人们的生命健康，与一般商品的市场营销相比，医药市场营销具有以下特征。

（一）政策性强

由于医药产品是社会福利产品，部分药品还是公共卫生产品，其研制、生产、销售、使用等环节都受国家政策、法规限制。如处方药不能在大众媒体做广告，属于政府定价范围的药品必须执行政府定价，医疗机构采购药品必须进行集中招标等。

（二）专业性强

医药市场营销需要具有专业知识背景的营销人员指导消费者合理用药。如医院药房药师、临床药师、医药代表、药店药师必须是具有资质的药学专业人员。

（三）质量要求严

医药产品直接关系到人们的生命安全，必须符合国家药品标准。只有合格产品才可以销售和使用，禁止销售和使用不合格产品。药品研制、生产、经营、使用等各环节的监管均以质量为核心。

（四）市场监管严

由于医药产品特殊性，政府对医药市场监督管理十分严格。政府从原料的采购、生产、销售、配送、使用等环节对医药产品进行全程监管，保障人们用药安全。

（五）需求缺乏弹性

人们在没有疾病或不需要保健时一般不会消费医药产品，更不会因为医药产品降价就增加购买，也不会由于医药产品涨价就拒绝消费，所以，医药产品的需求主要取决于人口数量的变化与发病率，受价格变化的影响较小。

（六）相关群体影响大

由于消费者对医药产品的认知水平有限，在很多情况下，消费者不能完全决定医药产品的消费。特别是在医疗机构，医药产品消费的决定权主要由医师掌握。即使在社会药房，消费者对非处方药选择受营业员的影响也较大。

三、医药市场营销的影响因素

医药市场营销的影响因素复杂多变，既有企业内部的因素，又有企业外部因素，有些因素企业可以控制，有些因素企业无法控制，只能去适应。

（一）人口因素

人口因素是影响医药市场营销的第一要素，也是决定性因素。人口数量直接决定医药市场的规模，人口的特征如性别、年龄、文化水平、风俗习惯、人口分布等决定医药市场的消费结构。人口因素对医药市场的影响主要体现在人口的数量和人均用药水平方面。

（二）消费者的需求和购买力

市场营销的本质是满足现实的需求和挖掘潜在的需求。购买力的高低影响购买行为的实现，消费者的需求与购买力对医药市场营销的具体影响在后面的章节详细介绍。

（三）国家政策与法规

国家政策对医药市场营销的影响是宏观的。如新医改方案、国家基本药物制度、医疗保险制度等政策对医药市场影响巨大。医药企业必须密切关注国家相关政策、法规的变化，及时制订或调整相应营销政策，积极主动地利用政策变化创造的市场机遇，规避市场风险。

（四）科技发展水平

科技发展水平对医药市场营销的影响主要体现在医药产品的升级换代、质量提升、成本控制以及营销模式创新等方面。科技发展给医药企业的市场营销既创造了机会，也带来了威胁。

（五）医药企业自身因素

医药企业自身的因素直接影响其营销活动。不同风格、类型的企业领导对医药市场的把握、认知、预测不同，必然会制订不同的营销战略与营销策略；医药组织结构、企业文化、内部管理、财务状况、产品组合等因素都会影响医药企业的营销活动；医药营销团队成员知识、能力、形象等综合素质对医药市场营销业绩有较大的影响。

四、医药市场营销学的研究内容

医药市场营销学的研究内容以医药市场营销活动及其规律为重点，主要包括四部分：第一部分为医药市场分析，包括医药营销环境分析、医药消费者市场购买行为分析、医药组织市场购买行为、医药市场调研与预测、医药市场竞争战略分析；第二部分为医药营销战略，包括医药市场细分、医药目标市场选择、医药产品市场定位；第三部分为医药营销策略，包括医药产品、品牌、价格、渠道、促销等营销策略；第四部分为医药物流管理、药店营销、医药国际市场营销等。

五、学习医药市场营销学的意义

（一）学习医药市场营销学是应对市场竞争的需要

医药产业是我国重点培育发展的战略性新兴产业之一。目前，我国医药行业总体呈现企业数量多、规模小、管理水平低、经济效益低等特点，医药企业的市场竞争实力不足。因此，学习、研究医药市场营销学，进一步提高医药企业现代化经营管理水平，是培育我国制药企业核心竞争力的需要。

（二）学习医药市场营销学是促进医药产业健康发展的需要

目前，我国医药企业的市场营销普遍存在缺乏高层次营销管理人才、缺乏长远营销战略、缺乏国际化营销视野等问题，市场竞争的主要手段是价格战、广告战和带金销售，不规范的营销策略严重影响医药市场的健康发展。因此，学习研究医药市场营销学，进一步规范医药市场竞争秩序和提升营销层次，是促进医药产业健康发展和保障人民合理用药的需要。

（三）学习医药市场营销学是实现药学专业人员职业发展的需要

竞争是市场经济的基本特征。随着社会经济的快速发展和我国市场经济体制的不断完善，我国将成为全球药品消费增长最快的地区之一，有望成为仅次于美国的药品市场，我们面对的市场竞争也将更加激烈。对于药学专业人员，不论从事药物研究开发，还是药品生产经营工作，都必须树立市场观念，以顾客的需求为中心。因此，学习、研究医药市场营销学，进一步提高自身的综合能力，是药学专业人员职业发展的需要。

案例学习

案例1-1 “21金维他”的整合营销传播策略

杭州民生药业集团公司的前身是民生药厂，1926年在杭州创建，是中国最早的四大西药厂之一。21金维他是杭州民生药业集团公司的特色产品，是国内第一个多维生素类非处方药。21金维他1984年面世，经过10多年的经营，销售额未曾过亿元，2001年，更是下滑到8000万元。2001年11月，民生药业决策层启动了21金维他的全新营销运作模式，经过4年的努力，21金维他的年销售额从2001年的8000万元增加至2005年的10亿元，引起了业内的广泛关注。21金维他的成功，不是依靠传统的地毯式广告轰炸，而是在市场调研的基础上，运用了中国特色的整合营销传播策略，创造性地整合产品、价格、渠道、促销等营销工具，实现了传播和销售的双丰收，取得了非常好的业绩。在产品方面，发挥21金维他复合维生素功效确切、适用人群广泛的产品优势，采取“从症状出发，让顾客对号入座，增加顾客购买的紧迫感”的策略；在价格方面，21金维他的最高零售定价是23.80元，平均每天不到8毛钱，不到黄金搭档、施尔康等竞争产品的一半，具备价格竞争优势；在渠道方面，21金维他充分发挥浙江省内良好的渠道优势，医院渠道覆盖率达80%以上，药店铺货覆盖率达90%以上，在做深、做细根据地市场的同时，有序开拓全国市场；在促销方面，选择倪萍作为形象代言人，在中央电视台和重点市场卫视组合投放广告，传播“家人的健康，我们的责任”的品牌营销理念。

资料来源：陶剑虹，谭勇. 主流——中国药企领袖智慧［M］. 北京：清华大学出版社，2005：221-237.

问题：请结合本案例理解整合营销的重要意义及具体做法。

案例1-2 天津天士力控股集团的事件营销

2005年7月18日，天津市政府领导和天津天士力控股集团吴廼峰副总裁专程赶赴青海，将价值200万元的现代中药复方丹参滴丸和相关健康指导书籍捐赠给青藏铁路建设者及西藏人民。唐古拉山终年风雪交加，号称“风雪仓库”，是青海和西藏的分界线。唐古拉山口是整个青藏高原铁路建设中任务最艰巨、环境最恶劣，也是最高、最险的一段。在生命禁区施工的建设者们不仅要面临恶劣环境的严峻考验，还要面对繁重的体力劳动和随之而来严重的高原反应。铁路建设工人们说：“我们现在最需要的就是能够缓解高原反应的有效药品，在青海、西藏两省区铺轨工程合龙的决战时刻，天士力控股集团真是雪中送炭。”其中，相当一部分药品由青海省红十字会工作人员向高海拔地区群众、社会低保及弱势群体发放，特别是青海南部海拔4000米以上高寒牧区的各族贫困农牧民群众，受益人群多达10余万人。天津天士力控股集团1999年以来先后十余次捐助西部人民，将复方丹参滴丸赠予高原人民及解放军部队，深受西藏人民和驻藏部队的欢迎，复方丹参滴丸现已经成为西藏人民家中常备药品和驻藏解放军部队的常规装备用药。

资料来源：刘永忠根据相关资料编写。

问题：请结合本案例理解事件营销的特征及效果。

案例1-3　亚洲制药有限公司“小快克”的网络新媒体营销

我国每年感冒药市场份额为150亿～200亿元，儿童感冒药正蓬勃发展，如仁和“优卡丹”，太阳石“好娃娃”，哈药集团“护彤”等明星品牌。亚洲制药有限公司管理层分析：2011年中国互联网总用户数将达到6亿，移动电视等强势平台的广告成本高，药品降价又是大趋势，而网络新媒体的影响力越来越大。另外，网络的互动性也远优于传统电视的强迫灌输。医药企业如何在激烈的竞争中拔得头筹？

2010年岁末，亚洲制药有限公司把握营销契机，联手酷6网策划实施节日温暖营销——“小快克送祝福，温暖过大年”。基于春节这个全体中国人聚焦的特殊时段，借助“春晚”对小快克品牌进行集中展示，通过挑选适合家庭用户口味的内容和广告形式，定制家与温暖的主题，让明星和普通民众共同表达自己的新年祝福，传播温情与关怀，对目标受众实施精准化营销，并通过网络留言和评论等形式与网友直接进行沟通互动，以达到刺激其消费的目的。

在产品推广上，小快克适用于1～12岁儿童，包装采用半袋分隔技术，方便不同年龄层儿童准确把握用量，草莓口味也化解了父母对孩子抵制用药的担心。而小快克在具体操作中则将受众人群定位于全国的年轻父母乃至准父母。在提出创意、找准定位、明确方向之后，亚洲制药有限公司携手酷6网络视频公司，针对小快克产品进行多种形式的整合。在口碑传播上，在春晚直播页面旁可边看边聊，产生互动，又在专题页面设置“小快克温暖送祝福”一栏，由网友留言，传送新年祝福。另外，还设有“小快克投票”，对网友进行过年专题调研，产生心灵共鸣，小快克品牌美誉度得到传播。在品牌曝光度上，在“春晚”直播页面进行播报和节目介绍，在“边看边聊”板块上加贴快克和小快克名称，进行品牌植入，在“春晚”专题页面上拉置横幅广告，每日推荐热点内容加上温暖过年专题冠名，结合“揭秘明星如何温暖过年”“情暖意浓，众星给您拜大年”“春暖花开，回家过年大团圆”“咱老百姓，温暖过大年”等栏目，使品牌进一步得到升华。

整个营销过程结束后，小快克通过酷6视频实现了3亿次曝光，1亿人聚焦，并在业内完成了“三个第一”：第一次让小快克与“春晚”产生关联，提升了它的品牌高度；第一次在药品行业推广的无声期投放药品广告，并产生独特影响力；针对大事件直播，药品行业第一次成功尝试与视频媒体进行全方位、定制化合作。

资料来源：刘永忠根据相关资料编写。

问题：请结合本案例学习网络营销的特征及方法。

思　考　题

1. 如何理解市场的含义？市场的要素是什么？
2. 什么是市场营销？其实质是什么？如何理解？
3. 简述医药市场营销的特征及影响因素。
4. 简述市场营销观念的演变历程。
5. 简述市场营销学的新进展。

（刘永忠）

医药市场营销环境分析

学习目标和基本要求

通过本章学习，掌握医药市场营销宏观环境和微观环境的主要内容，医药市场营销环境对企业决策的影响；熟悉医药市场营销环境分析方法；了解医药市场营销环境的特点。

医药企业总是在一定的环境条件下开展市场营销活动的。环境的不断变化给医药企业创造了新的市场机会，也给企业带来了威胁与挑战。因此，市场营销环境（marketing environment）对医药企业的生存和发展是十分重要的。企业必须切实重视对医药市场营销环境的分析和研究，制订适应市场环境的营销战略和策略，趋利避害，扬长避短，以实现企业的市场营销目标。

第1节 医药市场环境概述

一、医药市场营销环境的概念及特点

（一）医药市场营销环境的概念

医药市场营销环境指与医药市场营销和营销企业生存和发展相关的所有内、外部客观因素的总和。医药企业的一切活动都必须适应内、外环境的变化，企业才能快速发展。具体来讲，医药企业的营销环境指能够影响医药企业营销战略与策略的各种因素和力量。

（二）医药市场营销环境的特点

医药企业市场营销环境较为复杂，具有以下特点。

1. 客观性 医药市场营销环境是客观存在的，是不以企业意志为转移的，有一定的运行规律和发展趋势。医药企业必须科学分析，积极面对，主动适应，及时准确制订市场营销计划并依据环境变化不断调整，才能使企业立于不败之地。例如，2009年我国出台新医改方案，全面推行国家基本药物制度，如何开展基本药物营销是企业必须面对的客观问题。

2. 动态性 医药市场营销环境随着时间的推移和社会经济的发展不断变化，是一个动态系统。国家医药政策、医药科技水平、人民的生活水平、消费者的健康观念等都在变化，医药企业需要根据具体的环境来分析，以动态的营销方案应对动态的环境变化。例如，我国医药消费者的消费倾向正在从以治疗为目的，向以治疗、预防、养生、保健等综合追求转变，消费者的消费心理正趋于成熟，这无疑对医药企业的营销行为产生最直接的影响。因此，医药企业要不断地修正和调整自己的营销策略，使企业的市场营销活动主动适应环境的变化，否则将会丧失市场机会。

3. 差异性 不同国家和地区的医药政策、经济社会发展水平、文化风俗等都不尽相同，所以，医药市场营销环境存在差异性。医药企业在制订营销方案时，要根据具体环境分析。例如，美国广告法明文规定，本国名人不可以代言药品广告，而我国名人代言药品广告比比皆是。

4. 关联性 医药市场营销环境是一个系统。在这个系统中，各个因素都不是孤立的，而是相互渗透、相互制约、相互联系、相互依赖、彼此影响的，其中一个因素的变化，会引起另外多个因素相互变化，形成新的医药市场营销环境。例如经济因素不能脱离政治因素而单独存在。

5. 不可控性 医药市场营销环境系统复杂多变，其客观性决定了它的不可控性，医药企业只能适应和利用它。医药市场营销环境对企业有积极的影响，也有消极的影响，医药企业要发挥能动性，趋利避害，调整市场营销战略和策略，更好地适应环境。例如，近年来中药材价格大幅攀升，而且极不稳定，中药制药企业可以通过建立自己的药源基地来适应这种环境。

二、医药市场营销环境的分类

医药市场营销环境是一个复杂的系统工程，一般分为宏观环境和微观环境两个方面。

（一）宏观营销环境

医药市场宏观营销环境指影响医药企业生产经营的社会力量，主要包括人口环境、经济环境、自然环境、科学技术环境、政策和法律环境以及社会文化环境。

宏观营销环境是医药企业不可控制的因素，企业要科学严谨地调查研究，把不利因素转变为有利条件。医药企业对外部环境要顺应和利用。

（二）微观营销环境

医药市场微观营销环境指与企业紧密相连、直接影响企业营销能力的各种参与者，主要包括企业本身、供应商、市场营销中介、顾客、竞争者以及社会公众。

微观营销环境是影响医药企业和在一定程度上可以改变、转化的因素，通过强化内部管理、建立战略同盟、供应链管理、公共关系管理等方法为企业发展营造良好的微观营销环境。

三、研究医药市场营销环境的意义与方法

（一）研究医药市场营销环境的意义

医药企业的一切营销活动都离不开对医药营销环境的依赖。医药企业要在激烈的市场竞争中立于不败之地，就必须对市场营销环境做出正确的分析、判断和适应。

1. 研究医药市场营销环境是企业把握市场机会的需要 医药市场营销环境的变化最终都会集中体现在医药市场的需求与供给关系上。医药企业只有认真分析并掌握营销环境与医药市场供求情况，才能发现和把握医药市场机会，选择正确的目标市场，进行准确的市场定位，采取适当的营销策略。

2. 研究医药市场营销环境是企业营销战略的需要 医药企业的生产经营活动离不开经济、社会环境，社会生产力水平、医药科学技术的变化趋势、社会经济体制、管理体制等都会直接或间接地影响着医药企业的战略方向。医药企业制订营销战略和营销计划，首先要认真调查与分析经营环境，抓住一切有利机会，避开可能的障碍，动态地适应社会经济变化的要求，实现企业生存与发展的目标。

3. 研究医药市场营销环境是企业制订营销策略的需要 医药的营销策略从本质上讲只能适应和服务于内、外部环境的变化。企业要扬长避短，充分发挥优势，整合内、外部营销资源，构建现代供应链体系，制订与企业资源以及外部环境相适应的营销策略，从而在竞争中取胜。

（二）医药市场营销环境研究的方法

医药市场营销环境的分析通常都采用定性分析的方法。常用的分析方法包括专家分析法、机会-威胁对比分析法、组织内部环境分析法及竞争环境分析法。

1. 专家分析法 本方法主要依靠市场营销专家的知识和经验，采用专家咨询、座谈会等方法，获得正确的环境分析结果。对市场营销专家的选择是专家分析法的关键，是有效开展专家分析的前提。专家的学识、阅历、实践经验以及对特定营销环境的敏感性及其所掌握的相对完整的市场信息是其分析咨询的基础。常见的具体方法有个别专家访谈法、专家会议法、类推法和德尔菲法等。

2. 机会-威胁对比分析法 本方法是由企业内部经过训练的市场营销研究人员完成，再传递给决策部门作为决策的依据。研究人员经过广泛的市场调查之后，对收集的数据进行统计分析，依次将通过调查获得的各种市场影响因素的结果，按照一定的规则予以评分，然后编制机会-威胁程度分析表和绘制机会-威胁坐标图。

3. 组织内部环境分析法 本方法主要是分析企业组织内资源、能力和文化状况，包括组织资源分析、组织能力分析、组织文化分析。组织资源分析主要包括对人力资源、财务资源、技术资源、市场资源的分析评价；组织能力分析是对企业的核心竞争能力的评价，主要包括资源能力、生产能力、营销能力、研发能力等评估；组织文化分析主要包括组织文化的内涵、组织文化的结构层次和组织的价值观等分析。

4. 竞争环境分析法 本方法采用迈克尔·波特教授提出的行业结构分析模型，即“五力”模型，作为企业环境分析的判断与决策依据（图 2-1）。

这里所说的“五力”指行业现有的竞争状况、替代产品的威胁、新进入者的威胁、供应商的议价能力、客户的议价能力。其中，行业内竞争状况包括行业发展阶段、行业的集中程度、产品的差异性、剩余生产能力和退出障碍；替代产品的威胁包括买方对替代产品的态度、替代产品的性价比；新进入者的威胁包括规模经济、资本需求、绝对成本优势、产品差异、分销渠道、政府政策和法律、应对竞争的策略；供应商的议价能力和客户的议价能力包括买卖双方规模的相对大小和集中度、购买者信息的完全程度、产品差异化的程度、产业链纵向一体化的程度。

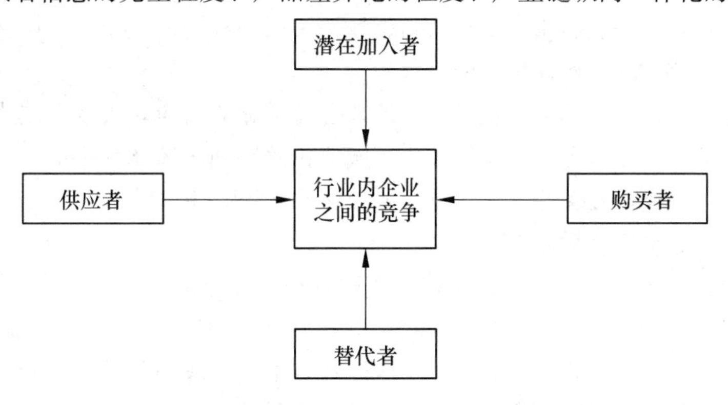

图 2-1 行业竞争的五种基本力量

第2节 医药市场宏观环境分析

医药市场宏观环境指能够对企业构成市场机会和环境威胁、能够影响公司运营和绩效的自然及社会力量的总和，主要包括人口环境、经济环境、自然环境、科技环境、政治和法律环境以及社会和文化环境。

一、人口环境

人口是构成医药市场的核心要素。人口的数量直接决定医药市场的潜在容量，人口越多，医药市场规模就越大。人口的年龄结构、地理分布、婚姻状况、出生率、发病率、死亡率、人口密度、人口流动性及文化教育等人口特征，会对医药市场格局产生深刻影响，并直接影响医药企业的市场营销战略和策略。因此，医药企业必须重视对人口环境的研究，密切关注人口特性及其发展趋势，适时调整营销对策以适应人口环境（demographic environment）的发展变化。

（一）人口数量与增长速度对医药营销的影响

我国人口环境的重要特点就是人口数量多。人口数量是影响基本生活资料需求的一个决定性因素。我国有13亿多人口，是世界人口数量最多的发展中国家，众多的人口给医药企业带来了市场机会。因为人口越多，对医药产品的需要也越多，医药市场容量也就越大。但是，庞大的人口数量也给经济发展、社会进步、资源利用、环境保护等诸多方面带来了沉重的压力。

（二）人口结构对医药营销的影响

人口结构包括自然构成和社会构成。人口自然构成包括性别比例、年龄结构等；人口社会构成包括民族构成、教育程度、职业构成等。我国在人口结构方面显著的特点是人口老龄化，而且人口老龄化的速度大大高于西方发达国家。国际上一般把65岁以上老人占社会总人口比例超过7%的社会叫做老龄化社会。2000年，我国已经步入了老龄化社会。我国老年人占总人口的比重，在2020年之后将达到12%。老龄化人口数量的增加，使得医药市场需求结构出现新的变化，老年人用品（如医药保健用品、营养用品）的需求不断增加。

（三）人口地理位置分布及区间流动对医药营销的影响

人口地理分布指人口在不同地区的密集程度。医药市场消费需求与人口的地理分布密切相关，一方面人口密度不同，不同地区的医药市场需求量存在差异，另一方面不同地区居民对医药产品的购买习惯和购买行为也存在差异。此外，城乡居民的医药消费偏好也有很大的差异。农村人口一直在我国总人口中占有较大比重，农村医药市场是一个潜在的巨大市场，医药企业应针对这一市场制订营销计划，满足农村医药市场的需求。

另外，在我国，人口的区间流动也是人口地理分布的显著特点，主要表现为农村人口向城市流动；经商、观光旅游、学习等人口流动加速。城镇化发展和城镇化水平的提高将提高医药产品需求，因此，医药企业要高度关注并快速适应城镇化发展新形势。

（四）家庭规模对医药营销的影响

家庭是医药产品购买、消费的基本单位。家庭规模包括家庭数量和家庭人口数即家庭结构。无论是家庭数量还是家庭结构都将对医药营销活动产生重大的影响。首先，家庭的数量直接影响医药市场需求量。其次，家庭结构将直接影响医药消费形态。我国家庭结构变化的主要特征是向小型化发展。在过去很长一段时间内，尤其是在广大农村地区，由于受传统文化习惯的影响和经济发展水平的制约，人们倾向于组成大家庭共同生活，但随着我国社会的发展和人民生活水平的提高，农村家庭也向小型化方向发展。在家庭结构小型化的同时，家庭的特征也有一定的变化，即城市中独生子女家庭、丁克家庭、单亲家庭、单身户增加，而这些变化都将对医药营销活动产生影响。

（五）人口健康状况对医药营销的影响

过去，我国传染病和寄生虫病在人群死因中排首位，目前已下降为第九位。从20世纪80年代开始，全国实施了儿童免疫计划。到2000年，全国基本消灭脊髓灰质炎。通过采取以食盐加碘为主的综合性防治措施，碘缺乏症得到了有效控制。大骨节病、克山病的发病人数也在逐年减少。但是，目前仍然存在一些令人担忧的中国人口健康问题：传染性疾病控制难度加大，包括艾滋病、结核病、肝炎等各类传染病仍然是危害中国国民健康的几大“杀手”；随着人民生活水平的提高，患高脂血症、糖尿病、高血压、冠心病等非传染性疾病的人口数量急剧上升；精神疾病负担日益加重，据世界卫生组织推算，2020年，中国精神疾病负担将升至疾病总负担的1/4。人口健康状况的变化将直接影响医药产品的结构和医药企业的营销策略。

二、经济环境

对医药企业而言，主要的经济环境因素就是购买力水平，但是购买力水平是一个综合性指标，它是消费者收入水平、消费支出规模和消费结构、消费者储蓄和信贷情况、经济发展水平、经济体制、地区与行业发展状况、城市化程度等一系列经济变量的函数。经济环境的特点及其变化必然会影响医药企业活动的方向、内容以及营销方式的选择。下面重点分析主要经济因素。

（一）消费者收入水平的变化

收入因素是构成医药市场的重要因素。因为，医药市场规模的大小，取决于消费者的购买力大小，而消费者的购买力取决于其收入的多少。消费者的购买力来自其收入，但消费者并不是把全部收入都用来购买商品，购买力只是收入的一部分。因此，在研究消费者的收入时，应注意以下几点。

1. 国民生产总值 它是衡量一个国家经济实力与购买力的重要指标。从国民生产总值的增长幅度，可以了解一个国家的发展状况和速度。一般来讲，一个国家的国民生产总值增长越快，对医药卫生的投入就越大，国民的购买力也就越大。

2. 人均国民收入 这是用国民收入总量除以总人口的比值。这个指标大体能够反映一个国家人民生活水平的高低，也在一定程度上决定商品需求的构成。一般来说，人均收入增长越快，对医药产品的需求和购买力就越大。

3. 个人可支配收入 这是指个人收入中扣除消费者个人缴纳的各种税款和交给政府的非商业性开支后剩余的部分，是可以用于消费支出或储蓄的个人收入，它是实际的购买力。

4. 个人可任意支配收入 这是在个人可支配收入中减去用于维持个人家庭生存必不可少的费用（如房租、水电、食物、燃料、衣着等各项开支）后剩余部分。这部分收入是消费者需求变化中最活跃的因素。

（二）消费者支出模式和消费结构的变化

1. 消费者支出模式 这与消费者收入有关，随着消费者收入的变化，消费者支出模式会发生相应的变化。经济学家常用恩格尔系数来反映这种变化。食物开支占总消费量的比重越大，恩格尔系数越大，人们的生活水平越低；反之，食物开支所占比重越小，恩格尔系数越小，人们的生活水平越高。除消费者收入外，消费者的支出模式还受到下面两个因素的影响。

（1）家庭生命周期的阶段影响：据调查，没有孩子的年轻人家庭，往往把更多的收入用于购买耐用消费品。有孩子的家庭，则在孩子的娱乐、教育等方面支出较多，而用于购买家庭消费品的支出减少。当孩子长大独立生活后，用于医药保健、旅游、储蓄部分就会增加。

（2）家庭所在地点的影响：住在农村与住在城市的消费者、住在南方与住在北方的消费者，他们的消费支出模式都不尽相同。

2. 消费结构 指消费过程中人们所消费的各种消费资料的构成，即各种消费支出占总支出的比例关系。改革开放三十多年，我国消费者支出结构发生了很大的变化。随着家庭收入的增加，用于食品的开支占收入的百分比下降，用于住房、教育、旅游、保健等方面的开支占收入的百分比上升。

（三）消费者储蓄和信贷情况的变化

消费者的购买力还要受储蓄和信贷的直接影响。当收入一定时，储蓄越多，现实消费量就越小，但潜在消费量越大；反之，储蓄越少，现实消费量就越大，但潜在消费量就越小。

消费者信贷实际上就是消费者提前支取未来的收入，提前消费。信贷消费允许人们购买超过自己现实购买力的商品，从而创造更多的就业机会和更大的市场需求；同时，消费者信贷还是一种经济杠杆，它可以调节积累与消费，供给和需求的矛盾。我国现阶段的信贷消费主要在教育、住房等方面。

三、自然环境

（一）自然资源

自然资源状况直接影响医药企业特别是中药制药企业选址和原材料采购。中药资源的获取对中药制药企业至关重要，据2001年普查资料，我们国家共有12807种中药材，其中动物药有1581种，植物药有11146种，矿物药80种。我国常用的中药有500～600种，其中75%来自野生药材资源。由于中药需求日渐增加，平均每年都会有20%的天然药材短缺。过度无序的开采导致中药材资源紧缺，中药资源产地大面积植被被毁，导致生态环境日益恶化，野生药材资源逐年减少，许多珍稀道地药材物种濒危灭绝，物种和生态系统正在面临退化、消失等威胁。中药制药企业应该树立科学发展观，合理保护和利用中药资源，同时运用中药生物技术开发新型绿色替代品。

（二）地理环境

一个国家或地区的气候、地形和地貌，这些地理特征是医药企业市场营销所必须考虑的环境因素。我国地域辽阔，地理环境差别较大，例如，云南、贵州、四川三省多山，道路崎岖，交通运输条件、基础设施相对薄弱，企业运输医药产品的成本较其他平原地区高。再如湖南、江西等省份多湖塘，是血吸虫病的高发地区。我国经济发展不平衡，沿海的东部地区城镇化率和经济发展水平高于中西部地区，医药市场份额大。

四、科技环境

（一）科技对医药行业发展的影响

科技对医药行业的影响主要体现在新技术、新材料、新工艺在医药产品的应用上，促使医药产品升级换代，如青霉素、链霉素、胰岛素等药品的诞生。每一种新技术都是一种“创造性破坏因素”，会给某些企业造成环境威胁，甚至会淘汰一批企业，因此，医药企业的管理层应该对企业的技术变化保持高度的敏感性，及时采用新技术，实现产品升级换代。近年来迅速发展的生物工程科学和技术在医药领域获得应用并已成为未来医药行业超前发展的强大技术支撑。

（二）科技对医药消费习惯的影响

数字化、网络化、智能化的信息技术改变了传统实体店购物方式，伴随医药电子商务的兴起，给医药生产企业提供了一个新的销售渠道，帮助企业扩大市场影响力和销售规模。同时，医药电子商务又对企业的传统营销模式提出了严峻的挑战，医药企业要认真面对，主动应对。截至2011年年底，国家食品药品监督局已经批准了119家具备网上药品交易资格证件的商家。

（三）科技对医药营销策略的影响

当今世界，科学技术发展迅猛，新产品不断涌现，产品生命周期明显缩短，产品更新换代成为企业营销的新命题。而电子商务和物流配送将成为企业未来主要的营销方式，药品生产企业与药品流通企业间的原有关系发生重大变化，医药交易方式和流通方式将向更加现代化方向发展。医药营销渠道模式的改变，直接促使企业价格策略随之改变。在国家加大对非处方药（over the counter，OTC）市场媒体广告的监管环境下，网络的普及和高点击率给医药企业制订促销策略提供了更多的选择余地。

五、政治和法律环境

医药企业总是在一定政治、法律环境下运行的，政治和法律是影响医药企业营销的重要宏观环境因素。政治因素像是一只无形之手，调节着企业营销活动的方向，法律则为企业经营活动规定行为准则。政治与法律相互联系，共同对医药企业的市场营销活动产生影响和作用。

（一）政治环境

政治是建立在一定经济基础上的统治阶级意志的集中体现，主要表现为国家的政体、政党制度、政府的方针、政策和政治局势等所构成的环境。政治环境对医药企业营销活动的影响主要表现为国家所制订的方针政策，如人口政策、税收政策、货币政策、医药产业政策等都会对医药企业营销活动产生影响。医药企业应该根据政府的方针政策，相应地调整自己的市场营销战略和策略，预见政府的行动，争取政府的优惠条件，把握新政策带来的发展机遇，回避不利因素以取得生产经营的主动权。具体地讲，新医改方案、国家基本药物制度、药品集中招标采购规则、新型农村合作医疗政策、城市医保政策、药品降价等对医药市场营销会产生深刻的影响。

（二）法律环境

法律环境主要是指国际法、国际惯例和国家立法机构颁布的各项法律、条例以及国家或地方政府、政府主管部门所发布的各项政策、规定等。它是医药企业营销活动的准则，医药企业只有依法进行各种营销活动，才能受到国家法律的有效保护。近年来，为适应经济体制改革和对外开放的需要，我国陆续制订和颁布了一系列与医药营销有关的法律、法规，如《产品质量法》《食品卫生法》《广告法》《价格法》《反不正当竞争法》《商标法》《消费者权益保护法》《专利法》《药品管理法》等。医药法规是国家及有关政府部门为推动医药行业发展而制订的行为规范与准则。医药企业要研究并熟悉法律环境，这样既能保证自身严格依法管理和经营，也可以运用法律手段保障自身的权益。例如有关法律规定，处方药不能在大众媒体上做广告。

六、社会文化环境

社会文化指一个社会的民族特征、价值观念、生活方式、风俗习惯、伦理道德、教育水平、语言文字和社会结构等的总和。人类在某种社会中生活，必然会形成某种特定的文化。社会文化因素通过影响消费者的思想和行为来影响医药企业的市场营销活动。因此，医药企业在从事医药市场营销活动时，应重视对社会文化的研究，并做出适宜的营销决策。

（一）价值观念

价值观念指人们在长期社会生活中形成的对各种事物的普遍态度和看法。价值观念是社会文化环境的核心，具有高度的连续性，不会轻易改变。不同的文化背景下，人们的价值观念差别很大。消费者对药品的需求和购买行为深受其价值观念的影响。例如中国人重人情，讲关系，这对医药企业营销产生广泛的影响。所以，医药企业营销必须根据消费者不同的价值观念制订营销方案。

（二）教育水平

教育水平高低影响消费者心理、消费结构，影响医药企业营销战略和策略的选择。不同的文化修养的消费者表现出不同的审美观，购买医药产品时选择原则和方式也不同。一般来讲，教育水平高的地区，消费者选择医药产品更加趋于理性，容易接受新品种。因此，医药企业制订药品营销策略时，应考虑当地的教育水平。

（三）风俗习惯

风俗习惯在饮食、服饰、居住、人际关系等方面，都表现出独特的心理特征、伦理道德、行为方式和生活习惯。不同的国家、不同的民族有不同的风俗习惯，它对消费者的消费偏好、消费模式、消费行为等具有重要影响。了解目标市场消费者的禁忌、习惯和避讳等是医药企业进行市场营销活动的重要前提。研究消费习俗，有利于医药企业开展市场营销活动，也有利于引导消费者合理用药。

（四）宗教信仰

宗教是影响人们消费行为的重要因素之一，不同的宗教信仰有不同的文化倾向和戒律，从而影响人们认知事物的价值观念、行为准则和消费行为。特别是在一些信奉宗教的国家和地区，宗教信仰对医药市场营销的影响力更大。因此，医药产品在这些国家或地区推出时，企业要充分了解不同地区、不同民族、不同消费者的宗教信仰以及习俗，提供适合的产品，制订适合的营销策略。否则，会触犯宗教禁忌，失去市场机会，甚至引发公关危机。

第3节 医药市场微观环境分析

医药市场营销微观环境指与医药企业营销活动直接相关的对医药企业营销活动产生一定影响的力量和因素，主要包括医药企业本身、供应商、市场营销中介、顾客、竞争者以及社会公众。医药企业要研究医药市场营销微观环境，更好地协调与这些相关群体的关系，促进企业市场营销目标的实现。

一、医药企业

现代医药企业开展营销活动，必须设立适合企业发展的营销部门。医药企业的营销工作需要营销部门各类专职人员通力合作，而更重要的是必须取得企业内部其他部门如高层管理、财务、研究与开发、采购、生产等部门的协调一致的支持。企业的内部组织就形成了企业内部的微观环境。

企业内部环境可分为两个层次：第一层次是高层管理部门。营销部门必须在高层管理部门所规定的职权范围内做出决策，并且所制订的计划在实施前需取得高层领导的批准；第二层次是企业的其他职能部门。企业营销部门的业务活动是和其他的业务活动息息相关的。营销部门在制订和执行营销计划的过程中，必须与企业的其他职能部门相互配合，协调一致，才能取得预期的效果。

二、供应商

供应商是直接影响医药企业营销的重要因素之一。供应商指向医药企业及其竞争者提供生产经营活动所需资源的企业或个人。供应商所提供的资源主要包括原材料、辅助材料、包装材料、设备、能源、劳务和资金等。资源供应者对医药企业营销活动的影响主要体现在以下三个方面：其一，供应资源的质量水平将直接影响企业产品的质量；其二，资源供应的价格变动趋势将直接影响医药企业产品的成本；其三，资源供应的稳定性与及时性将直接影响医药企业产品的销售量和交货期。医药企业要实施供应商管理，通过资源整合，建立现代供应链，提高企业的竞争力。医药企业在寻找和选择供应商时，应充分考虑供应商的资信状况，并且要与主要供应商建立长期稳定的合作关系，保证企业生产资源供应的稳定性。另外，医药企业选择供应商时，要通过招标等形式进行采购，同类资源的供应商至少保持在两家以上，以免当企业与供应商的关系发生变化时，使企业资源供应链断裂。

三、市场营销中介

营销中介指为医药企业营销活动提供各种服务的企业或部门的总称。营销中介对医药企业营销产生直接的、重要的影响。营销中介的主要功能是协助医药企业营销药品，它是医药企业市场营销不可缺少的中间环节。医药营销中介主要包括医药中间商、实体分配医药企业、营销服务机构、金融机构等。

（一）医药中间商

医药中间商作为生产商与终端消费者间的桥梁，完成医药产品从生产领域向消费领域的转移。医药中间商可以垫付部分资金帮助生产商完成物流等职能，从而降低生产商的成本；医药中间商可以代替生产企业完成部分营销工作，如促销及售后服务等，为生产企业节省人力、物力、财力；医药中间商能够接触到终端市场，是企业市场信息的主要来源；医药中间商可以利用自身的分销网络，使企业的医药产品快速进入新市场。医药产品是特殊产品，医药中间商主要包括药品批发企业、药品零售企业等，他们必须取得药品经营许可证才能从事药品经营。医药企业要选择适合自己产品营销的中间商，并采取一些措施管理和激励中间商，与中间商建立良好的合作关系。

（二）实体分配企业

实体分配企业主要包括仓储企业和运输企业，主要职能包括仓储、运输、装卸、库存控制等要素。药品的特殊性决定了医药实体分配企业的业务必须符合货物供应规范（good supplying practice，GSP）要求，要满足药品储运过程的质量要求。例如，生物制品要全程冷链运输。因此，医药企业结合自身药品的特点，综合考虑各方面因素，选择最适宜的药品专业物流企业，在保证药品储运质量的前提下，提高效率，降低成本。

（三）营销服务机构

营销服务机构主要包括市场调研机构、营销策划咨询机构、公关公司、广告公司等。营销服务机构提供的专业服务是医药企业营销活动不可缺少的，它们的主要任务是协助医药企业明确市场定位，进行市场推广，提供专业咨询等。医药企业在选择营销服务机构时，需对他们所提供的服务质量进行评估，比较各服务机构的服务特色、价格，选择最适合自己的合作伙伴。

（四）金融机构

金融机构包括银行、信托企业、保险企业等。金融机构的主要功能是为医药企业营销活动提供融资及保险服务。医药企业的信贷来源、银行的贷款利率、医药保险企业的保费变动都会对医药企业市场营销活动产生一定的影响。医药企业必须与金融机构建立密切的良好的长期合作关系，以保证融资及信贷业务的稳定和医药企业资金运转的畅通，为医药企业的经营活动提供资金保障。

四、竞争者

任何企业都不可能独占市场，都会面对各种竞争者。医药企业要成功，必须在满足消费者需求和欲望方面比竞争对手做得更好，因此，竞争者是影响企业营销活动的一种重要力量。医药企业必须加强对竞争者的研究，了解对企业形成威胁的主要竞争对手的营销战略和策略，扬长避短，以获取竞争优势。从市场竞争的角度来看，药品企业在市场上所面对的竞争者主要分为欲望竞争者、一般竞争者、形式竞争者、品牌竞争者四种类型。对竞争者的深入分析见第 6 章。

五、顾客

顾客是医药营销的目标，是医药企业一切营销活动的中心和服务的对象，因此，顾客因素是医药企业营销最重要的微观环境因素。广义的顾客市场一般包括消费者市场、生产者市场、中间商市场、政府市场和国际市场，如图 2-2 所示。

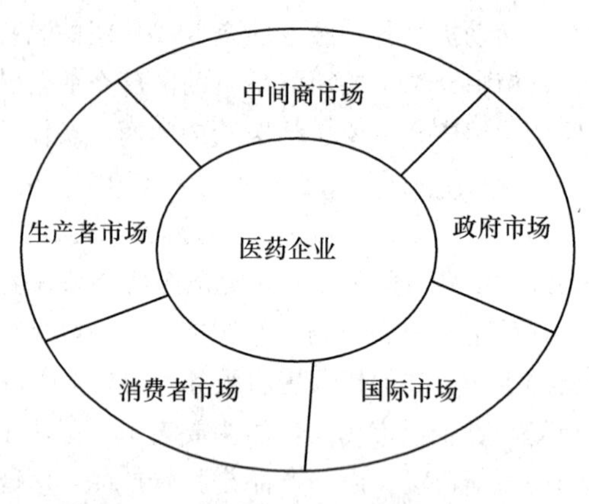

图 2-2　医药企业顾客市场

对医药市场而言，医药消费者是顾客市场的主体，任何医药企业的药品，只有得到了消费者的认可，才能赢得医药市场，满足消费者需求永远是医药营销管理的核心。消费者的需求是医药企业一切活动的出发点和归宿。因此，认真分析消费者需求的特点和变化趋势是医药企业营销工作的基础。对顾客的深入分析见第 3 章、第 4 章相关内容。

六、公众

公众指对医药企业实现营销目标具有实际或潜在影响的社会团体或个人。医药企业要妥善处理好与公众的关系，遵纪守法，诚信经营，树立良好的企业品牌形象，争取公众对企业的理解和支持。医药企业的公众主要包括以下几类。

（一）政府公众

政府公众主要指与医药企业营销活动有关的各级政府机构部门，如卫生部门、药品监督管理部门、工商行政管理部门、物价部门、税务部门等机构。这些政府部门所制订的政策对医药企业的营销活动有直接或潜在影响。医药企业必须了解政府相关的政策状况以及未来的发展趋势，制订切实可行的营销方案。

（二）媒介公众

媒介公众主要指沟通联系医药企业与外界的传播媒体，主要包括报纸、杂志、网络、广播、电视等传媒。这些传媒有着广泛的社会联系，能直接影响社会舆论对医药企业的认识和评价。医药企业要与这些媒体建立友好关系，发挥其积极作用。

（三）融资公众

融资公众主要指影响医药企业融资能力的各种金融组织和社会集团，主要包括银行、投资企业、证券企业、保险企业等。医药企业要提高自身信誉，协调、处理好与各种融资渠道的关系，实现多元化融资的目的。

（四）群众团体

群众团体主要指与医药企业营销活动有关的非政府机构，主要包括消费者组织、环境保护组织、医药行业协会等。医药企业营销活动涉及社会各方面的利益，群众团体的意见、建议对企业的营销活动有重要的影响。例如，药品价格虚高、带金销售、虚假医药广告等成为消费者权益保护组织重点关注问题。

（五）地方公众

地方公众主要指医药企业周边社区的居民、团体、官员等。社区是企业的邻里，社区居民良好的口碑能帮助医药企业在社会上树立良好的品牌形象。医药企业要与社区保持良好的关系，为社区的发展做一定的社会贡献。例如，部分医药企业如果处理不好对周边环境污染的问题，社区居民的不满意就会对企业产生负面影响。

（六）内部公众

内部公众主要指医药企业内部全体员工，包括企业内部股东、董事会董事、经理层、各部门员工等。企业内部公众的态度会影响企业外部的公众，也是塑造企业品牌形象的途径之一。企业的营销活动也离不开内部公众的配合，医药企业要处理好与广大员工的关系，调动他们的积极性和创造性，让他们主动参与和支持企业的市场营销工作。

综上所述，公众对医药企业的态度对其市场营销活动有重要的影响，企业要处理好与公众的关系，争取公众的理解和支持，为企业的市场营销工作营造和谐的环境。

第 4 节　国家医药政策变化对医药市场营销的影响

近年来，国家在医药卫生领域推进了一系列改革措施，发布了一系列政策文件，使得医药卫生领域的政策环境发生深刻的变化，这将对医药市场营销产生深远的影响。

一、主要政策概述

2017 年 1 月 24 日，国务院办公厅发布了《国务院办公厅关于进一步改革完善药品生产、流通、使用政策的若干意见》（国办发〔2017〕13 号），提出了一系列完善药品生产、流通、使用领域政策的具体措施，是近年来我国医药卫生领域改革探索的经验总结和最新成果的集中体现，其中与医药市场营销相关的主要内容如下所述。

（一）提高药品质量疗效，促进医药产业结构调整

1. 严格药品上市审评审批　新药审评突出临床价值。仿制药审评严格按照与原研药质量和疗效一致的原则进行。加强临床试验数据核查，严惩数据造假行为。全面公开药品审评审批信息，强化社会监督。

2. 加快推进已上市仿制药质量和疗效一致性评价　对通过一致性评价的药品，及时向社会公布相关信息，并将其纳入与原研药可相互替代药品目录。同品种药品通过一致性评价的生产企业达到 3 家以上的，在药品集中采购等方面不再选用未通过一致性评价的品种；未超过 3 家的，优先采购和使用已通过一致性评价的品种。加快按通用名制订医保药品支付标准，尽快形成有利于通过一致性评价的仿制药使用的激励机制。

3. 有序推进药品上市许可持有人制度试点　优先对批准上市的新药和通过一致性评价的药品试行上市许可持有人制度，鼓励新药研发，促进新产品、新技术和已有产能对接。

4. 保障药品有效供应　健全短缺药品、低价药品监测预警和分级应对机制，建立完善短缺

药品信息采集、报送、分析、会商制度，动态掌握重点企业生产情况，统筹采取定点生产、药品储备、应急生产、协商调剂等措施确保药品市场供应。采取注册承诺、药价谈判、集中采购、医保支付等综合措施，努力使专利药品和已过专利期药品在我国上市销售价格不高于原产国或我国周边可比价格，并实施动态管理。

（二）整顿药品流通秩序，推进药品流通体制改革

1. 推动药品流通企业转型升级 打破医药产品市场分割、地方保护，推动药品流通企业跨地区、跨所有制兼并重组，培育大型现代药品流通骨干企业。鼓励中小型药品流通企业专业化经营，推动部分企业向分销配送模式转型。鼓励药品流通企业批发零售一体化经营。推进零售药店分级分类管理，提高零售连锁率。

2. 推行药品购销“两票制” 药品流通企业、医疗机构购销药品要建立信息完备的购销记录，做到票据、账目、货物、货款相一致，随货同行单与药品同行。企业销售药品应按规定开具发票和销售凭证。积极推行药品购销票据管理规范化、电子化。

3. 完善药品采购机制 落实药品分类采购政策，按照公开透明、公平竞争的原则，科学设置评审因素，进一步提高医疗机构在药品集中采购中的参与度。鼓励跨区域和专科医院联合采购。在全面推行医保支付方式改革或已制定医保药品支付标准的地区，允许公立医院在省级药品集中采购平台（省级公共资源交易平台）上联合带量、带预算采购。完善国家药品价格谈判机制，逐步扩大谈判品种范围，做好与医保等政策衔接。

4. 整治药品流通领域突出问题 严厉打击租借证照、虚假交易、伪造记录、非法渠道购销药品、商业贿赂、价格欺诈、价格垄断以及伪造、虚开发票等违法、违规行为，依法严肃惩处违法、违规企业和医疗机构，严肃追究相关负责人的责任；涉嫌犯罪的，及时移送司法机关处理。食品药品监管部门要加强对医药代表的管理，建立医药代表登记备案制度，备案信息及时公开。医药代表只能从事学术推广、技术咨询等活动，不得承担药品销售任务，其失信行为记入个人信用记录。

5. 强化价格信息监测 食品药品监管部门牵头启动建立药品出厂价格信息可追溯机制，建立统一的跨部门价格信息平台，做好与药品集中采购平台（公共资源交易平台）、医保支付审核平台的互联互通，加强与有关税务部门的数据共享。强化竞争不充分药品的出厂（口岸）价格、实际购销价格监测，对价格变动异常或与同品种价格差异过大的药品，要及时研究分析，必要时开展成本价格专项调查。

6. 推进“互联网＋药品流通” 引导“互联网＋药品流通”模式的规范发展，支持药品流通企业与互联网企业加强合作，推进线上线下融合发展，培育新兴业态。规范零售药店互联网零售服务，推广“网订店取”“网订店送”等新型配送方式。鼓励有条件的地区依托现有信息系统，开展药师网上处方审核、合理用药指导等药事服务。

（三）规范医疗和用药行为，改革、调整利益驱动机制

1. 促进合理用药 优化调整基本药物目录。公立医院要全面配备、优先使用基本药物。国家卫生健康委员会要组织开展临床用药综合评价工作，探索将评价结果作为药品集中采购、制定临床用药指南的重要参考。扩大临床路径覆盖面，2020年底前实现二级以上医院全面开展临床路径管理。医疗机构要将药品采购使用情况作为院务公开的重要内容，每季度公开药品价格、用量、药占比等信息；落实处方点评、中医药辨证施治等规定，重点监控抗生素、辅助性药品、营养性药品的使用，对不合理用药的处方医生进行公示，并建立约谈制度。

2. 进一步破除以药补医机制 坚持医疗、医保、医药联动，统筹推进取消药品加成、调整医疗服务价格、鼓励到零售药店购药等改革，落实政府投入责任，加快建立公立医院补偿新机制。

推进医药分开。医疗机构应按药品通用名开具处方，并主动向患者提供处方。门诊患者可以自主选择在医疗机构或零售药店购药，医疗机构不得限制门诊患者凭处方到零售药店购药。具备条件的可探索将门诊药房从医疗机构剥离。探索医疗机构处方信息、医保结算信息与药品零售消费信息互联互通、实时共享机制。各级卫生健康部门要结合实际，合理确定和量化区域医药费用增长幅度，并落实到医疗机构，严格控制医药费用不合理增长。将医药费用控制情况与公立医院财政补助、评先评优、绩效工资核定、院长评聘等挂钩，对达不到控费目标的医院，暂停其等级评审准入、新增床位审批和大型设备配备等资格，视情况核减或取消资金补助、项目安排，并追究医院院长相应的管理责任。

3. 强化医保规范行为和控制费用的作用　充分发挥各类医疗保险对医疗服务行为、医药费用的控制和监督制约作用，逐步将医保对医疗机构的监管延伸到对医务人员医疗服务行为的监管。探索建立医保定点医疗机构信用等级管理和黑名单管理制度。及时修订医保药品目录。加强医保基金预算管理，大力推进医保支付方式改革，全面推行以按病种付费为主，按人头付费、按床日付费等多种付费方式相结合的复合型付费方式，合理确定医保支付标准，将药品耗材、检查化验等由医疗机构收入变为成本，促使医疗机构主动规范医疗行为、降低运行成本。

二、国家具体医药政策变化对医药市场营销的影响

《国务院办公厅关于进一步改革完善药品生产流通使用政策的若干意见》提出了我国改革完善药品生产流通使用的系统化政策，其中与医药市场营销密切相关的政策措施主要包括“两票制”“取消药品加成”“分级诊疗”“药占比”“医保控费”等内容。

（一）“两票制”具体政策及其影响

1. “两票制”具体政策　2017 年 1 月 9 日，国务院医改办等八部委正式发布《关于在公立医疗机构药品采购中推行“两票制”的实施意见（试行）》（国医改办发〔2016〕4 号），明确提出在公立医疗机构药品采购中推行“两票制”是深化医药卫生体制改革、促进医药产业健康发展的重大举措，是规范药品流通秩序、压缩流通环节、降低虚高药价的重要抓手，是净化流通环境、打击“过票洗钱”、强化医药市场监督管理的有效手段，是保障城乡居民用药安全、维护人民健康的必然要求。公立医疗机构药品采购逐步推行“两票制”，鼓励其他医疗机构药品采购推行“两票制”。

2. “两票制”的界定　“两票制”是指药品生产企业到流通企业开一次发票，流通企业到医疗机构开一次发票。药品生产企业或科工贸一体化的集团型企业设立的仅销售本企业（集团）药品的全资或控股商业公司（全国仅限 1 家商业公司）、境外药品国内总代理（全国仅限 1 家国内总代理）可视同生产企业。药品流通集团型企业内部向全资（控股）子公司或全资（控股）子公司之间调拨药品可不视为一票，但最多允许开一次发票。

3. “两票制”的影响　推行“两票制”将会造成医药行业的大洗牌，药品从生产企业至多经过两家经营企业后就必须向医疗机构销售，导致中间大批量的经营企业的“产业链”因此断裂，同一层级的经营企业之间出现激烈的市场化竞争，药品商业企业的集中度将进一步提高，中小型医药流通企业将面临淘汰，大型医药流通企业将会变得更大。“挂靠”“走票”等药品购销中的违法、违规行为将被严厉打击。国家实施“两票制”的主要目的在于降低虚高的药品价格。“两票制”短期影响更多表现为药品流通企业和药品生产企业的利润降低，长期影响在于整个产业链利润分布格局的改变。

（二）“取消药品加成”具体政策及其影响

1. “取消药品加成”具体政策　2017 年 4 月 25 日，国务院办公厅发布的《深化医药卫生体制改革 2017 年重点工作任务》（国办发〔2017〕37 号）明确提出，2017 年 9 月底前全面推开公立医

院综合改革，所有公立医院全部取消药品加成（中药饮片除外）。协调推进管理体制、医疗价格、人事薪酬、药品流通、医保支付方式等改革。逐步提高医疗服务收入在医院总收入中的比例。通过调整医疗服务价格、加大政府投入、改革支付方式、降低医院运行成本等，建立科学合理的补偿机制。

2. “取消药品加成”的影响 公立医院全部取消药品加成后，对药品市场营销的影响主要表现在三个方面：一是公立医院总体用药量减少，因为取消药品加成后药品不再给医院创造直接利润，辅助用药、营养用药的使用量会受到严格控制，甚至直接停止使用；二是医院门诊药房将逐步从医院分离变为社会药房，为医药分业奠定基础；三是社会药房将总体获益，特别是OTC药品的主渠道将转向零售药店。

（三）“分级诊疗”具体政策及其影响

1. “分级诊疗”具体政策 2015年9月8日，国务院办公厅发布的《国务院办公厅关于推进分级诊疗制度建设的指导意见》（国办发〔2015〕70号）明确提出，确定各级各类医疗机构诊疗服务功能定位。城市三级医院主要提供急危重症和疑难复杂疾病的诊疗服务。城市三级中医医院充分利用中医药技术方法和现代科学技术，提供急危重症和疑难复杂疾病的中医诊疗服务和中医优势病种的中医门诊诊疗服务。城市二级医院主要接收三级医院转诊的急性病恢复期患者、术后恢复期患者及危重症稳定期患者。县级医院主要提供县域内常见病、多发病诊疗，以及急危重症患者抢救和疑难复杂疾病向上转诊服务。基层医疗卫生机构和康复医院、护理院等为诊断明确、病情稳定的慢性病患者、康复期患者、老年病患者、晚期肿瘤患者等提供治疗、康复、护理服务。

2. “分级诊疗”的影响 建立分级诊疗制度，是合理配置医疗资源、促进基本医疗卫生服务均等化的重要举措，是深化医药卫生体制改革、建立中国特色基本医疗卫生制度的重要内容。分级诊疗制度对药品市场营销的影响主要表现在营销渠道建设方面，医药企业必须重视县级医院和基层医疗卫生机构的市场，必须实现药品营销渠道的渠道下沉。另外，医药企业在产品组合、价格定位和促销方式等方面也要充分考虑基层市场的消费能力和用药水平。

（四）“药占比”具体政策及其影响

1. “药占比”具体政策 2016年12月27日，国务院发布的《“十三五”深化医药卫生体制改革规划》明确提出，通过规范诊疗行为、医保控费等降低药品、耗材等费用，严格控制不合理检查、检验费用，为调整医疗服务价格腾出空间，并与医疗控费、薪酬制度、医保支付、分级诊疗等措施相衔接。力争到2017年试点城市公立医院药占比（不含中药饮片）总体降到30%左右，百元医疗收入（不含药品收入）中消耗的卫生材料降到20元以下。

2. “药占比”的影响 目前，公立医院药占比（不含中药饮片）基本在40%以上，如果将药占比降低至30%左右，公立医院药品消费总量要减少10%。因此，“药占比”对医药市场的影响主要是对整体市场需求量的控制，受影响大的药品重点是辅助用药、营养用药和部分中成药。

（五）“医保控费”具体政策及其影响

1. “医保控费”具体政策 2017年6月28日，国务院办公厅发布的《国务院办公厅关于进一步深化基本医疗保险支付方式改革的指导意见》（国办发〔2017〕55号）明确提出，进一步加强医保基金预算管理，大力推进医保支付方式改革，全面推行以按病种付费为主，按人头付费、按床日付费等多种付费方式相结合的复合型付费方式，合理确定医保支付标准，将药品耗材、检查化验等由医疗机构收入变为成本，促使医疗机构主动规范医疗行为、降低运行成本。

2. “医保控费”的影响 医保控费的主要目的在于规范医疗机构医疗行为，降低运行成本，其中控制医疗机构的不合理用药是重点内容。推行以按病种付费为主，按人头付费、按床日付费等多种付费方式相结合的复合型付费方式，能够有效控制不合理用药的行为，有利于临床用药规范化、合理化，建立规范、科学用药的合理长效机制。

第 5 节　医药市场环境对营销决策的影响

医药企业是在市场环境中生存和发展的。医药市场环境的不断变化，可能给企业提供机遇，也可能给企业带来挑战。医药企业必须对市场营销战略和策略进行调整，适应外部环境的变化。

一、医药市场环境的机会与威胁分析

外部环境变化对医药企业产生的影响一般分为三个方面：一是环境变化为企业市场营销提供机会；二是环境变化对企业市场营销产生威胁；三是环境变化对企业市场营销基本无影响。医药企业必须采取适当的应对措施，抢抓机会，规避威胁。

（一）医药市场环境机会与威胁的含义

1. 医药市场环境机会　指环境变化为医药企业营销活动创造市场需求。环境机会可能来源于宏观环境，也可能来源于微观环境。例如，新医改方案的实施使得医药市场容量增加，从而使医药市场出现许多新的机会。但是环境机会对不同企业是不同的，同一个环境机会对一些企业可能成为有利的机会，而对另一些企业可能会造成威胁。

2. 医药市场环境威胁　指环境变化对医药企业营销活动产生的不利或限制因素：一是环境因素直接威胁医药企业的营销活动，如政府发布新版药品生产质量管理规范（good manufacturing practice，GMP），对制药企业构成了巨大的压力和威胁；二是医药企业的目标、任务及资源同环境机会相矛盾，如国家基本药物制度的实施，对医药企业的政府公关与成本控制提出了严峻的挑战。因此，企业要调整对策，将“环境威胁”变成“企业机会”。

（二）医药市场环境机会与威胁分析

医药市场环境变化成为医药企业的机会还是威胁，关键要看这种环境变化是否与企业目标、资源及任务等相一致。医药企业要进行环境机会与威胁分析。

1. 医药市场环境机会分析　一是考虑机会给企业带来的潜在利益的大小，二是考虑企业获得成功可能性的大小，并将二者结合分析（图 2-3）。

在图 2-3 中，Ⅰ区域的市场机会潜在利益和成功可能性都很大，医药企业必须高度重视；对Ⅱ和Ⅲ区域的市场机会，医药企业也不容忽视，Ⅱ区域可能性不大，但其潜在市场吸引力较大，如果企业通过努力获得成功会带来丰厚的收益；Ⅲ区域潜在吸引力较小，但其出现可能性却较大，如果企业获得成功也会带来一定的收益；对Ⅳ区域，要观察其发展变化，依发展变化情况及时采取措施。

2. 医药市场环境威胁分析　一是分析环境威胁对医药企业的影响程度，二是分析环境威胁出现的可能性大小，并将二者结合分析（图 2-4）。

成功的可能性

潜在的吸引力	大	小
大	Ⅰ	Ⅱ
小	Ⅲ	Ⅵ

图 2-3　环境机会分析图

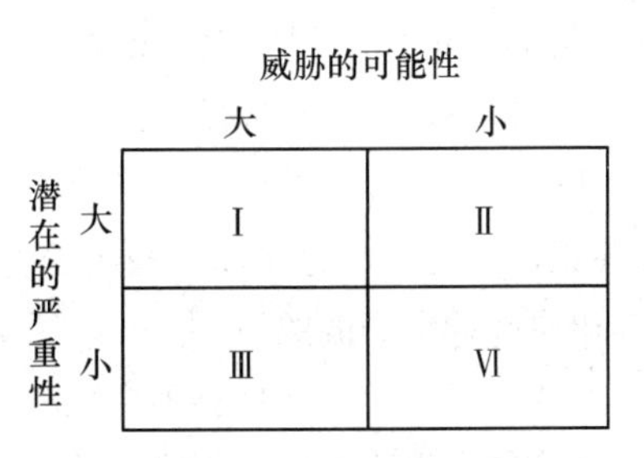

图 2-4　环境威胁分析图

在图 2-4 中，Ⅰ区域的市场环境威胁危害程度高，出现可能性大，医药企业必须高度重视，严密监视和预测其发展变化趋势，及早制订预案，积极应变；Ⅱ和Ⅲ区域的市场环境威胁一旦出现，会给企业带来一定的危害，医药企业不能忽视；对于Ⅳ区域的市场环境威胁，医药企业要观察其发展变化，是否有向其他区域发展变化的可能，防微杜渐。

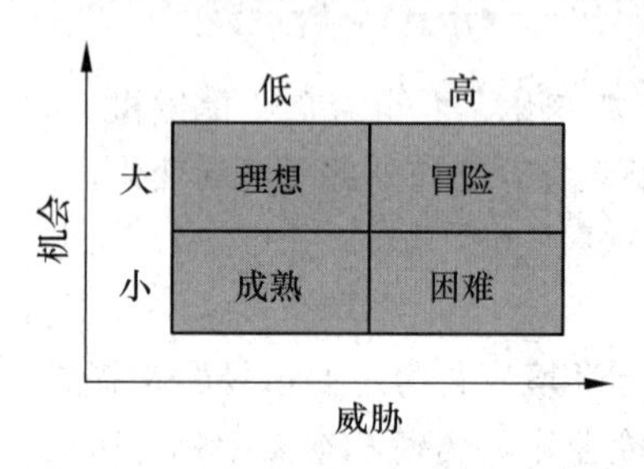

图2-5　环境威胁与市场机会分析图

3. 医药市场综合环境分析　在医药企业面临的实际环境中，单纯的机会环境和威胁环境是很少见的。通常情况下，医药市场营销环境都是机会与威胁并存、利益与风险同在的综合环境。最常用的分析方法就是威胁与机会分析矩阵。根据医药市场综合环境中机会水平和威胁水平的不同，将企业面临的环境分为四种情况（图 2-5）。

图 2-5 中出现的四种不同业务分别是：高环境机会和低环境威胁的业务属理想业务；高环境机会和高环境威胁的业务属冒险业务；低环境机会和低环境威胁的业务属成熟业务；低环境机会和高环境威胁的业务属困难业务。

二、医药企业市场营销决策

医药企业面对市场环境的机会与威胁，通常采取以下两种相应的对策。

（一）利用

当医药市场环境机会潜在利益和成功可能性都很大时，医药企业要大胆决策，抢抓机遇，充分调动和整合企业内、外的资源，积极开展营销活动，扩大产品销售，提高企业核心产品的市场占有率，提高企业的经济效益。例如，2010 年甲型流行性感冒（甲流）在全国流行，石家庄以岭药业股份有限公司抓住这一环境机会，利用循证医学方法在全国范围研究并推广连花清瘟胶囊，“中药连花清瘟治疗流行性感冒研究”项目荣获中 2011 年度国家科技进步二等奖，并使该药进入卫生部《流行性感冒诊断与治疗指南》(2011 年版)。

（二）放弃

当医药市场环境机会的潜在吸引力很小，企业获得成功的可能性也小的情况下，企业可以选择“放弃”策略，将有限的资源用到能够给企业带来更大效益的方面。医药企业对环境威胁的分析主要看环境威胁对企业的影响程度和环境威胁出现的概率大小，一般可采用以下三种对策。

1. 对抗策略　也称抗争策略，即通过医药企业自身的努力限制或扭转环境中产生威胁的不利因素。如通过各种方式促使政府通过某种法令或与有关权威组织达成某种协议，努力促使某项政策或协议的形成以抵消不利因素的影响。

2. 减轻策略　也称削弱策略，即在反抗不能实行或无效时，医药企业调整营销策略组合，加强对环境的适应，以减轻环境威胁的严重性和危害性。如国家在实行对药品降价政策时，医药企业通过降低成本减轻降价的压力。

3. 转移策略　也称回避策略，指医药企业在无法反抗或减轻的情况下，通过放弃某项业务，避免环境变化对企业全局的威胁。

总之，医药市场营销环境具有多变性和不可控制性，医药企业要在尊重客观规律的同时，充分发挥适应环境的主观能动性，积极主动地适应环境的变化，在变化中发现机会，转化矛盾，采取有效的对策使企业在激烈竞争中获胜。

案例学习

案例2-1 取消药品加成将按照"腾空间""调结构""保衔接"的路径进行

在医疗、医保、医药"三医联动"的大背景下，医保将在取消药品加成的推动中发挥核心作用。取消药品加成将按照"腾空间""调结构""保衔接"的路径进行。

"腾空间"，就是要开展药品的生产、流通、使用全流程改革，要挤压药品价格的虚高水分，还要开展医保支付方式的改革，来激发医院和医务人员合理用药、控制费用的内生动力。

"调结构"，就是把降低药品价格、规范医疗服务行为腾出的空间用于调整医疗服务价格，要把检查检验的价格降下去，把服务的价格提上来，体现医务人员技术劳务的价值，优化医院的收入结构。

"保衔接"，就是医保支付和财政补助的政策要同步跟进、无缝对接，确保群众负担总体不增加。

被医改办视为"腾笼换鸟"典范的福建三明市，在2016年成立了医疗保障管理局。三明市人力资源和社会保障管理局有关医疗保险、生育保险管理职责，三明市卫生和计划生育委员会有关药品集中采购管理职责，三明市财政局有关拟订医保基金、生育基金的预决算（草案）职责，三明市医疗保障基金管理中心有关医疗保险定点医疗机构、市本级定点零售药店的资格审查、管理等职责被整合，划入新成立的医疗保障管理局。

三明市的做法主要围绕降低药品价格和控制医保次均费用进行，并通过医保杠杆调节，把节约的医药总费用用于提高医疗服务价格与医务人员薪酬水平，同时提升对居民的医保补偿能力。公开资料显示，三明医院对于取消药品加成的收入损失，通过提高医疗服务费（86.8%）、财政补贴（10%）、医院自身消化（3.2%）等途径进行弥补。

取消药品加成的空缺，医疗服务价格调整的补偿占大头，同时也会直接影响医疗行为，也影响就医行为，但同时就居民的接受程度而言，降药价易，提服务收费难。医疗服务价格能否顺利调整，是评判一个地方医改能否顺利推进的一个重要指标；医疗服务价格调整是否科学合理，是评判一个地方医改是否成功的一个重要标志。医疗服务价格的调整，是整个"腾笼换鸟"过程的核心环节，循序渐进是关键。

三明市的做法，其医疗服务价格调整按照"总量控制、结构调整、有升有降、逐步到位"的原则分5次调整完善：第一次是2013年2月1日，取消药品加成销售进行的调整。全市22家县级以上公立医院实行药品（耗材）零差率销售改革，医院因此减少的收入为1.1亿元（以2011年为基数），通过调整医疗服务收费项目4大类80项，平移86.76%，按属地原则兑现财政补助药品差价的10%，剩余的3.24%由医院通过加强内部精细化管理予以消化。第二次为2014年6月1日，调整392项；第三次在2015年6月1日，调整4318项；第四次在2015年9月1日，调整4项；第五次在2015年12月1日，调整基层医疗机构服务项目477项，覆盖全部服务项目，其中调高171项，调低116项，持平190项。其中，公立医院调整4次，共计调整4794项，其中调高3696项，占77%，调低1098项，占23%，顺利渡过理顺医疗服务价格的难关。

如何兼顾医药总费用增速放缓、减轻患者负担、降低药品费用以及医务人员薪酬提升、医院收入结构优化、医保基金平衡将是一个大考验。在改革过程中，保护和调动医务人员积极性，也是取消"以药补医"、保障医改顺利落地的重要前提。据悉，为此国家卫计委将开展公立医院薪酬改革，健全医务人员绩效考核制度，在切断医务人员与药品、耗材等利益联系的同时，保证多劳多得、优绩优酬。

在此背景下，多地公立医院尝试把药房运营和药事服务外包给医药公司，药品供应链管理为医院运营提供资金。目前国内医院40%的药占比，较中国香港、中国台湾等地的10%～20%还是高出不少。取消药品加成后，医院需要转向医疗技术、劳动服务型，如内科外科化、外科微创化，靠诊疗技术完成医院经济收入的转型。

资料来源：2017年内全面取消药品加成，三甲医院需治"药品依赖症"[N]. 医药经济报，2017-3-23 (3).

问题：三明市医改成功的关键是什么？

案例2-2 中美史克（天津）制药有限公司在PPA事件中应对环境威胁的策略

美国一项研究表明，PPA即“苯丙醇胺”，有增加患者出血性卒中的危险。2000年11月6日，美国食品与药品管理局（Food and Drug Administration，FDA）发出公共健康公告，要求美国生产厂商主动停止销售含PPA的药品。2000年11月15日，中国国家药品监督管理局也发布了《关于暂停使用和销售含苯丙醇胺药品制剂的通知》，在15种被暂停使用和销售的含PPA的药品里，中美史克（天津）制药有限公司生产的“康泰克”和“康得”两种产品就名列其中。其中，“康泰克”在国内抗感冒药市场具有极高的知名度，年销售额6亿多元人民币。面对突如其来的环境威胁，中美史克（天津）制药有限公司委托中国环球公关公司，对史克公司面临的状况进行了全面而周密的调查研究，评估危机事件的后果，制订了应对环境威胁的危机处理策略。通过一系列应对措施，在PPA事件后289天，中美史克（天津）公司将“新康泰克”产品推向市场，一周内仅在广东省便获得40万盒的订单，处理了由PPA事件引发的重大危机，保护了品牌，为重返感冒药市场奠定了良好的舆论基础，也赢得了社会效益。

资料来源：罗臻根据华夏医界网及其他相关资料编写。

问题：请结合本案例理解医药企业如何应对市场环境威胁。

思 考 题

1. 简述医药市场营销环境的特点。
2. 简述研究医药市场营销环境的意义与方法。
3. 论述医药市场宏观营销环境分析的主要内容。
4. 论述医药市场微观营销环境分析的主要内容。
5. 医药企业如何面对市场营销环境所带来的机会和威胁？

（罗　臻　张　雷）

第3章 医药消费者市场购买行为分析

学习目标和基本要求

通过本章学习，掌握影响消费者市场购买行为的主要因素及处方药、非处方药购买特点；熟悉医药消费者市场基本概念、购买决策的一般过程；了解医药消费者购买行为的主要类型。

医药产品是维护人们健康的特殊商品，消费者购买医药产品时一般需要专业人士的指导，这种市场购买行为较为特殊，通常表现为第三方消费的特征。医药企业要了解和研究医药消费者的需求和购买行为，根据消费者行为特征制订有效的营销策略，以便在激烈的市场竞争中取得成功。本章将分析影响医药消费者购买行为的影响因素、购买行为特征和购买决策过程。

第1节 医药消费者市场行为概述

一、医药消费者市场概述

(一) 消费者市场与医药消费者市场

消费通常可以分为生产性消费和生活性消费，生活性消费为最终消费。消费者市场指最终消费所形成的市场，是个人或家庭为了满足生活的需要而购买商品或服务所形成的市场。消费者市场是市场体系的基础，其特征如下所述：消费者众多且分布广；商品复杂多样；单次购买量少但购买频率高；消费者行为差异性大；消费行为容易受到价格、促销方式等影响；非专业性购买，非理性购买。研究消费者市场有利于企业把握市场动态，生产真正满足市场需求的商品，并通过制订合适的营销战略以赢得市场上的成功。

医药消费者市场指医药产品的最终消费所形成的市场，是个人或家庭为了满足健康需求而购买医药产品或服务所形成的市场。它是消费者市场的一个重要细分市场，是由存在健康需求、有支付能力并愿意购买健康产品或服务的个人组成。医药消费者市场十分庞大，而且经常发生变化。目前，全球人口数量超过70亿，中国人口数量超过14亿，每一个人都是潜在医药产品或服务的消费者，这是一个容量十分巨大的市场。此外，随着生态环境和人们生活水平的变化，医药企业提供的医药产品或服务的质量、数量和提供方式等也需随之变化。为了更全面地了解医药消费者市场，我们将对医药消费者市场的人口统计特征、流行病学特征、地理分布特征和其他代表性的行为特征进行分析。

(二) 医药消费者市场的特征

1. 医药消费者市场人口统计特征 人口统计特征是用来说明人口结构的重要统计资料，主要包括年龄、性别、教育状况和收入水平等方面。这些特征与医药产品或服务的需求关系十分密切，人口统计特征的变化会给市场带来深刻的影响，也会对医药产品或服务的营销产生深远影响。如在人口老龄化和收入增长的影响下，2012—2016 年的 5 年间，我国医药制造业总产值翻了一番，年均增长率高达 20%，远高于同期国民经济增长水平。国民教育状况的改善，给医药营销也带来巨大的变化。如人们不仅对医药产品或服务的质量更加重视，而且对产品或服务的提供方式、包装等也提出更高的要求。

2. 医药消费者市场的流行病学特征 医药消费者市场是一个特殊的细分市场，即只有消费者患病或感到身体不适后才真正开始形成。人群中疾病的发病率、分布和流行情况等流行病学特征决定着医药消费者市场的规模、结构和变化。要了解医药消费者市场的情况必须先掌握人群中疾病的发生率、分布和变化情况。因此，在研究消费者市场特征时，关注目标人群的流行病学特征就显得十分重要。

3. 医药消费者市场地理分布特征 地区发展差距对医药消费者市场有显著影响。我国城乡经济发展不平衡，城市相对发达，医药产品或服务的消费能力远强于农村。在消费习惯上，城市居民会花大量的金钱来购买各种各样的保健服务和健康产品，而农村居民一般只在患病后才会购买医药产品或服务。此外，我国东部地区和西部地区经济发展也不平衡，东部发达，西部比较落后，东部医药消费者市场的容量要远大于西部，消费结构和消费习惯上也存在较大的差别。

除以上几个方面外，医药消费者市场特征还包括疾病的严重程度和缓急情况，人们对待疾病的态度等方面。医药企业通过对医药消费者市场特征的了解，可以更好地把握市场的动态变化和发展趋势，从而赢得市场先机。

二、医药消费者市场购买行为概述

（一）消费者购买行为与医药消费者购买行为

消费者购买行为指消费者在寻找、购买、使用、评价和处理他们期望能够满足其需求的产品或服务的过程中所表现出的行为。消费者行为学研究的是消费者购买什么，为什么购买，什么时候购买，在哪里购买，如何购买等问题。企业要想在激烈竞争的市场中取胜，就必须清晰地了解这些问题。市场营销不仅要识别目标消费者，还必须了解消费者在购买商品或服务时如何作决策以及如何影响决策过程，这样企业才能针对消费者购买行为的特点制订有效的营销方案。因此，研究消费者购买行为特点对企业市场营销的成功具有重要作用。

医药消费者购买行为特指消费者在寻找、购买、使用、评价和处理能够满足其健康需求的医药产品或服务时所表现出来的行为。医药消费者购买行为主要研究消费者在购买医药产品或服务时所表现出来的行为特征，是医药消费专业市场的消费者行为的具体体现。医药消费者购买行为特征除了具有一般产品或服务消费者购买行为特征外，还会表现出一些与该类产品或服务特点相关的特殊行为特征。了解和研究这些特殊购买行为特征，有利于医药企业制订具有针对性的营销策略。下面简单介绍医药消费者的购买行为特征。

（二）医药消费者的购买行为特征

与一般商品相比，医药产品或服务具有高度的生命相关性、社会福利性、高度的专业性、需求缺乏弹性、质量要求高等多方面的特点。这些特点会对消费者购买行为产生影响，消费者在购买医药产品或服务时表现出以下几方面的特征。

1. 代理性 消费者无论是在购买处方药还是购买非处方药时，购买决策很少是由消费者本人做出，具有较强的代理性。这种情况主要表现为两个方面：一方面是按照《中华人民共和国药品管理法》（以下简称《药品管理法》）的规定，消费者在购买处方药时，必须凭借执业医师或助理执业医师的处方方可调配和购买。也就是说做出处方药购买决策的人不是消费者本人，而是由执业医师或助理执业医师代其决策。由于处方药的高度专业性，消费者作为被代理方，对医生处方行为的影响十分有限，购买处方药品时处于一种被动接受的状态。另一方面，在非处方药购买过程中，虽然消费者具有一定的自主性，但却经常会受到销售人员的影响，特别是一些具有专业知识的销售人员（如执业药师或医师）的影响。消费者在购买非处方药时经常会希望专业人士给予指导，多数情况下会按照专业人士的指导进行购买。在这种情况下，虽然消费者在购买行为上有了较多的自主权，但其购买行为的代理性特征仍然十分明显。

医药消费者购买行为之所以具有代理性的特点，主要是源于医药产品是专业化程度较高的商品，一般消费者不具备相应的医学和药学知识，无法在购买时进行自我决策。这种消费决策的代理性是医药消费者购买行为中最为突出的特点。

2. 质量优先　医药产品作为与人们的生命健康高度相关的商品，质量合格产品可以治病救人，不合格产品不仅不能救人，甚至还会对人体健康造成危害。正是由于医药产品的这一特性，医药消费者在购买医药产品时首先考虑的是产品质量和疗效，其次才是价格、品牌等其他方面的因素。因此，质量是医药产品的生命线，是影响消费者购买决策的最主要因素。

3. 预期性差　疾病的发生、发展往往不可预期，而人们一旦患病对医药产品的需求却又十分迫切。单从个体上讲，由于人们对疾病的不可预期，医药消费者的购买行为预期性差，波动性极大。同时，一些突发性的公共卫生事件也会引起医药消费者购买行为的巨大变化，这种变化的预期性也很差。如在 2003 年的“非典”期间，即使人们没有感染 SARS 病毒，也会大量购买板蓝根颗粒。这种购买行为在一般情况下是不会发生的，不可预期的购买行为给医药企业的市场营销带来挑战。

第 2 节　影响医药消费者购买行为的因素分析

影响医药消费者购买行为的因素有很多，主要包括文化因素、社会因素、个人因素、心理因素和药品自身因素。这些因素可以分为外部因素（包括文化因素和社会因素）和内部因素（包括个人因素、心理因素和药品自身因素），外部因素和内部因素共同决定着医药消费者购买行为，其相互作用关系可以用图 3-1 表示。

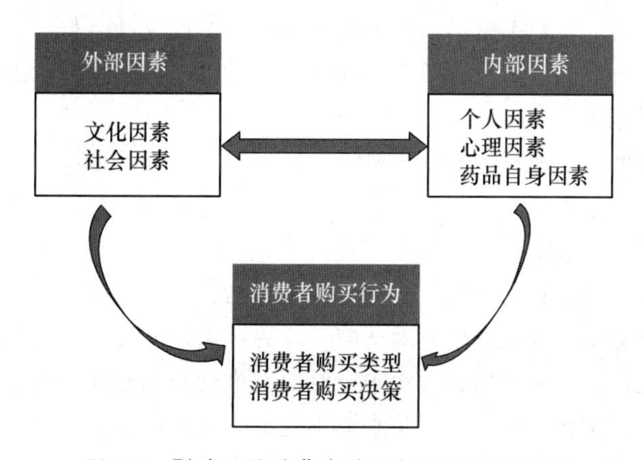

图 3-1　影响医药消费者购买行为因素关系图

一、文化因素

（一）文化的概念

1871 年，英国人类学家泰勒在其《原始文化》一书中提出："文化，就其广泛的民族学意义而言，乃是包括知识、信仰、艺术、道德、法律、习俗和任何人作为一名社会成员而获得的能力和习惯在内的复合整体。"

理解文化应该把握以下几点：首先，文化是一个综合概念。它几乎影响着个体思维和行为的每一个方面。其次，文化是一种习得行为，它不包括遗传性反应和倾向。人类绝大多数行为是由学习获得的，而非与生俱来的，所以文化确实广泛影响着人们的行为。再次，由于现代化社会的复杂性，文化很少明确规定详细的行为规范，文化只是为大多数人提供行为和思想的边界。最后，由于文化本身的性质，人们很少能意识到它的影响。人们总是与同一文化下的其他人员一样行动、思考和感受，因为只有这样，看上去才是"正常的"或者"正确的"。

在医药消费者行为领域，文化可以理解为指导特定社会成员在满足健康需求时，其消费行为的习得信念、价值观的总和。文化规范源于这种习得信念、价值观，它无处不在，对消费者的影响是多层次和全方位的。文化对医药消费者的影响具有无形性和习得性特征。

（二）文化对医药消费者行为的影响

文化对医药消费者行为的影响主要表现为以下几个方面的特征。

1. 无形性 文化对医药消费者行为的影响具有自然性和自发性的特征，即医药消费者在做出消费选择时，自己往往认为是"理所当然"，不需要什么解释。在不同文化环境中，消费者对这种"理所当然"的理解存在差别。

例如，在欧美国家，人们受文化规范的影响，对中药持否定态度。在欧美文化中，消费者认为药品的成分及其含量必须是明确的，并认为是药品"理所当然"应该具备的特点，否则就不能称之为药品。而中药成分及其含量均不明确，欧美消费者"理所当然"地无法接受这样的药品，这种选择不需要什么解释。在中国，由于受传统文化的影响，消费者普遍"理所当然"地认为中药毒副作用少、疗效全面，而极少关注其成分和含量是否明确。消费者普遍认同中药在治疗某些疑难杂症和慢性病方面具有奇特的功效。此外，在"食药两用"传统文化的影响下，消费者还"理所当然"地将中药视为强身健体的保健品，常年食用。

研究医药消费者行为时应该重视文化影响的无形性特征，它对消费者的影响是全方位和根深蒂固的。文化影响的无形性实际上是指消费者的一种最基本的文化认同，它决定消费者是否愿花更多的时间和精力去了解产品。如果没有这种基本的文化认同，商品就无法引起消费者的兴趣，甚至会引起消费者的反感。

2. 习得性和动态性 文化不是与生俱来的，是人们在社会环境中学习到的。文化的习得途径主要有两种：一是通过正式的学习获得，即通过学校教育和培训等正式方式获得；二是通过非正式的学习获得，如模仿、观察、阅读等非正式的方式。文化的习得性特征，使得人们可以融入某种陌生文化中，也可以创造新的文化。文化习得性是指人们形成文化价值观的过程，虽然文化价值观较为稳定，但也会不断变化以更好地适应环境的变化，也就是说文化具有动态性特征。

文化的动态性指人们在适应环境的过程中，对原有文化价值观不断反思、修正后逐步形成新的文化价值观的过程。即文化价值观并不是永恒不变的，而是随着社会环境的不断变化而逐步调整的。医药消费者行为因受文化价值观的规范和约束，文化的习得性和动态性特征也决定了其对医药消费者行为影响的习得性和动态性特征。因此，人们可以利用各种营销手段对文化价值观产生影响，进而影响消费者行为。影响文化价值观的营销手段有多种，其中广告的影响最为有效和广泛。许多药品通过广告来影响消费者的消费行为，并通过广告信息的不断重复创造并强化文化信仰和价值观。

例如，20世纪80年代以前，消费者并没有补钙的习惯，但随着补钙产品广告在电视、报纸等媒介上的频繁出现，人们在日常生活中逐步地改变原有观念，开始大量购买钙剂，甚至许多并不需要补钙的消费者也在服用钙剂。医药企业通过广告的方式成功地改变了人们对补钙的认识，培育了巨大的钙制剂市场。消费者行为发生如此巨大的变化，是因为钙制剂广告通过非正式习得方式使人们认识到了补钙对人体健康的重要性，深刻改变了人们的文化价值取向，在新的习得性文化价值观的引导下，消费者购买行为也随之发生了巨大的变化。

在医药市场营销过程中，医药企业应该重视并充分了解消费者的文化价值观，并通过合理的营销手段加以适应、引导和改造，从而实现对市场的培育和占领。

二、社会因素

医药消费者总是生活在一定的社会环境之中，其购买行为不同程度地受社会因素的影响，如医药消费者所属的社会群体、所扮演的社会角色和所处的社会地位。

（一）群体对医药消费者购买行为的影响

个体行为通常容易受群体的影响，通常人们将影响消费者购买行为的群体分为成员群体和参考群体，前者对群体成员的购买行为产生直接影响，而后者对消费者购买行为起直接或间接的比较和参考作用，消费者一般不隶属于这些群体。参考群体又可以分为两种类型：一种是崇拜者群体，即消费者希望从属的群体，该群体中的意见领袖对消费者购买行为的影响最有力；另一种是隔离群体，即该群体的价值观和行为被消费者所拒绝。参考群体主要通过影响消费价值观和消费潮流来影响消费者购买行为。

影响医药消费的群体主要由三部分构成：① 家庭成员、同事和朋友等群体成员。这些成员主要对消费者购买保健类产品产生影响，对治疗类产品的购买行为影响较弱。② 专业人士。主要包括医生、药师和其他专业人员。医药产品不同于一般商品，由于消费者通常不具备医药专业知识，在购买时对专业人士比较依赖，在多数情况下是专业人士直接为其做出购买决策，这种情形在治疗类产品的购买过程中尤为明显。③ 意见领袖。意见领袖对医药消费者购买行为的影响主要表现在两个不同层面：一是直接为医药消费者提供购买参考意见。如20世纪80年代，随着人们经济条件的改善，部分富人开始消费保健品，并很快形成了一种消费潮流。部分富人在保健品市场中实际上扮演着意见领袖的角色，他们对普通消费者的购买行为产生了重要影响，并由此带来了保健品市场繁荣。二是间接为医药消费者提供购买参考意见。如知名专家在治疗类医药产品的消费中扮演着意见领袖的角色，其处方行为会对普通医生的处方行为产生重要影响。这种影响最终会通过处方传递给医药消费者，并对其购买行为产生影响。这种影响对消费者来说虽然是间接的，但又是极其重要的。因此，医药营销应该对知名专家处方习惯进行研究。

（二）角色和地位对医药消费者购买行为的影响

每个人在社会中的位置可以用角色和地位确定，每一个角色都传递着一种社会地位信息，人们总是选择那些能够代表他们地位的产品。如社会精英分子，社会地位很高，当他们健康出现问题的时候，他们会选择最好的医疗机构、最好的医生和最好的药品，以求尽快恢复健康。而处于社会底层的人们，当健康出现问题的时候，他们会优先选择社区医疗机构、普通医生和廉价的药品，并且对医药产品的价格十分敏感。处于不同社会阶层的人，其医药消费行为存在巨大的差别，研究社会地位与医药消费者购买行为之间的关系，可以为制订有效的医药市场营销战略提供参考。

三、个人因素

医药消费者购买行为受到其个人特点影响，如年龄、性别、收入、职业、医疗保险、个性、生活方式等。下面我们将这些个人特征与医药消费者购买行为之间的关系逐一进行分析。

（一）年龄、性别和收入与医药消费者购买行为

不同年龄阶段的消费者由于生理条件、健康状态和对健康关注程度的不同，对医药产品的需求也不同。当医药消费者跨越不同生命阶段时，其对医药产品的需求会发生改变。少年儿童处于成长阶段，身体没有发育成熟，抵抗力弱，家长对孩子健康问题极为关注，少年儿童对疫苗等医药产品消费能力十分强。中青年人处于人生最健康的阶段，较少去征求医生、药师等专业人士的意见，经常会自行判断和购买医药产品。老年人处于生理衰退期，对医药产品信息比较关注，在购买医药产品时更容易受专业人员和广告信息的影响。

男性和女性在生理、心理方面有很大的区别，他们在群体中的角色、社会地位也不相同，他们在医药产品的购买动机、购买决策和购买过程等方面均存在较大的差异。如在健康状态下，女性医药消费者相对于男性更愿意购买一些具有减肥、美容等功能的医药产品。女性在购买医药产品时会比较感性，容易受外界的影响，决策相对迟缓，关注商品实用价值的同时，也会关注其外观。

个人的收入情况也会影响医药消费者购买行为。如低收入者购买医药产品是为了维持最基本的健康状态，在购买的时候会更多关注医药产品的功效和价格，会对功效和价格做反复比较。低收入者往往由于受教育程度低，更容易接受医生、药师等专业人士的建议，甚至完全依赖于专业人士做决策。高收入者则不同，他们购买医药产品时较少关注价格，并通常认为新药、贵药即为好药，对这类产品的购买意愿强烈。他们占有的社会资源多，知识较为丰富并且自信，因此，他们在购买医药产品时虽然会咨询专业人士，但最后决策往往是由自己做出。

（二）职业、医疗保险与医药消费者购买行为

职业会对医药消费者购买行为产生影响。如医药工作者因具备相关专业知识，对医药产品的疗效和风险有更多的认知和合理的期望，在购买时较理性，不会一味求新、求贵。而普通职业者在购买医药产品时会依赖其所拥有的信息和专业人士的意见，对产品的疗效和安全性往往产生不合理的期望。这种不合理的期望会对后续消费产生深远影响。

是否拥有医疗保险，拥有何种医疗保险都会对医药消费者的行为产生影响。拥有医疗保险的消费者，更愿意在大型医疗机构购买医药产品，关注疗效远胜于价格。医生也会给这类消费者开出药价更高、品种更多的处方。由于医疗保险制度规定住院病人比门诊病人可以报销更高比例的医疗费用，因而拥有医疗保险的消费者通常会考虑住院治疗。此外，我国医疗保险模式多样化，如城镇基本医疗保险、农村合作医疗保险等模式，医疗保险模式的差异也会对医药消费者的购买行为产生影响。

（三）个性与医药消费者购买行为

个性指一个人在其生活、实践活动中经常表现出来的、比较稳定的、带有一定倾向性的个体心理特征总和，指一个人区别于其他人的独特的精神面貌和心理特征。对于同一医药产品，即使处于同一社会环境中，属于同一年龄、性别、职业和社会阶层，不同的医药消费者也会表现出千差万别的行为方式。这说明消费者个体对外界环境的作用是有选择性的，这种选择性源自于个性

的差异，消费者总是倾向于选择与其个性相匹配的品牌。如某减肥药品通过广告塑造出时尚、美丽、迷人的品牌个性，而选择该品牌减肥药的消费者主要是追求时尚、爱美的女性。

（四）生活方式与医药消费者购买行为

生活方式是一个人在他的活动、兴趣和看法中表现出来的生活模式。生活方式的差异部分取决于消费者更加重视金钱还是时间。不同生活方式的人对同一种商品往往表现出不同的看法，这种看法会直接影响其购买决策。因此，在医药消费领域，有的人喜欢能够快速起效的药品，而不在乎药品的价格，有的人则喜欢通过慢慢调理以求全面恢复健康，并尽量避免多花钱。

四、心理因素

医药消费者的购买行为受其心理活动的支配，其购买医药产品时心理到底发生了什么变化，是医药营销人员需要了解的问题。医药消费者购买过程有四个关键的心理因素，分别是动机、感知、学习和态度，它们共同影响医药消费者的购买行为。

（一）动机

动机源于需求，当需求达到一定程度时，就变成了动机，它驱使人们通过行动来满足需求。动机可以是显性的，也可以是隐性的，显性动机是消费者可以明确意识到并愿意承认的，隐性动机则是消费者未意识到或者不愿意承认的。医药消费者的动机可以归纳为以下几个方面：① 对解除病痛的迫切需求；② 对优良健康状态的需求；③ 对美和高生命质量的需求；④ 其他需求。医药市场营销者应该准确掌握消费者的各种动机，并据此制订不同的营销策略。如感冒患者在购买药品时往往希望该药既能有效缓解感冒症状，又不影响其正常生活和工作。感冒药白加黑正是根据对医药消费者这一动机的准确把握，研制出了分别在白天和晚上服用的药片，并将该药既能有效缓解感冒症状，又不影响正常生活和工作这一特点作为营销“卖点”。

（二）感知

感知指个体选择、整理和理解外界刺激，形成对客观世界有意义和相互联系的反应，也可以表述为“个体如何看待周围的世界”。两个不同的人处于相同的环境和相同的刺激下，对这些刺激的理解却呈现出较大的差异，这是由于人的感知过程受个体需求、价值观和期望的影响。感知是消费者购买产品的心理基础，如果消费者无法感知到商品的存在，他对商品的购买需求也就无从谈起。

感知的形成大体经历以下三个过程：① 选择性注意。人们每天都会面对大量的信息，一个人不可能对所有刺激物都加以注意，大部分信息会被筛选掉。人们通常选择性地注意那些与当前需求相关的、期待的刺激物和与一般情况反差较大的刺激物。因而医药市场营销过程必须极其努力地引起医药消费者或医药专业人士的注意。② 选择性曲解。人们总是倾向于一种能支持自己已有观点的方式对信息进行理解，也就是说那些显著的刺激并不总是会按预期的方式起作用。③ 选择性记忆。人们不可能将所有信息都记在脑中，他们总是倾向于保留那些能够支持其态度和信念的信息。

鉴于个体感知的这些特点，大多数消费者只有在意识到身体健康出现问题，或处于疾病中时才会选择性注意医药产品信息。他们总是迫切地希望某些医药产品能解除自己的病痛，并按固有的思维方式去解释医药产品，这种解释主要是关于疗效、治疗风险、价格等方面。消费者总是会记住那些他们所认为或理解的疗效好、治疗风险小的医药产品，并最终在其购买行为中得到体现。因此，了解处于病痛中的消费者如何对医药产品疗效进行解释是医药营销者最应该关心的问题，应该在进行宣传时用通俗的方式引导消费者正确认识产品的疗效。

（三）学习

学习指由经验引起的个人行为上较为长久的改变。学习者不一定需要亲身经历获得经验，他也可以通过间接的观察，甚至无意识获取经验。通过学习获得的经验可以较长久地影响人的行为。学习是一个不断进步的过程。人们在接受各种刺激后，对其做出反应，并不断调整其对世界的认识以适应环境变化。人们在学习过程中不断获得新知识、新经验，这些新知识、新经验积累到一定程度后将引起个人行为的长久改变。医药市场营销者应该理解医药消费者是如何学习的以及何种途径可以影响其学习。例如，中药一直被医药消费者视为天然的、毒副作用少，在调理身体、治疗慢性病与疑难杂症等方面具有独特疗效的药品。医药产品消费者的这种习得经验，使得他们在需要调理身体、治疗慢性病和疑难杂症时会更多地考虑购买中药。营销者需要关注的是医药产品消费者的习得经验是通过何种途径获取的，以及如何引导和影响医药产品消费者的学习进程。

消费者学习医药产品知识的途径主要包括：① 观察家人、朋友、同事等关系密切人员的行为；② 通过非正式的自主学习；③ 通过各种媒体广告无意识的学习；④ 通过科普讲座、专业人员讲解学习。通过对这些学习途径的了解，医药营销者可以采取相应的手段来影响医药消费者的学习进程，通过主动教育的方式来培育市场，保持医药消费者的品牌忠诚度。

（四）态度

人们在学习和实践中，逐步形成对某一事物的态度。态度是人们对某个事物或观念所持的一致的评价、感受和倾向，使人们表现出喜欢还是讨厌、亲近还是疏远某一事物。如中国消费者一般对中药持欢迎态度，愿意购买和使用中药产品，欧美消费者则对中药产品持排斥态度，一般不会购买和使用中药产品。

态度对医药消费者行为的影响是持久的，是很难改变的。厂商应该使医药产品同医药消费者现存的态度相契合，而不是试图去改变医药消费者的态度。例如，医药产品消费者对化学药品起效迅速普遍持肯定态度，并认为各种化学药品剂型中以注射剂起效最快（虽然真实情况并非如此），许多医生或患者会将注射药物作为首选的治疗药物。我国人均注射剂用量远超发达国家水平，这与现阶段我国医药产品消费者所持有的态度有很大的关系。

五、药品自身因素

药品是医药消费购买行为的客体，医药消费者需求的满足，动机的实现，大多离不开药品。药品是用于预防、治疗、诊断人的疾病，直接作用于人体的商品，其质量、疗效、治疗风险等对医药消费者的健康都会产生重要影响，因此药品治疗效果、治疗风险、药品分类管理情况、药品的包装等方面均会影响医药消费者的购买行为。

（一）药品疗效与风险

药品不同于一般商品，如果治疗效果不好，不但不能解除医药消费者的病痛，反而可能给其带来新危害。对药品疗效的关注，使得医药消费者在购买时更加谨慎，他们会仔细阅读说明书，甚至会通过多种途径查找相关资料。自己无法判断时，他们会寻求医师、药师等专业人士的帮助，甚至直接请专业人士代其作购买决策。新药和进口药品通常被医药消费者认为是疗效好的药品。因此，在经济条件允许的情况下，人们更愿意购买新药和进口药品。

药品通常都存在不同程度的副作用和不良反应，应用时有一定的风险。只有当药品使用风险小于其收益时，该药品才能被消费者认可。有一些药品虽然疗效好，但不良反应也很严重，医药消费者难以抉择。如有些放疗、化疗的药品具有杀死癌细胞的作用，但对正常细胞也有杀灭作用，在有效治疗癌症的同时，也可能给消费者带来严重的伤害。在药品使用风险不可避免的情况下，疗效好、风险小的药品总是受消费者欢迎，即使这种药品的价格较其他药品高一些。

(二) 药品分类管理

药品分类管理是为了保证用药者的安全，促进合理用药，对药品进行分类管理是世界各国药品管理的通常做法。按药品的安全性分类，药品可分为处方药和非处方药，非处方药又分为甲类非处方药与乙类非处方药。依照《药品管理法》的规定，不同类别的药品的销售模式存在较大差别。处方药必须凭借医生的处方购买，甲类非处方药虽然不需要医生处方，消费者可以购买，但必须有医师或执业药师在场指导方可购买，消费者可以独立判断，自行购买乙类非处方药。在不同的购买方式中，医药消费者购买行为的自主性存在较大差异。

医药产品消费具有典型代理消费特征，这种特征对消费者购买行为的影响很大。医药消费者对处方药的购买几乎没有决定权，对医生处方行为的影响也十分有限，处于一种被动接受的地位。相对于处方药，虽然医药消费者在购买非处方药时有更多的自主权，但受专业知识的限制，他们会对药师的建议比较信赖，购买决策受药师的影响较大，并不能完全按照个人的意愿进行购买。医生、药师等专业人员开具处方或出售药品时的动机、需求与医药消费者的动机、需求往往存在差异，这种动机、需求的冲突有时是比较严重的，并对医药消费者购买行为产生深远的影响。

(三) 药品的品牌和包装

药品的品牌承载着许多对医药消费者极其有价值的信息，如药品质量、疗效、安全性等。在我国药品质量安全形势不容乐观的大环境中，消费者在购买药品时会十分重视药品的质量。如果药品具有质优、疗效确切、副作用小等品牌形象，就能够赢得医药消费者的青睐。

药品包装除了保证药品质量和方便储运外，还可以展现药品质量、品味等方面的信息。在保健品销售中，药品包装对医药消费者购买行为的影响最为显著。许多消费者购买保健品不是为了自己享用，而是为了馈赠亲友。为了使送礼者感到有面子，该类产品包装必须精美、大方和有品位。

第3节 医药消费者购买行为分析

医药产品消费者与普通消费者的购买行为存在很大的差别，这主要是因为医药产品消费者的构成主体是病人，其对医药产品的购买是源于促进和维持身体健康的需要。病人如果不能及时获得医药产品的救治，极可能贻误病情，甚至会危及生命。下面从三个方面对医药消费者购买行为进行分析。

一、医药消费者购买类型

医药产品消费是一种较为特殊的消费，因此不能按普通商品消费原则来划分其消费类型。这里我们将从消费者（包括患者和医生）介入程度和同类医药产品的疗效差别两个维度对医药消费者类型进行划分。其中影响消费者介入程度的因素主要包括两个方面：一是疾病的轻重程度。疾病越重，患者（医生）在购买（代理购买）医药产品时越谨慎，他们会大量收集产品信息并进行对比，然后做慎重的购买决策。二是医药产品的价格。医药产品价格越高，医药消费者就会更多地去关注和了解该类医药产品。

根据上述两个维度，可以将医药产品消费者划分为以下四种购买类型，如表3-1所示。

表 3-1　四种不同医药消费者购买类型

疗效差别	购买介入程度高	购买介入程度低
同类医药产品疗效差别大	复杂的医药产品购买行为	多样性的医药产品购买行为
同类医药产品疗效差别小	减少失落感的医药产品购买行为	习惯性的医药产品购买行为

（一）复杂的医药产品购买行为

当医药产品消费者高度介入到购买过程中，并感知到同类医药产品的疗效存在显著性的差别时，复杂的医药产品购买行为就会发生。这是一种较为完整的购买类型，也就是说医药产品消费者会先确认需求和收集信息，然后对医药产品进行全面评估并做出慎重的购买决策，最后再对医药产品使用情况进行评价。如癌症是一类十分凶险的疾病，抗癌药物价格也较昂贵，抗癌药物疗效差别较大，医药消费者购买癌症治疗药物的行为就属于复杂的医药产品购买行为。医药消费者在购买抗癌药物时会与医生一起收集抗癌药物的相关信息，比较和评价不同药物治疗的收益和风险，并在此基础上决定购买何种抗癌药物。在使用抗癌药物后，医药消费者和医生还会一起对药物治疗效果进行评估，并根据实际情况对治疗方案做出调整，整个购买过程是谨慎和理性的。

医药市场营销者在复杂医药产品购买行为中应该向消费者提供客观的产品信息，不能过分地引导消费者，更不能做虚假的宣传和引导。这既是职业道德的要求，也是实现持久销售的需要。因为只有客观、真实的医药产品信息才能让患者和医生做出正确的判断，并使医药产品发挥最大功效，也能使医药产品赢得患者和医生的信任，并实现持久的销售。

（二）减少失落感的医药产品购买行为

当医药产品消费者高度介入到购买过程中，并感知到同类医药产品之间的疗效差别很小时，减少失落感的医药产品购买行为就会发生。在医药产品购买过程中，消费者不会广泛地收集产品信息，对产品的疗效也不会进行过于精细的比较，整个购买过程迅速而简单，但是在购买后会认为自己所购得的医药产品存在某些缺陷或者同类医药产品具有更好的效果而产生失落感，怀疑原先购买决策的正确性。医药产品消费者产生这样的心理，会对产品的评价和其后续的购买产生不利影响。如某些治疗感染的药物，其疗效差别不大，患者或医生认为不需要对同类产品做精心的比较和选择。购买后患者或医生还会关注这些药品的相关信息，并确认自己的决策没有失误。特别是医生在对某种药品信息的关注中会对其代理购买行为产生影响。如果后续的信息能证实医生代理购买行为的正确性，会鼓励医生延续这种代理购买行为，反之亦然。因此，医药市场营销者应该通过各种有效的售后服务和有力的实验数据证实本企业产品的优点，并努力减少医药产品消费者购买后的失落感。

（三）多样性的医药产品购买行为

当医药产品消费者较低程度地介入到购买过程中，并感知到同类医药产品的使用体验存在较大的差异时，多样性的医药产品购买行为就会发生。比如，医药产品消费者在购买避孕药具时，由于其持有某一信念，不做过多的评价就选择了某种药具，然后在消费的过程中评估这种药具。在使用一段时间后，医药产品消费者可能就会选择另外一种药具，可能只是由于厌倦原来的药具，或者是想尝试不同的东西，寻求药具的多样性，而不是因为对药具使用体验的不满意。

在这类医药产品的营销中，医药企业应该提供多样化的产品。市场领先者可以通过占据商品货架、保持货架充足以及经常性的广告提醒来鼓励医药产品消费者习惯性的购买行为。而市场挑战者则可以通过更低的价格、各种优惠及播放鼓励尝试新产品的广告来鼓励医药产品消费者寻求多样性的购买行为。

（四）习惯性的医药产品购买行为

当医药产品消费者较低程度地介入到购买过程中，并感知到同类医药产品之间的疗效差异较小时，习惯性的医药产品购买行为就会发生。以购买创可贴为例，医药产品消费者对这种产品的介入程度较低，在购买时只是走进药店，然后较随意地挑一个创可贴品牌。如果他们持续地购买同一品牌的创可贴，那只是出于习惯，而不是因为疗效的显著差异导致的。医药消费者对价格低廉和居家必备的医药产品一般介入程度比较低。在低介入度的医药产品中，医药产品消费者很少对产品疗效信息进行广泛收集，也很少对疗效、购买决策等方面进行评价。

二、非处方药购买行为分析

根据药品分类规则，非处方药是指患者可以不凭借执业医师或助理执业医师的处方自行判断、购买的药品，它具有安全性好、使用方便、适合自我药疗等特点。非处方药依其安全性又分为甲类和乙类非处方药，根据有关法律的规定，医药企业出售甲类非处方药必须要有执业药师或依法认定的药师在场，而对乙类非处方药的销售则没有特别的限制。整体上讲，非处方药的商品特性比较像快速消费品，消费者的购买行为主要表现为以下几个方面的特点。

（一）以多样性和习惯性的医药产品购买类型为主

医药消费者在购买非处方药时一般介入程度较低，在购买时也不会广泛收集产品信息并对药品进行评估。这种情况的产生，一方面是由于医药消费者缺乏足够的医药学知识，无法对收集到的有价值的产品信息做出正确的评估，也无法对所患疾病做出准确的判断，另一方面是由于购买非处方药的消费者一般自我感觉疾病症状较轻微，易于解除，重视程度不够。但医药消费者在不同类别非处方药疗效（或品牌）感知上存在一定差异，即对于有些类别的非处方药的疗效（或品牌），他们能感知其显著的差异，而对于有些类别的非处方药的疗效（或品牌），他们不能感知到其显著的差异。前一种情况属于多样性购买类型，后一种情况属于习惯性购买类型。医药产品消费者在购买非处方药时以这两种购买类型为主。

（二）代理购买与自主购买相结合

医药产品消费者在购买非处方药时表现出来的另一个特点是代理购买与自主购买相结合。由于法律规定甲类非处方药需要在药师的指导下才能购买和使用，医药消费者购买甲类非处方药必须依赖药师决策。药师作为专业人士，其对医药产品消费者病情的判断，对药品疗效、适应证等方面的推介，易于被医药产品消费者所接受。许多时候，药师甚至直接为医药产品消费者的购买做决策，这种消费行为表现出较强的代理性；另一方面，药师在甲类非处方药购买决策中，只有建议权没有决定权，医药产品消费者有一定的自主性。在乙类非处方药购买方面，虽然医药产品消费者不需要药师指导，可以按需求进行自主购买，但由于他们缺乏医药知识，一般会希望销售人员提供购买建议，这些建议会对其购买行为产生直接影响。

针对医药消费者购买非处方药中的代理购买与自主购买相结合的特点，非处方药营销者必须十分重视终端销售人员的作用，可以采用诸如对终端销售人员进行产品知识培训和宣传，激励终端销售人员推荐本企业产品等方法来提高产品的销量。

三、处方药购买行为分析

根据法律规定，处方药指必须凭执业医师或执业助理医师的处方才可调配、购买和使用的药品。也就是说医药产品消费者要想合法购买处方药必须先取得医生的处方，医生在整个处方药销售过程中处于主导地位，处方药购买决策实际是由医生做出的。这使得处方药的消费行为与非处方药及普通商品的消费行为存在极大差别，处方药消费行为表现出以下几个方面的特征。

（一）以复杂的和减少失落感的医药产品购买类型为主

医生作为患者处方药购买的代理人，在购买决策中起主导作用，在某种意义上是处方药的消费者。医生作为处方药的特殊消费者，因其职业关系，对处方药的购买过程有较高程度的介入。他们会广泛收集处方药品的信息、评估处方药的治疗效果并结合患者的具体情况慎重书写处方，对患者用药后的情况进行评价。

另一方面，不同的医生（作为特殊消费者）感知同类处方药的治疗效果差异性时存在差异。在复杂的医药产品购买类型中，医生会感知到同类处方药的疗效存在较大差别，如医生会强烈地感知到第二代抗生素的疗效明显好于第一代抗生素。在减少失落感的医药产品购买类型中，医生很少感知到同类处方药疗效的差异性。减少医生用药后的失落感是营销处方药重点关注的核心问题。

（二）典型的代理购买

在整个购买过程中，医药产品消费者虽然可以向医生提出自己的要求，但无权决定处方内容，而处方是消费者合法购买的唯一凭证，医师开具处方实质上在某种程度等于做出了处方药购买决策。医药产品消费者作为处方药的实际购买者，其购买决策由医生代其做出，这种购买行为表现出典型的代理购买特征。

在处方药代理购买过程中，委托方与代理方是一种合作关系。一般情况下，医生会根据患者的病情、经济条件和心理特征做出处方决定。但要真正实现处方药的销售还需要有患者的配合，即需要患者凭医生处方到药房付费购买。医生与患者的配合是实现处方药销售的必要条件。因此，在处方药营销过程中，既要关注医生的处方行为特征，又要关注患者的购买行为特征。

在处方药代理购买过程中，患者与医生时常会发生冲突，这些冲突会影响到处方药购买行为。如患者常常会对医生处方行为提出要求，有些要求是合理的，有些要求则是不合理的。如享受公费医疗的患者会要求医生多开药、非病症开药，再如医生不顾患者的经济条件，给患者开非必要的昂贵处方药，这些都会导致医生和患者之间的冲突。这些冲突可能会直接造成医生与患者合作关系的矛盾，导致无法实现真实的处方药销售。在处方药营销中，应该关注这种医生与患者发生冲突的原因、强度，并设法降低冲突的强度或避免冲突发生。

第 4 节 医药消费者购买决策过程

医药消费者购买决策指患者或医生谨慎地评价多个备选医药产品的属性，并进行理性的选择。与普通商品相比，医药消费者会十分关注产品属性，而较少关注购买时的感受、情绪和环境，是一种较普通商品更为理性的决策行为。医药消费者进行购买决策是一个较复杂的过程，大致可以分为三个阶段，即输入、处理和输出。此过程可以用图 3-2 来表示。

从图 3-2 中我们可以看出，医药消费者在进行购买决策时，会遵循一定的基本程序。这个基本购买决策程序包括确认需求、搜集信息、评价方案、决定购买和购买后评价。通常情况下，医药消费者并不需要付出多少努力就可以完成此基本购买决策程序，甚至有时意识不到它的存在，但这并不意味着此基本购买决策程序是可有可无的或者是可以随意改变的。它是人们惯用的决策思维，是一种潜意识，具有较强的稳定性。研究医药消费者基本购买决策过程，寻求有效手段干预其决策过程，对医药营销者来说具有重要的现实意义。下面对医药消费基本购买决策程序的五个步骤逐一进行分析。

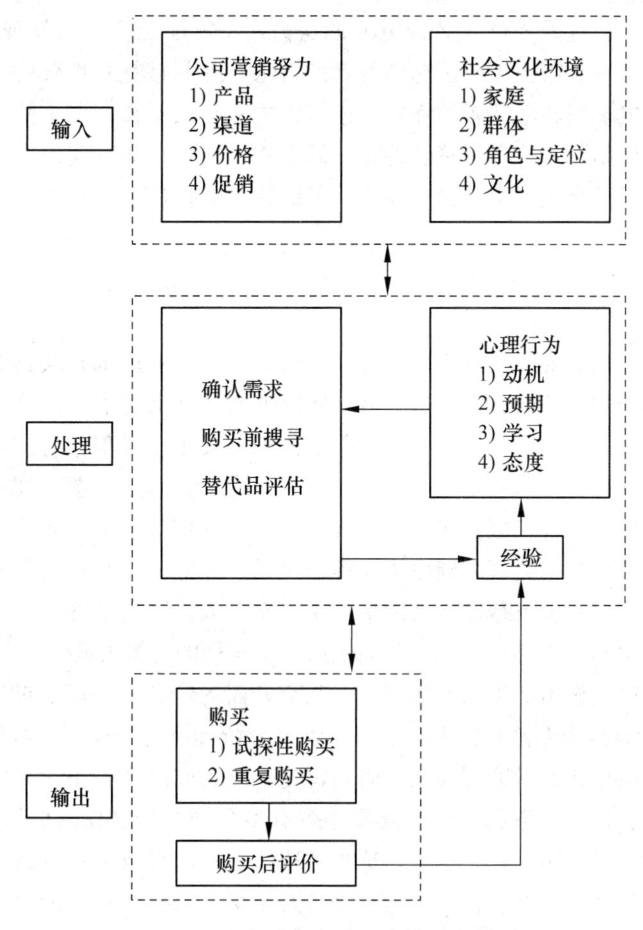

图 3-2 医药消费者购买决策过程模型

一、确认需求

(一) 确认需求与解决愿望

当医药消费者认知到自身的健康状态与某种期望或理想的健康状态之间存在显著差异时，就会产生认知需求。医药消费者认知需求产生的原因主要有两点：一是身体健康状况出现问题。比如感冒患者感到身体不适，此时患者实际健康状态比理想健康状态要差，表明其健康状态出现问题。二是身体健康状态本身没有变化，但是参照系发生了变化，或者对理想身体健康状态的要求更高了。例如高血压患者每天服用两次药就能控制血压，但如果他希望通过其他方式治疗，以后不用药物来控制血压，这时患者的健康状态并没有发生什么变化，只是理想健康状态提高了。这两种情况下，医药消费者都会产生明确的需求认知。由此可以看出，医药消费者对健康问题的认知可能是由客观状态导致的，也可能是由主观感知造成的。

健康对于任何人来说都是十分重要的，人们很难忽视健康问题。医药消费者解决健康问题的愿望主要由以下两方面因素决定：一是理想健康状态与感知到的健康状态之间差距的大小；二是对健康问题的重视程度。医药消费者的感知健康状态与理想健康状态差距越大，同时他们对健康问题越重视时，其解决健康问题的愿望就越强烈。

(二) 确认需求与营销策略

医药营销者只有关注与医药消费者确认需求相关的问题，才能引导和干预其需求认知过程，并实现医药产品的销售。这需要营销者两方面的努力：一方面是要努力发现医药消费者的需求。营销者应该通过各种调查手段去了解医药消费者的需求，并制订针对性强的销售策略。积极的营销者不仅要通过调查发现医药消费者的需求，还应该主动地去干预医药消费者的需求过程，引导其需求倾向；另一方面是要对医药消费者的需求做出积极回应。当医药消费者意识到健康问题的时候，他们会主动去寻求解决健康问题的办法，营销者如果能对这些需求做出积极、有效的回应，将十分有利于医药产品的销售。

二、搜集信息

当医药消费者或医生需要解决健康问题时，他们会首先搜索内部相关信息，即在他们记忆中是否有解决类似健康问题的有效方案，各种潜在解决方案有什么特点，应该如何评价这些潜在方案。如果内部搜索未能找到令人满意的答案，那么他们会集中于外部信息搜索。外部信息来源多种多样，主要包括以下几种：第一是个人来源，主要是家庭成员、同事、朋友、邻居或熟人；第二是商业来源，主要包括广告、医药代表、零售机构、互联网等；第三是公共来源，如医药专业人士或组织的推荐、各种学术会议、健康讲座等；四是产品经验。医药消费者或医生从商业来源中获得的信息量最大，但对决策帮助最大的信息来源于个人。医药消费者或医生何时停止信息搜索工作，这主要看收集到的信息是否能让他们做出一个合理的购买决策。

医药消费者或者医生做出决策通常需要以下几个方面的信息：① 解决健康问题的恰当评价标准；② 存在多种解决方案和办法；③ 每一备选方案在评价标准上的表现或特征。例如高血压患者在做购买决策（或有医生代其做购买决策）时，首先，患者或医生希望达到的治疗效果就是解决健康问题的恰当标准。其次，患者或医生需要了解有多少种控制高血压的医药产品或治疗方案，即有解决健康问题的备选方案存在。最后，这些备选的医药产品或治疗方案在控制血压方面的表现或特征如何。医药消费者或医生搜集信息过程是否结束，要看收集到的上述三个方面信息是否令其满意。医药消费者或医生决策中的信息搜索过程可以用图3-3表示。

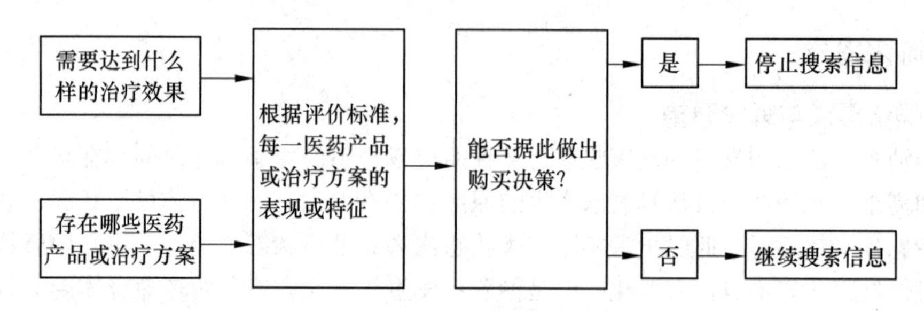

图3-3　医药消费者决策中的信息搜索

随着获得信息的增多，医药消费者对医药产品的知识会不断增加，这些信息会帮助他们将一些医药产品从备选方案中剔除出去。因此，医药市场营销者必须谨慎地识别消费者的信息来源，权衡每种信息来源的重要性，并据此制订营销策略，使消费者了解本企业产品，保证其不会被从备选方案中剔除。

三、评价方案

医药消费者搜集到信息后，依照一定的标准对备选方案进行评价，并形成最终购买意向。医药消费者对备选产品的评价和购买意向确定过程可以用图3-4来表示。

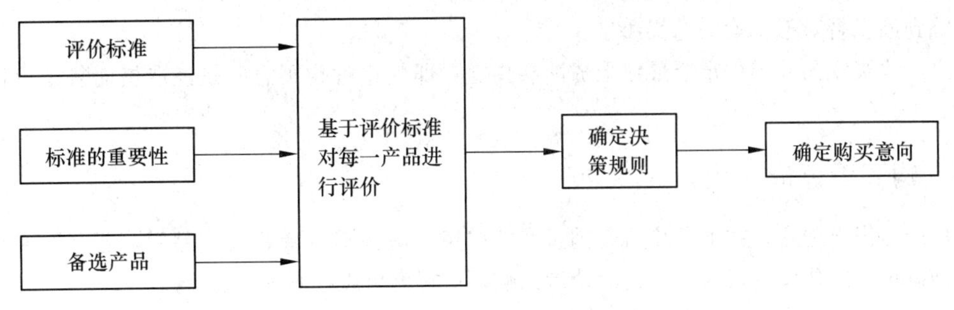

图 3-4　购买评价与意向确定

在对备选方案的评估过程中，医药消费者确定的评价标准和这些评价标准的重要性直接决定备选方案的价值排名。典型的评价标准通常是医药消费者希望获得的利益或是必须付出的代价，以及有关的医药产品的特征或属性。如在购买感冒药之前，医药消费者会关心药品的疗效、价格、不良反应、适应证、使用便捷性等，这些因素可能成为选择感冒药的标准。

评价标准确定后，医药消费者根据每一具体评价标准上的表现对备选方案进行评估，但这不足以最终确定备选方案的价值排名，还需考虑每一评价标准的相对重要性。在不同情况下，同一评价标准对医药消费者的相对重要性存在差别。例如，当医药消费者病情比较危重的时候，评价标准中药品的价格、使用便捷性、剂型等标准就显得不重要了，而疗效、适应证、不良反应就会变得十分重要。当医药消费者病情相对轻微的时候，在评价标准中药品的价格、使用便捷性、剂型等标准的重要性会明显增强。备选方案在每一评价标准中的表现及这些评价标准的相对重要性共同决定了该方案的最终价值排名。

医药产品备选方案的评估过程往往因专业人士参与而显得较为理性，但这并不是说所有备选方案评估过程都会像图 3-4 那样复杂，都是经过精确的计算和逻辑思考的。在一些情况下，许多医药消费者会凭直觉对备选方案进行价值排名，进而形成对该产品的态度。医药消费者评价备选方案是一个复杂的过程，在不同情境中，其评价程序存在较大差别。

四、决定购买

在评估阶段，医药消费者利用已掌握的信息，通过一定的评估程序对备选方案进行价值排名，然后产生购买意向。通常来说，医药消费者会决定购买那些对解决其健康问题最有价值的产品，但形成购买意向到决定购买的过程还会受两个因素的影响：一个因素是他人的态度；另一个因素则是未预期的情境因素。

医药消费者即使已经形成了十分明确的购买意向，但当他们走进药店或医院后，其购买决定仍可能会因药师、医生的态度而发生变化。例如，一个糖尿病患者在对多个品种的降糖药物进行评价后，认为 A 降糖药物在适应证、疗效、不良反应等多方面均为最优，购买意向明确。但当他去医院做完检查后，医生告诉他使用 A 降糖药物效果可能欠佳时，那么此时患者购买 A 降糖药物的意愿会大大降低。

医药消费者可能会以预期收入、预期价格和预期健康收益为基础形成一个购买意向。当这些预期无法实现时，医药消费者的购买决定就可能会改变。例如，某乙型肝炎患者，他通过信息收集发现干扰素治疗乙型肝炎的效果最好，但价格十分昂贵，于是他打算等公司发完年终奖后，再去购买干扰素来治疗。后来公司发的年终奖却没有他预期的多，因而没有足够的钱来支付干扰素治疗的费用。或者经诊断他不适合使用干扰素，治疗效果不会好。上述两种未预期情况的发生，都会影响到该患者对干扰素的购买决定。

总之，购买意向并不一定会最终形成购买决定，即使这种购买意向是经严格而复杂评估程序做出的。

五、购买后评价

医药产品售出之后，并不意味着营销过程的结束。医药消费者购买产品后，还有许多与医药营销者利益相关的购买后行为。医药消费者的购买后行为可以用图 3-5 表示。

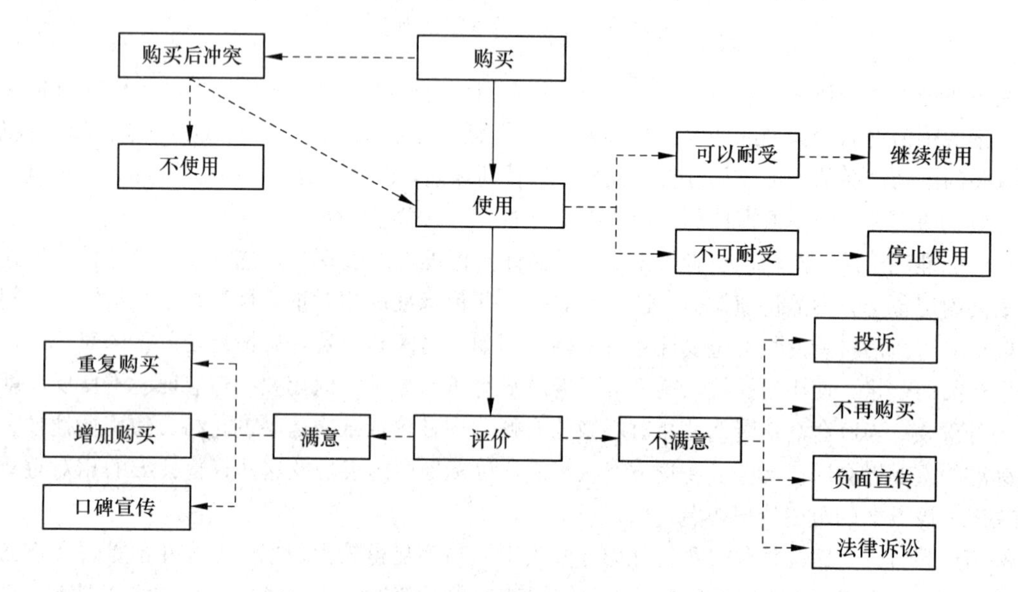

图 3-5　医药消费者购买后行为

（一）购买后冲突

医药消费者购买后所产生的怀疑和不满被称为购买后冲突。对于每个医药消费者来说，购买行为实际上包含了妥协，即选择所购买产品的优点和利益时，是以放弃其他产品所具有的诱人优点和利益为代价的，医药消费者会因此而感到不安。并非所有购买都会产生购买后冲突，只有当医药产品对消费者健康有较重要的影响或是长远影响时才容易出现购买后冲突。例如，购买心脏支架的消费者会比购买感冒药的消费者更容易出现购买后冲突。因为心脏支架对消费者的健康有重要影响，同时这种重要影响是长期的，消费者常常会因为没有花更多的钱购买一个价格更贵的心脏支架而感到遗憾。购买感冒药的消费者则很少会在购买后出现冲突，因为感冒药对患者健康的影响较小，而且这种影响也较短暂。

当购买后冲突出现时，医药消费者会采取何种行动来减轻这种冲突所带来的不快是医药营销者必须关注的问题。医药消费者通常采用以下三种行为来应对购买后冲突：第一种行为是在使用前将产品退回，改变原来的购买决策。购买后冲突越激烈，发生这种行为的可能性就越大。第二种行为是将购买的产品放置起来不使用，或推迟使用。这种行为通常发生在购买后冲突不太激烈的情况下。第三种行为是仍会使用产品，但使用过程中容易产生负面情绪。虽然负面情绪不会影响到产品的使用，但它会影响到医药消费者对产品的使用评价。

对那些易于使医药消费者产生购买后冲突的产品，营销者应该设法消除这种购买后冲突的影响，给消费者更多、更值得购买它的理由。

（二）使用

大多数情况下，医药消费者不会担心购买是否明智，而是会放心地使用产品，即使是有购买后冲突的情况发生，大多数消费者仍会使用产品。但由于医药产品高度的专业性，消费者在使用过程中常常会因各种原因而中止使用该产品。中止使用的原因主要有以下几个方面：第一种情况是医药消费者使用医药产品过程中出现较严重的不良反应，不能耐受。例如高血压病人在服用降压药后出现严重水肿，必须停止降压药的服用。第二种情况是医药产品使用不当。如医药消费者使用了疗效不确切的药物、用药不对症、未按照医嘱用药等情况，使得用药效果不佳，从而中止使用。第三种情况是由于医药消费者健康问题不严重，虽然购买了医药产品，但却放置未用。

使用中止是值得医药营销者关注的问题，因为它会直接影响消费者对医药产品使用后的评价。特别是第一种情况和第二种情况，会导致消费者对医药产品的不满，甚至进行负面的宣传，这些都会增加营销的困难。防止使用中止行为的发生，一方面要根据消费者具体情况推荐合适的药品，另一方面应对消费者进行培训，使他们能正确使用医药产品。

（三）购买评价与医药消费者满意度

医药消费者购买评价受购买本身、购买后冲突、产品使用情况等方面的影响。医药消费者可能会对购买过程的各个方面进行评价，也可能只是对医药产品的某些方面进行评价。医药产品购买评价实际上是对该产品表现的一种感知。当产品表现高于预期时，医药消费者就会感到满意，产品表现越是高于预期，医药消费者就越满意；反之，医药消费者就会感到不满意。医药消费者感到满意对于医药企业来说是十分重要的。满意的顾客会再次购买产品或是增加购买，会进行口碑宣传，他们将成为企业最为重要的客户。

医药消费者的不满可能会给企业销售带来负面影响。不满意的医药消费者为发泄心中的不满可能会采取下列措施：①向医药企业或者行政主管部门投诉，要求退换医药产品或是得到补偿。②向别人抱怨，甚至利用媒体发起对医药企业不利的宣传。不良评价会比好口碑传得更快、更远，可以迅速地破坏医药企业和产品的形象。而对医药企业或产品不利的媒体宣传的危害更大，十分容易引起公共关系危机，使医药企业处于危境。③不再购买产品。因为不满意，医药消费者可能会不再购买该企业的产品。④当不满意达到一定程度，医药产品存在缺陷时，医药消费者甚至会发起诉讼。

明智的医药营销者应该经常主动地衡量顾客的满意度，而不只是被动地收集客户的意见。研究表明，大约有96%的客户从来不会告诉营销者他们的不满。因此，医药营销者应该建立起鼓励消费者表达不满的制度，并对这些不满做出建设性的回应。

案例学习

案例3-1　某公司对非处方药市场消费者行为的分析

某制药公司在进入非处方药市场之前，对非处方药消费者行为进行分析，发现在非处方药市场中，影响消费者购买的因素主要有文化、社会、个人、心理、药品五个方面的因素：①文化因素。随着人民经济条件的改善，大众预防疾病和保健意识增强，特别是高收入阶层和中老年人愿意增加非处方药方面的支出。②社会因素。消费者的相关群体、家庭和社会角色与地位都对非处方药消费者产生影响。③个人因素。消费者的非处方药购买行为受其年龄、职业、经济环境、生活方式、个性的影响。④心理因素。消费者对自己的病情的感知、对品牌特征的感知、对其他备选品牌的态度都会影响其非处方药购买行为。⑤药品因素。中国消费者普遍认为中药的毒副作用小，比西药安全；在起效方面，普遍认为西药比中药快。中药对于一些慢性病更有疗效，作用全面，可以治本。因此，一般家庭都会备有红花油、健胃消食片、三七伤药片等非处方药。该公司调查还发现非处方药市场中消费者购买决策过程与普通消费品购买决策类似。消费者购买分为确认需求、信息收集、对非处方药的评价、购买决策和购买后行为 5 个阶段。在确认需求阶段，急病发作、季节影响、广告宣传等因素都会引起消费者对非处方药需求。消费者收集非处方药信息的渠道主要是个人交际圈来源、商业来源、公共来源、个人经验来源。在评价阶段，消费者会对同类非处方药进行评价，比较优劣。评价主要考虑功效、安全性、服用方便性、包装、公司声誉等。在购买决策阶段，消费者形成购买意图、购买偏好后，还会受到他人态度（如专业人士、导购人员）、未预期的情况因素影响，综合这些因素形成购买行为。在购后行为阶段，消费者使用药品后疗效如何、是否有不良反应都会影响其满意度。该公司在深入分析消费者购买行为后，设计了相应的营销策略，并成功推出自己的非处方药产品。

资料来源：刘桂林根据相关资料编写。

问题：请结合本案例学习消费者行为的分析方法。

案例3-2　消费者购买非处方药行为分析

顾客李某和陈某结伴去药店购买感冒药。他们在自选架上看到有许多种感冒药，各种感冒药的主要成分都差不多，价格却从几元钱到几十元钱，相差较大。他们比较了半天，也不知道该买何种药品。顾客李某认为 A 药好，认为大品牌好，价格贵一点，药效肯定好一些。顾客陈某却认为 B 药更实惠，相对于大品牌 A 药来说，其成分一样，价格却便宜不少，再说大品牌价格高，疗效也不一定好。

店员听到了他们的讨论，走过去对李某和陈某有意向购买的两种药品进行了简单介绍，并告诉他们，从成分上看，两种药品的确没有什么差别。不过，成分只是决定药品疗效的一个重要因素。同样成分的药品，因为制备工艺不同，生物利用度往往存在较大的差异。A 药品是原研厂家，其生产工艺最先进，生物利用度较高，顾客普遍反映其疗效很好。最后，李某和陈某接受了店员的建议，购买了 A 药品。

问题：请结合本章学习内容，说明为何李某和陈某会接受店员的购买建议。

思　考　题

1. 医药消费者购买行为的特征有哪些？
2. 影响医药消费者购买行为的因素有哪些？它们对医药消费者购买决策产生什么样的影响？
3. 试分析不同医药消费者购买类型的区别与联系。
4. 简述医药消费者基本决策程序。
5. 为什么说医药消费者购买后评价对医药企业的产品营销十分重要？

（刘桂林）

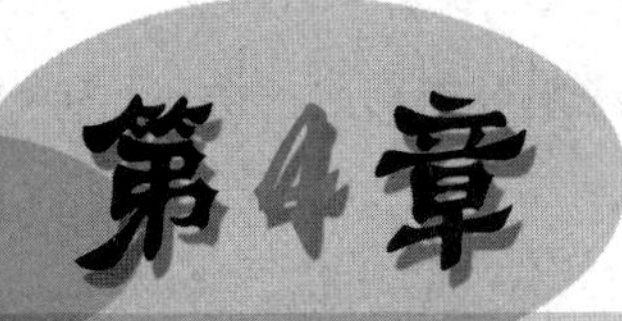

第4章 医药组织市场购买行为

学习目标和基本要求

通过本章学习，掌握医药生产者市场、医药中间商市场、医疗机构市场的购买行为及其影响因素和决策程序；熟悉医药组织市场的类型和特点；了解医药组织市场的概念。

医药企业的大部分商品首先是进入组织市场，然后经过流通才进入消费领域。医药企业在掌握医药消费者市场的特征和规律的同时，也必须掌握医药组织市场的特征和规律。医药企业的营销对象不仅包括购买医药产品的消费者，也包括医药生产企业、医药流通企业、医疗机构等各类组织市场。医药组织市场由于其主体的性质和购买的目的与消费者市场有很大的不同，所以，对其购买行为进行特定的分析和研究十分必要。

第1节 医药组织市场的类型和特点

一、医药组织市场的概念

医药组织市场指医药生产企业、医药批发企业、医药零售企业、医疗机构等医药企业和单位为了生产、销售医药商品或提供医疗服务而购买医药商品或服务形成的市场。医药组织市场购买医药产品的直接目的不是为了自我的消费，而是为了进一步生产或者是销售，从而获得经济利益。由于医药商品的特殊性，需求还来自各级政府机构和非营利组织市场等。在医药组织市场上，因为购买者主体是组织，所以其购买也称为集团性购买。

二、医药组织市场的购买类型

按购买主体类型来划分，医药组织市场一般包括医药生产者市场、医药中间商市场、医疗机构市场和政府市场。

（一）医药生产者市场

医药生产者市场指医药产品生产企业购买医药原材料或半制成品、制成品，生产医药产品以供销售获利而形成的市场。医药产品生产企业既可以向医药原材料供应企业购买医药原材料或半制成品，又可以向其他医药产品生产企业购买医药制成品进行生产。

（二）医药中间商市场

医药中间商市场指处于医药商品生产者和消费者之间，专门从事医药商品流通经营活动，通过购买医药商品进行转售以获利而形成的市场。按医药中间商在流通中所起的作用不同，医药中间商市场可以划分为医药批发商市场和医药零售商市场。

（三）医疗机构市场

医疗机构市场指医疗机构购买医药商品为消费者提供医疗服务而形成的市场。医疗机构包括各级各类医院和诊所等。

（四）政府市场

政府市场指为了履行国家职能和满足公共医疗需要或为了满足各政府机关的从业人员的医疗需要，维护政府的正常运转，各级政府机构及机关单位购买医药商品而形成的市场。例如对紧急救灾药品的购买。政府机构的购买受政府财政约束，受社会公众监督，具有公开性，一般实行招标采购。对于一般的医药企业来说，政府市场不是营销重点。

三、医药组织市场的特点

（一）购买者数量少，购买产品数量大

由于医药组织市场的成员大部分是医药企业或医疗单位，与消费者市场相比，医药组织市场上购买者的数量远远少于医药消费者的数量，但是医药组织市场单个用户的购买量比消费者市场单个购买者的需要量大得多。

（二）购买决策程序复杂，参与者众多

医药组织市场的购买决策受较多机构和人员的影响，重要的购买决策一般要由专业人员咨询论证，最后由技术专家和高级管理人员共同做出决策，审批程序复杂严谨。这就要求营销人员具备良好的专业素质，掌握相应的营销技巧。

（三）购买者的需求是派生需求，需求价格弹性小

医药组织市场的需求是从消费者对医药产品的需求中派生出来的。医药组织市场购买者的需求取决于最终消费者的需求。如对原料药、中间体、化工原料、中药材等的需求，直接来自于药品市场对这些产品的制剂产品的需求。医药组织市场需求对中间产品价格的波动敏感性不大，在短期内更是如此。

（四）购买具有专业性，理性程度高

医药组织市场的采购人员都是专业人士，对所要采购医药产品的性能、质量、规格和技术要求非常熟悉，购买的理性程度极高，冲动性购买很少。医药组织市场对医药企业营销人员的要求较高，既要具备专业医药知识，又要具备必需的市场营销知识。医药供应商要对其营销人员进行严格培训，提高其业务素质。

（五）购买具有连续性，业务关系相对稳定

由于医药组织市场购买技术性强、产品替代性差、质量要求严、需求具有连续性和稳定性，因此，医药组织购买经常需要从医药供应商购买医药产品，一旦合作成功，其业务关系会长久维持下去。

四、影响医药组织购买的主要因素

医药组织市场的购买行为与医药消费者市场的购买行为具有很大差异性。医药组织购买行为的动机比较单纯，根本目的是为了生产或经营的连续，获得经济利益或社会效益。除去经济因素以外，环境因素、社会因素、心理因素等都会对组织购买行为产生影响。影响医药组织购买行为的主要因素有环境因素、组织因素、人际关系因素及购买参与者个人因素。

（一）环境因素

环境因素主要指影响医药组织市场购买的外部环境因素，它包括政策、法律、医药科技、市

场竞争、经济、人口、社会文化等。环境因素既可以提供市场机会，也可能制造市场威胁。环境因素直接制约着医药组织购买产品的品种、数量以及购买行为。

由于医药企业生产经营者与医药组织购买者之间存在着非常强的互相依存关系，所以营销人员必须密切注意环境因素的发展变化，对这些影响因素可能对组织购买者产生作用的方向和力度做出正确的判断，并及时调整营销策略，力求将威胁转变成机会。

（二）组织因素

组织因素指医药组织市场购买者内部状况对购买行为的影响。组织市场购买者本身也都是按照国家有关法律要求组建而成的医药生产经营企业或医疗机构，就其采购工作而言，它的经营目标、采购政策、业务程序、机构设置、采购制度相对健全。

医药企业营销人员与这些组织客户打交道时，应对相关组织的工作制度进行充分的了解，如医院的进药程序、药事管理与药物治疗委员会的构成、参与采购工作的所有人员情况、拟采购医药产品的质量、付款时限等，从而规范自我的营销行为，并尽量与这些具体的要求相吻合。

（三）人际因素

人际因素指医药组织市场购买者内部的人际关系，这些人际关系可能影响其采购活动。在医药组织市场购买者内部，由于参与购买过程的部门和人员较多，所承担的角色和作用各不相同，他们相互之间的关系和影响程度也不同。

医药组织市场购买者一般包括使用者、影响者、采购者、决定者和信息控制者等，他们都参与购买决策过程。这些参与者在组织中的地位、职权、影响力和相互之间的关系都会影响组织的购买决策和购买行为。营销成功的关键是要深入了解这些人际因素，仔细辨析，寻找并满足决策者的需求。

（四）个人因素

个人因素指参与购买人员的年龄、收入、教育程度、职位、性格、兴趣、爱好及职业道德、敬业程度、与医药营销者的关系等。医药组织市场购买经常被认为是“理智”的行为，但当供应药品的质量、疗效、价格、服务等相类似时，采购人员的个人因素就会产生较大的作用。

在医药组织市场购买行为中，真正起作用的还是关键的个人。由于每个人的文化背景、教育背景、年龄和性格等个性特征都不完全相同，他们对事物的看法和评价也就有差别。营销人员必须要与相关人员建立良好稳固的私人关系，认真研究每个参与人的背景，仔细观察参与人的工作和生活细节，针对性地实施具体营销措施。营销人员要牢记“做生意先做人，成功的生意人也是成功做人的人”这一现代营销理念。

第2节 医药产品生产者市场购买行为分析

一、医药产品生产者的购买行为类型

按照医药产品生产者购买活动的稳定性来划分，医药产品生产者的购买行为分为重复购买、调整购买、新的购买三种类型。

（一）重复购买

重复购买指采购方不变更购买方式和订货条款，按照过去的订货目录和基本要求继续向原先的供应商购买产品。这是最简单的购买类型。重复购买的产品主要是原材料、零配件等。采购方对以往的所有供应商加以评估，选择感到满意的供应商作为重复购买的供应商。被选择为供应商

的医药企业应当努力保证产品和服务的质量，提高采购者的满意程度，争取稳定的供应关系。未被选择为供应商的医药企业应改进产品和服务质量，以便促使采购者转移或部分转移购买。

（二）调整购买

调整购买指采购方改变原先所购产品的规格、价格或其他交易条件后再行购买。医药产品采购方会与原先的医药产品供应商协商新的供货协议甚至更换供应商。当医药组织市场的购买决策者认为选择替代品能带来很大的益处时，往往发生调整购买。

（三）新的购买

新的购买指采购方初次购买某种医药原料、中间体、辅助产品等。这是最复杂的购买类型。采购者要对医药产品的规格、购买数量、价格范围、交货条件及时间、服务条件、付款条件、可接受的供应商和可选择的供应商等一系列问题做出决策。新的购买对所有的供应商来说既是机会，也是挑战。

二、影响医药产品生产者购买行为的因素

影响医药产品生产者购买的因素有宏观环境因素和微观环境因素。

（一）宏观环境因素

影响医药生产企业购买的宏观环境因素包括自然环境、政策、法律、医药科技、经济、人口、文化因素等。在一定的时期内，宏观环境因素具有相对的稳定性，但是医药生产者必须了解宏观环境的变化与发展，因为它们既可以为企业提供市场机会，也会带来威胁。例如自然环境的变化，会使中药材的产量发生变化；国家的医药政策的变化直接影响药品的经营；医药科技水平的不断提高，对医药生产企业提出新的挑战等。医药生产者的供应商必须了解这些情况，才能紧跟市场趋势，为生产者提供更优质、更合理的产品和服务。

（二）微观环境因素

影响医药生产企业购买的微观环境因素主要包括供应商、竞争者以及企业自身等。供应商的规模、信誉、产量、技术水平和提供产品的质量、价格、促销、服务等因素直接影响着医药生产企业的购买决策。竞争者及其数量和规模也影响着医药生产企业的购买决策。医药企业自身因素包括企业的组织结构、规章制度、采购程序、内部人际关系以及参加购买决策的关键人员等。

三、医药产品生产企业购买的参与者

为了保证产品质量，降低产品成本，医药生产企业一般都设立专门的采购部门，配备专业的采购人员。由于医药产品生产企业购买产品涉及金额大，技术含量高，所以采购决策并不全是由采购部门独自进行决策，生产部门、技术部门、质检部门、财务部门以及企业高层管理人员也都参与采购决策。医药产品生产企业购买的参与者主要包括提出购买者、影响者、决策者、控制者、采购者等。

（一）提出购买者

医药生产企业中的生产部门是采购产品的直接使用者，他们对采购产品的数量和质量的认识最为直观。通常由他们根据医药生产企业销售部门反映的需求信息，结合企业生产计划提出采购的要求。

（二）影响者

医药生产企业的技术部门、质检部门和财务部门的负责采购评价的相关人员，在购买决策中对采购产品的技术、质量和价格进行评价，为决策者提供决策依据。

（三）决策者

决策者指有权决定采购医药商品的价格、规格、数量、品种及供货商的人员。决策者通常都是医药生产企业的生产部门、技术部门、质检部门、财务部门、采购部门的负责人。

（四）控制者

控制者通常是医药生产企业的总经理或主管采购供应的副总经理。他们综合考虑生产部门、质检部门、技术部门、财务部门和采购部门的相关信息后，最终审批是否采购。

（五）采购者

采购者指实际完成采购任务的人员。医药生产企业的采购部门是医药产品采购活动的直接执行部门，它在供应商和本企业之间起着桥梁作用。通常负责寻找供应商信息，与供应商进行业务谈判，并完成采购任务。

四、医药产品生产企业购买决策程序

医药产品生产企业购买决策程序分为发现需求、确定购买要求、确定产品规格、寻找供应商、询价、选择供应商、签订合约、绩效评价八个阶段。

（一）发现需求

发现需求指在某些内部或外部因素的刺激下，医药企业认识到需要购买某种产品，以解决某一问题或满足某一需求。例如，当医药产业出现新的变革，产生新技术、新工艺，或研制出新产品，或某些专利药品保护期已满，医药生产企业很快就会发现需求，并寻找解决问题和满足需求的方法。

（二）确定购买要求

确定购买要求指确定所需医药产品的种类和数量。如果是简单的重复采购，这个过程很简单，但对复杂的产品，往往要由技术人员、使用者和采购者等相关人员来共同确定产品的可靠性、耐用度、价格及其他属性。供应商此时应设法向采购者介绍产品特性，协助他们确定需要。

（三）确定产品规格

确定产品规格指确定所需医药产品的品种、性能、规格、特征、质量和服务等，以此作为采购的依据。这一阶段多采用价值分析的方法，对所需产品作进一步的分析，将产品应具有的各种属性变成详细的技术说明，作为采购人员的采购依据。营销人员应采用价值分析的方法，向买方强调本企业产品的性价比。

（四）寻找供应商

寻找供应商指寻找可能提供所需产品的供应商。医药产业市场采购人员通常利用工商名录、电话黄页簿、广告和展销会或其他资料查询供应商。现在越来越多的公司通过国际互联网来寻找供应商。为此，供应商应通过各种途径宣传介绍产品，扩大企业的知名度，并要注意发现正在寻找供应商的买方。

（五）询价

询价指医药产业市场购买方让供应商提供产品说明书和报价单。询价过程中，买方会剔除一些报价不当的供应商，然后同有潜在合作意向的供应商做进一步的沟通。营销人员必须重视说明书的编写和报价单的填写工作，熟悉说明书的书写要点和提交程序。提交的文件不能只是包含技术内容，还要准确地把企业形象和产品的优点表达出来，力求有较强的说服力，使采购方产生购买信心，接受本企业的报价。

（六）选择供应商

选择供应商指购买方通过审查报价单，选出几个有意向的供应商，再通过谈判，最终确定供应商。在考察供应商时，不仅要考察供应商的技术能力，还要考虑供应商能否及时交货，能否提供售后服务等方面的因素。营销人员应主动配合购买方的考察，在谈判中灵活运用营销策略，并做出有诚意的承诺，使自己成为最具吸引力的供应商。

（七）签订合约

签订合约指医药产业市场购买者向最终选定的供应商发出采购订单。采购订单详细列出所购产品的规格、数量、交货时间、退货办法及售后服务条款等。营销人员可与买方签订长期供货合同，建立起稳定的供货关系。

（八）绩效评价

绩效评价指医药产业市场购买者对所购产品的使用情况和供应商履行合同情况进行检查和评估。评估的结果直接导致买方决定维持、修正还是终止供货关系。供应商需要关注采购者的评估标准，以保证自己能让客户满意。有关研究表明产业供应商对于顾客意见或投诉的处理速度至关重要，迅速处理、解决问题和纠正错误会提高获得新订单的概率。如果反应迟缓，则会降低顾客的满意度。因此，营销人员要密切注视采购者和使用者的评价，并了解两者的评价标准是否一致，以确保本企业提供的产品能使买方更满意。

第 3 节 医药中间商市场购买行为分析

一、医药中间商的购买行为类型

医药中间商介于生产者和消费者之间，专门从事医药商品流通活动。医药中间商分为医药批发企业和医药零售企业两类。医药中间商的购买行为分为新产品采购、选择最佳供应商、改善交易条件的采购、直接重购等四种。

（一）新产品采购

新产品采购指医药中间商采购以前从未购买过的某类新产品。此类决策首先要决定是否采购，其后再决定向谁采购。医药中间商往往综合分析市场需求、毛利、市场风险等因素后再作决策，其购买决策过程的主要步骤与医药生产市场的购买大致相同。

（二）选择最佳供应商

选择最佳供应商指医药中间商根据确定采购的产品，寻找最合适的供应商。选择最佳供应商主要考虑医药产品的质量、价格、品牌、服务以及营销支持等因素。

（三）改善交易条件的采购

改善交易条件的采购指医药中间商希望现有供应商在原有交易条件上有所让步，从中获得更多的利益。医药中间商会在同类产品供应商增多或其他供应商提供更优惠的交易条件时向现有供应商提出此类要求。

（四）直接重购

直接重购指医药中间商的采购部门按照过去的订货目录和交易条件，继续向原先的供应商购买产品。只要中间商对原来的供应商并无不满，在其存货水平低于订购点时就会直接重购。

二、影响医药中间商购买行为的因素

影响医药中间商市场购买行为的因素包括宏观环境因素和微观环境因素。医药中间商市场作为医药生产企业的下游市场，更多的还是考虑具体市场的变化。影响医药中间商购买决策的具体因素有以下四个方面。

（一）医药供货商因素

医药供货商因素主要包括企业合法性、产品合法性、市场支持状况、品牌的影响力等因素。具体包括：供货医药生产企业或医药批发企业主体是否合法，证照是否齐全；企业的规模、资信如何；能否提供合格的药品检验报告、授权委托书、增值税发票；医药商品的生产或经营是否符合国家政策法规；医药商品的质量如何；医药商品的价格是否合理；包装是否有利于保证质量和进行销售；广告力度、促销支持和服务水平如何；有无严格的市场保护措施以杜绝窜货和不正当竞争；有无完备的退货制度；供货医药生产企业或医药批发企业的付款是否具有优惠条件等。

（二）下游购买者因素

下游购买者因素包括市场需求水平、购买者的要求等因素。医药中间商在做购买决策时主要考察医药商品的市场覆盖范围、目标市场的需求量、消费者对医药产品的评价、拟采购的医药商品是否得到医疗机构的认可等问题。

（三）竞争者情况

医药中间商在做购买决策时须考虑拟采购医药商品面临的竞争状况、同行采购同种医药商品的情况、供货方的竞争激烈程度等因素。

（四）中间商自身因素

中间商自身因素包括医药批发企业和医药零售企业的采购程序、组织机构、采购目标、中间商企业的人际关系、采购人员个人情况等。

三、医药中间商购买的参与者

医药中间商市场的购买参与者人数取决于企业规模的大小：规模较大的医药中间商为了降低采购成本和提高采购质量，一般都设立专门的采购部门，配备专业的采购人员；规模较小的中间商特别是小型零售商只配备专业的采购人员，甚至只安排兼职人员承担采购任务。以连锁药店为例，参与采购决策的人员的主要有商品经理、采购委员会成员、门店经理三种。

（一）商品经理

商品经理是总部的专职采购人员，负责各类商品的采购任务，收集不同品牌的信息，最终选择适当的品种和品牌采购。

（二）采购委员会成员

采购委员会成员由连锁药店总部的各部门经理和商品经理组成，负责审查商品经理提出的新产品采购建议，并最终做出决策。一般情况下，商品经理对决策起到关键性作用，采购委员会则起着平衡各种意见的作用，对新产品评估和购买决策的影响重大，并负责向供应商说明拒绝购买的理由。

（三）门店经理

门店经理掌握着门店一级的采购权。由门店经理掌控医药产品采购能提高企业对不同地区市场环境的适应性和快速反应能力，也便于提高门店经理的积极性，并有利于对其业绩进行考核。

四、医药中间商购买决策程序

医药中间商的完整采购决策过程与医药生产企业市场的购买决策过程基本一致。医药中间商市场作为医药生产企业的下游市场，其采购决策过程更加关注产品质量、价格、折扣、促销支持、售后服务、毛利率、品牌等方面因素。

第 4 节 医疗机构市场购买者行为分析

一、医疗机构的购买行为类型

医疗机构指依法定程序设立的从事疾病诊断、治疗活动的卫生机构的总称。目前我国医疗机构的主要类别有综合医院、中医医院、中西医结合医院、民族医医院、专科医院、康复医院、妇幼保健院、中心卫生院、乡（镇）卫生院、街道卫生院等。医疗机构市场是指医疗机构购买医药商品为消费者提供医疗服务而形成的市场。医疗机构市场最大的特点是它直接承担着治病救人的任务，更关注医药商品的质量、疗效和副作用，所以医药商品的质量与疗效是第一位的。

医疗机构的购买类型根据不同的划分方法可分为两大类：按医疗机构购买活动的稳定性程度划分，可分为直接重购、调整购买和新购买；按医疗机构参与购买活动的权限不同，分为自主购买、集中招标采购、医药分家模式。这里重点讨论药品集中招标采购相关内容。

（一）药品集中招标采购的概念

药品集中招标采购指多个医疗机构通过药品集中招标采购组织，以招投标的形式购进所需药品的采购方式。药品集中招标采购的目的是为了保证城镇职工基本医疗保险制度的顺利实施，从源头上治理医药购销中的不正之风，规范医疗机构药品购销工作，减轻社会医药费用负担。药品集中招标采购范围一般是指为城镇职工基本医疗服务的临床药品。常规使用及用量较大的药品必须实行药品集中招标采购。

（二）国家基本药物集中招标采购

目前我国对实施国家基本药物制度的政府办基层医疗卫生机构使用的基本药物实行以省（区、市）为单位集中采购、统一配送的政策；坚持政府主导与市场机制相结合，发挥集中批量采购优势，招标和采购结合，签订购销合同，一次性完成采购全过程，最大限度地降低采购成本，促进基本药物生产和供应。

省级卫生行政部门是本省（区、市）基本药物集中采购的主管部门，负责搭建省级集中采购平台，确定具备独立法人及采购资格的采购机构开展基本药物采购工作，并对基本药物集中采购过程中采购机构和基层医疗卫生机构进行管理和监督，协调解决采购中出现的问题。市（地）及以下不设采购平台，不指定采购机构。基本药物集中采购平台为政府建立的非营利性网上采购系统，面向基层医疗卫生机构、药品生产和经营企业提供药品采购、配送、结算服务。

二、影响医疗机构购买行为的因素

影响医疗机构购买行为的因素包括宏观环境因素和微观环境因素。

（一）宏观环境因素

宏观环境因素包括政策、法律、经济、科技、人口、社会文化等。医疗机构需要根据国家的政策、法律等因素的导向来实施采购。

（二）微观环境因素

1. 供应企业因素 供应商的资质、规模、信誉、质量、配送能力等都是医疗机构重点考虑的因素。

2. 竞争因素 供应商竞争的激烈程度对医疗机构的采购产生影响。如果同类药品生产厂家数量众多，医疗机构选择空间就比较大。某些特效药品和专利药品，生产厂家数量少，厂家具有市场垄断地位，拥有定价权，医疗机构选择空间就比较小。

3. 医疗机构内部因素　包括医疗机构组织因素、人际关系因素、人员因素等。医疗机构的组织因素包括组织结构、采购程序、采购目标、采购制度等。此外，采购决策参与成员的个性、学历、从业经验、人际关系等因素直接影响采购决策的结果。

三、医疗机构购买的参与者

医疗机构购买的参与者分为医药商品的使用者、医药商品购买的影响者、医药商品购买的决策者、医药商品购买的执行者四种角色。综合医院的购买参与者一般包括以下成员和部门。

（一）采购员

采购员负责与供货医药公司沟通联系，选择其中一家或两家医药商业公司作为供货单位，并对进药渠道进行管理维护，根据采购药品的品种、数量、金额、时间，制订并执行药品采购计划。

（二）药剂科主任

药剂科主任的主要职能是负责审查药品预算、采购计划，负责药品的筛选、药品质量的管理，监控医院药品销售渠道及主要流通环节，保证临床用药的整体水平。药剂科主任是医疗机构采购药品的关键人员，对于药品购进起着举足轻重的作用，是药品进入医院的核心评审人物之一。

（三）药事管理与药物治疗学委员会

根据我国卫生部《医疗机构药事管理规定》，二级以上医院应当设立药事管理与药物治疗学委员会，其他医疗机构应当成立药事管理与药物治疗学组。二级以上医院药事管理与药物治疗学委员会委员由具有高级技术职务任职资格的药学、临床医学、护理和医院感染管理、医疗行政管理等人员组成。成立医疗机构药事管理与药物治疗学组的医疗机构由药学、医务、护理、医院感染、临床科室等部门负责人和具有药师、医师以上专业技术职务任职资格人员组成。医疗机构负责人任药事管理与药物治疗学委员会（组）主任委员，药学和医务部门负责人任药事管理与药物治疗学委员会（组）副主任委员。药事管理与药物治疗学委员会（组）应当建立健全相应工作制度，日常工作由药学部门负责。

药事管理与药物治疗学委员会的主要职责为：贯彻执行医疗卫生及药事管理等有关法律、法规、规章；制订本机构药品处方集和基本用药供应目录；推动药物治疗相关临床诊疗指南和药物临床应用指导原则的制订与实施，监测、评估本机构药物使用情况，提出干预和改进措施，指导临床合理用药；分析、评估用药风险和药品不良反应、药品损害事件，并提供咨询与指导；建立药品遴选制度，审核本机构临床科室申请的新购入药品、调整药品品种或者供应企业和申报医院制剂等事宜；监督、指导麻醉药品、精神药品、医疗用毒性药品及放射性药品的临床使用与规范化管理；医务人员进行有关药事管理法律、法规、规章制度和合理用药知识教育培训；向公众宣传安全用药知识。

所以，医院药事管理与药物治疗学委员会的主要职责是根据临床用药需求遴选药物，监管药物的临床应用，保证药物的高效、安全以及符合卫生经济学要求。药品最终能否进入医院，药事管理与药物治疗学委员会起决定性作用。

（四）临床科室主任

临床科室承担医院治疗病人的临床实践工作，是直接使用药品的场所。临床科室主任负责所在科室的全面工作，对临床用药起主导作用。药品进入医院首先要考虑临床科室的用药需求，有关临床科室主任必须提出临床用药需求申请报告。

四、医疗机构购买决策程序

不同医疗机构购买决策程序不完全一致，下面以综合医院新药自主采购为例来说明购买决策程序。

（一）临床科室需求申请

医院临床科室主任根据患者用药的需要，或因医疗、教学和科研需要，结合对药品临床疗效的判断，提出用药需求申请，送达医院药剂科。

（二）药剂科把关

药剂科的采购部门根据临床科室的申请，结合药品的情况，填写药品购买申请单。然后由药剂科主任对拟采购的药品进行梳理，初步决定能否购进。

（三）主管院长决策

主管院长根据临床科室主任和药剂科所提出的申请，结合自己的认识，对拟购进药品申请进行审核，与药剂科主任共同拟订、提交医院药事管理与药物治疗学委员会讨论的药品购进计划。

（四）药事管理与药物治疗学委员会讨论通过

医院定期或不定期召开药事管理与药物治疗学委员会，对拟购进药品进行讨论，并以会议表决的形式决定某药品能否进入医院。

（五）药品购进与使用

经医院药事管理与药物治疗学委员会讨论通过的药品，药剂科的采购部门便可进行采购，办理入库手续，由药库负责对药品进行管理，并按用药要求将药品分发到门诊药房和住院部药房，门诊药房和住院部药房按医生处方要求，将药品配发至患者，用于临床。

（六）用药效果评价

根据临床科室医师用药效果，进行用药效果评价，对药品的安全性、有效性、经济性、质量稳定性做出综合评价，决定是否继续使用该药品，并将用药效果评价结论反馈给药剂科，药剂科进一步把它反馈给供货单位。

案例学习

案例4-1　从“毒胶囊”事件看采购业务的内部控制

2012 年 4 月 15 日，中央电视台每周质量报告栏目播出《胶囊里的秘密》，曝光河北一些企业，用生石灰处理皮革废料，熬制成工业明胶，卖给浙江新昌一些企业制成药用胶囊，最终流入药品生产企业，进入患者腹中。媒体曝光的“药用胶囊铬超标事件”，是非法使用工业明胶生产药用胶囊及使用铬超标胶囊生产药品的药害案件。经检测，修正药业、通化药业、海外制药和蜀中制药等 9 家药厂 13 个批次药品，所用胶囊重金属铬含量超标，最高超标 90 倍。“毒胶囊”事件由此引爆，引起了社会广泛关注。党中央、国务院高度重视，中央领导同志多次做出重要批示，要求严肃依法查处，确保人民群众利益。国家食品药品监督管理局要求相关省的食品药品监督管理局对违法、违规企业及其产品继续开展深入调查，严肃查办涉案企业，坚决控制销毁不合格产品。医疗机构和零售药店，已按要求停用、封存问题产品；公安部门对涉嫌犯罪的企业和有关人员进行侦查。2012 年 5 月 25 日，国家食品药品监督管理局通报铬超标胶囊剂药品抽验结果。截至 5 月 24 日，有 254 家药品生产企业存在铬超标药品问题，占全部胶囊剂药品生产企业的 12.7%。其中有 10 余家 A 股上市企业，“药用胶囊铬超标事件”曝光后，它们的业绩大受打击。从涉案的制药企业自身因素来说，毒胶囊能顺利进入制药企业，说明这些制药企业在采购环节缺乏有效内部控制措施。

资料来源：罗臻根据相关资料编写。

问题：请结合本案例理解药品生产企业严格执行采购业务流程管理的重要意义；理解药品生产企业采购过程中的质量风险及防范意识。

案例4-2　“两票制”加速医药商业企业整合

2018年10月1日之后，全国公立医疗机构全部实施“两票制”。“两票制”的实施将加速医药流通行业新一轮的整合。近年来，我国医药流通行业呈现出集中度提升的趋势，由于规模较大的流通企业在销售网络建设、垫资能力等方面都强于中小型流通企业，市场份额不断扩大。随着药品流通行业的进一步整合，大型流通商有望继续扩大市场份额，行业集中度进一步提高。国药控股、华润医药、上海医药等大型企业通过大规模并购实现了跨越式增长，完成了全国商业网络的布局。

新一轮招标降价、医院药品零加成、“两票制”是当前的主要政策，前两大政策主要对工业企业形成影响，但也不可避免地会将部分压力传导给商业企业。而“两票制”从中长期看有利于医药商业集中度的提升，将中间环节的中小代理企业淘汰。如果商业企业能把握机会积极实施并购、渠道下沉、收编代理商、增加终端销售业务比例，有望在复杂环境中实现跨越式增长。

在新的政策环境下，上游公司更倾向于将品种交托给具有丰富渠道资源的分销企业，公司部分调拨业务将转向销售，有助于毛利率的提升。同时，医院方也会倾向于选择供货稳定的大型企业，带动医院采购集中度的提升，最终实现大型企业销售份额的进一步提升。

总体上看，“两票制”不仅有利于地区商业集中度的提升，而且有利于大型商业公司整合中小型医药商业公司，进而大幅提升商业公司的盈利能力。

资料来源：李蕴明．中小企业冲破“囚徒困境”[N]．医药经济报，2017-8-21-9.

问题：请结合本案例分析新的政策环境下中小型医药流通企业的发展方向。

思　考　题

1. 医药组织市场有哪些购买类型？
2. 医药组织市场的购买特点是什么？
3. 医药产品生产企业购买活动有哪些参与者？
4. 简述医药产品生产企业购买决策的程序。
5. 医药中间商的购买行为有哪些类型？
6. 影响医药中间商购买行为的因素有哪些？
7. 简述药品集中招标采购的主要内容。

（罗　臻　任　玓）

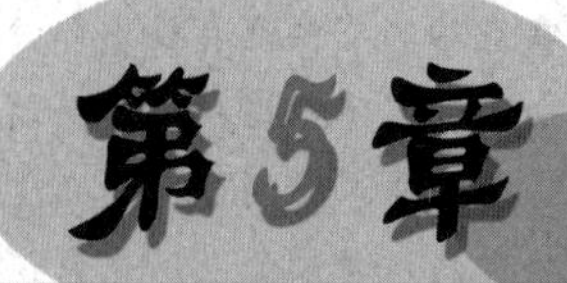

医药市场调研与预测

学习目标和基本要求

通过本章学习，掌握医药市场信息系统的构成、医药市场调研的步骤和方法、医药市场预测的程序和方法；熟悉市场信息的类别与功能、医药市场预测的作用与分类；了解医药市场信息的概念和特点。

市场信息是企业制订市场营销决策的基础和依据。医药企业要获得及时、准确的市场信息，就必须建立有效的市场营销信息系统。市场营销信息系统离不开营销调研和预测的支持。医药营销市场调研与预测都是以市场为客体的研究活动，二者是相辅相成的。

第1节 医药市场信息

医药市场信息是医药企业进行市场营销决策的重要依据，是企业营销活动的起点，对营销管理具有重要作用。

一、医药市场信息概述

(一) 医药市场信息的概念

1. 信息（information） 它是事物的存在方式、运动状态及其对接收者的效用的综合反映。

2. 市场信息（marketing information） 它是在一定时间和条件下，与市场商品交换及其各种社会经济活动有关的各种消息、情报、数据、资料等的总称。

3. 医药市场信息（medical marketing information，MMI） 它是指在一定时间和条件下，与医药市场营销活动相关的各种消息、情报和数据资料的总称。医药市场信息反映医药市场营销的动态，包括消费者心理、竞争态势以及市场供求状况等，是医药企业了解医药市场发展变化趋势，提供能够满足市场需求的医药产品和服务的重要依据。

(二) 医药市场信息的特点

医药市场信息既有信息的共性特征，更具有医药领域的个性特征，具体表现在以下几个方面。

1. 应用性 医药市场信息是医药市场经营活动过程中产生的，医药市场营销的各类医药企业和医疗机构的各种交易行为信息对医药企业的经营决策很有价值；国家相关政策、医药行业法律、法规对企业市场营销活动有直接的影响；医药消费市场的需求信息是企业营销活动的根本出发点。

2. 复杂性　在信息时代，医药市场信息的数量急剧增长，其内容和形式复杂、多样。它不仅包括商品需求量、供应量、销售量、产品种类、质量和价格等与交易活动直接相关的因素，还包括了市场需求潜力、市场占有率、市场竞争状况、广告效果、消费者心理以及销售前景等间接因素。

3. 时效性　医药市场信息的时效性表现在两个方面：一是医药产品自身具有一定的有效期，过期即成劣药，不能再使用；二是医药产品与人的生命健康密切相关，如出现药品不良反应等药害事件，必须紧急处置，不能拖延。

4. 双向驱动性　医药市场的双向驱动性表现在两个方面：一是疾病的预防和治疗需求驱动药品研发工作；二是研发的上市新药驱动医药市场快速发展。

5. 不可控制性　医药产品是公共福利产品，涉及人的生命安全，企业很难控制因政策及法律因素方面造成的信息。另外，由于目前医药市场销售环节长、销售渠道复杂、管理制度不健全，极易造成营销信息反馈失真。

（三）医药市场信息的类型

医药市场信息分类方法较多，可按照不同的分类方法进行分类。

1. 按获取信息资料的过程分为原始信息和加工信息　原始信息也称为初级信息，指医药企业生产经营活动的原始记录，如销售额、利润和费用等。加工信息也称二级信息或三级信息，指把原始信息按照一定的管理目标和要求进行加工处理后形成的信息，如医药企业内部报表分析、医药市场报告等。

2. 按照信息来源途径分为内部信息和外部信息　内部信息主要指来自医药企业内部生产经营过程及管理活动的信息。外部信息主要指来自医药企业经营管理系统以外的市场环境信息，如国家医药产业规划、政策、法律、法规和消费需求等信息。

3. 按照信息的稳定程度分为固定信息和流动信息　固定信息主要指一些系统化的信息资料，如统计资料、政策文件等。流动信息主要指反映医药市场经济活动进程及动态变化的信息，如医药市场供求变动、药品价格变化等。

（四）医药市场信息的功能

医药市场信息是企业营销活动的起点，是企业发展的重要资源。医药市场信息的主要功能如下所述。

1. 医药市场信息是企业经营决策的前提　医药企业在生产经营的过程中，必须准确、全面地获取医药市场信息，才可能做出正确的经营决策，确定市场目标，确定营销策略。因此，医药企业必须建立科学的信息系统，并以此为决策的前提和基础。

2. 医药市场信息是企业制订营销计划的基础　医药企业必须根据市场需求的发展趋势，制订营销计划、设计目标，采取具体营销措施，从产品、价格、渠道、促销等各方面全方位地开展市场营销活动。

3. 医药市场信息是企业进行营销沟通的依据　医药市场信息是企业营销沟通的重要手段，只有通过畅通的信息交流，有效地掌握全面的市场环境信息，才能使企业的营销活动与市场环境相协调，最终实现企业的经营目标。

4. 医药市场信息是企业实施营销控制的条件　医药市场环境处于不断变化的动态过程之中，医药企业在营销活动中必须随时关注市场环境的变化，以动态市场信息为依据，及时修订或调整营销计划，有效地控制企业的营销活动，确保实现营销目标。

二、医药市场营销信息系统

（一）医药市场营销信息系统的定义

医药市场营销信息系统（marketing information system，MIS）是一个由人员、设备和计算机程序所组成的相互作用的信息处理系统，它可有效地收集、筛选、整理、分析、评估医药市场信息，为企业营销计划的制订、调整、实施和控制提供决策依据。

医药市场营销信息系统具有整合功能，可以通过收集、筛选、分析、评估等整合处理，得到准确而有价值的医药市场信息，为企业市场营销决策服务。

（二）医药市场营销信息系统的构成

医药市场营销信息系统是由内部报告系统、营销情报系统、营销调研系统和营销分析系统组成的。

1. 内部报告系统 它是医药市场营销信息系统中最基本的子系统，由会计报告系统和销售报告系统构成。内部报告系统的信息来源于医药企业内部的生产、技术、销售和财务等职能部门，主要任务是及时提供有关订货数量、销售额、产品成本、存货情况、现金流量、应收账款、应付账款等各种反映企业经营管理状况的信息，为企业制订和及时调整营销对策提供参考依据。

2. 营销情报系统 它是指企业营销人员获得企业外部营销环境发展变化趋势信息的各种来源和程序。营销情报系统的主要任务是利用各种方法收集和提供医药企业营销环境发展情况的信息，其信息来源主要有营销人员提供、中间商或合作伙伴提供和购买市场信息等几种渠道。

3. 营销调研系统 医药市场营销调研系统是针对特定的市场现象和营销问题，系统地、客观地收集、分析、整理、处理和传递有关市场营销活动各方面的信息，为营销管理者制订有效的营销决策提供依据。营销调研系统主要侧重于解决医药企业营销活动中的某些特定问题。营销调研系统有企业内部市场调研机构和企业外部市场调研专业机构两种类型。

4. 营销分析系统 营销分析系统是用先进的技术和方法，对复杂的市场现象和信息数据进行处理和分析，做出最佳的市场营销决策。营销分析系统由资料库、统计库、模型库三部分组成。

（三）医药市场营销信息系统的特点

1. 实用性 在激烈的市场竞争中，及时、准确的信息是营销决策的基础。所以，医药市场营销信息系统提供的信息必须是有价值的、实用的。

2. 系统性 医药市场营销信息系统是各方面信息在一定时间和空间范围内形成的集合。在时间上具有一定的连续性、动态性，在空间上具有广泛性、完整性。

3. 社会性 医药市场营销信息系统反映社会经济活动情况，是营销活动中人与人相互传递的社会信息的系统，是多结构、多渠道、多层次的社会营销系统。

第2节 医药市场营销调研

一、医药市场营销调研概述

（一）医药市场营销调研的概念

医药市场营销调研是为了给企业制订市场营销方案提供参考依据，在现代市场营销观念的指导下，以满足医药消费者为中心，应用科学的方法和手段，系统地搜集、整理、分析和研究医药市场信息，并提出解决医药市场营销中的相关问题的建议和对策的复杂过程。

医药企业面临激烈而复杂的竞争，必须搜集和研究医药市场信息，包括药品的需求、行业市场状况、企业潜在细分市场等信息，为管理者做出正确的决策提供依据。

（二）医药市场营销调研的意义

医药市场营销调研体现了现代市场营销理念。通过营销调研，医药企业可以进行有效的信息反馈，及时改进产品和服务，更好地满足市场的需求。

1. 有利于发现新的医药市场机会 通过市场调研，医药企业可以了解目标市场药品的供给量、消费者的购买力及影响购买的各种因素，从而发现新的医药市场需求。企业根据市场情况和企业自身的资源，制订合理的营销策略。

2. 有利于为管理者提供正确的决策依据 通过市场调研，能够为管理者提供及时、准确、有效的市场信息，使管理者全面了解企业的经营资源、市场需求和营销环境，有助于管理者做出正确的营销决策。

3. 有利于管理者实施有效的营销控制 医药企业面临复杂多变的市场环境，在市场营销计划实施过程中，很难完全把握市场复杂趋势。因此，必须通过市场调研，全面掌握未预料到的环境变化因素，认真研究环境变化对企业市场营销计划的影响，及时调整企业的营销策略，有效地控制企业的市场营销活动。

4. 有利于企业开发新产品 医药企业通过研究消费者的需求信息，更好地了解消费者需求的变化和消费者对本企业生产的产品的喜好，从而了解消费者的潜在需求和市场的变化趋势，开发市场欢迎的新产品，更好地满足消费者需求。

二、医药市场营销调研的特点

医药行业是特殊行业，因此医药市场调查除了具有一般市场调查的系统性、科学性、创造性、应用性等特点之外，还具有以下特征。

（一）专业性强

医药市场营销调研涉及医学、药学、统计学、数学、经济学、消费心理学和营销管理学等相关专业知识，因此，从调研方案的设计到调查结果的统计处理及分析研究等各个环节都需要具有良好专业背景的人员参与，只有这样，才能获得科学的医药市场信息。

（二）被调研对象特殊

医药市场营销调研的主要对象是医师、药师、护理等专业人员和患者，特别是处方药，消费的决策权掌握在医师手中，患者的消费行为是被动的和非理性的，医药专业人员对医药产品的喜好直接影响消费者的消费行为，客观上增加了医药市场调查的难度和准确性。

（三）政策性强

医药产品是特殊商品，与人的生命健康相关联，国家对医药行业进行严格法制化管理，医药产品的研制、生产、流通、使用到价格、广告及监督管理等各个环节均受到相关法律、法规的制约。

三、医药市场营销调研的类型

按照调研的性质划分，医药市场营销调研可分为以下几种类型。

（一）探索性调研

探索性调研（exploratory research）指调研者在对医药市场环境不清楚的情况下，通过探测性调研，以便尽早、尽快地发现问题和提出问题，进而确定调查的重点。探索性调研的实质在于帮助调研者对问题进行定性，一般以文案调研和专家咨询为主要方法。

（二）描述性调研

描述性调研（descriptive research）是通过调查、分析和研究，对医药市场调研问题所涉及的各种变量的特征或功能等进行客观的、准确的、系统的描述。这种研究只能说明事物的表征现象，而不涉及问题的本质及影响事物发展变化的内在原因，主要回答“是什么”的问题，不回答“为什么”的问题。常见的描述性调研有医药市场调研、医药产品销售调研、医药产品调研、医药渠道调研、医药产品价格调研、医药产品品牌调研等。

（三）因果性调研

因果性调研（causal research）是在描述性调研的基础上，探求医药市场相关联的现象或变量之间存在的因果关系。因果性调研的目的在于发现问题本质，要回答“为什么”的问题，因果性调研的主要方法是市场实验调研法。例如，某制药企业要了解某产品的质量、价格、规格及包装等因素对其销售量的影响程度，只能通过因果性调研才能确定。

（四）预测性调研

预测性调研（predictive research）是为了预测、判断医药市场未来的变化趋势或医药市场前景而进行的调研。预测性调研是在描述性调研和因果性调研的基础上，应用科学的预测技术和方法，对医药市场的变化趋势和潜在需求进行评估，如市场需求量、市场发展潜力等研究。

四、医药市场营销调研的步骤

医药市场营销调研是一项复杂的系统性工作，必须按照一定的程序和步骤进行，才能达到预期目的。医药营销调研的具体工作步骤为：确定调研问题与目标→制订计划→搜集信息资料→处理、分析调研资料→撰写市场调研报告。

（一）确定调研问题与目标

医药市场营销调研的首要工作是界定清楚需要研究的问题，明确调研目标，这是调研活动首先要解决的问题，即解决“调研什么”的问题。根据医药市场营销调研要解决的主要问题，对企业内、外环境进行科学的、全面的、系统的分析，将市场营销问题转化为营销调研主题，确定具体的调研目标，以便确定需要搜集和整理的医药市场信息的内容、范围、来源及方法。调查问题的选择应该符合有用性、经济及合理性原则。

（二）设计医药市场营销调研方案

医药市场营销调研方案是实施整个市场营销调研工作的总纲，要对调研工作各个阶段的任务进行系统全面的诠释并制订具体的实施方案和工作流程。一个有效的医药市场营销调研方案包括确定营销调研的主题和目标、确定调研时间、确定调研人员、确定所需要的信息、选择信息来源及收集的方法、选择调研对象、选择调研工具、预算调研经费等内容。

（三）搜集市场信息资料

市场信息资料搜集是调研人员依据调研方案，获取市场信息资料的过程。市场信息资料搜集方法主要是文案调研和实地调研。市场信息资料搜集过程工作量大、成本高、过程复杂，是最终决定市场调研质量与结果的关键环节。市场信息资料的搜集方式主要有两种，即一手资料搜集和二手资料搜集。一手资料指调研人员首次观察、记录的资料，一手资料的搜集又称为实地调研；二手资料是整合现有资料后形成的资料，二手资料的搜集又称为文案调研。一手资料比较具体、准确和有针对性，是企业制订营销战略与策略的重要参考；二手资料比较概括或笼统，但是由于成本较低，可以达到事半功倍的效果。

（四）分析处理信息资料

调研资料的处理与分析指将所收集到的各类医药市场信息资料，按照一定的方法与程序，进行选择、整理、分析，编制统计图表。通过文案和实地调研获得的原始医药市场信息资料往往并不能直接用于营销决策，它是原始的、零散的、缺乏规律的，不能直接反映事物本质和规律，需要通过筛选与提炼、分组与汇总、加工和处理等过程，去粗取精，去伪存真，提高信息资料的准确性、针对性和适用性。医药市场调研数据的分析要借助于各种统计分析方法，如综合指标分析、时间数列分析、回归分析、预测分析等。

（五）调研结果的总结与调研报告的撰写

调研结果的总结与调研报告的撰写是医药市场营销调研工作的最后一步。调研报告是医药企业制订市场营销决策的依据，也是调研工作结果的集中表现和最终的表达形式。调研报告的基本结构包括序言、正文、附录。序言是对调研项目的背景和意义的简单阐述；正文包括对市场背景、调研主题、调查过程、调研方法、基本结论和建议的阐述；附录是与调研报告有关内容的各种补充或辅助性说明资料。撰写调研报告，内容要紧扣调研主题，突出重点，并力求客观扼要；文字要简练，观点明确，分析透彻，有针对性和说服力，重点突出信息的分析结果；尽可能使用图表说明，便于决策者在最短时间内对整个报告有一个总体的了解。

五、医药市场营销调研的方法

在进行医药市场营销调研过程中，获取市场信息资料的方法有两种：一是收集医药市场第一手资料的实地调研；二是利用文献资料收集医药市场历史性资料的文案调研。采用适当的调查方法和技术，获取完整可靠的信息，对调研结果十分重要。

（一）实地调研法

实地调研分为访问法、观察法和实验法。

1. 访问法 访问法是营销调研中最基本的一种实地调查法，是调研人员以询问访谈的方式向被调查者了解市场信息的过程。调研人员事先拟定的调查问题，以某种方式向被调查者提出，通过对问题的回答，了解被调查者或消费者的消费需求、动机、意向、态度和习惯等方面的信息。访问法分为面谈访问、电话访问、邮寄问卷访问、留置问卷访问和网络访问五种。

（1）面谈访问法：是调研人员与被调查者直接接触，通过面对面交谈获取市场信息的一种调研方法。面谈访问法的优点是灵活、问卷回收率高、质量易于控制，缺点是调研成本高、耗时长、受地域范围限制、对调研人员沟通和访问技巧要求高。

（2）留置问卷访问法：是调研人员将问卷送到被调查者手中，由被调查者自行作答，再按约定时间收回问卷，以获取市场信息的一种调研方法。留置问卷访问法的优点是问卷回收率高、信息准确率较高，缺点是地域范围受限、费用高。

（3）邮寄访问法：是调研人员将问卷以邮寄的方式送达被调查者，由被调查者按要求填完问卷后寄回，以获取市场信息的一种调研方法。邮寄问卷的形式有邮局寄送、随广告发放、随产品发放等。邮寄访问法的优点是不受地域范围限制、费用低、信息客观，缺点是问卷回收率和有效率低、回收期长、质量难以控制。

（4）电话访问法：是调研人员通过电话与被调查者进行交谈提问，获取市场信息的一种调研方法。电话访问法适合调研问题比较简单的市场调研，其优点是速度快、辐射范围广、交谈自由，缺点是成功率低，不易得到被调查者的合作，对复杂的问题无法得到全面、准确的信息。

（5）网络访问法：是调研人员将调查问卷发布到互联网上，从网上收集市场信息的一种调研方法。网络访问法优点是辐射范围广、速度快、费用低，缺点是被调查人员受限、信息资料代表性差、缺乏准确性和全面性。

2. 观察法 观察法是由调研人员根据调研目的和要求，直接或间接进行现场观察，了解并记录被调查对象的行为、现象，以获取信息的一种方法。观察法分为人员观察和仪器观察、直接观察和间接观察、参与性观察和非参与性观察、系统观察和非系统观察。观察法的优点是直观、可靠、信息资料真实客观、方法实施容易及操作简单，缺点是只能观察到表面现象，无法了解事情发展变化的本质，花费时间长，成本高，对调查人员素质要求高。

3. 实验法 实验法是调研人员对所研究问题的一个或多个变量有目的地进行改变，测定市场现象在这些因素改变后的情况，以获取市场现象的本质特征的一种调研方式。实验法是从影响研究问题的若干因素中，选择一两个因素，将它们置于同一条件下进行小规模的实验，然后对实验结果做出分析，确定研究是否值得大规模推广的一种调查方法。

实验法调研的目的是求证因变量与自变量之间的因果关系，通过对实验对象和环境以及实验过程的因素进行有效控制，观察因素之间的相互影响关系及其程度，从而为决策提供依据。实验方法源于自然科学的实验求证，已广泛应用于营销调研，是市场营销学走向科学化的标志。实验法的优点是方法科学，能获得真实、客观的资料，实验过程主动、可控；其缺点是大规模的实验很难控制干扰因素对实验结果的影响，实验周期长，研究费用高。

（二）文案调研法

文案调研是调研人员通过各种文献、历史材料收集有关市场信息资料的一种调查方法。文案调研主要是对政府部门的各种统计报告、统计年鉴、调研报告、医药行业协会的报告和定期的公开出版物、企业内部资料等进行整理总结，搜集医药市场信息资料。一般用于市场占有率分析、市场供求情况分析、市场覆盖率分析、市场宏观环境分析等研究。文案调研不受时空限制，也是实施实地调研的重要基础。

（三）问卷设计技术

调查问卷是市场营销调研中最常用、最基本的调查工具。调查问卷的质量，直接影响着医药市场信息收集的质量和调研工作的效率，调查问卷的设计是医药市场营销调研的基础性工作。

1. 问卷设计的要求 问卷设计一般有以下要求：

（1）主题突出：在问卷设计时，首先要考虑研究主题和目的，通过问卷调查所获得的信息资料必须与研究主题所需要的信息资料一致。

（2）便于回答：问卷设计要便于被调查人员作答，只有让被调查人员理解问卷，对调查内容感兴趣并愿意回答，才能保证调查结果的准确性、真实性和系统性。

（3）易于操作：问卷要便于调研人员操作，保证所获取的信息准确且易于整理。问卷设计必须考虑到调研结果处理与分析的简易性、可操作性，如果调研结果难以处理，市场信息资料也就没有实际意义。

2. 问题的设立 在保证能够获取所需信息的前提下，问卷中提出的问题或调查的项目要尽量减少问题的数量，降低回答问题的难度。

（1）问题的类型：一是按有无答案的划分，问题的类型分为自由问题和限制问题。自由问题只提出问题，不设备选答案，由被调查者自由回答问题。这种问题可以获得较多的较真实的信息，但是获得的资料难以整理。限制问题是对所提出的问题给出各种可能的答案，让被调查者按要求选择一个或多个答案。这种问题应答者回答简单，资料和结果也便于整理，但不能完全表达出被调查者的真实想法；二是按信息资料的性质划分，问题的类型分为事实性问题、行为性问题、动机性问题及态度性问题。事实性问题是要求被调查者回答已经发生的、客观存在的事实的问题；行为性问题是要求被调查者回答有没有做过，或是否准备做某事及是否拥有某物的问题；动机性问题是要求被调查者回答他采取某种行为的原因和动机的问题；态度性问题是要求被调查者回答他对某个事情、某种产品或某个企业的态度和意见的问题。

（2）问题的排序：问题的排序一般有三种排序方法，即按问题的逻辑关系排序、按问题深浅程度排序、按问题所反映的时间顺序排序。

（3）问题设计的原则：问题设计的基本原则是用语精准，定义清楚，措辞贴切，浅显易懂，问题具体，数量适中，避免诱导。

（四）抽样方法

医药市场营销调研所采取的调查方法一般是抽样调查。抽样方法分为随机抽样和非随机抽样。

1. 随机抽样方法 随机抽样又称概率抽样，就是样本的产生严格按照随机原则进行抽取，调查总体中任何一个个体被抽到的机会都是一样的，是一种客观的抽样方法。随机抽样方法主要有：简单随机抽样、等距抽样、分层抽样和分群抽样。

（1）简单随机抽样：指在调研总体中不存在任何有目的的选择，按随机原则直接从总体中抽取样本的抽样方法。总体中每个个体被抽到的机会完全相同，它是随机抽样中最简单的抽样方法，适合于分布比较均匀、变异程度小的调查总体。

（2）等距抽样：是先将总体各单位按一定标志排序，根据总体与样本的单位数计算确定抽样距离，然后按固定的顺序和间隔来抽取样本的抽样方法。等距抽样一般用于大规模的市场调研，适用于变异程度比较大、变化率比较均匀的调查总体。其特点是样本均匀地分布在总体中，使得样本更具有代表性。

（3）分层抽样：指在抽样前依据各种特征对调查总体进行分类或分组，每一类或每一组为一层，然后按随机的原则从各层抽取样本的抽样方法。它把总体中具有某些特征或特征相近的单位划为一组，然后采取简单随机抽样或等距抽样的方法抽取子样本，将每组的子样本合起来形成总体样本。它适用于分布不均匀、变异程度比较大的调查总体。其特点是各层单位具有某种相同的性质，层与层之间具有较大的差异性。

（4）分群抽样：指调研总体分成若干群体，然后采取简单随机抽样技术，从中抽取某些群体的抽样方法。它适于变异程度比较大的调查总体。其特点正好与分层抽样相反，强调群体之间的差异性要小，群内的变异性则较大，使得群体之间具有较大的代表性。

2. 非随机抽样方法 非随机抽样指在特定的市场调研条件的限制下，调研人员根据自己对市场的总体分布特点的分析、判断选取调查样本。常用的非随机抽样方法主要有任意抽样、判断抽样、配额抽样及参考抽样。

（1）任意抽样：也称便利抽样，指样本的选择完全以调研人员方便为基础的一种抽样方法。是非随机抽样调查中最方便、最经济的一种抽样方法。这种方法抽样偏差很大，样本对总体的代表性较差，调研结果不可靠，因此一般用于探索性调研阶段，在正式调查阶段很少采用。

（2）判断抽样：判断抽样是调研者根据调研目标，通过对实际情况的了解和凭借自己的经验，主观地选择适合调研目的的个体，通过自己的判断抽取样本的抽样方法。判断抽样要求调研者熟悉调研总体，适合于总体变异程度不大，样本数量不多的调研。

（3）配额抽样：配额抽样与分层抽样法类似，要先把调研总体按特征分组，然后根据每一类的控制特征分配样本的配额，在规定的配额内由调查人员在每一类中进行非随机抽样的一种方法。它是非随机抽样最为常用的一种方法，这种方法比较简单，且可以保证各类样本的比例，比任意抽样和判断抽样样本的代表性都强，因此实际上应用较多。

（4）参考抽样：指被调查者接受调查后，要求他推荐其他有可能接受调查的人员，如此循环，使得样本量像滚雪球一样越来越大。此法抽取的样本代表性差，所以较少采用。

六、医药市场营销调研的内容

医药市场营销调研的内容很多，具体可概括为以下几个方面。

（一）医药市场营销环境调研

医药市场营销环境调研内容包括宏观外部环境调研和微观竞争环境调研。宏观外部环境包括政治环境、经济环境、科学技术环境、社会文化环境及政策、法律环境等，对医药企业营销的影响很大，企业应在调研宏观环境的基础上，通过调整内部可控因素，来适应宏观环境的变化发展。微观竞争环境调研内容主要包括竞争对手的产品定位、市场营销战略、产品销售情况、市场覆盖率及促销手段等。

（二）医药市场需求调研

市场需求调研是医药市场调研的核心。通过市场需求调研，医药企业判断产品市场规模的大小，发现潜在市场，为制订市场营销策略提供依据。具体主要包括对现有和潜在的顾客需求的调研、对市场发展趋势的调研和对影响市场需求的各种因素的调研。

（三）医药产品的调研

满足消费者需求是企业生存和发展的基础。医药产品调研的目的是了解消费者对医药产品的真实需求，以便向医药市场不断推出满足消费者需求的新产品。医药产品调研的内容包括产品一般情况调研、产品品牌调研、产品生命周期调研、产品的临床使用情况调研、新产品的研发情况调研、产品销售及供求情况的调研等。

（四）医药产品的价格调研

医药产品价格调研的目的是为企业制订正确的定价策略提供参考依据。价格调研的内容包括影响医药企业定价的因素、产品价格需求弹性分析、市场对本企业产品价格水平的反响、竞争对手同类医药产品价格与价格策略、替代产品的价格情况等。

（五）医药产品营销渠道的调研

医药产品营销渠道调研的目的在于掌握销售中间商的情况，为企业建立合理的销售渠道，选择合适的中间商，寻找医药企业最佳的促销策略提供依据。调研的内容包括营销渠道的结构合理性调研、中间商的信誉与销售能力调研、中间商所在区域市场的潜力、市场需求及消费者情况调研、销售渠道策略的评估、控制与调整。

（六）医药产品的促销调研

医药产品促销调研的目的是通过对促销手段的调查，制订企业最佳促销策略，为有效开展促销活动提供信息。调研内容包括医药产品的促销方式、促销媒体、促销效果等。

（七）医药消费者的调研

掌握消费者需求是医药企业一切营销活动的中心。医药消费者调研目的在于掌握消费者的需求。调研的内容包括消费者的数量与分布情况；患者的购买欲望、购买动机、购买力以及购买行为习惯；医生和患者对品牌的嗜好；消费者对本企业产品的满意度和忠诚度等。

（八）竞争对手情况的调研

“知己知彼，百战不殆”。医药企业必须了解竞争对手的各种情况，才能在激烈的竞争中立于不败之地。调研主要包括竞争对手的数量与规模；竞争产品的特色、市场占有率、成本、价格、销售渠道；竞争对手的核心竞争能力；竞争者的原则、战略与策略；潜在竞争对手的情况等。

第 3 节 医药市场预测

一、医药市场预测概述

（一）医药市场预测的概念

医药市场预测就是在医药市场调研的基础上，运用逻辑学、数学、统计学等科学的预测方法，预先对医药市场未来的发展变化趋势做出定性描述和定量估计，为医药企业的经营决策提供可靠的依据。

只有建立在充分依据基础上的预测才是可靠的，拥有系统而准确的信息是医药市场预测的前提和基础。医药市场预测重视科学的判断和推测，包括科学的预测方法、专业人员的经验及判断能力。

（二）医药市场预测的作用

医药市场预测具有以下作用：

1. 有利于医药企业制订和实施正确的市场营销战略 营销战略是在复杂的营销环境中，对市场营销中较长期的、重大的、全局性的问题所做出的筹划和采取的对策。制订和实施医药营销战略必须了解和掌握医药市场及其营销环境的基本状况和未来的发展变化趋势，使医药企业的资源和营销目标在可以接受的风险限度内与医药市场环境提供的机会相协调。因此，制订和实施正确的医药市场营销战略要以市场预测为基本前提。

2. 有利于医药企业制订和实施正确的市场营销策略 通过医药市场预测，医药企业就能够有效地获取和把握医药市场消费的变化趋势，能够深入了解消费者对医药产品、价格、渠道、促销等方面的需求以及喜好。充分掌握这些信息，是医药企业开发适销的医药产品、确定适当的产品定价、构建有效的营销渠道、采取适合的促销措施的保证。

3. 有利于医药企业提高市场适应力 医药市场需求不断变化，医药企业只有把握了市场需求变化的方向，才能在市场竞争中取胜，获得好的经济效益。医药企业的市场适应力取决于医药市场预测系统，取决于医药市场信息的收集、处理和分析能力。只有建立良好医药市场预测体系，医药企业才能很好地掌握影响医药市场的相关因素，在市场环境变化后，才能准确采取应对措施，更好地适应市场环境。

4. 有利于医药企业提高企业经济效益 医药企业经济效益取决于产品的质量和成本，最终取决于市场销售。因此，医药企业通过市场预测活动，全面准确地了解消费者的需求，制订和实施高效的营销策略组合，提高药品的质量和产量，增加营业额，降低生产成本和营销费用，提高医药企业的经济效益。

（三）医药市场预测的类型

医药市场预测通常可以按预测范围、预测时间、预测性质来分类。

1. 按预测范围可分为宏观医药市场预测和微观医药市场预测 宏观医药市场预测是对整个医药市场的预测分析，研究总量指标、相对数指标以及平均数指标之间的联系与发展变化趋势。宏观医药市场预测对医药企业确定发展方向和制订营销战略具有重要的指导意义。宏观医药市场预测的覆盖面较广，主要内容有市场需求总量及其构成预测、经济政策对医药市场需求影响的预测、购买力水平预测等。一般由政府部门、全国性研究机构、医药行业协会等组织来承担。

微观医药市场预测是医药企业对产品市场的需求量、销售量、市场占有率等方面的预测。微观医药市场预测内容比较具体，对指导医药企业的生产、经营活动等有直接的影响和作用。微观医药市场预测是企业制订正确的营销决策的前提，一般由医药企业自己组织。

2. 按预测的时间可分为长期预测、中期预测和短期预测 长期预测指时间在5年以上的市场变化及其趋势的预测，长期预测为医药企业制订总体发展规划和重大营销决策提供科学依据。中期预测指时间在1～5年之间的预测，为医药企业中期经营发展战略决策提供依据。短期预测指时间在1年之内的预测，帮助医药企业适时调整营销策略，为制订季度和年度营销计划提供决策依据。

3. 按预测的性质可分为定性预测和定量预测 定性预测指研究、探讨、预测医药产品在未来市场表现的性质。主要通过对历史资料的分析和对未来条件的研究，凭借预测者的主观经验、业务水平和逻辑推理能力，对未来医药市场的发展趋势做出推测与判断。定性预测简单易行，在预测精度要求不高时较为可行。

定量预测是确定预测医药产品在未来市场可能的销售数量。以市场调研的资料为依据，运用适当的数学和统计方法，建立科学合理的数学模型，对医药市场发展趋势做出数量分析。定量预测主要包括时间序列预测与因果关系预测两大类。

二、医药市场预测的程序

医药市场预测一般包括三个阶段六个步骤。

（一）医药市场预测的准备

1. 确定预测目标及方案 确定医药市场预测目标，并根据目标拟定预测实施方案，选择预测人员，编制费用预算，是进行医药市场预测的第一步骤。确定预测目标及方案要从实际出发，分清轻重缓急，抓住决策计划中所需解决的主要问题，解决主要矛盾。

2. 收集医药市场信息资料 收集整理资料是市场预测的基础。收集资料要以预测目标和要求为核心，力求使收集的资料具有广泛性、实用性、真实性。医药市场信息资料的质量直接影响预测结果的质量。经过市场调研获得的历史资料和现实资料，必须按照拟定的预测目标和要求对资料进行加工和整理，使之系统化、数字化。收集资料包括企业内部的资料和企业外部资料。

（二）医药市场预测的实施

1. 选择预测方法 医药市场预测的方法很多，各种方法都有其适用范围。根据医药市场预测的目标以及各种预测方法的适用条件和性能，选择合适的预测方法。预测方法的选用，将直接影响医药市场预测的精确性和可靠性。根据预测需要，有时可以运用多种预测方法来预测同一目标。如医药企业在通常情况下以定性和定量的方法进行预测。

2. 建立预测模型 预测模型是以数学方程式表达各种变量之间的函数关系。它抽象地描述企业市场营销活动中各种现象、因素之间的相互关系。建立预测模型就是选择和确定一种或几种适用的预测技术和方法。因此，在资料的收集和整理阶段，对收集的资料采用一定的方法加以整理，尽量使其能够反映出预测对象未来发展的规律性，然后利用选定的预测技术建立预测模型。

3. 进行预测 就是对医药市场调查搜集的资料进行综合分析，并通过判断、推理，从而预计医药市场未来的发展变化趋势。医药市场预测只是对未来的市场供需情况及其变化趋势的一种推测和估计，预测误差是不可避免的，预测者可以根据市场现实情况的变化，适当地对预测值加以修正，最后确定更为合理的预测值，使之更加符合医药市场发展变化的实际。

（三）预测报告的编写

预测结束后，应该编写预测报告。预测报告包括预测目标、预测对象及对有关因素分析的结论、主要资料和数据，预测方法的选择和模型的建立，对预测结论的评估、分析以及最后得出的预测结论有重要作用。营销部门领导用预测报告向企业决策者汇报预测结果，供决策参考。

三、定性预测方法

定性预测指预测者根据已经掌握的医药市场信息资料，运用个人的经验和主观判断能力对医药市场的未来发展趋势做出性质和程度上的预测。在医药市场预测中，定性预测方法是一种有效的方法。常用定性预测方法主要有以下几种。

1. 类比法　指根据一事物与另一事物在发展变化方面的相似性，借助于其中某个事物的已知变化来推测另一事物变化水平的预测方法。当预测的变量没有历史数据时，可以利用事物之间的相似性，采用类比法进行预测。

2. 类推法　根据事物及其环境因素的相似性，从一个已知事物的发展变化情况，推测其他类似的事物变化趋势。类推法就是根据个人的直观判断，对未来的市场变化趋势做出合乎逻辑的推理判断，类推法有相关类推和对比类推两种方法。

3. 主观概率法　主观概率是人们凭经验或预感而估算出来的概率，是一种适用性很强的统计预测方法。主观概率法是对经验评判中各方法的不同定量估计进行集中整理的常用方法。它是以主观概率为权数，对各种预测意见进行加权平均，求得综合性预测结果的方法。在很多情况下，人们没有办法计算事情发生的客观概率，因而只能用主观概率来描述事件发生的概率。

4. 德尔菲法　德尔菲法实际上就是专家小组法，或专家意见征询法。这种方法是按一定的程序，采用背对背的反复函询的方式，征询专家小组成员的意见，经过几轮的征询与反馈，使各种不同意见渐趋一致，经汇总好后用数理统计方法得出一个比较合理的预测结果供决策者参考。德尔菲法的专家选择必须具代表性，熟悉、精通预测对象，一般由10～50人组成。德尔菲法必须坚持三条原则：一是匿名性原则；二是反馈性原则；三是收敛性原则。德尔菲法常用于药品长期销售预测和新药销售预测、利润预测以及医药技术预测等。

5. 专家会议法　将有关人员集中起来，针对预测的对象，交换意见预测市场的方法。参加会议的人员，一般选择具有丰富经验，对药品经营和管理熟悉，并有一定专长的各方面专家。专家相互交流意见可以避免依靠个人的经验进行预测而产生的片面性。

6. 用户调查法　通过一定的调查方式选择一部分或全部的潜在购买者，直接通过消费者预测未来医药市场发展趋势的预测方法。在缺乏历史统计数据的情况下，运用这种方法，可以取得有限数据资料，做出医药市场预测。

四、定量预测方法

定量预测是根据已掌握的比较完备的历史统计数据，运用一定的数学方法进行科学的加工整理，借以揭示有关变量之间的规律性联系，用于预测和推测未来发展变化情况的一类预测方法。该方法可分为时间序列预测法和因果分析预测法两类。

（一）时间序列预测法

时间序列法是将某种经济统计指标的数值，按照时间先后顺序排列成序列，再运用数学方法分析其变动规律，预测未来的发展变化趋势的方法。运用此方法进行预测，需假定市场环境因素是不变的，但时间序列数据存在着一定的变动；在研究预测对象与时间的关系时，重点研究事物的过去和未来的联系。常用时间序列预测的具体方法有简单平均法、加权平均法、移动平均法、指数平滑法等。

1. 简单平均法 如果医药产品的需求形态近似于平均形态或医药产品处于成熟期，可用此法进行预测。将过去的实际销售数量的时间序列数据进行简单平均，把平均值作为下一期的预测值。简单平均法将医药产品远期销售量和近期销售量等同看待，没有考虑近期市场的变化趋势，所以准确度较低，只宜用于短期预测。其预测模型为

$$Y = \frac{\sum_{i=1}^{n} X_i}{n} \qquad (i = 1,2,3,\cdots,n)$$

式中：Y 为预测值；X_i 为第 i 期的数值；n 为期数。

例如，某医药公司在 2017 年前三季度某药品销售额分别为 120 万元、160 万元、170 万元，预计 2017 年第四季度该医药公司该药品的销量额。

$$\text{第四季度销售额} = \frac{120+160+170}{3} = 150\ (\text{万元})$$

2. 加权平均法 当过去的实际销售量有明显上升或下降趋势时，使用此法。逐步加大近期实际销售量在平均值中的权数，然后予以平均，确定下期的预测值。加权平均法克服了算术平均法把观察期历史数据简单地等同看待的缺点，根据对历史数据的具体分析，给予不同程度的重视。因此，它较真实地反映时间序列的规律，并考虑了事件的长期发展趋势。其预测模型为

$$Y = \frac{W_1X_1 + W_2X_2 + \cdots + W_nX_n}{W_1 + W_2 + \cdots + W_n} = \frac{\sum_{i=1}^{n} W_iX_i}{\sum_{i=1}^{n} W_i} \qquad (i = 1,2,3,\cdots,n)$$

式中：Y 为预测值；X 为第 a 期的数值；W 为第 a 期对应的权重；n 为期数。

以上述预测医药公司第四季度药品销售额为例，根据距离预测期近的权数递增的原则，我们分别赋予前三季度的权重为 1、2、3，这样第四季度的预测值为

$$\text{第四季度预测销量额} = \frac{120\times1+160\times2+170\times3}{1+2+3} = 158.3\ (\text{万元})$$

3. 移动平均法 该方法是根据时间序列的各期数值做出非直线长期趋势线的一种比较简单的方法，连续地求其平均值，再计算相邻两期平均值的变动趋势，然后计算平均发展趋势，进行预测。这种方法较上述两种方法准确度高，实用性强。

4. 指数平滑法 此法是市场预测中常用的方法。它是移动平均法的发展，实际上是一种特殊的加权移动平均法，加权的特点是对离预测期较近的数据给予较大的权数，对离预测期较远的数据给予较小的权数，权数由近到远按指数规律递减。它一般用于观察值有长期趋势变动和季节变动的预测。指数平滑法可分为一次指数平滑法和多次指数平滑法。这里只介绍一次指数平滑法和二次指数平滑法。

一次指数平滑法以时间序列的最后一个一次指数平滑值为基础，建立预测模型，确定市场预测值。其公式为

$$S_t^{(1)} = \alpha X_t + (1-\alpha)S_{t-1}^{(1)} \qquad (t = 1,2,3,\cdots,n)$$

式中：$S_t^{(1)}$ 为第 t 期观察值的一次指数平滑值；X_t 为时间序列观察值；α 为平滑系数，且 $0\leqslant\alpha\leqslant1$。

二次指数平滑法是在一次指数平滑法的基础上，对呈现线性趋势的时间序列数据一次指数平滑值再做一次指数平滑，然后利用两次指数平滑值，建立预测的数学模型，最后运用数学模型确

定预测值。二次指数平滑法的基本公式为

$$S_t^{(2)} = \alpha S_t^{(1)} + (1-\alpha) S_{t-1}^{(2)}$$

式中：$S_t^{(2)}$为第 t 期的二次指数平滑值；$S_t^{(1)}$为第 t 期的一次指数平滑值；$S_{t-1}^{(2)}$为第 $t-1$ 期的二次指数平滑值；α 为平滑系数，且 $0 \leqslant \alpha \leqslant 1$。

预测的数学模型为

$$Y_{t+T} = a_t + b_t T$$

式中：Y_{t+T}为第 $t+T$ 期的预测值；t 为预测模型所处的时间周期；T 为由预测模型所处的时间周期至需要预测的时间之间的周期数；a_t、b_t为参数。

$$a_t = 2S_t^{(1)} - S_t^{(2)}; \quad b_t = \frac{\alpha}{1-\alpha}(S_t^{(1)} - S_t^{(2)})$$

（二）因果分析预测法

因果分析预测法又称为回归分析法，是根据事物之间的因果关系来预测事物的发展和变化，通过对需求预测目标有直接或间接影响因素的分析找出其变化规律，并根据这种变化规律来确定预测值。回归分析法是通过对两个及其以上变量之间的因果关系的分析，找出事物变化的原因，并用数学模型预测事物未来的发展变化。

1. 一元线性回归预测法 一元线性回归预测法是分析一个因变量与一个自变量之间的线性关系的预测方法。常用的统计指标有平均数、增减量、平均增减量等。一元回归分析预测法，是根据自变量 X 和因变量 Y 的相关关系，建立 X 与 Y 的线性回归方程进行预测的方法。由于市场现象一般受多种因素的影响，而并不是仅仅受一个因素的影响，所以应用一元线性回归分析预测法，必须对影响市场现象的多种因素做全面分析。只有当诸多的影响因素中，确实存在一个对因变量影响作用明显高于其他因素的变量，才能将它作为自变量，应用一元线性回归分析市场预测法进行预测。

2. 多元回归分析法 多元回归分析预测法指通过对两个或两个以上的自变量与一个因变量的相关分析，建立预测模型进行预测的方法。当自变量与因变量之间存在线性关系时，称为多元线性回归分析。多元线性回归分析法可采用最小二乘法，使估计值与观测值之间的平方和为最小，从而达到回归方程与观察值的数据点线性拟合的最佳效果，多元线性回归系数的计算方法较为复杂，一般可利用计算机软件进行计算。

例如，某药品的销量与药品广告预算、药品价格、居民收入、竞争对手的价格等影响因素有关。这里，药品的销量是因变量，其他变量则称为自变量。如果研究的因果关系只涉及两个变量，即为一元回归分析，如果涉及两个以上的变量，则为多元回归分析。

案 例 学 习

案例5-1 品牌咽喉药营销特点和消费取向分析

咽喉药是继胃药、感冒药后普通百姓消费最多的药品种类之一。咽喉药市场大约有 20 亿元的市场容量，且以年均 10%～20%的速度增长。在咽喉药市场上，广西金嗓子集团公司的金嗓子系列医药和保健产品以 6 亿元的年销售收入和 30%的市场份额稳居市场龙头老大的位子。紧随其后的是西瓜霜含片及喷剂和江中草珊瑚含片，二者的市场份额分别为 13%和 6%。其他产品如华素片、黄氏响声丸、健民咽喉片、咽利爽滴丸等产品的年销售收入不足 1 亿元，靠部分优势市场占得每年 4000 万～8000 万元的份额。虽然它们无法与前三强中的任何一个产品抗衡，但共同占据了过半的市场份额。近年来，部分制药企业纷纷推出咽喉药类产品，后起之秀多采用细分市场的方式进入市场。给人留下较深刻印象的是亿利甘草良咽，它通过翔实的市场调查，准确地切入到一个全新的烟民市场，针对“吸烟引起的喉部不适症状”，该产品曾一度进入同类产品的前五名，销售额超过一个亿；江中亮嗓也主打烟民市场，在某些地区取得了不俗的业绩；桂龙药业的慢咽舒宁则是从疗效方面切入，依靠大规模的广告投放不断提升其市场份额；华素片经过对产品内涵的进一步提炼和改进包装后，明确提出“可以消炎的口含片”，立即引起了消费者的共鸣，取得了不错的销售效果。

资料来源：刘达霖. 品牌咽喉药营销特点和消费取向分析 [N]. 中国医药报，2006-4-20 (B4).

问题：请结合本案例理解医药市场调研分析的方法。

案例5-2 市场调研助推药品销售

西安杨森是中国最早的合资企业之一。长期以来，西安杨森形成了一个完整的市场调研体系。该公司的主导产品之一“硝酸咪康唑软膏”于1989年进入中国市场。在上市之初，市场营销人员就针对目标消费者和医生进行了广泛而全面的市场调查。经过长达一个多月的调查，结果发现，目标消费者和医生心中最理想的治疗脚气药物是不但要能止痒，而且还要能防止脚气复发。于是西安杨森迅速将这一调查结果运用于“硝酸咪康唑软膏”的营销推广。在随后推出的“硝酸咪康唑软膏”平面广告和广告片中，将诉求点集中于既能止痒又能防止复发的功效上，准确地抓住了目标消费者对治疗脚气的关键消费需求，从而借助这一突破性的诉求，牢固树立了“硝酸咪康唑软膏”在同类产品中的领导地位。

资料来源：张立明根据相关资料整理。

问题：请结合本案例理解医药市场调研分析的意义。

思考题

1. 名词解释：医药市场信息、医药市场信息系统、医药市场调研、医药市场预测。
2. 简述医药市场信息的特征。
3. 简述医药市场营销信息系统的构成。
4. 简述医药市场调研的类型、步骤和内容。
5. 简述医药市场预测的类型、步骤及方法。

（张立明　于美玲）

第6章 医药市场竞争战略

学习目标和基本要求

通过本章学习，掌握不同市场竞争地位的医药企业的营销战略和竞争过程中不同企业所采取的各种方法及特点；熟悉市场竞争者常采用的竞争手段、基本战略；了解医药市场营销过程中竞争战略的概念。

竞争是市场经济重要而突出的特征，在瞬息万变的市场中，谁能把握市场先机，谁能及时了解竞争对手的动态，谁就能在竞争中掌握主动权。医药企业必须了解潜在和显在的竞争者，掌握竞争者的竞争态势，制订相应的竞争性营销策略，以赢得市场上的成功。

第1节 竞争者分析

一、识别竞争者

在市场经济高度发达的今天，为争夺有限的客户资源，企业在目标市场进行营销活动，必须面对竞争。只有正确识别竞争者，才能及时观察和分析竞争者行为，从而做出正确的判断，并制订合理的竞争营销方案。

(一) 竞争者的概念及分类

医药企业竞争者一般指与本企业生产规模相似、产品或服务相似、价格相似、目标客户相似的企业。按照竞争范围和层次的不同，医药企业竞争者可以分为狭义竞争者和广义竞争者。狭义医药企业竞争者指与本企业生产相似产品、提供相似服务、面对的目标群体相似、产品价格和营销策略相似的企业。广义的医药企业竞争者，不仅包括提供相似的产品和服务，面对相似目标客户的企业，还包括与本企业发展战略相似的企业。例如一家不生产感冒药品的医药企业，如果未来计划生产感冒药品，那么它就该将生产感冒药的企业视为竞争者。

根据不同的视角，竞争者可以按下列方法进行分类。

1. 从生产商角度划分竞争者 企业竞争者可以分为现有竞争者、潜在竞争者和替代竞争者。现有竞争者指已经生产与本企业相似产品或提供相似服务的企业，它可以被视为医药企业的直接竞争者。潜在竞争者指由于对医药产业前景持乐观态度，欲进入该行业的新企业，对该企业来说，本领域可能是完全陌生的。潜在竞争者若为多元化发展企业，则可以利用行业现有优势和资源更快地进行扩张，但在进入医药领域时可能会出现其优势领域短暂的利润降低和市场份额减少的现象。替代竞争者指生产出的产品或服务能够替代现有产品或服务的企业，一旦替代竞争者出现，该行业中所有企业都将面临这些厂商的竞争。随着科技水平不断进步，替代竞争者在竞争者中所占的比例也将不断增加。

2. 从市场流通角度划分竞争者 企业竞争者可分为行业竞争者、品牌竞争者、需求竞争者。行业竞争指处于同一行业的企业之间相互竞争，它们提供的产品无差异或者差异性不大。品牌竞争者为行业竞争发展到一定阶段后，市场竞争主要集中于该行业排名靠前的几家知名企业，企业间产品差异性不大，品牌效应对消费者的购买决策起决定性作用，品牌忠诚度决定消费者是否进行持续购买。品牌竞争将使市场细分更为明显，主要市场份额集中在少数几家知名企业中，后来进入者将面临巨大的进入障碍。感冒药市场就属于典型的品牌竞争，国内有一千多家医药企业生产不同类型的感冒药，占据主要市场份额的只有新康泰克、白加黑、泰诺、感康等几个品牌，消费者对此类品牌认知度、忠诚度均较高。新加入品牌为了获得消费者认可，必须强调产品特色，快速构建品牌影响力。需求竞争者指能够满足用户共同需求的医药企业，它们所提供的产品或服务能够替代对方的产品或服务。如很多药品中都含有维生素 C 成分，当消费者需要补充维生素 C 时，可以根据自身需求选择其中一种产品，这些产品之间就构成了需求竞争。

3. 从市场地位角度划分竞争者 竞争者可以分为市场领先者、市场挑战者、市场追随者、市场补缺者。市场领先者是本行业中占据主要市场份额的企业，这类企业资本雄厚，在市场决策、市场促销、产品研发等领域均处于领先地位，是整个市场的领导者。市场挑战者是行业中占有第二、第三甚至更低名次的企业，它们实力较强，产品和服务有一定的新颖性，经常攻击市场领先者和其他竞争者，以夺取更多的市场份额。例如在复合维生素市场，“善存”品牌是市场领导者，“21 金维他”品牌则是市场挑战者。市场追随者是在战略上追随市场领先者的一群企业，它们模仿市场领先者的行为，学习并且加以改进，不轻易研发新产品，市场策略也紧跟市场领导者，降低风险，在平稳发展中逐步壮大。市场补缺者指选择某一较小的细分市场或大公司无意或无暇顾及的细分市场进行专业化经营并以此为经营战略的企业，这类企业凭借专业化优势来提供优质的产品和服务，从而在有限的目标市场上赢得丰厚的利润。

（二）识别竞争者

识别竞争者，可以从产品和市场两个角度进行综合分析。从产品方面来看，根据“需求交叉弹性”原理，一种医药产品的价格上涨，就会引起另一种具有同种功效的医药产品的需求增加。与本企业产品具有较强替代性的医药企业可以视为本企业的竞争者。医药企业如果想要在行业中处于优势地位，就必须全面了解本行业或本类产品的产出结构，以确定自己的竞争者的范围。从市场方面来看，竞争者是那些具有相同市场需求或服务于同一目标市场的企业。以满足市场需求的观点来识别医药竞争者范围，可以在更加宽泛的层面上对竞争者和潜在竞争者进行分析。以市场观点分析医药企业竞争者，可以拓宽企业视野，更广泛地看清自己的竞争者和潜在竞争者，从而有利于医药企业制订长期的发展规划。辨别医药竞争者的关键是从产业和市场两方面将产品细分与市场细分结合起来综合考虑。

综上所述，医药企业应该从不同的角度，识别竞争对手，密切关注竞争者，及时调整市场策略，以取得最终的胜利。

二、判别竞争者的战略和目标

由于竞争者所处的市场地位不同，结合自身的技术优势或服务优势，在竞争过程中采取不同的竞争战略，以赢得市场有利位置。医药企业只有明确了解竞争者的战略意图，才可能对其做出正确的判断，并由此形成正确的战略决策。竞争者在制订竞争战略时，往往与企业发展导向相关。导向不同，竞争战略不同。一般可按导向将竞争者分为产品导向、顾客导向、技术导向、需求导向和多元导向。

营销学上，习惯将内部使用相似或者相同战略的企业统称为战略群体。当医药企业进入某一战略群体中时，必须首先明确自己的主要竞争者，然后制订相应的竞争战略。医药企业往往需要根据自身情况，选择进入相应的战略群体。战略群体内部竞争激烈，不同战略群体之间也存在竞争。这是因为不同战略群体的目标客户会有重合，顾客无法分清不同战略群体的企业，同时，许多医药企业也会通过改变战略进入另一个战略群体当中。

富有活力的竞争者会根据外部环境的变化改变其竞争战略，医药企业必须时刻关注竞争者的战略，并对竞争策略做出准确的判断。

竞争者的目标往往会随企业战略不同而变化，尽管追逐利润是企业的最终目标，但是利润并不是唯一的目标，在某些情况下，利润也不是企业的首要目标。例如某医药企业，会采取降价销售或者买赠等方式促销，在这种营销战略下，企业的利润率并不高，此时该企业的竞争战略目标是扩大市场占有率而不是追求利润的最大化。竞争者目标是一系列目标的总和，可以将竞争者的目标归纳为市场目标、利润目标、发展目标等类型。当我们分析竞争者时，更需要判断当前阶段它的主要目标，该企业目标是否与本企业的主要目标相冲突？当二者当前目标一致时，竞争将更为激烈。企业发现竞争者的目标与自身目标相似时，便可以提前准备，争取主动，如果发现竞争者的目标属于新的细分市场，还可以趁机进入，寻找机遇，获取更多的利润。

三、分析竞争者的优势和劣势

在市场竞争过程中，最终的胜利者并非一定是综合实力最强者，而是在某一细分市场最具优势者。医药企业应该客观地评估自己的优势和对方的劣势，用自己的长处攻击对方不足，这样往往胜算更高。许多中小企业虽然在整体实力上与较强的竞争者差距较大，但在某些自己更具优势的领域与大企业进行竞争并且取得最终胜利的案例并不少见。

分析竞争者的过程主要分三个阶段：资料搜集阶段、分析评估阶段、定点超越阶段。

（一）资料搜集阶段

资料搜集阶段主要调查竞争对手的生产能力、目标客户、销售情况、资金链、产品市场占有率、成本支出、投资收益情况、营销组合策略、顾客服务、新产品研发推广情况等。当这些情况汇总后，企业应当对其中反映出的问题进行分析、整理。不同竞争者的优势与劣势各不相同，还可对某一领域进一步细分。例如在针对目标客户的调查分析中，可以进一步调查目标客户选择竞争者产品时，产品品牌知名度、产品质量、产品价格、售后服务等所占权重。资料搜集可以通过公司年度报表、企业领导人近期的言论、公司最近发表的资料、网络搜索结果、竞争者前雇员的谈话、各类媒体登载的信息等渠道获得。

（二）分析评估阶段

分析评估阶段主要分析竞争对手的各项基本资料，判断其发展过程中的优势及劣势。如有多个优势，则按照细分标准进行简单的评分、排序。劣势为本企业重点突破领域，优势为本企业重点模仿领域。

（三）定点超越阶段

定点超越阶段即分析评估阶段总结出的竞争者优势和劣势，制订出详细的点对点战略。如模仿竞争者最具优势的部分，消化吸收成为自身能力，缩短与对方的差距，最终超越竞争者；而对于竞争者的劣势部分要引以为戒。根据木桶法则，企业的短板往往成为最终决定企业成败的关键，所以要进一步加强自身短板领域的建设，并超越对方。

定点超越阶段是 20 世纪 90 年代西方管理学界提出的一个概念，也是三个阶段中最关键的一步。企业将自己的产品或者服务与最好的企业进行对比，或者与该领域领先者进行对比，寻找差距，通过对比、分析、改进，最终成为最好。定点超越不同于一般意义上的模仿，它属于创造性的模仿，是一种从“me too”发展至“me best”的过程。它可以是产品的超越、管理的超越、战略的超越。任何企业的领先都不会一成不变，竞争是企业不断改革的动力，只有不断超越，企业才能持续进步。

四、判断竞争者的反应模式

当竞争者面对来自同行的挑战时，其反应受到企业文化、企业领导人决策水平、企业经营理念等方面的影响，大致可以分为四种模式。

（一）从容型

从容型企业对于竞争者的行为没有反应，或者反应不够迅速。此种企业大多具有较多的营销经验，对自身的产品和服务十分自信，企业实力较强，相信消费者的忠诚度。少部分企业对于市场反应迟钝，有时会表现出假性从容。例如国内复合维生素市场较为稳定，几家大牌企业占据主要市场，当新厂家进入该领域时，一般不会引发较大市场震荡，市场领先者多表现为从容应对。

（二）选择型

选择型企业只对其中某些竞争行为采取相应反应，对于其他竞争行为无动于衷。如国产维生素品牌民生药业的“21 金维他”遭遇华源药业的“世纪新维他”竞争时，由于双方名称、包装均有一定的相似之处，被抢夺市场份额的民生药业便开始迅速反击，除了在终端卖场建立专卖区外，还与部分卖场签订了买断协议，不允许其他品牌复合维生素进入该区域销售。不同的企业对于不同的竞争行为反应差别较大，如对于降价策略，多数企业反应激烈，但是对于改进服务、增加广告等策略一般反应缓慢。

（三）强悍型

强悍型企业面对任何竞争行为都会给予激烈迅速的反应。一旦遭到挑战或是感知到威胁的存在，强悍竞争者会迅速进行全面的反击，这种反击往往具有很大的破坏力，给竞争对手造成较大的损害。中小型医药企业应尽力避免与这种类型的竞争者直接交锋，以免带来毁灭性后果。

（四）随机型

随机型企业对于竞争行为随机采取反应，并没有规律性可言。当面对竞争者的挑战时，随机竞争者在特定场合可能采取反击，也可能不采取反击，而且如果采取反击，竞争对手往往无法预测随机竞争者会采取什么措施。

以上四种反应模式并非一成不变，有些企业在不同阶段会表现出不同类型的反应模式。在判断竞争者反应模式时，应该考虑动态性、长期性和持续性。

五、竞争对策

竞争对策是企业面对竞争者的挑战采取的具体措施。医药企业的竞争对策一般包括以下几种。

（一）进攻策略

该类医药企业将进攻视为最好的防守，将进攻作为其最主要的竞争营销策略。该类医药企业在发现市场机会后，会不断主动进攻，先发制人。在日常经营中会不断推出新产品，采用新技术；在竞争过程中会不断变换策略，争取市场竞争的主动权。

（二）防守策略

该类医药企业一般不急于进攻，早期主要跟随和模仿，采用与竞争者相似的战略，伺机而动。这类企业有时过于谨慎，会失去一些市场先机。

（三）攻守策略

攻守策略集合上述两种策略的特点，攻守兼顾。医药企业在面对竞争者的挑战时不总是采取进攻性或是防守性竞争策略，有些企业根据自身的优势与劣势，采取组合性的竞争策略，即在优势领域积极进攻，在劣势领域积极防守。

（四）退出策略

当经济环境不断恶化，行业出现较大波动，或者企业出于各种需要撤出该市场时，多使用此种战略。退出市场可以是暂时的，也可能是战略转移至相关市场，或者彻底撤出该市场。

医药企业在面对竞争对手挑战时，要根据竞争者的强弱、竞争者的地理位置以及竞争者的表现优劣综合分析，选择正确的竞争策略。

六、制订竞争营销战略

竞争营销战略是企业市场营销部门根据战略规划，在综合考虑外部市场机会及内部资源状况等因素的基础上，确定竞争目标，选择相应的竞争营销策略组合，并予以有效实施和控制的过程。医药企业制订竞争营销战略包括以下几个方面的内容。

（一）战略思想

营销战略思想是指导企业制订与实施竞争营销战略的观念和思维方式，是指导企业进行竞争营销战略决策的行动准则。它应符合企业经营战略思想的要求，要体现系统优化理念和资源整合理念，要有指导性、前瞻性和可行性。

（二）战略目标

企业竞争营销战略目标是关系企业发展方向、企业市场竞争成败的重大问题。在企业总体战略目标的指导下，确定竞争营销战略目标。企业营销战略目标的主要内容包括销售额、市场占有率、利润率、品牌知名度等。

（三）战略行动

竞争营销战略行动是根据竞争营销战略目标行为准则，选择适当的竞争营销战略重点、战略阶段和战略模式，即解决什么是企业竞争营销战略重点，处在不同竞争营销阶段的企业应该采取什么样的竞争营销战略模式等问题。

（四）战略阶段

由于竞争营销战略具有长期性和相对稳定性，竞争营销战略目标的实现需要经过若干个阶段，而每一个阶段又有其特定的竞争营销战略任务，通过完成各个阶段的竞争营销战略任务，才能最终实现其总目标。

（五）战略任务

竞争战略任务指在不同的战备阶段为实现营销竞争战略目标，医药企业应采取的必要措施和要完成的重点工作。竞争战略任务主要包括：医药企业应该提供什么样的产品或服务，如何制订产品或服务的价格，通过什么样的渠道将产品或服务传递给消费者，采取什么样的促销措施。这些具体措施应该与竞争对手相区别，且具有相对优势，这样才可能在竞争中取胜。

医药企业制订竞争营销战略要从全局高度进行总体设计，战略目标、战略行动、战略重点、战略任务均要针对重要竞争对手，并有应对竞争对手竞争模式变化的战略考虑。医药企业应当根据自身能力制订与所处竞争地位相符合的营销战略，并密切关注竞争者的变化，适时调整营销战略，保证营销战略的有效性，从而在市场竞争中取得优势地位。

第2节 医药市场基本竞争战略

以战略为指导，将企业活动纳入战略管理当中，是现代营销理论的重点。美国学者托夫勒提出："对没有战略的企业来说，就如同在恶劣天气中飞行的飞机，始终在气流中颠簸，最后迷失方向。如果对未来没有长期明确的指导方向，那么，不论企业规模多么大，地位多么稳固，都将在新技术变革中失去生存的条件。"医药企业应根据市场特征、竞争对手的特点，制订针对性强的竞争营销战略，以在激烈的市场竞争中获得优势地位。医药企业可以采取的基本竞争战略主要包括成本领先战略、差异化战略和聚焦战略。

一、成本领先战略

成本领先战略又称为低成本战略，该战略将低成本作为主要的竞争手段，目的是使本企业的成本比竞争对手更低，以保证市场竞争中的优势地位。一个企业想要降低成本，并在竞争中处于优势地位，一般通过增加产量、改进设计、节约材料、降低人工成本、提高物流效率等途径来实现。医药企业的成本领先战略，不只是降低成本，还需要改变成本发生的基本条件。增加利润只是企业低成本战略达到的初级目标，高级目标是让企业在竞争中保持优势。

成本领先战略成功的关键在于医药企业能长期坚持实施该竞争战略，并具备实施该战略的技能。医药企业往往重视制造成本，而忽视运营成本。需要特别注意的是，医药行业与其他行业存在一定的差异，单纯以成本领先战略并不一定能获取市场竞争中的优势地位。这是因为消费者关注医药产品价格的同时，更加关注医药产品的质量。如果企业为降低成本，忽视医药产品质量，不仅不会让企业在激烈的市场竞争中胜出，还可能被市场淘汰。近几年发生的许多医药产品安全事故，迫使一些知名企业直接退出医药市场。采取低成本战略的医药企业应该重点关注降低流通成本的问题。现阶段我国医药产品的流通成本十分高，可以降低的空间较大，如果医药企业能采取有效措施降低医药产品流通成本，对其低成本战略的实现会很有帮助。

二、差异化战略

在竞争过程中，并非所有企业都适合成本领先战略，如果行业内一家企业已经将成本领先战略做到极致，则跟随者很难进一步降低成本，因此，对于医药企业而言，通过创新实施差异化战略是更好的选择。

差异化战略指医药企业为消费者提供差异化产品或者服务，与其他企业相比，其产品或服务具有独特性，又被称为差别化战略。当顾客面对差异性较大的产品或服务时，替换成本高，价格敏感度相对较低。对于竞争对手而言，差异化竞争战略不易被模仿，也不构成对竞争者的直接威胁，遭受激烈对抗的可能性也较低。如红桃K补血产品在推广产品之初，没有在大中城市与东阿阿胶正面竞争，而是选择农村市场，利用农村消费者贫血群体大，品牌意识不强的特点，降低价格，通过自己强大的营销网络，抢占农村市场获得成功。这种销售渠道及目标客户的差异化不易导致竞争对手的强烈反应。医药企业的差异化战略可以体现在技术、工艺、外观、品牌、定位、营销模式等多方面。

差异化竞争战略可以采用产品差异化、服务差异化、形象差异化、营销渠道差异化等多种形式。

（一）产品差异化

产品差异化是差异化战略的核心。医药企业要实现产品差异化，就必须增加研究开发投入，创新产品，并通过整合营销传播，使消费者相信产品存在差异，进而产生一定的偏好。如感冒药“白加黑”在推广过程中，充分利用自身与其他品牌药品的颜色差异，让消费者迅速记住了该产品。

（二）服务差异化

服务差异化是指医药企业围绕产品营销，提供特色医药服务，并通过差异化的服务活动，构建企业的核心竞争力。如为顾客提供良好的售前咨询、售后拜访等增值服务，使企业与顾客之间形成良好的互动。现在部分制药企业开展的学术营销活动，实质上是围绕合理用药所开展的差异化药学服务。

（三）形象差异化

形象差异化是指在企业产品的核心部分与竞争对手的产品类似的情况下，通过塑造不同的产品形象，以获得差别优势。塑造的形象包括产品的颜色、名称、标识、标语、环境、活动等。如哈药集团三精制药股份有限公司生产的三精牌葡萄糖酸钙口服液，就是利用最简单、最有效的“蓝瓶的”包装，创造了鲜明的形象差异化，塑造了企业品牌形象，迎合了消费者的偏好。

（四）营销渠道差异化

营销渠道差异化就是医药企业通过构建营销渠道差异化来提高竞争力。营销渠道差异化要重点考虑渠道的覆盖面、专业化和绩效。如扬子江药业集团公司在全国建立了强大的营销渠道网络，直接控制医院终端，形成了核心竞争力。

差异化战略也包含一系列的风险，例如当成本领先战略的竞争对手大幅压低产品价格，部分顾客会放弃差异性，选择物美价廉的产品。当用户使用时间较长后，往往会忽略产品的差异性。部分医药企业并不能完全理解差异化竞争战略的精华，狭隘地认为差异化仅是在产品层面上力求差异，那并不是真正意义上的差异化，相反，可能会引起顾客的反感而失去市场。

三、聚焦战略

聚焦战略又被称为集中化战略，是指企业将经营战略集中于一个特定的目标市场上，为特定的消费者提供特殊的产品和服务，力争在局部市场上取得竞争优势。这种战略的目的在于企业集中资源和优势，用更高的专业化模式，更高效率地为某一特定细分市场服务，从而超越竞争对手，形成企业自身的核心竞争力。

聚焦战略的核心部分是确定企业目标市场。确定目标市场的关键在于细分市场，根据细分市场的结果，衡量企业与竞争者之间的差距，然后选择并确定企业目标市场。聚焦战略确定的目标市场要满足两方面的要求：一是目标市场足以容纳企业的生产能力；二是企业能够在该目标市场充分发挥优势。

采用聚焦战略的医药企业，只在某一特定细分市场与竞争对手展开竞争，而不在其他细分市场参与竞争。由于其面对的消费者和市场环境较为单一，所以能够更好地了解消费者，适应该市场的各种需求，推出更好的产品与服务。中小型医药企业资源有限，更加适合采用聚焦战略，可以专注于某一领域，集中所有的资源专业化生产，逐步实现规模经营。

聚焦战略与成本领先战略、差异化战略相比，成本领先战略、差异化战略主要面对全行业，而聚焦战略只围绕某一个特定行业或市场。当然，医药企业一旦选定某一特定市场，也可以采用成本领先战略或者差异化战略。

总之，不同的竞争战略对于企业的要求各异。成本领先战略要求企业具有持续的投资能力和良好的融资能力，产品易于制造，企业的成本控制能力强。差异化战略要求企业引进或培养高技术人才，不断提升企业的创新能力和市场营销能力。聚焦战略则要求企业专注于具体的目标市场，全方位地实现专业化生产经营。只有选择适合本企业的最佳战略才能成功。医药企业可以根据不同的市场营销环境，灵活选择竞争战略，打造企业的核心竞争力。

第 3 节 不同竞争地位医药企业的竞争战略

在同一目标市场中，各企业实力不同，所占市场份额不同，在竞争中所处的地位也各不相同，根据市场竞争地位，可将它们分为市场领先者、市场挑战者、市场跟随者和市场补缺者。企业应当根据自身市场地位的不同，制订不同的竞争战略。

一、医药市场领先者战略

医药市场领先者指那些产品在市场中占有率最高的企业，通常认为它的促销强度、价格变动、分销渠道、新产品研发等在行业内都处于支配地位。市场领先者为了保住自己的市场霸主地位，需要不断提高市场占有率，可采取扩大市场需求、保护市场占有率、提高市场占有率三种战略。

（一）扩大市场需求总量

当一个行业市场需求总量扩大时，受益最大的是处于领先地位的企业，因此其扩大需求总量的动力越强。一般来说，市场领先者可从以下三个方面扩大市场需求总量。

1. 开发新用户 每类产品总有其吸引新的购买者的潜力。顾客也许根本不知道有这类产品，或者因为其价格、性能等因素而拒绝使用该产品。当市场在一定时期内相对稳定时，想要提高市场需求总量，就需要开发新用户。例如，山东东阿阿胶股份有限公司是阿胶产业市场的领先者，为了扩大阿胶市场的需求总量，宣传男士也需要补血，并推出适合男士用的阿胶，成功开发了新用户。

2. 开辟新用途 开辟新用途也是扩大市场需求总量的方法，如阿司匹林从诞生至今，其治疗范围已经从最初的解热镇痛延伸至心血管领域，使用人数大幅增加。

3. 增加使用量 增加使用量同样能够扩大市场需求总量，如洗发水制造商宣传每日洗发，牙膏制造商将牙膏管口扩大，并宣传每天要刷三次牙，都是增加产品使用量，扩大市场需求总量。当然，药品有严格的使用剂量，增加使用量要慎重，必须有科学依据，并获得国家药品监管部门批准。

（二）保护市场占有率

市场领先者在想方设法扩大市场总需求时，还要时刻提防挑战者的威胁，注意保护自己的现有市场。保护市场占有率的战略可以分为以下 6 种。

1. 阵地防御 阵地防御最基本的观念是在企业的现有市场建立防御体系，以防备竞争者的进攻。这是一种静态的、保守的防御策略。简单地防守现有地位或产品是营销近视的表现，难以适应瞬息万变的竞争市场。

2. 侧翼防御 侧翼防御的核心是加强市场薄弱环节的防御，以防备竞争者的进攻。侧翼防御的基本方法是增加市场投入，建立更加坚固的侧翼阵地，以有效地防守薄弱市场领域，阻挡竞争者的进攻。

3. 以攻为守 以攻为守的核心是采用先发制人的手段，在竞争者向自己进攻之前，提前发动攻势。以攻为守是建设性的防御措施，因为对市场领先者而言，进攻就是最好的防御。即不断创新，掌握主动，抓住竞争对手的弱点主动出击，持续增加自己的竞争能力。

4. 反攻防御 当市场领先者面临竞争对手的进攻，如大幅削价、大力促销、产品改进或销售区被入侵时，市场领先者应主动反击，或正面回击进攻者，或向侧翼包抄进攻者。反击防御也可以采取“围魏救赵”的策略，即当市场领先者的领域受到攻击时，一个有效的反攻是侵入攻击者的主要市场区域，逼迫其撤回营销力量以保卫它原来的市场。

5. 运动防御 运动防御也叫机动防御，它要求市场领先者不但要积极防守现有市场，还要将其市场扩展到可作为未来防御和进攻中心的新领域。扩展到新领域的方法主要有市场拓展和市场多元化策略。如某些制药企业在激烈的市场竞争中，迅速进入保健品、化妆品等行业。运动防御策略应遵循两个基本原则：“目标原则”（追求一个清晰明确和可达成的目标）和“密集原则”（把你的力量集中在竞争对手的弱点上）。

6. 收缩防御 任何企业的资源都是有限的，资源过于分散会导致薄弱环节增多。如果市场领先者的某些领域被竞争者蚕食，有效的策略应是有计划收缩（战略撤退）。有计划收缩不是放弃市场，而是放弃较弱的领域，把力量重新分配到较强的领域中，即加强核心市场或核心产品的防御，强化核心竞争力。

（三）提高市场占有率

1. 创新产品和业务 创新产品和业务是提高市场占有率广泛使用的手段，因为新产品在销售额中所占的比例比竞争对手的比例高时，其市场占有率就会提高。医药企业可以通过创新新产品和业务模式，进一步提高市场占有率。

2. 提高产品的质量和服务水平 提高产品的质量和服务水平能够提高品牌的知名度和客户忠诚度，从而吸引新客户，留住老客户，进一步提高市场占有率。

3. 增加营销费用 营销费用包括推销员费用、广告费用、促销费用等。增加营销费用实质是加大促销力度，进一步刺激消费，提高市场占有率。

4. 谨慎地使用价格战 降价是提高市场占有率最简单也是最常用的手段，因为降价吸引更多的消费者。但是，价格战是把“双刃剑”，在提高市场占有率的同时，往往会降低企业利润。另外，价格战容易引起竞争者的联合反击。

总之，提高市场占有率可以扩大医药企业的规模，产生规模效应，降低成本，从而获得更多利润。在提高市场占有率时，需要考虑企业自身经营成本，不能仅仅为了获取更多市场份额而盲目扩张。营销时注意营销组合战略，花最少的费用，获取最大的收益。另外，还要注意反垄断法的限制，否则会在一些国家受到政府干预。

二、医药市场挑战者战略

医药市场挑战者在制订战略时，首先确定战略目标和挑战对象，然后选择合适的挑战策略。挑战者的战略目标一般为提高自身市场份额，削减对方市场份额。挑战对象可以是市场领先者，也可以是与自己规模相同的医药企业，或者是规模较小的医药企业。当选择挑战市场领先者时，企业的目标可能是夺取市场份额，而当攻击较小规模的医药企业时，企业的目标则是将较小企业逐出市场。在选择挑战战略时，企业应该把竞争优势集中在关键点上，以取得决定性的胜利。医药市场挑战者主要有正面进攻、侧翼进攻、包围进攻、迂回进攻、游击进攻五种战略。

（一）正面进攻

正面进攻指挑战者集中全部力量争夺竞争对手的核心市场。这是较为传统的一种竞争战略，是处于挑战地位的医药企业有足够的实力且不甘于目前的市场地位，向市场领先者挑战时所采用的进攻方式。在开展正面进攻前，需要对双方实力和可能产生的后果进行评估，同时要确保企业拥有绝对的竞争优势，一般投入市场竞争力量至少为3：1，否则正面进攻就等于自杀行动。但医药企业不能将所有资源全部投入，要留有余地。

（二）侧翼进攻

侧翼进攻指挑战者集中优势力量攻击竞争对手的薄弱市场。采用侧翼进攻时，医药企业需要快速反应，并强化自身核心竞争力。侧翼进攻在营销上具有十分重大的意义，特别是对那些拥有资源少于竞争对手的挑战者具有较大的吸引力。如果医药企业不能用实力压倒竞争对手，就可以采用避实就虚的策略来出奇制胜。

（三）包围进攻

包围进攻是一种全方位的大规模进攻。当挑战者拥有较强的资源优势时，就可以采用这种方法。医药企业需要向市场提供比竞争对手质量更好、价格更优的产品和服务。包围进攻必须具备一定的前提条件：进攻者比对手具有资源优势，能够完成和足够快地取得竞争胜利。

（四）迂回进攻

迂回进攻指避免与竞争对手正面进攻，在对方没有防备的市场领域全力进攻。医药企业实施这种战略的常见方法有：开发新产品以满足未被竞争对手满足的市场；采取多样化战略，经营无关联产品；用现有产品打入新的市场；引进新技术以取代现有产品等。

（五）游击进攻

游击进攻适用于一些规模较小、力量较弱的医药企业，一般没有固定的攻击范围和攻击对象。游击进攻常用的方法如有选择地降价和密集地促销等。通过长期持续的游击进攻，最终获得较稳固的市场。

三、医药市场跟随者战略

市场跟随者也必须确定明确的战略。市场跟随者必须知道如何保持现有的顾客和如何争取新顾客。市场跟随者要避免与市场领先者正面冲突，却无法回避成为市场挑战者攻击的主要目标。因此，市场跟随者要努力营造自己的特色与优势，保持较低的成本和较高的产品质量及服务。市场跟随者的战略有紧密跟随、有距离跟随、有选择跟随、投机跟随四种形式。

（一）紧密跟随

紧密跟随即仿制者，指医药企业在所有方面，包括产品、价格、渠道、促销等全部模仿市场领先者，完全没有创新的战略，但品牌名稍有区别。

（二）有距离跟随

有距离跟随即模仿者，指医药企业在主要方面，如目标市场、产品创新、价格水平、分销渠道等方面追随市场领先者，但仍与市场领先者保持若干差异。

（三）有选择跟随

有选择跟随即改变者，指医药企业接受领先者的产品，并改变或改进其产品。改变者可以选择不同的市场销售产品，以避免与领先者直接冲突。通过创新，许多改变者成长为将来的挑战者。

（四）投机跟随

投机跟随即投机者，仿冒领先者的产品和包装，在非公开渠道上销售或卖给名誉不好的经销商。其实质是冒充其他企业的品牌，对知名品牌是一种巨大威胁，俗称“假冒伪劣产品”，这种跟随者，要承担极大的法律风险，必须严格打击和清除。

总之，在市场竞争中，市场领先者往往因其市场地位和份额而获利丰厚，但市场追随者也常常有事半功倍的机会。在新技术、新产品的研发方面，往往是市场领先者投入最大，如果不能及时获得回报，反而会出现经营困难，常常是为后来者铺平了道路，为他人作嫁衣。如果跟随者的模仿跟进能力强，可以实现后来居上。

四、医药市场补缺者战略

市场补缺者也被称为市场利基者，即“有获取利益的基础”。它指选择某一小的细分市场或大公司无意或无暇顾及的细分市场进行专业化经营并以此为经营战略的企业。理想的利基市场应具备以下主要特征：市场具有足够的规模，企业能够盈利；市场具备持续发展的潜力；市场较小、差异性大，较大的竞争者无暇或无意顾及；企业能够提供特色产品和服务；企业整体实力足以抵挡较大的竞争者进入。如治疗罕见病的药品市场，由于这个市场病患总量很小，大型医药企业不感兴趣而放弃，医药市场补缺者就可以此细分市场为目标，提供相应的产品或服务。

市场补缺者的战略核心是创造专业化优势。医药企业选择一种扬长避短的专业化模式，其主要实现途径有以下几个方面：最终用户专业化；纵向专业化；顾客专业化；地理位置专业化；产品或产品线专业化；客户订单专业化；质量-价格专业化；服务项目专业化；营销渠道专业化等。

在市场竞争日益激烈的今天，无论企业大小，市场补缺者战略已经成为普遍认可的一种生存选择。持之以恒地创造补缺市场、专注补缺市场、保护补缺市场、拓展补缺市场，正是无数“隐形冠军”医药企业不断成长并基业长青的根本法则。

市场补缺者战略的主要风险是市场补缺点可能会消失或遭到攻击。市场补缺者一般实力较弱，可选择两个以上细分市场进行开发，这样可以分散风险，同时有利于不断创造新的补缺市场。

案例学习

案例6-1 云南白药的差异化竞争战略

云南白药是一种历史悠久的止血产品，问世百年来，其神奇的疗效在民间享有很高的品牌知名度。当强生公司邦迪牌创可贴进入中国市场后，云南白药集团股份有限公司旗下最具知名度的产品白药散剂的销量受到了巨大冲击。由于创可贴使用方便，价格便宜，很快便被众多消费者当作轻微创伤出血治疗的首选药。云南白药集团股份有限公司管理层在对创可贴进行详细分析后，发现了其中的一个关键问题，即在消费者心目中，创可贴只是一块胶布，不是药。胶布对于伤口治疗效果有限，而如果将药物和胶布联合起来，则与现有产品相比，呈现明显的差异化，会获得消费者的认可。于是，云南白药集团股份有限公司与德国一家历史悠久的创可贴制造商合作，将对方在材料技术上的优势与自己的药品优势相结合，生产带有药物的创可贴。这样云南白药集团股份有限公司就避开了与邦迪牌创可贴的正面冲突。云南白药集团股份有限公司将这种药物加胶布的新产品投放市场后，获得了较理想的市场份额。强生公司面对云南白药集团股份有限公司的紧逼，也积极寻找对策。强生公司开发了一系列新产品，如防水创可贴、弹性创可贴等，产品投放到市场后很受欢迎。云南白药集团股份有限公司迅速反击，针对防水创可贴防水不透气的特点，迅速研发出防水透气创可贴。强生公司又利用奥运会合作伙伴的身份，利用差异化战略，推出了奥运卡通创可贴，云南白药集团股份有限公司不甘落后，也推出了自己的卡通创可贴。甚至进一步细分市场，生产出女性创可贴和儿童创可贴。其中儿童创可贴上画有可爱的卡通造型，女性创可贴上还能散发出香味。随后，云南白药集团股份有限公司又在销售终端、广告促销等方面进行改进，最终云南白药集团股份有限公司取得了国内创可贴市场占有率第一的辉煌成绩。云南白药集团股份有限公司的差异化战略，还进一步延伸到日用品领域，它将药物与牙膏融合，生产出“白药牙膏”。由于其防止牙龈出血的功能性定位准确，与其他产品差异化明显，迅速占领了功能性牙膏的高端市场。这种将传统药物与现代日用品相结合的做法，将原先在医院药店销售的产品投放进超市、商场。消费群体和市场充分扩大，改变了传统药物的消费模式，也为企业赢得了极大收益。

资料来源：路胜贞，白灵. 贴身战——云南白药智斗强生邦迪 [J]. 商界，2009，2 (2)：50.

问题：请结合本案例理解差异化战略在营销过程中的作用。

案例6-2 “黄氏响声丸”的跟随者战略

与“金嗓子”相比，“黄氏响声丸”是同类药品中的追随者，它是无锡山木集团根据喉科老中医黄莘农奉献的祖传秘方研制而成，是国内第一个中药品牌的专业喉科用药。尽管疗效显著，但该产品并没有被广大消费者所熟悉，销售额也一直未能突破亿元大关。经过市场调查，企业对产品定位进行了调整，在市场定位、营销传播、渠道策略等方面，制订了新的发展战略。企业在调查中发现目前市场上主要的竞争产品为含片，而众多的含片产品主要以缓解症状和保健为主。“黄氏响声丸”在多年的销售过程中，被很多消费者认为只有在患严重咽喉疾病时才需要服用。事实上，作为全面治疗咽喉疾病的专业用药，“黄氏响声丸”对轻度咽喉疾病也有不错的效果。于是，企业提出了“大喉药”的定位策略，产品不再局限于严重喉病，而是适用于各类人群的咽喉疾病用药。在广告宣传方面，企业采用软文加硬广告的形式。除了传统广告，还发布了系列软文，如“不光演员才需要”“小毛病，大麻烦”等，与硬广告相互呼应。2004 年，企业投入广告费用 6000 万元，并选择中央电视台等媒体的黄金时段进行投放，对产品销量提升和品牌提高起到了促进作用。同时，企业重整销售渠道，首先建立省级一级网络，接着稳妥地组建二级网络。在终端，企业整合资源，重新招纳一批人才，建立了 OTC 营销队伍，拓展渠道，维护终端，使得单店销量迅速增长。经过一年多的实践，“黄氏响声丸”2005 年前 10 个月的销售额已经接近 1 亿元，计划取得初步成功。

资料来源：侯胜田. 医药市场营销案例点评 [M]. 北京：中国医药科技出版社，2007：44-47.

问题：请结合本案例理解市场追随者竞争战略的重要意义及实施方法。

案例6-3 中国补血市场几家重点企业的竞争战略

血尔上市之初的包装给人的印象就像一个贵妇人。针对红桃 K 面向所有贫血者，不分男女老幼都可以服用。血尔则在一点上突破，主攻女性市场特别是白领阶层，因为白领阶层消费潜力最大。据有关资料显示，城市年轻女性是贫血的高发人群，城市白领女性是一个很大的潜在补血市场，从消费者群体的定位策略可以明显看到，血尔不想与红桃 K 正面相遇，而是避其锋芒，血尔要以分割市场的策略，以图占据一定的市场优势地位。红桃 K 的广告宣传是“红桃 K 补血快”，血尔却倡导“补血功效更持久”。上市之初就宣扬了其产品是由诺贝尔奖成果转化而来，其生血因子 PI 与强身因子 EAA 相溶，实现了效果持久的补血。技术的新突破，抓住了城市消费者的心理，并迅速形成一场补血风暴。

在广告媒体选择上，红桃 K 以最适合农村的载体墙标及车贴为主，而在城市，这一“低空媒体”则受到高楼大厦遮掩。可能是由于针对的目标群体不同，血尔以电视、报纸作为其主要媒体，更多的是采取立体作战的形式，从高空媒体到报纸，抢尽了城市女性的眼球，如在广州地区，电视上两个版本的广告轮番播出，甚至连街头上也随处可见其广告牌，血尔还在产品的盒子上印上将利润的10%捐献给中国红十字会“预防贫血基金会”。这为其赚了不少印象分。

对于未来的补血市场，任何一家企业都不想在竞争中消失。东阿阿胶集团也出台了新的对策，力争从阿胶产品市场的领导者转变为国内补血产品市场的领导者。东阿阿胶集团为了确保能最终在战场上胜出，在两个方面进行战略调整，出资255万元收购新疆碧龙阿胶，成立新疆和田阿华制药公司，此举使阿胶最主要的原料——驴皮资源得到保障，另一方面就是加大科研力度，深度开发补血、提高免疫功能类产品，从而牢牢地把握市场的主动权。

资料来源：张继明. 中国补血市场的竞争. 国际医药卫生导报，2002，9（18）：93-97.

问题：请结合本章内容分析竞争者的战略与目标。

思 考 题

1. 如何正确识别竞争者？
2. 怎样根据竞争者的优势和劣势制订竞争战略？
3. 医药市场基本竞争战略有哪几种？各有什么特点？
4. 医药企业竞争地位可分为哪几种？
5. 不同竞争地位的企业在竞争过程中应该采用何种战略？
6. 简述医药市场补缺者战略的实现途径。

（李 乐）

第7章 医药市场细分与市场定位

学习目标和基本要求

通过本章学习，掌握医药市场细分、目标市场选择和市场定位的概念及方法；熟悉医药市场细分、目标市场选择和市场定位的过程和步骤；了解医药企业进行市场细分、目标市场选择和市场定位的重要意义。

现代医药企业面对的顾客是一个复杂多变的群体，其消费心理、购买习惯、收入水平和所处的地理和文化环境等存在较大的差别，不同顾客对医药产品的需求和消费行为有很大的差异性。任何规模的医药企业，都无法满足整体医药市场的全部需求。因此，医药企业要在市场调研的基础上，进行市场细分（segmenting）、目标市场选择（targeting）与市场定位（positioning），这是企业营销战略的三要素，也被称为STP营销战略。

第1节 医药市场细分

一、医药市场细分的概念和意义

（一）医药市场细分的概念

医药市场细分（medical segmenting或medical market segmentation）指医药营销者在市场调研与预测的基础上，依据消费者或用户需求与欲望、购买行为和购买习惯等方面的明显差异性，将一个总体医药产品市场划分为若干个具有共同特征的“子市场”的过程。每个“子市场”由在一个市场上有可识别的相同的购买欲望、购买能力、地理位置、购买态度和购买习惯的消费者群所组成。

市场细分的概念是由美国市场学家温德尔·史密斯于1956年提出来的。市场细分产生的背景是随着社会生产力水平的发展和生产规模的扩大，企业之间的竞争日益激烈，产品的品种和规格越来越多；同时人们的收入水平不断提高，消费者的需求日益多样化，这些都给大众化营销造成了较大的困难，从而导致了市场细分概念的提出。市场细分既是市场营销学中的一个重要理论原则，又是一项十分有价值的营销实践技术。市场细分概念一经提出，就受到企业界和学术界的高度重视，并被广泛采用。

（二）医药市场细分的意义

医药市场细分是医药市场营销的关键环节，在医药市场营销活动中具有基础性的地位和作用。

1. 有利于医药企业发掘新的市场机会　通过医药市场细分，企业可以对每一个细分市场的购买潜力、满足程度、竞争情况等进行分析研究，可以了解不同的消费群体需求的差异性，发现尚未满足和没有被充分满足的市场需求，并根据竞争者的营销战略和策略分析市场未被充分满足的程度，切割出适合于本企业发展的细分市场，企业根据自身的营销资源和目标市场的特点，制订差异化的营销策略，占领目标市场。市场细分对中小型医药企业尤为重要。由于中小型医药企业的资源能力相对有限，通过市场细分，可以选择一些大企业不愿顾及、市场需求量较小的细分市场，集中力量满足该特定目标市场的需求，在某一局部市场形成相对的竞争优势，求得生存和发展。

2. 有利于选择并确定目标市场　企业资源的限制和有效的市场竞争是市场细分的动因。任何一个医药企业的人力、物力、财力都是有限的，不可能以所有的产品来满足市场全部的需求。我国医药企业普遍存在产品科技含量不高和产品严重同质化的现象，企业和产品缺乏自己的优势和特色，市场竞争方式是以价格为主要手段的竞争。在日益激烈的医药市场竞争中，医药企业应树立市场细分观念，针对消费者或用户需要的不同，运用市场细分原则，对医药市场进行深入研究和细分，选择并确定企业有优势、市场有潜力、竞争不激烈的目标市场，使消费者的需求得到真正的满足。

3. 有利于医药企业制订差异化的营销方案　现代市场营销的核心就是满足目标群体的需求。通过市场细分，企业能够更准确地了解目标市场的需求信息和变化趋势，如市场需要什么样的医药产品，消费者或用户能够并愿意付出的价格，最佳的医药产品销售渠道，最佳的促销策略组合等。医药企业在全面客观地掌握目标市场需求信息的基础上，就可以整合企业内外的营销资源，制订差异化的、可操作性强的营销方案。

市场细分的作用越来越受到医药企业的重视。但是，市场细分并非分得越细越好，因为市场细分的最大问题是有可能增大市场营销成本和营销费用，因此医药市场细分必须适度把握，合理细分。

二、医药市场细分的原则

对医药企业而言，并非所有的细分市场都有意义。在具体市场营销实践中，企业应遵循市场细分的基本原则，对医药市场进行成功、有效的细分。

（一）可区分性原则

可区分性原则是指在不同的子市场之间，在概念上可清楚地加以区分。可区分性主要表现为细分市场之间的异质性和细分市场内的同质性。细分市场之间的异质性指不同细分市场中消费者的需求应具有明显的差异性，对同一市场营销组合方案，不同细分市场会有不同的反应。细分市场内的同质性指在同一细分市场中消费者或用户的需求应是相同或相似的，对同一市场的营销组合方案，同一细分市场会有相同或相似的反应。

（二）可衡量性原则

可衡量性原则指应依据购买力的数据资料，能够比较准确地测量和推算市场细分后的医药市场，即细分出来的医药市场不仅范围明确，而且对其市场容量大小也能大致做出衡量，否则，将不能作为制订市场营销方案的依据，市场细分也就失去了意义。比如，在我国 OTC 药品市场上，在重视产品质量的情况下，有多少人更注重价格，有多少人更重视品牌；再如，治疗感冒的 OTC 药品市场，市场容量大约是多少。

（三）可进入性原则

可进入性原则指企业能够而且有优势进入市场细分后的医药市场。企业应有能满足细分市场的相应的人力、物力、财力资源；企业的产品、价格、渠道、促销等营销组合策略能够在该市场发挥作用，对消费者或用户产生积极的影响。

（四）可盈利性原则

可盈利性原则指市场细分后的医药市场应有足够的需求容量而且有一定的发展潜力，其规模足以使企业获利。医药企业在进行市场细分时，必须考虑细分市场中消费者的数量、购买能力和购买产品的频率。如果细分市场容量太小，成本大，获利小，就不值得去细分。

三、医药市场细分的依据

市场细分的依据也称市场细分变量。市场细分变量是影响消费者或用户需求差异性的因素。由于影响医药消费者市场与医药组织市场需求的因素不同，市场细分的变量也不一样。

（一）医药消费者市场细分的依据

消费者需求的差异性是市场细分的基础。消费者市场的细分依据主要有地理因素、人口因素、心理因素和行为因素四类。

1. 地理因素 按照消费者所处的地理位置、自然环境等来细分市场是一种传统的、常用的划分市场的方法。

（1）地理位置因素：在医药市场中，以地理位置因素为依据细分市场，主要用于营销管理方面，针对不同的地理区域划分若干片区，设立若干大区或办事处，便于市场管理或协调。由于中国地域辽阔，东部、中部与西部地区间经济、社会发展不平衡，城乡差别较大，所以消费者对医药产品的需求差别较大，如城市市场和农村市场对药品的品种、价格的敏感性就有很大差别。

（2）地理环境因素：由于气候、环境、文化习俗、生活方式等因素的影响，不同地理环境中人群的疾病具有地域性特征，对医药产品的需求也有一定的差别。如我国东南部地区炎热潮湿，而北部地区气候寒冷干燥。医药产品是特殊商品，简单地以地理特征区分医药市场，不一定能真实地反映消费者的需求共性与差异，在选择目标市场时，还需结合其他细分变量进行综合考虑。

（3）人口密度：人口密度与市场规模有着直接的联系，这一变量对 OTC 药品经营企业的市场细分很有意义。

2. 人口因素 指按照人口统计变量因素（包括年龄、性别、收入、职业、教育水平、家庭规模、家庭所处生命周期阶段、宗教、种族、国籍等）来细分消费者市场。人口因素是细分消费者市场的重要变量，因为人口变量比其他变量容易衡量，有关数据相对容易获取。消费者对医药产品的需求和使用频率，与人口因素有着密切的关系。

（1）年龄因素：不同年龄层次的人群，对医药产品有不同的需求。根据消费者的年龄因素，可将医药市场细分成若干个各具特色的市场，如老年人医药市场、成人医药市场和儿童医药市场等。

（2）性别因素：由于生理特点不同，不同性别的人群对医药产品的需求也有所不同。在医药市场中，女性对医药产品的需求、偏好以及购买行为有明显的差异性和特点。如女性比较偏好减肥药品、美容产品和化妆品，如乌鸡白凤丸、太太口服液这类产品通常都是针对女性消费者的需求设计的。

（3）收入因素：购买力因素是细分市场的一种重要变量。收入水平决定人们的购买力，影响人们的用药结构、用药习惯和消费观念。高收入阶层的消费水平较高，选择医药产品时较多考虑品牌和质量，接受新药和特效药的观念较强，而低收入阶层选择医药产品时则更多地考虑价格因素。

（4）家庭生命周期因素：家庭生命周期显示了一个家庭生活的变化过程，家庭生命周期实际包含了婚姻状况和孩子情况两方面。不同家庭生命周期阶段消费者的身体状况和经济负担不同，因而对医药产品的需求也有差异。

另外，人口因素还包括家庭规模、文化程度、民族等多种变量，这些变量在不同角度、不同层面、不同程度上影响着医药市场需求。

3. 心理因素　指按照消费者的社会阶层、生活方式、个性等心理变量来细分消费者市场。随着社会经济的发展变化，消费者的心理因素对其购买行为的影响越来越大，医药营销者必须予以高度关注。

（1）社会阶层因素：社会阶层指社会的某一集合，在集合内的人、家庭或团体通常具有相似的价值观、生活态度与方式、兴趣爱好与行为规范。社会阶层是影响消费者购买行为的因素，因此，不同社会阶层的需求是不同的。医药企业可以针对不同的社会阶层的需求设计营销组合方案，占领目标市场。

（2）生活方式因素：生活方式指一个人或群体对工作、生活、消费和娱乐活动的特定习惯和方式。人们的生活方式不同，对医药产品的需求与偏好就有差异。生活朴素型的消费者更看重医药产品的性价比，时尚的消费者追求医药产品的品牌和包装。医药企业应关注不同购买者的生活方式，善于细分出某些追求相同生活方式的购买者，为他们专门设计更好满足其需求的营销方案。

（3）个性因素：个性指一个人比较稳定的心理倾向与心理特征，它会导致一个人对其所处环境做出相对一致和持续不断的反应。消费者的个性和价值观不同，所追求的医药产品就有明显的差别。如个性自信的消费者通常愿意做新的尝试，容易接受新药。

4. 行为因素　由于经济状况、风俗习惯、消费心理的差异，消费者购买行为有一定的差异。因此，可以根据消费者的购买行为进行市场细分。

（1）购买状态：购买状态指消费者对某种医药产品或某个品牌的医药产品认知所处的阶段。医药企业对处于不同购买状态的消费者进行细分，采取不同的营销策略组合。如对产品毫无了解的消费者，必须增加广告频率或加强人员促销，以引起他们的关注，提高消费者对产品的认知度；对已经了解产品的消费者，要突出传播产品带给他们的核心利益；对于准备购买者，要突出传播产品销售地点和服务项目；对已经购买产品的消费者，要提醒再次购买，提高消费者对某种产品的使用率和对品牌的忠诚度。

（2）购买动机：指消费者购买商品的目的。医药企业可以根据安全有效、经济实惠、购买方便、对产品偏爱的程度等消费者购买动机进行市场细分，便于发挥和强调产品特色。

（3）购买频率：消费者对医药产品的使用数量和购买频率，也可以作为细分市场的变量。经常购买且大量使用某种药品的人数，可能在市场总人数中所占比重很小，但他们购买的药品数量比重却很大。在现代市场营销中，“顾客关系管理”就是通过提高顾客价值和满意度来建立并维持有利可图的顾客关系的整个过程。顾客关系管理的实质就是通过数据库营销、数据挖掘和直复营销，提高顾客的购买频率和忠诚度。

（4）购买习惯：消费者购买医药产品的地点和时间往往不同，有不同的习惯。消费者购买医药产品的时间主要取决于对产品的需求，购买医药产品的地点一般是就近购买。如消费者购买OTC药品，一般选择离家较近的药店购买。

（5）购买偏好：购买偏好指消费者对医药产品的价格、服务、广告等的敏感程度以及对品牌、分销渠道的信任程度。医药企业应根据消费者不同的购买偏好，从品牌设计、产品包装、价格策略、促销方法等各方面满足消费者的需求与偏好。

（二）医药组织市场细分的依据

医药组织市场与医药消费者市场有很大的区别，组织市场属于团体性购买，组织市场有数量少、购买量大、重复购买、专业采购等特点，主要细分依据如下所述。

1. 用户特点 用户特点决定其需求的差异性，可以作为医药组织市场的细分依据。根据用户特点的不同，我国的医药组织市场可分为生产者市场、中间商市场、终端市场以及政府市场等。例如，社会药房和医院药房都属于终端市场，但是，社会药房和医院药房的药品结构与用药结构差异较大，药品经营模式不尽相同。按用户特点细分医药市场，能更加突出目标市场的特色和个性，容易分析研究用户的内在需求，设计个性化的营销方案。

2. 用户规模 用户规模是组织市场细分的重要标准。用户的生产或经营规模决定了其购买力大小，大用户虽然数量少，但其生产和经营规模大，购买的数量和金额多。小用户数量多，但用户分散面广，购买数量和金额较少。医药企业应针对大、中、小、微用户的特点，分别采用不同的营销策略。

3. 用户的地理位置 按用户的地理位置来细分市场，方法简单，便于细分。任何一个国家或地区，由于自然资源、气候条件、社会环境、历史文化等方面的原因，各地区的经济、社会发展水平是有区别的。按地理位置将一个国家划分为若干地区，医药企业可以把一个地区的目标用户作为一个整体来考虑，并以此设计营销组合策略。这样，可以降低企业的营销费用，提高经济效益。

四、市场细分的方法和步骤

（一）市场细分的方法

1. 单一变量细分法 该方法指选择一个适当的细分依据对市场进行细分的方法。这种市场细分法通常用于对医药市场需求状况进行简单摸底，或对某些特殊医药市场进行细分。

2. 多变量综合细分法 该方法指根据影响消费者或用户需求的两种或两种以上的因素进行市场细分。比如针对糖尿病药物市场，可按年龄及病情程度将市场细分为青年患者的轻、中、重度糖尿病，中年患者的轻、中、重度糖尿病，老年患者的轻、中、重度糖尿病等九个细分市场。

3. 系列变量细分法 该方法指按照影响消费者或用户需求的诸因素并结合企业经营的特点，由粗到细地进行市场细分。这种方法可使目标市场更加明确而具体，有利于企业更好地制订相应的市场营销策略。

（二）市场细分的步骤

医药市场细分的程序包括七个步骤。

1. 选定医药产品的市场范围 即在企业战略目标和主要任务的指导下，对市场环境充分调研分析之后，结合企业的自身实际，从市场需求出发选定一个可能的产品市场范围。选择目标市场范围既是企业经营成功的关键，又是一项复杂的任务。

2. 分析潜在顾客的基本需求 通过市场调研和预测，了解潜在消费者或用户对医药产品质量、价格等方面的基本要求，为市场细分提供可靠依据。

3. 掌握不同潜在顾客的不同需求 对于医药产品的基本要求，不同顾客的侧重点可能会有差异。比如，有的顾客侧重于产品的疗效，有的顾客侧重于产品的安全性。通过这种差异性比较，不同的顾客群体的基本需求被识别出来，初步形成若干消费需求相同或相近的细分市场。

4. 剔除潜在顾客的共同要求　对初步形成的若干个细分市场之间的共同需求加以剔除，以他们之间需求的差异性作为细分市场的基础，筛选出最能发挥企业优势的细分市场。

5. 确定细分市场的名称　根据潜在顾客基本需求的差异特征，将其划分为不同的群体或子市场，并给每一个子市场命名。细分市场命名要富于创造性和个性，善于创造新颖的概念，能抓住潜在顾客的心理。

6. 评估细分市场的价值　分析、考察、评估每一个细分市场的需求与购买行为特点，在此基础上对每一个细分市场进行再细分或重新合并。医药企业必须避免过多的、毫无意义的产品细分市场。

7. 估算每一个细分市场的规模　运用市场调研与预测工具，估计每一个细分市场的顾客数量、购买频率、每次平均的购买数量等指标，分析判断细分市场上竞争产品状况及发展趋势，估算出每一个细分市场的规模和盈利情况，为企业选择目标市场奠定基础。

第 2 节　医药目标市场选择

市场细分是目标市场选择的前提和基础。市场细分的根本目的在于发现市场机会，即从一系列细分市场中，选择出最适合企业经营的市场。企业选出并决定为营销对象的那些消费者或用户群就是企业的目标市场。企业的一切营销活动都是围绕目标市场进行的。

一、医药目标市场的概念

医药目标市场（target market）指医药企业在市场细分的基础上，依据企业资源和经营条件，结合细分市场的市场规模和发展潜力，所选定的、准备以相应的医药产品或服务去满足其需求的那一个或几个细分市场。

医药企业通过市场细分去发现潜在消费者或用户的需求，这种需求就是市场机会。但是并非所有的市场机会都会为企业所利用，医药企业面对众多的市场机会，必须加以选择。首先，企业的资源是有限的，任何一个医药企业都不能独立满足整个医药市场的需求；其次，并非所有的医药细分市场对某个医药企业都有吸引力，必须是能发挥企业优势、具有发展潜力的细分市场才能作为企业的目标市场；再次，选择目标市场必须与企业资源、战略目标相匹配，否则，同时满足各个细分市场的需求，将造成企业资源分散和浪费，从而导致企业经济效益下降。

二、评估医药目标市场

为了正确选择和确定医药目标市场，需要对各细分市场进行评估。

（一）评估医药目标市场的需求潜量

医药企业进入某一细分市场当然期望能够盈利，如果市场规模过小或者趋于萎缩状态，企业进入后很可能难以获得发展，因此，医药企业首先要进行医药市场需求潜量分析，即潜在细分市场是否具有适当的规模和发展潜力。医药市场规模不是越大越好，而是要适当。这里的“适当”是相对于医药企业实力而言的。虽然大市场意味着销售量大，也更容易获得规模效益，但是，规模大的细分市场通常竞争激烈，需要投入大量的资源，中小型医药企业难以承受。判断市场的潜力，需要企业综合考虑行业及相关的经济、技术、政治、社会等环境因素，并具有敏锐的市场洞察力。

（二）评估医药目标市场的吸引力

一个具有适度规模和良好潜力的医药细分市场，如果存在所需的原材料被一家企业所垄断；或者退出壁垒很高；或者竞争者很容易进入等问题，这个细分市场对医药企业的吸引力会大打折扣，因此，对医药细分市场的评估除了考虑其规模和发展潜力外，还要对其吸引力做出评价。迈克尔·波特的“五力模型”理论认为，有 5 种力量决定整个市场或其中任何一个细分市场的内在吸引力。这五种力量是：同行业竞争者、潜在的新加入竞争者、替代产品、购买者和供应商。因此，企业在市场上一般都会受到这五种力量的威胁。医药细分市场的吸引力分析，就是对这 5 种威胁本企业长期盈利的主要因素进行综合分析和评估，从而选择有足够的市场容量、有充分发展潜力、没有被竞争企业控制或竞争还不激烈的市场。如果要进入该细分市场，企业需要有压倒竞争者的优势，否则，就不应该进入该细分市场。

（三）评估医药目标市场的机会

分析医药企业所拥有的资源条件和战略目标是否能够与细分市场的需求相匹配。首先，目标市场的选择应服从于企业的长期目标。企业的任何活动都必须与企业的战略目标保持一致，如果某一细分市场的选择虽然能给企业带来短期的利益，但不利于企业长期目标的实现或者偏离了企业的既定发展战略，则企业一定要慎重。其次，市场可能很有吸引力，但企业不具备在该细分市场获得成功所需要的资源和能力。比如，关键原材料难以获得，企业的生产、研发、营销和管理能力不足等，这时企业贸然进入可能会导致失败。再次，即使企业具备相应的资源和能力，但同竞争对手相比没有优势，也很难在竞争中取胜。只有企业内部的相对优势与目标市场上未被很好满足的消费需求相适应，医药企业才能与目标市场呈现平衡状况。因此，对市场机会的分析要综合考虑细分市场、企业自身和竞争对手三个方面的要素。

（四）评估医药目标市场的获利状况

分析医药细分市场能给企业带来多少利润。企业经营的目的最终要落实到利润上，只有实现利润，企业才能生存和发展。因此，医药目标市场应能够使企业获得预期的或合理的利润。

三、医药目标市场选择策略

医药企业选择目标市场的主要策略有三种，即无差异性营销策略、差异性营销策略和集中性营销策略。

1. 无差异性营销策略 指把整体医药市场看作是一个大的目标市场。无差异营销策略着眼于消费者或用户在需求上的共性，不对市场进行细分，用统一的营销组合来面对所有的购买者。无差异性营销策略用单一的产品、标准的规格、统一的价格、相同的包装和商标、一致的促销来面向所有的顾客，吸引尽可能多的人来购买。

无差别营销策略的最大的优点在于成本低，经济性好。首先，不对市场进行细分，可以节省营销调研、市场分析等方面的费用；其次，单一的产品可以取得较大规模生产带来的成本方面的优势，也可节省产品设计及研发费用；再次，统一的营销组合可大大节省渠道、促销方面的费用。随着医药市场竞争的激烈和消费者需求的日益多样化，市场对医药产品的安全性、有效性、稳定性、经济性的要求更高，大多数医药产品的无差异性营销策略很难取得成功。首先，医药消费者或用户的需求客观上千差万别并不断发生变化，一种医药产品长期为所有消费者或用户所接受非常罕见。其次，当众多医药企业都采用这一战略时，市场竞争异常激烈，而在一些小的细分市场上消费者需求却得不到满足，这对企业和消费者都是不利的。再次，无差异性营销策略容易受到竞争企业的攻击。当其他医药企业针对不同细分市场提供更有特色的产品和服务时，采用无差异营销策略的企业可能会无法有效地予以反击。

2. 差异性营销策略　指将整体医药市场划分为若干细分市场，然后根据企业的资源与竞争优势从中选择一个或多个细分市场作为自己的目标市场，并为每个选定的细分市场制订不同的市场营销组合方案，分别开展针对性的营销活动，力争销售量最大化。对医药市场来说，针对同一种疾病，医药企业推出不同品种、不同剂型、不同规格的药品，并采用不同的方式来促销，即采取差异性营销策略。双鹤药业把胃病市场细分为“胃寒市场”和“胃热市场”，针对“胃寒市场”推出温胃舒颗粒（胶囊），针对“胃热市场”推出养胃舒颗粒（胶囊）。

与无差异性营销策略相比，差异性营销策略一方面可以更好地满足消费者或用户的差异化需求，提高整体销量；另一方面，由于企业在多个细分市场上开展营销，一定程度上可以降低投资风险和经营风险。但是，实行差异性营销策略的医药企业会增加生产和营销方面的成本，导致企业的资源分散在多个领域，企业内部甚至会出现彼此争夺资源的现象。

3. 集中性营销策略　又称密集性营销策略。集中性营销策略不是以整个市场也不是以多个细分市场作为目标市场，而是选择一个或少数几个细分市场，通过专业化的生产和销售更好地满足部分目标顾客的需求。采取集中性营销策略的企业不是四处出击，而是重点突破，追求的不是在较大的医药市场上占有较小的份额，而是在较小的医药市场范围内占有较大的份额。

集中性营销策略尤其适合中小型医药企业。其原因在于受资金、规模、能力等因素的制约，一些中小型医药企业可能无法在整个市场或多个细分市场上与大企业竞争，但如果集中优势资源在大企业尚未顾及或尚未建立绝对优势的某个细分市场进行竞争，成功的可能性更大。但是，集中性营销策略将资源集中于一个或少数几个细分市场，使企业提高成功率的同时，也带来两个弊端：其一，市场容量相对较小，企业的长远发展可能会受到限制；其二，一旦强大的竞争对手介入、目标消费群购买力下降或兴趣转移、替代品出现等都会给企业带来极大威胁。

四、影响医药目标市场选择的因素

上述三种目标市场策略各有利弊，医药企业应综合考虑企业、产品和市场等多方面因素予以确定。

（一）企业综合能力

医药企业应综合考虑企业的研发、生产、营销、财务、管理等方面的能力。如果企业规模较大，生产及经营能力较强，资金雄厚，则可采用无差异性或差异性营销策略；反之，企业规模小、实力弱的中小型企业宜采用集中性营销策略。

（二）医药产品的特性

根据医药产品特征的不同，应采取不同的营销策略。对于同质性医药产品（如化学原料药），虽然产品存在质量差别，但这些差别并不明显，只要价格适宜，消费者或用户一般无特别的选择，可以采用无差异性营销策略。对于异质性医药产品（如中成药），如药品的品种、剂型、品牌等对其疗效影响较大，价格也有显著差别，消费者对产品的质量、价格、品牌等选择性强，通常要比较后再购买，这类医药产品更适合于采用差异性或集中性营销策略。

（三）医药市场的特性

如果消费者或用户对医药产品的需求与偏好较为接近，购买数量和使用频率大致相同，对销售渠道或促销方式的变化并不敏感，市场的同质性就高，就可以采用无差异性营销策略；如果消费者或用户对医药产品的需求与偏好相差较大，市场的同质性就低，则适宜采用差异性或集中性营销策略。

（四）医药产品所处生命周期的阶段

医药产品所处生命周期的阶段不同，采用的营销策略也有所不同。产品处于投入期和成长期，市场上竞争不激烈，通常采用无差异性营销策略。当产品进入成熟期或衰退期，市场竞争激烈，消费者或用户需求的差异性就显现出来，必须采用差异性或集中性营销战略，才能延长成熟期，维持和扩大销售量。

（五）竞争者的目标市场策略

如果主要竞争者采用无差异性营销策略，为了避免直接、正面的对抗性竞争，企业可以采用差异性或集中性营销策略；如果竞争对手采用差异性营销策略，为了在竞争中获得优势，企业需要在更深层次细分市场的基础上，采用更高层次的差异性营销战略或集中性营销战略。

总之，选择适合于自身企业的目标市场营销策略，是一项复杂的、动态的、实践性较强的工作。医药企业要通过调研、分析和预测，综合考虑企业内部环境、行业宏观环境以及竞争者的情况，掌握市场变化趋势，扬长避短，突出特色，选择恰当的、灵活的目标市场策略。

第3节 医药市场定位

定位是市场营销的灵魂。随着众多医药品牌的不断涌现，医药市场竞争日益激烈，消费者在越来越多的产品、品牌和企业面前显得无所适从。医药企业必须通过市场定位，使自己的企业、品牌、产品与众不同，进而在消费者或用户心目中占有一定的位置。

一、医药市场定位的概念和作用

（一）医药市场定位的概念

医药市场定位（positioning）指医药企业为自己的产品或服务创立鲜明的有别于竞争者的特色和个性，并通过实施有效的营销组合，从而在目标顾客心目中占有一个独特的、有价值的位置的过程。

医药市场定位的核心就是要塑造本企业产品与竞争者产品相区别的特色形象，也就是要使本企业的产品“差异化”。医药产品实现“差异化”的途径很多，它可以是产品实体的差异化，如药品的成分、晶型、剂型、规格、辅料等方面，也可以是价格、渠道、促销、服务上的差异化。如某些医药企业采用互联网销售OTC药品就是渠道的差异化。

对于医药新产品，企业应该尽量明确、细化、锁定目标顾客群，确定精准的市场定位；对于已上市的有多家企业生产经营的医药产品，由于市场竞争激烈，企业应创造新的产品“差异点”。如哈药集团三精制药股份有限公司生产的三精牌“葡萄糖酸钙口服液”，就是利用最简单、最有效的“蓝瓶的”包装，用蓝瓶暗示高科技、高纯净度、强功效等利益点，创造了鲜明的差异化，塑造了企业品牌形象，迎合了消费者的偏好，维持并扩大市场份额。

（二）医药市场定位的作用

市场定位是关系到企业生存和发展的大事。被誉为“现代营销学之父”的菲利普·科特勒博士说过：“面对竞争激烈的市场，一个公司必须努力寻找能使它的产品产生差异化的特定方法，以赢得竞争优势”。市场定位的根本目的是为了使企业形成自己鲜明的特色，提炼出相对竞争优势，创造出“鹤立鸡群”的市场效果。

1. 市场定位有利于医药企业找准自己的“生态位” 医药企业根据竞争者或其产品在市场上所处的位置，针对消费者或用户对产品某种特征、属性等的重视程度，从而使本企业或本企业品牌及产品在市场上确定适当的位置，找准自己的“生态位”，形成“错位经营”。例如，武汉健民药业集团股份有限公司定位于中成药小儿用药市场。

2. 市场定位有利于医药企业彰显自己的特色 医药企业通过市场定位，强有力地塑造出本企业或本企业产品与众不同的、鲜明的形象，并把这种形象生动地传递给顾客。例如，辅仁药业集团有限公司将自身定位于做中国最大的非专利药的供应商。

3. 市场定位有利于医药企业优化资源配置 因为资源总是稀缺的，医药企业通过定位，可以将有限的经营资源集中于优势产品或目标市场，形成聚焦，创造局部竞争优势。例如，浙江康恩贝制药股份有限公司的前列康普乐安片定位于治疗前列腺疾病的“小市场”。

二、医药市场定位的层次

医药市场定位分为产品定位、品牌定位和企业定位三个层次。这三个层次相互制约、相互影响、相互促进。本章内容以产品定位为重点，兼顾品牌定位和企业定位。

(一) 医药产品定位

医药产品定位的重点是让某个具体的医药产品给消费者或用户留下深刻印象。产品定位是所有定位的基础和依托。因为顾客想要获得某种利益，最终都是通过产品获得的，所以，如果产品本身所承载的内容无法得到顾客的认可，其他的定位就无从谈起。医药企业应该独具匠心，围绕其产品的整体概念做足文章，使医药产品取得强有力的市场地位，占据并使之深深植入顾客的心中，成为他们的特定感觉和印象。

(二) 医药品牌定位

在当今经济社会中，大多数产品都会与某个品牌紧密相连。品牌定位是以产品定位为基础，通过产品定位来实现，但是品牌已逐渐成为企业的一种无形资产，可以与产品相对脱离而单独显示其价值，甚至于品牌的价值比实物产品的价值还要高得多。基于品牌与产品的关系，医药企业可以对同一类产品实施不同品牌，不同品牌有不同的定位；医药企业也可以对各种不同的产品实施同一品牌，从而使多种产品具有相同的品牌形象。关于品牌定位在其他章节详细讨论。

(三) 医药企业定位

企业定位处于定位阶梯的最高层，旨在公众中树立美好的企业形象，给企业带来长期的经济效益和社会效益。企业定位的内容和范围广泛。一个良好的企业形象和较高的社会地位不仅应得到消费者认可，而且还应得到与企业有关的所有人员和机构认可，包括供应商、销售商、投资者(股东)、政府、新闻媒体、有关专家等。

三、医药产品市场定位的原则

为了保证医药产品市场定位的有效性，医药企业应遵循以下原则。

(一) 重要性原则

医药产品的定位必须突出重点，体现能够引起消费者或用户关注的特色和个性。如消费者购买药品一般比较关注疗效与价格，“定位点”应集中在独特的疗效与适当的价格上。

(二) 独特性原则

医药产品的定位应是与众不同的、区别于竞争对手的、不易被竞争对手模仿的产品。

(三) 可传达性原则

医药产品的定位应易于传递给顾客，并被顾客正确理解。如可以通过广告等促销手段让消费者或用户正确理解。

（四）可接近性原则

医药产品的定位要考虑顾客的购买能力，如果企业只关注产品的特色，而导致成本过高，超过消费者的支付能力，那么定位也是无效的。

（五）可盈利性原则

医药产品的定位要能使企业获取预期的利润，否则市场定位对企业来说是没有意义的。

四、医药产品市场定位的方法

（一）产品属性（特征）定位

产品属性（特征）定位是指回归产品本质，结合产品本身固有的特色找出真正的利益点，强调产品区别于同类产品的某一特性，而不是用统一的模式去套用所有的产品。如某一种感冒药，如果不含抑制中枢神经系统的药物成分，就可以作为特性定位。

（二）产品利益定位

利益定位是强调产品给消费者带来的利益。购买医药产品所追求的核心利益是疗效。如感冒药“白加黑”，强调“白天服白片不瞌睡，晚上服黑片睡得香”这一与众不同的利益特点。

（三）产品质量和价格定位

产品质量和价格定位指强调产品的质量和价格与众不同。在消费者心目中，价格与质量一般是一致的。例如控释、缓释和靶向制剂，由于工艺的改进和技术的提高，药品的生物利用度更高，药效作用好，给消费者带来很大方便，即使价格稍高，消费者也可以接受。具有自主知识产权的药品、自主品牌药品、进口药品常常采用这种策略，并被广大消费者所接受。如北京同仁堂的中成药，是中华老字号品牌，所以药品价格也就较高。又如华北制药集团有限责任公司的“青霉素V钾片”内控质量指标超过《中国药典》和《英国药典》记载的质量指标，率先在国内通过万例免皮试试验，获政府免皮试批文，其临床不良反应发生率低于美国、德国公司的进口产品。

（四）产品用途定位

医药产品的用途定位指根据其适应证来突出自身的特色。例如吗丁啉在推向中国市场初期，定位于止呕吐药，销售并不理想，后来定位于治疗消化不良的药物，并创造了“胃动力”的概念，销售大获成功。用途定位既可强调产品的特殊用途，也可强调产品的新用途。如阿司匹林是传统的解热镇痛药，后来发现其具有抗血栓形成的新用途，就可定位为预防心脑血管疾病药物。对于药品而言，“包治百病”的定位是极其错误的，因为消费者知道，“包治百病”就是什么病都治不了。

（五）产品使用者定位

产品使用者定位就是由产品的使用者对产品的看法确定产品的形象。如太太口服液就定位于已婚中年妇女市场。又如内蒙古亿利集团的亿利甘草良咽，通过翔实的市场调研，准确地切入到一个全新的烟民市场，定位于“吸烟引起的喉部不适”，曾经一度进入同类产品销量的前 5 名，年销售额超过 1 亿元。

（六）产品竞争者定位

针对竞争产品，定位于与竞争者不直接相关的属性或利益，暗示自己的产品与竞争者的产品具有不同的属性或利益。如冠心丹参滴丸针对复方丹参滴丸的定位，宣传其“不含冰片”。

（七）产品品种（品类）定位

强调产品品种（品类）的归属。如新康泰克的定位，强调新康泰克与康泰克具有相似的作用，并用一个“新”字表达了不含“PPA”的信息。又如脑白金定位于礼品市场，强调其归属于礼品类。

（八）组合定位

综合运用上述多种方法来给产品定位。消费者或用户所关注的属性往往不是单一的，因此，医药企业可将以上的多种因素结合起来，使顾客感觉该药品具有多重特性和多种功能。如“新盖中盖”的定位：含钙量高（质量定位）；一天一片，方便（附加利益定位）；效果不错（核心利益定位）；还实惠（价格定位）。

五、医药产品市场定位的程序和步骤

医药产品市场定位的程序和步骤分为三个阶段，即识别产品的差异化特征、确定产品的差异化特征、传播产品的差异化特征。

（一）识别产品的差异化特征

根据著名竞争战略专家迈克尔·波特的观点，企业的竞争优势通常表现在成本优势和差异化优势两个方面。成本优势使企业能够以比竞争者低廉的价格销售相同质量的产品，或以相同的价格水平销售更高质量水平的产品。差异化优势则是指企业具有在质量、功能、品种、规格、外观、服务等方面，比竞争者更好地满足顾客需求的能力。市场定位的基础就是差异化，定位的过程实际上就是基于顾客导向的差异化竞争优势识别和形成的过程。

为了形成差异化的竞争优势，医药企业首先必须进行市场调研，切实了解目标市场需求特点及这些需求被满足的程度。一个医药企业能否比竞争者更深入、更全面地了解顾客，是能否取得竞争优势、实现差异化的关键。另外，医药企业还必须了解竞争对手的优势与劣势以及在顾客心目中的位置。通过对顾客需求的认知、对竞争对手的判断及对自身能力的把握，结合医药产品的特征，初步确定一些有可能作为定位差异化特征的备选方案。

（二）确定产品的差异化特征

确定产品的差异化特征指企业通过判断顾客对医药产品的功效、剂型、质量、价格、稳定性、安全性、使用方法、包装设计等要素变量的重视程度，并与主要竞争者的产品定位进行比较，经综合权衡后确定医药产品独特的、差异化的核心属性，即确定产品的“卖点”。一般而言，每一种医药产品应确定一个核心“卖点”，并坚持这一独特的销售主张，使它成为这一类医药产品的“第一名”。因为购买者趋向于熟记“第一名”。单一性的定位未必总是最佳选择。如果有两家以上的公司定位于同样的属性，单一性的定位策略就失去了竞争力。所以，双重定位甚至三重定位也是有可能的。比如修正药业“斯达舒”药品的定位：“胃痛、胃酸、胃胀，请用斯达舒”，就是三重定位，在市场上得到了消费者的认可。但是，“卖点”数量必须适度，否则会适得其反。

（三）传播产品的差异化特征

传播产品的差异化特征就是将确定的差异化优势让目标受众了解和感知的过程。一是让顾客知道、了解定位的意图；二是让顾客理解并接受定位点，从而留下印象，形成记忆。为了准确、有效地传播产品的定位观念，首先应将定位的基本思想加以描述，主要明确产品的类别及与其他产品的区别；其次，要将理性的定位诉求转化成能够让顾客理解并产生共鸣的心理价值，以引发受众的购买欲望和行为；最后，要确定传播的渠道及具体的传播方式，把产品个性与形象传达给顾客。

六、医药产品市场定位策略

医药产品市场定位策略可以从产品的实体特征、消费者的心理需求和竞争者的产品对比中表现出来，使产品在消费者心中的差异化形象得以体现。常用的市场定位策略主要有迎头定位、避强定位、重新定位等。

（一）迎头定位策略

迎头定位指医药企业根据自身的实力，与市场上实力强劲的竞争对手进行正面竞争，而使自己的产品进入与主要竞争对手相同的目标市场，争夺同样的顾客。如果与竞争对手实力相当，企业又能赋予产品以新的特色和创意时，可称为匹敌策略；如果企业实力强大，产品比竞争者具有明显优势，有把握争取多数消费者，称为取代策略。迎头定位策略能够激励企业奋发上进，一旦成功就会取得巨大的市场优势。但是，迎头定位策略有时会产生较大风险，企业必须知己知彼，尤其应清醒估计自己的实力。

（二）避强定位策略

避强定位指医药企业力图避免与目标市场上的竞争者直接对抗，通过对市场和现有产品的认真分析，发现消费者实际需求未被很好满足的部分及市场缝隙，以填补市场空白，使自己产品的某些特征或属性与竞争对手有显著的区别，并利用差异化的营销组合去开拓新的市场。避强定位策略的优点是能够迅速地在市场上站稳脚跟，并能在消费者或用户心目中迅速树立起一种形象。由于这种定位方式市场风险较少，成功率较高，为多数企业所采用。

（三）重新定位策略

如果医药企业对产品的定位不准，或者竞争者推出和本企业同类的替代性新产品，或者消费者的需求转移和疾病谱的转变导致消费者形成新的需求，从而使企业的医药产品不再处于最佳的位置，这时候就应考虑重新定位，即“二次定位”。重新定位旨在摆脱困境，重新获得活力与增长，制订重新定位策略时要考虑定位成本和预期效益。

总之，医药市场消费需求日趋多样化，医药企业要不断研究分析动态的市场情况，正确预测消费者需求趋势，不断修正产品的市场定位和制订合适的营销组合计划。

七、医药产品市场定位误区

常见的市场定位误区有定位过低、定位过窄、定位过高、定位混乱等。

（一）定位过低

定位过低指定位不足，企业没有准确把握顾客最感兴趣的定位点，顾客感受不到企业的产品究竟有何特别之处，没有在顾客心目中树立清晰的形象。

（二）定位过窄

定位过窄指定位过于狭隘，过分强调了某一医药产品的某一方面的特性，限制了顾客对该产品其他方面属性的了解。定位过窄的结果是产品本身可以适应更多的消费者，但传递给消费者的产品形象太狭窄，使消费者对医药产品了解不全面，部分消费者的需要得不到真正的满足。

（三）定位过高

定位过高是指定位过度，医药企业使用过分的宣传，或者为顾客提供过度的许诺，而企业产品的性能、属性及企业的服务质量与其定位不相符，反而使顾客难以置信。

（四）定位混乱

定位混乱指给消费者一个杂乱无章的医药企业形象或产品形象。由于主题太多或定位变换太频繁，使得目标顾客对产品、品牌或者企业的形象认识模糊不清，无所适从。

案例学习

案例7-1　儿童装江中牌健胃消食片的细分市场策略

2003 年底，江中药业股份有限公司在对儿童助消化药市场进行全面研究分析后，决定采取市场细分策略，推出“儿童装江中牌健胃消食片”。公司在确定实施“儿童助消化药”细分市场方案后，就开始调动一切资源来制造细分品类的差异，并让消费者充分地感受到产品的“差异化”特征，打造了一个独立的品类市场。第一，在产品方面，“儿童装江中牌健胃消食片”完全针对儿童需求进行设计，片型采用 0.5g（成人为 0.8g），在规格和容量上更适合于儿童；药片上还画有“动物”卡通图案，口味上则是采用儿童最喜爱的酸甜味道，同时在包装上显眼处标有儿童漫画头像以凸显其儿童药品的定位。这些改进使“儿童装健胃消食片”从各方面都能更好地满足儿童的需求，并不断提示家长这是儿童专用产品。第二，在渠道方面，将儿童装江中牌健胃消食片尽量陈列在江中牌健胃消食片旁边；在条件允许的情况下，同时在儿童药品专柜进行陈列。第三，在价格方面，为了更全面地覆盖儿童助消化药市场，避免价格成为购买的障碍，将零售价格定为 6 元，与江中牌健胃消食片基本持平。第四，在促销方面，为广告传播提供了充裕的资金，全力抢占“儿童助消化药”的心智资源；其广告语“孩子不吃饭，请用江中牌健胃消食片”，告知消费者儿童装江中牌健胃消食片是“专给儿童用的，解决孩子不吃饭问题”的，从而吸引目标消费群不断尝试和购买，使儿童装江中牌健胃消食片成为消费者心目中该品类的第一品牌。儿童装江中牌健胃消食片 2004 年上市铺货，其销量飞速攀升，2007 年销售额达 3.5 亿元，2009 年儿童装江中牌健胃消食片销售额达 5 亿元。本案例充分证明了实施市场细分的强大威力。

资料来源：侯胜田. 医药市场营销案例[M]. 北京：中国医药科技出版社，2009：294-299.

问题：请结合本案例理解医药产品市场细分的重要意义。

案例7-2　目前市场上几个主要品牌感冒药的市场定位

目前我国 4678 家制药企业中，有 1000 多家制药企业在生产不同种类的感冒药。因此，感冒药市场是药品竞争最为激烈的领域之一，市场竞争呈现“诸侯争霸”“风起云涌”的局面。由于感冒药的特殊性，竞争的市场终端集中在医院和药店，市场竞争的主要手段是广告拉动。调查显示，占据感冒药市场绝大部分市场份额的是感康、新康泰克、泰诺、白加黑、日夜百服宁等几个大品牌，而且这几个品牌都有其独特的、差异化的利益点：因为感康含有对病毒有一定抵抗作用的金刚烷胺，厂家提出了“抗病毒，治感冒”理念，以区别于其他同类产品；新康泰克大胆承诺“12 小时缓解感冒症状”，以独特的缓释技术、药效持续时间长为其诉求；泰诺则强调 30 分钟快速起效的概念——“快速消除感冒症状”；白加黑和日夜百服宁另辟蹊径，采取日夜分开的给药方法，倡导白天“不嗜睡”功能……每个品牌都选择了一个独特卖点。新入市的感冒药要与这些品牌竞争，必须找到更加独特的“卖点”。

资料来源：阮卫国. 感冒药：名牌主宰市场[N]. 中国医药报，2005-12-15（7）.

问题：请结合本案例理解医药产品市场定位的方法。

案例7-3　天晴甘美的多重市场定位

正大天晴药业集团股份有限公司是集科研、生产和销售为一体的创新型医药集团企业，是国内最大的肝健康药物研发和生产基地。异甘草酸镁注射液（商品名：天晴甘美）是正大天晴药业研发的具有自主知识产权的国家一类新药，也是国内肝药领域第一个真正的手性药物。与既往的以β体甘草酸为主的甘草酸制剂相比，天晴甘美是99.9%的纯α体甘草酸制剂，其优点是肝脏靶向性强，肾脏靶向性弱，具有更强的抗炎、保护肝细胞膜及改善肝功能作用，且无其他甘草酸制剂常有的水钠潴留等副作用。临床多用于预防和治疗各种病因所致的肝损伤或肝功能异常。

上市之初，天晴甘美定位于“高效安全的多功能肝细胞保护剂，手性药物的最佳构型”。聚焦感染肝病领域，集中宣传α体甘草酸的产品差异化优势，以区别于美能及其仿品为代表的β体为主的甘草酸制剂，打造甘草酸制剂的领先地位。上市不到5年，至2009年底，天晴甘美就占领了抗炎保肝药物8.3%的市场份额。

“炎症是肝病最重要的病理基础”这一观念越来越得到国内外专家和医生的认同，天晴甘美“抗炎”这一最重要的药理机制与之完美契合。2009年起，进一步升华天晴甘美“快速抗炎，恢复肝功能”的抗炎适应证定位，强化抗炎保肝观念宣传，并将推广领域由感染肝病扩大到消化、药物性肝损伤、外科领域。四大领域同时宣传抗炎在肝脏炎症治疗作用中的重要性，成果斐然，2011年天晴甘美就全面超过β体甘草酸（美能及其仿品）的市场份额，占到甘草酸整体市场份额的43.1%，成为甘草酸品类第一品牌，2012年天晴甘美销售额实现10亿元，顺利进入10亿元俱乐部。

随着天晴甘美强效和快速抗炎的特性逐渐得到医生的认可，及2013年初出版的《肝脏炎症及其防治专家共识》中明确将保肝药分为抗炎类和非抗炎类两大类的契机。天晴甘美作为抗炎类药物的代表药物与其他非甘草酸类保肝药进行区隔，有效地抢占了临床应用更加广泛的还原型谷胱甘肽的市场份额，同年销售业绩增长率是还原型谷胱甘肽的两倍。

而天晴甘美另一个重要的发展契机则来源于第二适应证“急性药物性肝损伤”的定位。通过对市场的敏锐洞察和把握，发现药物性肝损伤的患者日益增多，而目前市场上的相关保肝药均没有适应证。正大天晴公司用5年的时间，于2014年9月获得了全球首个且唯一保肝药的“急性药物性肝损伤”适应证，在急性药物性肝损伤领域立于不败之地，成功实现天晴甘美的二次腾飞，2016年销售额突破20亿，市场份额提升至20%，增长率在所有保肝药中位居第一。

资料来源：罗臻根据正大天晴药业集团股份有限公司提供的资料编写。

问题：请结合本案例理解药品多重定位的方法和价值。

思 考 题

1. 什么是医药市场细分？医药市场细分对企业有什么重要意义？
2. 医药消费者市场细分的依据有哪些？
3. 什么是医药目标市场？简述影响医药目标市场选择的因素。
4. 如何评估医药目标市场？
5. 什么是医药市场定位？简述医药产品市场定位的原则。
6. 论述医药产品市场定位的方法。
7. 简述医药产品市场定位的程序和步骤。

（罗　臻）

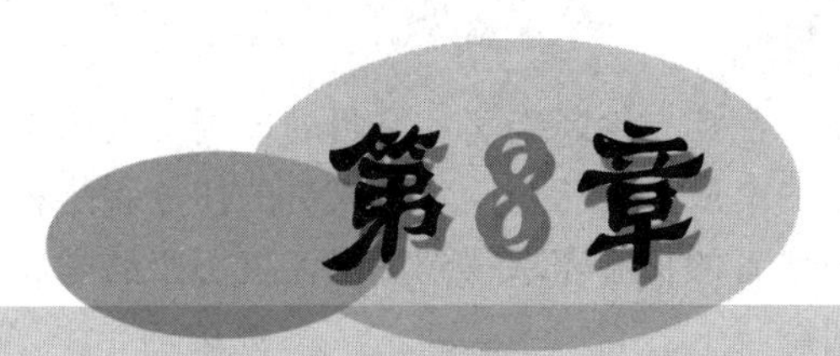

第8章 医药产品策略

学习目标和基本要求

通过本章的学习，掌握产品的整体概念、产品生命周期的概念、产品生命周期各个阶段的特点及营销策略，掌握产品包装的意义及策略；熟悉产品组合策略；了解新药开发程序。

医药产品策略是医药市场营销活动的出发点。医药企业在激烈的市场竞争中生存和发展的关键在产品，产品策略是市场营销组合决策的基础。医药产品能够满足消费者的需求，价格、渠道、促销等策略也就有了可靠的物质基础。

第1节 医药产品的概念

一、医药产品的整体概念

广义的产品（product）概念就是现代市场营销学的“产品整体概念”，指向市场提供的能够满足人们某种需求的一切东西，包括各种有形物品或无形服务的形式，如实物、劳务、场所、服务等。

在产品的整体概念中，产品由五个层次组成：核心产品（core product）、形式产品（tangible product）、期望产品（expected product）、附加产品（augment product）和潜在产品（potential product），如图8-1所示。

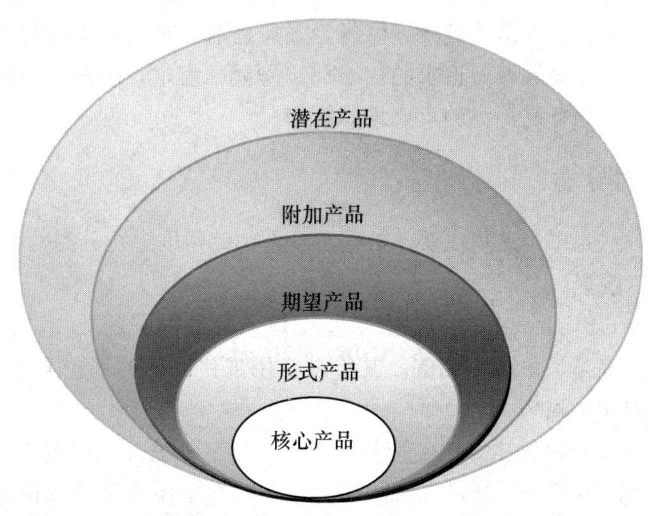

图8-1　产品的整体概念示意图

（一）核心产品

对医药产品而言，核心产品是能够满足消费者预防、治疗、诊断疾病和有目的地调节人的生理机能等基本功能和效用的产品。核心产品说明了药品的本质，医药企业营销人员的任务就是将安全、有效、稳定的医药产品提供给目标顾客，保证消费者的核心需求得到满足。核心产品是满足消费者需要最基本的层次，是产品带给顾客的实际利益。

（二）形式产品

对医药产品而言，形式产品一般由质量、规格、剂型、商标和品牌、包装及医药产品说明书等几部分组成。形式产品展示的是医药产品的外部特征，它能满足同类消费者的各种不同需求。如药品的不同剂型和规格就是药品功能形式的主要体现，能够满足消费者的各种不同用药需求，药品质量、商标、包装等能显示药品的质量水平和品牌层次。

（三）期望产品

对医药产品而言，期望产品指消费者在购买该医药产品时期望得到的与医药产品密切相关的一整套属性的产品。在医药产品营销中，不同的消费者可能对医药产品的要求各不相同，因此，医药产品应尽量满足消费者的个性化消费需求。如消费者对医药产品的疗效和安全性等方面的期望值就是期望产品。提供期望产品是顾客满意的前提。

（四）附加产品

附加产品也称延伸产品，指产品的各种附加利益的总和。对医药产品而言，附加产品主要指伴随医药产品使用的医药服务，其核心内容是指导消费者合理用药。附加产品的概念来源于消费者对产品深层次的需求，在医药市场营销实践活动中，给消费者提供药学专业服务等附加利益，已经成为竞争的重要手段。

（五）潜在产品

潜在产品指在附加产品层次之外的能满足消费者潜在需求的产品，它向消费者展示了产品的未来发展前景。在高新科技迅猛发展的时代，有许多潜在需求和利益还没有被消费者认识到，医药企业通过引导和支持以更好地满足顾客的潜在需求。

产品的整体概念是建立在“需求=产品”这一等式基础上的，内涵和外延都是以消费者的需求为标准的，也体现了以消费者为中心的现代营销理念。也就是说，衡量一个产品的价值，是由顾客决定的，而不是由生产者决定的。对医药产品而言，疗效是药品的核心产品，质量、剂型、规格、包装等为形式产品，指导消费者合理用药等服务是附加产品。通过对医药产品的整体概念的认识，可以使医药企业明确顾客所追求的核心利益是健康需求，医药产品的疗效是关键，以合理用药为中心的药学专业服务是药品的重要组成部分。

二、医药产品的分类

医药产品分类的方法很多，这里主要从医药市场营销的角度进行分类。

（一）现代药与传统药

1. 现代药（modern medicine） 一般指 19 世纪以来发展起来的化学药品、抗生素、生化药品、放射性药品、血清疫苗、血液制品等。其特点是用现代医学的理论和方法筛选确定其药效，按照现代医学理论用以防治疾病。

2. 传统药（traditional medicine） 一般指历史上流传下来的药物，主要是动物药、植物药和矿物药，又称天然药物。我国的传统药又称中药。中药指在中医药基础理论指导下用以预防、治疗和诊断人的疾病，有目的地调节人的生理功能的药物。中药包含中药材、中药饮片、中成药和民族药。

（二）新药与上市药品

1. 新药（new drug）　新药指未曾在中国境内外上市销售的药品。对已上市药品改变剂型、改变给药途径的、增加新适应证的药品注册，按照新药申请的程序申报。

2. 上市药品（listed drug）　上市药品指经国务院药品监督管理部门审查批准，并发给药品生产（或试生产）批准文号或者进口药品注册证书的药品。

（三）国家基本药物与基本医疗保险用药

1. 国家基本药物（national essential drug）　国家基本药物指从国家目前临床应用的各类药物中，经过科学评价而遴选出来的具有代表性的药物，由国家药品监督管理部门公布，国家保证其生产和供应，在使用中首选。

2. 基本医疗保险用药　为了保障城镇职工基本医疗保险用药，合理控制药品费用，规范基本医疗保险用药范围管理，国务院有关部门组织制订并发布《基本医疗保险药品目录》。《基本医疗保险药品目录》又分为"甲类目录"和"乙类目录"。

（四）处方药与非处方药

1. 处方药（prescription drug）　处方药指凭执业医师和执业助理医师的处方方可购买、调配和使用的药品。

2. 非处方药（nonprescription drug 或 over-the-counter drug，OTC）　非处方药指由国务院药品监督管理部门公布的，不需要执业医师和执业助理医师的处方，消费者可以自行判断、购买和使用的药品。

（五）特殊管理药品

特殊管理药品（the drug of special control）是指国家实行特殊管理的麻醉药品、精神药品、医疗用毒性药品、放射性药品。特殊管理药品在研制、生产、流通、使用等环节有严格的准入条件和限制。

第 2 节　医药产品的生命周期及营销策略

任何一种产品的销售地位和利润获取能力都是处于相对变动的过程中的，随着时间的推移和市场环境的变化，有最终被市场淘汰并被迫退出市场的可能。在市场营销学中，把产品从开始设计、开发、上市直到被市场淘汰为止所经历的全部历程，称作产品的生命周期。

一、医药产品生命周期的概念

医药产品生命周期指医药产品从研究开发、进入市场到最后被市场淘汰所经历的过程。根据医药市场营销特点，医药产品生命周期可划分为开发期、导入期、成长期、成熟期、衰退期五个阶段。医药产品生命周期大多数呈现 S 形，如图 8-2 所示。

在每个阶段，医药产品的销售量和利润都不同，企业采取的营销策略也各异。医药产品是特殊商品，其生命周期与其他产品的生命周期不尽相同。专利药品都有一个相对较长的生命周期，而很多保健食品则较短。开发药品新的用途可以延长产品的生命周期。如维生素 C、阿司匹林、六味地黄丸等药品的生命周期长盛不衰，是因为不断发现其具有治疗和保健的新用途。

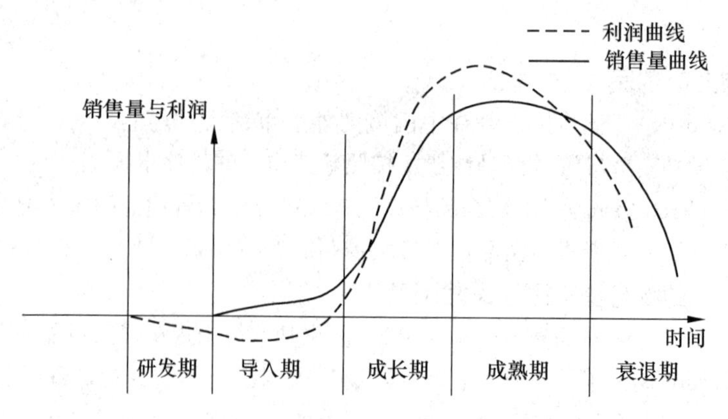

图8-2　产品的生命周期曲线示意图

二、医药产品生命周期各阶段的特点及营销策略

（一）研发期的特点与营销策略

1. 研发期的特点　医药产品的开发期包括临床前研究和临床阶段两个阶段。医药产品开发期具有周期长、投入高、风险高等特点。这一阶段只有投入，销售和利润为零。

2. 研发期的营销策略　这一阶段的营销策略主要是加大投入，加快产品研发进程，根据国家药品注册等有关政策进行新产品的商业前景分析预测。

（二）导入期的特点与营销策略

1. 导入期的特点　医药产品的导入期指新药等产品获得国家食品药品监督管理部门的批准，正式上市的最初销售阶段。这一阶段的特点如下所述：

（1）医生和患者等消费者对医药新产品缺乏了解，产品销售量小，且增长缓慢；

（2）医药新产品进入医院和药店的速度较慢，尚未建立最理想的渠道网络；

（3）促销费用大，生产批量小，产品成本高，产品盈利少甚至亏损；

（4）竞争对手少，企业承担的市场风险大。

2. 导入期的营销策略　企业营销的重点在于"快""短"和"准"，应使医药新产品尽快地被消费者所接受，缩短产品进入市场的时间，迅速占领市场，促使其向成长期过渡，看准市场机会，确定适宜的新产品价格。这一阶段的常用策略如下所述：

（1）产品策略：医药企业应根据市场反馈信息，加强内部管理，提高产品质量，降低生产和管理成本，努力保证医药新产品质量安全、有效、稳定。

（2）渠道策略：医药企业应根据医药新产品特点，加快构建营销网络，选择销售同类产品有经验的中间商，使产品尽快进入医院等终端市场。

（3）价格和促销策略：医药企业常用以下四种策略，具体见表8-1。

表8-1　产品导入期价格和促销策略

策略 / 促销费用	产品定价	
	高	低
高	快速-掠取策略	快速-渗透策略
低	缓慢-掠取策略	缓慢-渗透策略

①快速-掠取策略：即高价高促销策略。企业以高价配合大规模的促销活动将新产品投放市场，其目的是让消费者尽快地了解产品，先声夺人，快速打开销路，占领市场，在竞争者还没有反应之前，收回投资，并获得较高利润。实施这一策略须具备的条件：该医药产品的功效独特且具有较强的市场潜力；产品市场需求弹性小，消费者愿意出高价购买；市场上有较大的需求潜力；产品的技术含量高，不容易仿制，而且市场上缺少其替代的医药产品。

②缓慢-掠取策略：即高价低促销策略。企业为了尽早收回投资，以高价格推出新产品，但是为了降低销售成本，只是适度地采用一些促销策略，减少支出，获得更高利润。实施这一策略须具备的条件：该医药产品市场容量小，市场竞争不太激烈；产品市场知晓率高，消费者愿意出高价购买；医药产品很难仿制，潜在的竞争者较少。

③快速-渗透策略：即低价高促销策略。企业以低价格推出新产品，使尽可能多的消费者购买，从而获得更高的市场份额。实施这一策略须具备的条件：该医药产品市场容量大，大多数消费者对产品的价格敏感；产品易仿制，潜在竞争激烈；产品的单位成本随着销售增加而降低。

④缓慢-渗透策略：即低价低促销策略。企业以低价格和低促销费用推出新产品，吸引消费者迅速地接受该产品，低促销可以节省费用，降低成本，弥补低价造成的低利润或亏损。实施这一策略须具备的条件：该医药产品的市场容量大；消费者对该医药产品的价格敏感；存在潜在的竞争者。

（三）成长期的特点与营销策略

1. 成长期的特点 成长期指医药新产品经过推介上市销售，通过努力促销，逐渐被市场所接受，转入批量生产和扩大销售阶段。这一阶段的特点如下所述：

（1）消费者对于该医药产品已经比较熟悉，销售量迅速增长；

（2）该医药产品质量稳定，建立了比较理想的渠道网络；

（3）该医药产品生产规模扩大，单位成本下降，利润显著增长；

（4）对竞争者有较大的吸引力。

2. 成长期的营销策略 这一阶段的营销策略主要是突出“好”，进一步强化医药产品的市场地位，尽可能地提高销售增长率，扩大市场占有率。这一阶段的常用策略如下所述：

（1）产品策略：医药企业根据消费者的需求和其他市场信息，开发出新剂型、新规格、新包装，满足不同消费需求，并建立完善的产品质量保证体系，进一步提高产品质量；实施品牌策略，提高企业和产品的知名度和美誉度，为成熟期的销售奠定基础。

（2）价格策略：在批量生产、降低成本的基础上，根据市场竞争情况，选择适当时机对价格进行适当的调整，以争取更多的消费者，且防止潜在竞争者的介入。

（3）渠道策略：巩固原有市场，开辟新的营销渠道，进入新市场，扩大产品的市场覆盖面。

（4）促销策略：企业要继续进行大量的促销工作，促销的重点由原来的产品介绍，改变为树立企业和产品形象，创立品牌，稳定老顾客，争取新顾客。

（四）成熟期的特点与营销策略

1. 成熟期的特点 成熟期指医药新产品经过成长期，销量增长速度明显减缓，达到顶峰后转入缓慢下降的阶段。在成熟期阶段，医药产品销售和利润的增长达到顶峰后速度逐渐放缓，销量达到最大，利润平缓或略有下降。这一阶段的特点如下：

（1）该医药产品市场趋于饱和，销售量和利润均达到最高，并有下降趋势；

（2）同类医药产品和替代品不断进入市场，市场竞争激烈；

（3）潜在消费者减少，老顾客的重复购买增多。

2. 成熟期的营销策略 企业营销策略的重点是突出“改”，要采用各种营销策略，努力延长医药产品生命周期，具体策略如下所述：

（1）市场改良：开发新的细分市场，寻求新的医药产品消费群体；重新为医药产品定位，或创造开发医药产品新用途，进一步开发市场的广度和深度。

（2）产品改良：通过医药产品的工艺、剂型、规格、包装等的改变，进一步增加医药产品的安全性、有效性、稳定性，满足不同消费者的不同需求，从而扩大销量，延长成熟期。

（3）营销组合改良：通过对产品、渠道、价格、促销等策略进行深度整合，赢得更多顾客，延长产品生命周期。

（五）衰退期的特点与营销策略

1. 衰退期的特点 成熟期指医药新产品经过成熟期，被同类新产品所替代，销量急剧下降的阶段。这一时期产品的销售量和利润急剧下降，最终因无利可图而退出市场。这一阶段的特点如下所述：

（1）该医药产品的销量由缓慢下降变为急速下降；

（2）同类新产品不断出现，消费者对该产品的兴趣发生转移；

（3）该医药产品价格降到最低水平，企业无利可图，被迫退出市场。

2. 衰退期的营销策略 企业营销策略的重点在于“转”，积极推出新医药产品，根据市场需求情况，保持适度的生产量以维持局部市场占有率，并做好撤退的准备。具体策略如下所述：

（1）集中策略：企业把人力、财力、物力等营销资源集中在最有利的细分市场、最有效的销售渠道上，由于经营规模缩小，企业从该市场上仍然可以获取一定的利润。

（2）维持策略：保持原有的细分市场，沿用过去的营销策略将销量维持在一定水平上，适当地减少生产量，有计划地撤出，完成新老产品的交替，为新医药产品上市创造有利条件。

（3）转移策略：企业把目标市场从这一地区转移到另一地区，从一个国家转移到另一个国家。美国等发达国家的专利药物在专利保护快到期时常常采取这一策略。

（4）放弃策略：当产品进入衰退期的时候已无利可图，医药企业应该果断停止生产，致力于新产品的开发。但是，企业对进入衰退期的产品是完全放弃，还是转让放弃，要慎重考虑，妥善处理，力争将企业损失降到最低。

三、医药产品其他类型的生命周期

从实际情况上看，并不是所有的医药产品都呈现S形的生命周期曲线。营销学家研究了750多种处方药，发现药品生命周期曲线还存在其他特殊形式。

（一）驼峰形医药产品生命周期曲线

这是一种典型的循环-再循环型。即药品进入衰退期后，由于后期建立了新的营销组合，使销售量和利润再一次大幅提高，形成驼峰式曲线［图8-3（a）］，进一步延长医药产品的生命周期。如杭州民生药业集团公司的“21金维他”，通过整合营销传播策略，其缩小的销量又有大幅提升。此外，开发新市场也可以延长医药产品的生命周期。当某药品在某一地区进入衰退期后，进入未开发地区从而延长产品的生命周期。这是外资企业进入中国市场最为常用的手段。如治疗高血压的第一代ACEI类药巯甲丙脯酸在国外已经走向成熟期，市场开始萎缩，利润正在下降，此时，该公司将产品打入中国等未开发的市场，从而给产品带来了第二次生命。

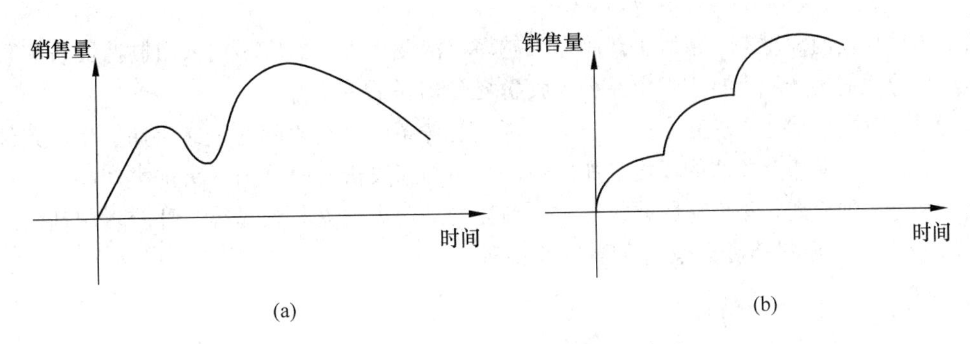

图 8-3　其他类型的产品生命周期曲线
(a) 驼峰式产品生命周期曲线；(b) 扇形产品生命周期曲线

(二) 扇形医药产品生命周期曲线

在药品销售过程中，由于不断发现医药产品新的功能或者应用价值，使其生命周期不断延长，形成了扇形生命周期曲线［图 8-3 (b)］。如德国拜耳公司的阿司匹林，1899 年开始作为解热镇痛药问世，后来科研人员研究发现，阿司匹林可以预防心脑血管疾病、老年性卒中和老年痴呆、结(直)肠癌，增强机体免疫力，抗衰老等，这些研究发现不断延长了阿司匹林的生命周期。

第 3 节　医药产品组合策略

医药企业为了满足目标市场的需求，扩大市场，就必须生产或者经营多种产品。企业必须根据自身资源和核心能力状况，确定最佳产品组合。

一、医药产品组合及其相关概念

(一) 医药产品项目、产品线、产品组合

1. 医药产品项目　医药产品线中的不同品种、剂型、规格、质量和价格的特定产品，是构成产品线的基本元素。医药企业产品目录表上列出的每一个产品都是一个产品项目，如甘肃陇神戎发药业股份有限公司的元胡止痛滴丸。

2. 医药产品线　也称产品系列或者产品大类，指在功能、结构或剂型上密切相关的、能够满足同类需求的一类医药产品。每条医药产品线包含若干个医药产品项目。

3. 医药产品组合　指一个医药企业所生产或经营的全部医药产品项目和医药产品线的有机组合及量的比例关系。医药企业的产品线和产品项目如何组合，要分析产品的宽度、长度、深度和关联度，要与企业的目标市场的需求和市场营销策略相匹配。

(二) 医药产品组合的要素

1. 医药产品组合的宽度（又称广度）　指医药企业产品组合中包含的医药产品线的数量。医药产品线越多，企业产品组合越宽，反之则越窄。医药产品组合的宽度能够反映一个企业市场服务的范围和承担风险的能力。如广州白云山制药股份有限公司有化学药、中成药、原料药和医疗器械四大类品种。

2. 医药产品组合的长度　指医药企业产品组合中各条医药产品线所包含产品项目的总和。如广州白云山制药股份有限公司生产化学药品有片剂、颗粒剂、胶囊剂、口服液、软膏剂等 13 条生产线，而中成药有片剂、丸剂等 8 条生产线。

3. 医药产品组合的深度　指每一条医药产品线上所包含医药产品项目的多少，表示某类医

药产品中产品开发的深度。一条线上产品品种越多，深度越大。如广州白云山制药股份有限公司的化学药品的片剂生产线上有111个品种，胶囊剂有31个品种。

4. 医药产品组合的关联度 指一个医药企业的各条产品线之间在最终用途、生产条件、销售渠道以及其他方面相互关联的程度。如广州白云山制药股份有限公司的头孢类产品中，有头孢克肟分散片等7种片剂，头孢克肟颗粒等4种颗粒产品，头孢克肟胶囊等7种胶囊制剂，注射用头孢拉定等13种，原料药有头孢克肟等13个品种。

二、医药产品组合策略

医药产品组合策略指企业根据市场的需求和自己的经营目标，对医药产品组合的宽度、广度、深度和关联度进行的优化组合策略。企业在优化产品组合策略时，应该根据市场需求、企业资源、市场竞争状况等因素，进行科学分析和综合权衡，确定合理的产品结构，并随着市场因素的变化，适时地调整和不断优化，实现企业价值最大化。

（一）常见产品组合策略

1. 全面化组合策略 指医药企业着眼于所有细分市场，提供细分市场所需的一切产品和服务。

广义的全面化组合策略不受产品关联度制约，如美国强生公司的产品覆盖面非常广，涉及医药产品、医疗器材、诊断试剂、成人和婴儿洗护产品等。狭义的全面化组合策略产品组合关联度很强。如美国辉瑞制药公司的产品组合主要在心血管、内分泌、中枢神经、关节炎、抗感染、泌尿男科、眼科和抗肿瘤等治疗领域，代表产品有立普妥、络活喜、西乐葆、万艾可等。

2. 市场专门化组合策略 指医药企业向某个专业市场（某类顾客）提供所需要的各种医药产品的产品组合策略。此种策略强调产品组合的宽度和关联度，其深度较浅。

3. 产品专门化组合策略 指医药企业专注于某一类医药产品的生产经营，并将其推销给各类顾客的产品组合策略。此种策略强调产品组合的深度和关联度，其宽度较小。

4. 有限产品组合策略 指医药企业根据自己专长集中生产经营有限的甚至是单一产品线，以适应有限的或者单一的消费者需求的产品组合策略。

5. 特殊专业性产品组合策略 指医药企业根据某些顾客的特殊需要专门生产经营某一种特殊产品的组合策略。

6. 单一产品组合策略 指医药企业凭借自身特殊的资源，独霸某一医药产品市场的产品组合策略。如医药企业凭借其拥有自主知识产权的专利产品，排斥竞争者的涉足。

（二）调整产品组合策略

1. 扩大医药产品组合策略 指扩大医药产品组合的宽度、增加医药产品组合的深度、拓展医药产品组合的广度，是在原产品组合中增加一条或者几条产品线，扩大生产经营范围，实现多元化经营。

2. 缩减医药产品组合策略 指缩小医药产品组合的宽度、深度，即减少产品线和产品项目，减少医药产品品种，缩小经营范围。缩减医药产品组合策略的核心是集中精力发展优势品种，提高经济效益。

3. 医药产品差异化策略 指采取与主要竞争对手产品特色不同的策略，改进老产品结构，增加医药产品新功能、规格，以期望增强企业的竞争优势，从而为企业创造更多利润。

4. 医药产品延伸策略 指部分或者全部改变企业原有医药产品线的市场定位。延伸策略分为三种：一是向下延伸，即高端医药产品向中低端医药产品的延伸。二是向上延伸，即原来处于中低端的医药企业，在原有产品线内增加高端医药产品项目。三是双向延伸，即原来是中端医药产品，分别向上和向下延伸，一方面增加高端医药品种，另一方面增加低端医药产品。产品延伸策略的目的是扩大市场阵地，以赢得更多的顾客群。

总之，医药市场是不断发展和变化的，医药企业要定期对产品组合进行分析、评估和调整，实施动态的产品组合策略，力求使企业的产品组合最优化。

第4节　医药产品包装策略

包装是医药产品的重要组成部分，体现产品的外在质量，是消费者选择购买医药产品的重要依据。精美的医药产品包装具有美化产品、促销产品、刺激消费等作用。因此，优化、美化医药产品包装是医药企业市场营销的重要策略。

一、医药产品包装概述

（一）产品包装的概念

产品包装指保护产品质量和便于流通的容器或包扎物。包装的作用是多方面的，产品包装的基本功能是便于运输、陈列、销售和消费。包装是产品实体的一个重要组成部分，一般包括内包装、中包装和外包装三种。

产品包装是产品流通和消费过程中不可缺少的基本条件。大多数商品只有经过包装，才能有效地保护产品不损耗、不变质，便于流通和消费，实现产品的价值和使用价值。

（二）医药产品包装的特殊要求

由于医药产品是特殊商品，因此国家对医药产品包装也有更为严格的特殊要求。《药品管理法》规定："药品包装必须适合药品质量的要求，方便储存运输和医疗使用。发运中药材必须有包装。在每件包装上必须注明品名、产地、日期、调出单位，并附有质量合格的标识。""药品包装必须按照规定印有或者贴有标签并附有说明书。"

药品包装分内包装与外包装两类。药品内包装指直接与药品接触的包装（如安瓿、输液袋、片剂和胶囊的铝箔包装等），能保证药品在生产、运输、储存及使用过程中的质量，并便于指导消费者正确使用。药品内包装材料、容器的更改，应根据所选用的药品包装容器的材质，做稳定性试验，考察药品包装容器的相容性。药品外包装指内包装以外的包装，按由里向外分为中包装和大包装。外包装应根据药品的特性选用不易破损的包装，以保证药品在运输、贮藏、使用过程中的质量完好。

二、医药产品包装的作用

（一）保证医药产品质量

医药产品是特殊商品，其质量与人的生命健康息息相关，选择符合药用要求的包装，保证医药产品质量，具有更加突出的意义。医药产品的包装质量要与其质量要求相匹配。良好的包装可以使医药产品的质量在整个流通中不发生改变，从而使其使用价值得以实现。

（二）便于医药产品储运

医药产品从出厂到使用者的手中，要经过多次运输和储存环节，在储运过程中会遇到震动、挤压、碰撞、日晒、雨淋等情况，因此，必须有良好的包装，才能使医药产品免受其害。另外，部分医药产品可能对光、热等敏感，部分医药产品有毒、易腐蚀、易挥发、易燃、易爆，这些都需要合适的包装，以便储存、携带和使用，必须选用适合的包装材料。

（三）指导医药产品的合理使用

药品包装上都附有文字说明，具体介绍产品性能和注意事项，可以起到便于使用和指导患者消费的作用。随着包装材料与包装技术的发展，药品包装呈多样化，如剂量化包装，方便患者使用，亦适合于药房发售药品；如旅行保健药盒，内装风油精、去痛片、黄连素等常用药；如冠心病急救药盒，内装硝酸甘油片、速效救心丸、麝香保心丸等；包装容器采用拉环式、嵌钮式易开罐、拉链式包装盒、喷射式包装容器等，方便医疗使用。

（四）促进医药产品的销售

医药产品包装的科学化、现代化程度，一定程度上有助于显示产品的质量、生产水平，能给人一种信任感、安全感，有助于营销宣传。独具个性、精致美观的包装可以增强商品的美感，刺激消费者的购买欲望，起到无声推销员的作用。据英国市场调查公司调查，一般到超市购物的妇女，由于受包装装潢的吸引，在现场购买的东西通常超过计划购买数量的45%。所以，包装的功能还体现在可增强产品的吸引力，促进产品销售，尤其是OTC药品，包装显得更为重要。

（五）增加医药产品的价值

良好的医药产品包装能够提升医药产品的市场竞争力，提高产品的附加值。相反，一个优质的产品没有优秀的包装相匹配，产品的市场竞争力就会被削弱，降低其价值。同时，合理的包装可以减少产品的损耗，降低运输、储运成本，提高销售环节中的效率，从而增加产品的价值。如我国名贵药材人参，过去用木箱包装，售价低、销路差，后改用精致的小包装，售价平均提高30%，且销量大增。

三、医药产品包装的设计要求

医药产品包装设计是一项技术性很强的工作，既要符合在一定的条件下保持产品质量的要求，又要美观、经济、实用。具体要求如下所述：

（一）特色鲜明

医药产品包装必须能准确地传递产品信息，造型美观大方，图案生动形象，尽量避免雷同，图案形状要有差异化，体现产品特色，使人赏心悦目。

（二）与产品质量价格水平相匹配

医药产品包装要与其价值相符，如一些贵重药品（人参、鹿茸等）的包装要烘托出其高贵特征；一些百年老店生产的药品的包装与众不同。

（三）与医药产品的性质相符合

药品的剂型有多种形式，其性质千差万别，有的可以常温保存，有的需要低温保存，有的需要避光，有的需要防潮，因此在包装上应采取相应的措施，以保证药品质量。特殊管理的药品及危险品，包装上应有国家规定的标识。

（四）方便使用

医药产品包装的性状、结构、大小等应为运输、储存、携带和使用提供方便。如非处方药品的包装要便于使用、携带和储存。

（五）美观大方

医药产品包装设计应美观大方，形象生动，能够增加消费者的信任，并指导消费者使用。医药产品的性能和使用方法需要用文字表达，应有针对性的说明，如药品的适应证、功能主治、用法用量、禁忌证、注意事项、不良反应等。

（六）尊重消费者的宗教信仰与风俗习惯

医药产品包装所采用的色彩、图案要符合目标消费者的心理要求，尊重其宗教信仰、风俗习惯。不同地区的消费者对同一图案和色彩的含义有不同的理解，甚至是完全相反。如白色，日本人视之为喜庆色，而中国人视之为丧葬色；埃及人喜欢绿色，忌用蓝色；而法国人最讨厌墨绿色，最偏爱蓝色。

（七）符合有关法律规定

我国《药品管理法》及其相关法律、法规对医药产品的包装作了具体规定。直接接触药品的包装材料和容器，必须符合药用要求，符合保障人体健康、安全的标准，并由药品监督管理部门在审批药品的同时一并审批。药品包装必须符合国家标准、专业标准或地方、企业标准的规定。药品包装必须按照规定印有或者贴有标签，不得夹带其他任何介绍或者宣传产品、企业的文字、音像及其他资料。凡在中国境内销售、使用的药品，其包装、标签及说明书所用文字必须以中文为主并使用国家语言文字工作委员会公布的规范化汉字。药品包装提供药品信息的标识及文字说明，字迹应清晰易辨，标识清楚醒目，不得有印字脱落或粘贴不牢等现象，并不得用粘贴、剪切的方式进行修改或补充。药品生产企业生产供上市销售的最小包装必须附有说明书。

四、医药产品包装的策略

（一）类似包装策略

类似包装策略就是医药企业对其生产的各种医药产品，在包装外形上采用大致相同的图案、式样、近似的色彩、相同的包装材料和相同的造型，便于顾客识别出本企业产品。类似包装策略具有促销的作用，节省包装的设计、制作费用，但对于品种差异大、质量水平悬殊的医药产品则不宜采用此策略。

（二）组合包装策略

组合包装策略又称系列包装策略，指按照不同地区消费者的消费习惯，将相关联的产品配套包装，方便消费者购买使用，也可扩大医药产品的销售。如瓶装口服液包装物内配套饮用刻度杯等。

（三）再用包装策略

再用包装策略指包装内的医药产品使用完后，包装物可以继续发挥其他方面的用途。这种包装策略可刺激消费者的购买欲望，而且包装物的重复使用也可起到宣传促销该医药产品的作用。如盆装的九芝堂驴胶补血颗粒，颗粒用后，精美的盆可以反复使用。再用包装策略在保健品包装中较多采用，药品包装很少使用。

（四）附赠包装策略

附赠包装策略就是在商品包装物上或包装内附赠其他物品。这种策略使消费者感到有意外的收获，能够刺激消费者的购买兴趣，还能激发消费者重复购买的欲望。附赠包装策略在保健品包装中较多采用，药品包装不能使用。

（五）等级包装策略

等级包装策略就是按照医药产品的档次来决定产品的包装，即高档医药产品采用精美的包装，以突出其优质优价的形象，低档医药产品则采用简单包装，以突出其经济实惠的形象；或者按照消费者购买目的不同对同一医药产品采用不同的包装。等级包装策略一般在贵重的中药材、保健品等产品中较多采用，治疗性药品包装很少使用。

（六）绿色包装策略

随着消费者环保意识的增强，绿色环保成为社会发展的主题，伴随着绿色产业、绿色消费而出现的绿色营销逐渐成为医药企业营销的主流。因此在包装设计时，可体现绿色包装策略的理念，容易赢得消费者认同。如用纸质包装替代塑料袋装。

（七）分量式包装策略

分量式包装策略即根据不同消费需求或不同营销策略，对医药产品采取不同包装规格策略。如兰州太宝制药有限公司生产的浓缩丸系列产品，有96粒/盒包装的，也有192粒/盒包装的，分别适用不同消费者或不同市场终端。

（八）礼品式包装策略

礼品式包装策略指包装华丽，富有色彩，其目的在于提升产品档次和增添礼品气氛，满足人们交往、礼仪之需要，借物寓情，以情达意。如兰州佛慈制药股份有限公司推出的六味地黄丸礼品包装，满足了礼品市场需求，很受消费者欢迎。礼品式包装策略在滋补药品、营养品、保健品包装中较多采用，在治疗性药品包装中较少使用。

（九）改变包装策略

改变包装策略即改变和放弃原有的医药产品包装，改用新的包装。医药产品包装上的改进，与医药产品本身的改进一样，力争实现差异化，对产品销售有重要意义。由于包装材料、包装技术不断更新，消费者的偏好不断变化，采用新的包装可以重新激起人们的购买欲。另外，当医药企业的某种医药产品在市场上出现同类产品时，就应该注意改进包装设计，推陈出新，给人带来一种新鲜感。

第5节 新药研究开发概述

一个国家药物研发能力和水平，代表着其制药工业的竞争力水平。创新药物的研发和生产能从根本上改变某种疾病的治疗状况。如青霉素的诞生，使细菌严重感染疾病的治疗发生了根本性的变化；链霉素、异烟肼等抗结核药的相继发现，揭开了结核病治疗的新篇章；胰岛素的应用，使糖尿病得到了有效控制。因此，药物研究开发既是制药工业发展的核心动力，也是人类战胜疾病的重要手段，经济效益和社会效益都十分突出。

一、新药的定义

《药品管理法实施条例》规定："新药，是指未曾在中国境内外上市销售的药品。"《药品注册管理办法》规定："对已上市药品改变剂型、改变给药途径、增加新适应证的药品注册按照新药申请的程序申报。"

二、药物研究开发的类型

药物研究开发（research and development，R&D）是具有探索性、创新性、应用性的复杂的科学系统工程。其主要内容如下所述：

1. 研究和开发新原料药 即研发新化学实体（new chemical entity，NCE）、新分子实体（new molecular entity，NME）或新活性实体（new active substance，NAS）。其来源有：化学合成新药、天然药物的单一有效成分、采用重组等生物技术制得的生物技术药品。以上新药被人们称为创新药，是世界制药公司药物研究开发的重点。

2. 把已知化合物研究开发成药物　主要是从已知化合物中筛选具有药理活性的化合物，进行临床前研究和临床研究，并经注册成为药品。

3. 对已上市药物进行结构改造　对已上市药物进行结构改造，即 me-too 化合物，又称模仿性新药研究。

4. 延伸性药物研究开发　延伸性药物研究开发是对已上市药物的进一步研究开发，主要指对已上市药物新的用途、新的剂型、新的用法和用量的研究开发。

5. 研究开发新的复方制剂　主要指研究开发两种及两种以上的原料药组成的复方制剂。

6. 研究开发新的中药　主要包括新发现的药材及其制剂、中药材人工制成品、新的药用部位、新的有效部位、新的中药及天然药物复方制剂等。

7. 新工艺、新材料（原辅料）的研究开发　主要指药物新工艺、新材料的研究开发，其主要目的是提高药品质量（提高药品的有效性、安全性、稳定性）并降低药品成本。

三、药物研究开发的特点

现代新药研究开发涉及人才、技术、资金、市场、政策、管理、环境等诸多因素，是一项多学科相互渗透、相互合作的知识技术密集性工程。其特点主要体现：“一多、一长、三高”，即“多学科、长周期、高投入、高风险、高效益”。

1. 多学科协作　药物研究开发需要化学、医学、药学、生物学、统计学、管理学等多门学科的科学家、技术人员协作，研究团队中具高学历的科技人员占比例较高。一个国家新药研究开发水平与该国整体科学技术水平密切相关。

2. 长周期　药物研究开发涉及人的生命和健康，药品注册管理越来越严格，研究开发的周期越来越长。20 世纪 30 年代至 50 年代，一个新药的研发周期仅需 2～3 年时间，到 20 世纪 60 年代需要 8 年左右，20 世纪 70 年代平均需要 11 年，20 世纪 80 年代就需要 14 年。20 世纪 90 年代以后，由于高通量筛选（high throughput screening，HTS）等新技术的出现，药品注册管理手段进步，新药研发速度也加快，但新药的研发周期一般都在10～15年。

3. 高投入　由于新药研发过程复杂而漫长，加之对新药的技术要求不断提高，使得新药研究开发的资金投入不断升高。世界各国大型制药公司投入新药研发的费用每年占销售额的 15%～20%左右，2010 年全球制药行业研发费用达 674.1 亿美元，其中辉瑞制药有限公司药物研发投入达 94 亿美元，位居首位；罗氏制药有限公司达 92 亿美元，排第二位。目前美国研究开发一个创新药需 8 亿～10 亿美元，我国开发一个创新药需几千万元人民币。

4. 高风险　在药物研究开发过程中，仅有约 1/5000 的化合物最终成为新药；动物实验结果不能完全预测临床结果，致使许多临床前研究投入被浪费；Ⅱ期临床试验失败率约为 40%；进行Ⅲ期临床研究的各治疗领域的新制剂成功率平均仅为 11%；抗肿瘤药最后只有 5%能够进入市场。所以，新药研究开发的难度越来越大，成功率降低，风险增大。

5. 高效益　研究开发成功的创新药，在给人类防治疾病带来新手段的同时，也给新药创制的企业带来巨额利润。药品实行专利保护，研究开发企业在专利期内享有市场独占权，新药一旦获得上市批准，很快获得高额利润回报。如美国辉瑞公司研发生产的抗高血脂药“立普妥”（lipitor）于 1997 年上市，2002 年全球销售额为 80 亿美元，2005 年为 122 亿美元，2010 年为 118 亿美元，为企业创造了巨额利润。

四、我国药物研究开发状况

新中国成立以后，特别是改革开放以来，随着我国经济与科技飞速发展，我国新药研发水平也有了较大的提高。新药研发的硬件和软件水平都得到了很大的改善，制药企业的创新意识有所提高，研发投入有所增加，大型制药企业都建立了具有一定实力的研究机构，新药筛选、计算机辅助设计、现代生物技术等新技术不断应用于新药研发。我国药品研发领域从以传统中药为主的研究，逐步走向现代药物与传统中药并行的研究之路，研发出一系列如青蒿素、双环醇（百赛诺）、丁苯酞等在国际上领先和首创的新药。据统计，仅从1998年到2007年底，共有78个一类新药获得批准。另外，我国制药企业的技术水平与生产工艺也大幅提高，首创了一批新工艺、新技术、新方法，如维生素C二步发酵、黄连素合成、高纯度尿激酶生产方法和装置等。青霉素孢子高单位菌种选育和相应发酵、头孢菌素C发酵等新工艺达到了世界先进水平。经过“十一五”五年的努力，我国的“重大新药创制”专项取得了丰硕的成果。截至2010年9月底，在“重大新药创制”专项支持下，全国已有16个品种获得新药证书，20个品种提交新药注册申请；还有10多个自主研发的新药在发达国家进行了临床试验，18个品种完成全部研究工作，36个品种处于Ⅲ期临床研究阶段，96个品种处于Ⅰ、Ⅱ期临床研究阶段；还有近200个品种处于临床前研究阶段，近500个候选药物正在研究之中。部分新药研发的创新性和质量明显提升，已接近国际先进水平，其中近2/3的新药是我国在世界上首次确定化学结构、作用靶点的一类新药。

但是，与新药研发发达的美国、欧洲、日本等国家和地区相比，我国新药研发的能力和水平还较低，主要表现在制药企业研发投入不足、高层次研发人员缺乏、研发资源浪费严重、低水平重复研发过多等问题。

五、国外药物研究开发状况

1. 在国际上，药物治疗概念发生了根本性的改变 以BCR-ABL激酶抑制剂格列卫治疗慢性髓性白血病的成功为代表的一系列成就，确立了肿瘤分子靶向治疗的新时代；亚欧人群非小细胞肺癌患者对吉非替尼的不同反应及疗效研究，确立了个性化治疗成为未来药物治疗的新趋势；肿瘤基因组学和肿瘤分子标志的发展使个性化治疗成为可能；赫赛汀的成功打开了肿瘤抗体治疗的大门；人乳头瘤病毒疫苗在近百个国家被批准用于宫颈癌预防，真正开辟了肿瘤预防的新时代。

2. 目前国际新药研发中出现许多显著的新特性 ①更有效：新药开发技术的发展，特别是药靶发现和基因数据技术的应用，可以更快地检出和确认靶点，发现先导物；应用代谢途径和基因差异剔除候选化合物，可使新药的研发更具准确性；②更安全：利用药物和基因配对技术发现最合适的治疗对象，这样可以不断提高药物安全水平；③更具预测性：通过生物标记物的发现，大大提高新药创制的预测性；④更快捷：使用超级计算机支持的网络药理学和多项药理学，以及采用虚拟实验室可以快速实现新药开发的设计。

案例学习

案例8-1 麝香保心丸产品创新营销策略

上海和黄药业有限公司基于经典古方创新研制了治疗冠心病的复方中药麝香保心丸，并利用现代科学技术对其进行深入系统的研究，揭示了产品的科技内涵，扩大了临床应用。该复方中药源于经典古方“苏合香丸”，按照君、臣、佐、使的组方原理和芳香温通治则，根据药理、药效及临床试验创新组方，并采用独特的微粒丸制剂工艺研制而成，为芳香温通类治疗冠心病、心绞痛的代表药物，其组方配比及工艺被定为国家秘密技术；首次建立了基于整合化学物质组学的整体系统生物学及网络生物学研究体系，并将其用于麝香保心丸的现代研究，揭示了其治疗冠心病、心绞痛的药效物质基础和作用机制，阐释了其复方配伍规律；首次证实了麝香保心丸长期用药具有改善血管内皮功能、良好的临床耐受性与安全性，可减少各类心血管事件发生，为麝香保心丸长期用药提供了临床证据。麝香保心丸在中药微粒丸制剂产业规模中列全国第一，2011 年销售额超过 6 亿元，上市后累计销售收入超过 30 亿元。作为国家基本药物、国家医保甲类品种，已在全国 8034 家医院安全应用，累计惠及冠心病患者 1 亿人次，成为全国知名的中药大品种，对推动我国中医药现代化做出了积极贡献。

资料来源：向佳．麝香保心丸研制推动中药现代化［N］．中国医药报，2012-04-18（12）．

问题：请结合本案例理解医药产品营销的策略与方法。

案例8-2　东阿阿胶产品品类管理让公司市值从22亿元上升到426亿元

2006 年，东阿阿胶股份有限公司面临发展瓶颈：业务多而分散；核心产品阿胶价格低，严重背离了价值，主流高端人群不消费，品类边缘化；养驴经济效益低，驴皮资源短缺，阿胶产业不可持续。特劳特咨询公司帮助东阿阿胶制定了“单焦点、多品牌”的发展战略。首先是聚焦阿胶品类，强化主业竞争优势。其次是打造多品牌，做大阿胶品类：东阿阿胶从“补血”产品重新定位为“滋补国宝”，启动价值回归，在滋补市场开发高端顾客，带动阿胶品类回归主流；复方阿胶浆定位“气血双补”，开创气血保健市场；阿胶糕定位“吃出来的美丽”，开创美颜零食市场。十一年来，在特劳特公司的战略护航下，东阿阿胶公司一直在执行和共同深化这个品类管理策略。东阿阿胶股份有限公司的市值从 2005 年底的 22 亿，上升到了 2017 年 4 月初的 426 亿。

资料来源：罗臻根据东阿阿胶股份有限公司相关资料编写。

问题：请结合本案例理解品类管理的巨大价值。

思　考　题

1. 什么是医药产品的整体概念？包括哪几个层次？
2. 什么是医药产品组合的宽度、深度和关联性？
3. 简述医药产品的生命周期的概念及各期的特点和营销策略。
4. 简述医药产品包装的功能。
5. 简述常见的医药产品包装的策略。
6. 简述药物研究开发的特点。

（曲伟红）

医药产品价格策略

学习目标和基本要求

通过本章的学习，掌握常用的医药产品定价方法与策略，熟悉我国对医药产品价格管理的法律、法规，了解影响医药产品定价的因素、医药产品定价的目标与程序。

价格是企业营销组合中十分敏感的因素，也是企业促进销售、获取利润的重要营销手段。企业为了实现经营战略目标，要根据产品特点、市场需求和竞争情况，采取灵活多变的定价策略，使价格与市场营销组合中的其他因素更好地结合，从而促进和扩大销售，提高企业的整体效益。药品是与人的生命健康息息相关的特殊商品，药品价格关系到制药企业、药品经营企业、医疗机构和患者等多方的利益。因此，药品的定价策略具有一定的特殊性。

第1节 影响医药产品定价的因素

一、医药产品价格的构成要素

医药产品价格主要由定价成本、国家税金及企业利润等方面构成。医药产品定价成本指价格主管部门制订价格所依据的合理成本，是医药企业生产或者经营同种医药产品的社会平均合理支出费用，主要由制造成本和期间费用构成。

（一）制造成本

在市场经济条件下，医药产品的价格水平由生产成本决定其最低限。成本是制订医药产品价格的关键因素。医药企业要使简单再生产顺利进行，医药产品的价格必须至少等于生产经营成本。医药企业生产成本是医药企业生产过程中所支出的全部生产费用，是从已经消耗的生产资料的价值和生产者所耗费的劳动价值转化而来的，包括原料、辅料、包装材料、燃料动力、直接工资、制造费用和其他直接支出。

（二）期间费用

期间费用也称为流通费用，指商品流通过程中所支出的各种费用。期间费用是不能直接归属于某个特定产品成本的费用。医药产品的期间费用包括促进费用、销售机构费用、市场费用、医学费用、储运费用等。计入定价成本的期间费用按照价格主管部门的规定进行核算。制造成本加期间费用等于完全成本，也叫总成本，其中包括固定成本和变动成本。

（三）国家税金

国家税金指国家按规定的税率征收取得的财政收入。企业必须遵守国家税法义务缴纳税金。依照中国现行税法，国家税金按其与医药产品价格的关系分为以下两大类：一类是价外税，也称直接税，指直接向纳税人征收的税；另一类是价格转嫁税，也称间接税，指间接向纳税人征收的税。

(四) 企业利润

企业利润指企业在一定时期内生产经营的财务成果，包括营业利润、投资收益和营业外收支净额。影响企业利润的因素主要有四个：产品的价格、产品的单位变动成本、产品的销售量、产品的固定成本。其中任何一个因素的变动都会引起企业利润的变动，甚至会使一个企业由盈变亏，也会使一个企业扭亏为盈。

二、影响医药产品价格的因素

医药产品的价格形成及变动是比较复杂的，除了价值这个形成价格的基础因素外，还受其他多方面因素的影响和制约。

(一) 市场需求

成本是制订医药产品价格的底线，而市场需求则是医药产品的上限。经济学上把商品的需求量对该商品价格变动反应的敏感程度称之为需求价格弹性。市场需求主要受人口、购买力和购买动机三方面因素的影响。购买力是顾客的支付能力，受收入和物价水平的制约；购买动机反映消费者对医药产品的需求程度。因此，医药企业应根据消费者对医药产品的需求强度来选择价格。

(二) 市场竞争

成本因素和需求因素决定了价格的下限和上限，然而在上、下限之间确定具体价格时，则很大程度上要考虑市场的竞争状况。竞争性定价在当今市场上越来越普遍，价格战也越打越激烈。在缺乏竞争的情况下，医药企业可以依照消费者对价格变化的敏感性来预期价格变化的效果，然而由于有了竞争，对手的反应甚至可完全破坏企业的价格预期，因此，市场竞争是影响医药产品价格制订的一个非常重要的因素。

(三) 国家价格政策

政府除了通过宏观控制货币发行、财政收支、信贷、积累与消费的关系影响价格的总水平外，还对有关国计民生的重要产品规定了企业的定价权限。我国采取政府定价、指导价和市场调节相结合的医药产品价格政策，抑制药价虚高，减少社会药费负担，同时又保证企业合理盈利，促进医药行业健康发展。随着我国医疗体制改革的不断深化，国家的医药产品价格政策也会做相应的调整。

(四) 消费心理

对于任何一种商品，人们在消费过程中会因个人条件和环境等不同而产生不同的消费心理，体现在对待商品价格的态度上就是所谓的价格心理。若医药产品定价高于消费者的心理期望值，则很难被消费者接受。因此，研究分析消费者对医药产品价格的反应和心理预期是医药企业价格策略中的重要环节。消费者的医药产品价格心理，一般分为自尊心理、实惠心理、信誉心理、对比心理等。

(五) 企业内部因素

医药企业内部的主要影响因素有三个：一是医药产品的疗效价值。医药产品的疗效价值在于其预防、治疗和诊断疾病的实际效果，因此疗效价值将是决定医药产品价格最基本的因素。二是医药产品的研发费用。一个创新药物研发时间长、成本高、风险大，制药企业收回投资的压力最终将体现在新药的上市价格上。三是高额的促销费用。这是医药领域的一个显著特点，也是造成药品价格持续上涨的主要因素之一。

第 2 节　医药产品定价的目标与程序

一、医药产品的定价目标

定价目标指企业在对其生产或经营的产品制订价格时有意识地要求达到的目的。医药企业依据它来选择定价方法和制订价格策略。企业的定价目标既要服从于营销总目标，又要与其他营销目标相协调。医药企业的定价目标主要有以下几种。

（一）追求利润最大化

获利是企业生存和发展的必要条件，因此许多医药企业将利润最大化作为自己的经营目标，并以此来制订医药产品的价格。最大利润目标要求医药产品价格要尽可能地高些。但是，追求最大利润并不意味着要制订过高的价格，因为企业的盈利是全部收入扣除全部成本费用之后的余额，盈利的多少不仅取决于价格的高低，还取决于合理的价格所形成的需求数量的增加和销售规模的扩大。另外，企业最大利润应当从企业的总收益来计算，不能仅以短期收益来衡量，也不能仅看每个单项产品的核算。医药企业可以突出个别产品的定价，充分占领市场、创造名牌、树立企业形象，从而带动企业其他药品的销售。

（二）保持或扩大市场占有率

市场占有率是医药企业经营管理水平和竞争能力的综合表现，提高市场占有率有利于增强企业控制市场的能力，从而保证产品的销路，还可以提高企业控制价格水平的能力，从而使企业获得较高的利润。市场占有率与利润的相关性很强，从长期来看，较高的市场占有率必然带来高利润。以保持或扩大市场占有率为定价目标，要求医药企业在制订药品价格时以是否有利于维持或扩大本企业或本药品的市场占有率为依据。医药企业应根据自身的生产经营能力、营销组合的配套安排、市场需求状况、竞争态势等方面的情况做出价格水平的决策。这种定价目标要充分考虑企业的经济实力、医药产品对价格敏感的程度、产品的单位成本、竞争对手的情况以及政策和法律的限制等因素。

（三）应付或防止市场竞争

医药企业在遇到同行的价格竞争时的应对策略：竞争能力弱者多采取略低于强者的价格策略；竞争能力强或在某些方面具有优于同行的特点时，可采取高于对手的价格策略；竞争能力与对手不相上下时，可以采用与竞争者相同的价格策略。另外，如果竞争实力强而采取低于市场价格或成本价格出售医药产品，就是倾销行为。倾销行为是一种不正当的竞争手段，有些情况下可能要承担相应的法律责任。

（四）树立和改善企业形象

良好的社会形象是企业的无形资产和宝贵财富。通常为了树立良好的企业形象，医药企业在定价中需要考虑三个方面的因素：一是本企业的价格水平能否被目标消费者所接受，是否同他们期望的价格水平相接近，是否有利于企业整体策略的有效实施；二是本企业医药产品的价格是否使人感到质价相称，独具特色；三是本企业定价目标是否符合国家宏观经济发展目标，是否严格遵从了社会和职业道德规范。

（五）稳定产品价格

稳定的价格通常是大多数企业获得一定目标收益的必要条件，市场价格越稳定，经营风险也就越小。其实质是通过本企业产品的定价来稳定整个市场中该产品的价格，避免不必要的价格波动。按这种目标定价，可以使市场价格在一个较长的时期内相对稳定，减少企业之间因价格竞争而带来的损失。稳定价格通常由拥有较高的市场占有率、具有较强竞争力和影响力的领导者先制订一个价格，其他医药企业的价格则与之保持一定的距离或比例关系。对领导者来说，稳定价格策略是一种稳妥的价格保护政策。

（六）实现预期投资收益目标

实现预期投资收益目标是以回收投资为定价目标。这种定价目标的优点是可以保证医药企业既定目标利润的实现，缺点是只从卖方的利益出发，没有考虑竞争因素和市场需求的情况。一般适用于市场占有率较高或具有垄断性质的医药企业。

总之，医药企业无论采用何种定价目标，都是以企业当时所处的国内外市场环境条件、国家相关产业政策和法律规范为依托，依据医药企业的营销战略和营销策略组合，灵活地确定适合的定价目标。

二、医药产品的定价程序

（一）选择定价目标

医药企业在制订产品价格时，首先要明确本企业的定价目标，在定价目标的指导下，综合考虑影响定价的因素，确定产品价格。

（二）测定产品的市场需求

医药产品价格受其供给与需求的相互关系的影响，当医药产品的市场需求大于供给时，价格应高一些；当医药产品的市场需求小于供给时，价格应低一些。反过来，医药产品价格变动也影响市场需求总量，从而影响销售量，进而影响企业目标的实现。因此，医药产品价格的高低在大多数情况下将直接影响产品的销售量。测定需求要进行以下两方面的工作。

1. 估算价格弹性 需求的价格弹性（price elasticity of demand），通常简称需求弹性，指一种商品需求量对其价格变动反应程度的衡量，用需求量变动的百分比除以价格变动的百分比来计算。其公式为

$$E=\frac{\text{需求量变动百分比}}{\text{价格变动百分比}}=\frac{|Q_2-Q_1|/Q_1}{|P_2-P_1|/P_1}$$

式中：E 为需求的价格弹性，即弹性系数；P_1 为变动前的价格；P_2 为变动后的价格；Q_1 为变动前的需求量；Q_2 为变动后需求量。

计算结果有三种情况：

当 $E>1$ 时，表示需求量变动的百分比大于价格变动的百分比，叫做富有弹性或需求弹性大。在这种情况下，价格的变化会引起需求量大幅度地反比例变化。

当 $E=1$ 时，表示需求量与价格等比例变化，叫做单元弹性需求。在这种情况下，销售量虽然减少，但价格的提高使总收入不变。

当 $E<1$ 时，表示需求量变动的百分比小于价格变动的百分比，叫做缺乏弹性或需求弹性小。在这种情况下，价格的升降不会引起需求量较大幅度的变化。

不同医药产品的需求价格弹性不同，医药企业在定价时就应采取与之相对应的高价或低价策略。如果企业产品经分析为缺乏弹性需求，提高价格的可能性就较高；如产品需求弹性大，则可以采取降价的方法，刺激需求，增加销售量。医药产品需求价格弹性的影响因素主要有以下几种：

（1）医药产品与人的生命健康关系的密切程度：凡是与人的生命健康关系密切的医药产品，

需求的价格弹性就小，如处方药；反之，则弹性大，如一些名贵中药材、保健品。

（2）医药产品本身的独特性和知名度：越是独具特色和知名度高的医药产品，需求的价格弹性越小，如专利新药、品牌药品；反之，弹性越大，如已上市普药。

（3）替代品和竞争品的种类及效果：凡替代品和竞争产品少的医药产品，价格弹性小，如专科特效药；反之，则弹性大，如常见病、多发病的普通药品。

（4）消费者对该医药产品的需求程度：需求程度大，弹性小。急诊科用药价格上升一般不会影响药品销量，而一些保健品价格的上升则会使需求量大幅减少。

（5）医药产品价格的高低：价格昂贵的医药产品需求弹性较大。

2. 市场需求量的测量与预测 市场需求量包含了两方面的内容，即当前市场规模和未来的发展潜力。这两方面确定之后才能了解某医药产品的市场容量到底有多大，进而进行市场细分、选择目标顾客。影响市场需求量的因素主要有两大类：一是医药市场营销环境因素，如经济环境、政治环境、法律环境、科学技术环境、社会文化环境等因素，这些因素属于企业本身不可控的因素。二是医药企业营销组合因素，即产品、价格、渠道和促销等策略组合，这些因素属于企业可控因素。

（三）估算成本

成本是医药产品价格构成中最基本、最重要的因素，也是其价格的最低经济界限。医药企业制订的价格除了应包括所有生产、销售、储运该产品的成本，还应考虑公司所承担的风险。成本通常涉及固定成本、变动成本、总成本、边际成本、机会成本等概念。成本估算常用的工具和技术有类比成本估算法、自下而上估算法、参数模型法和使用计算机模型工具等。

（四）分析竞争状况

医药企业制订医药产品价格时，除了应考虑医药市场需求与医药产品生产成本以外，还要充分考虑竞争者的产品价格与可能的价格反应。特别是在医疗单位普遍实行集中招标采购药品的条件下，企业更应根据实际情况，制订合理报价，争取中标，并尽力避免同行间的“价格战”，以免两败俱伤。

（五）选择定价方法

医药企业为了实现其定价目标，就要采取适当的定价方法。定价方法通常可分为成本导向定价法、需求导向定价法和竞争导向定价法三大类。在实际工作中，医药企业通常根据实际情况侧重于考虑某一方面的因素并据此选择主要定价方法，同时参考其他方面因素的影响，对制订出来的价格进行适当的调整。

（六）确定定价策略

定价策略与定价方法密切相关，定价方法侧重于确定产品的基本价格，而定价策略则侧重于根据市场具体情况，运用价格手段去实现企业定价目标，使价格与市场营销组合中的其他因素更好地结合起来，促进和扩大产品销售，提高企业的整体效益。

（七）选定最后价格

按照上述定价程序，经认真、细致、周密的考虑和权衡后，就可以确定医药产品的最终价格。

第3节 医药产品的定价方法

理想的医药产品价格是既受消费者欢迎又使企业实现经营目标的价格。成本因素、需求因素与竞争因素是影响医药产品定价的最主要因素。医药企业通过考虑这三种因素的一个或几个因素来确定产品价格，因此，医药产品定价方法分为成本导向定价法、需求导向定价法和竞争导向定价法三大基本类型。

一、成本导向定价法

成本导向定价法指企业以生产经营医药产品过程中所产生的成本为定价基础的定价方法。按照成本定价的性质不同，又可分为以下几种：

（一）成本加成定价法

成本加成定价法是应用最普遍的一种方法，是以单位医药产品成本加上固定的百分率，即为该商品的出售价格。其计算公式为

$$单位产品价格=单位产品成本\times（1+加成率）$$

加成率即预期利润与产品总成本的百分比。

采用成本加成定价法，一要准确核算成本，二要确定恰当的利润率。这种方法的优点是简化了定价程序，简单易行，企业能够获得合理利润。其缺点是按照习惯比例加成定价，盲目性很大，忽视了竞争状况与需求的弹性，难以确保企业实现利润最大化。

（二）损益平衡定价法

损益平衡定价法也称收支平衡定价法、量本利分析法、保本点定价法，是运用盈亏平衡的原理确定价格的一种方法。这种方法是在假定企业生产的医药产品全部可销的条件下，确保企业既不亏损也不盈利时的产品最低价格水平，是在分析企业未来的生产数量、成本、价格及收益之间关系的基础上，合理确定医药产品销售价格的定价方法。损益平衡价格就是企业的保本价格。其计算公式为

$$损益平衡价格=\frac{固定成本}{损益平衡销售量}+单位变动成本$$

损益平衡价格若把企业的利润目标考虑进去，单位医药产品售价就等于损益平衡价格加上预期利润。

$$产品售价=\frac{固定成本+预期利润}{销售数量}+单位变动成本$$

损益平衡定价法的优点是企业可以在较大的范围内灵活掌握价格水平，并且运用较简便。但这种定价法的前提条件是企业生产的医药产品能全部销售出去。因此，医药企业应通过力求在保本点以上定价或扩大销售来取得盈利。这种方法侧重于企业总成本费用的补偿，对于有多条产品线和多种产品项目的企业尤为重要。

（三）预期投资收益率定价法

预期投资收益率定价法也称为投资报酬定价法、投资回收定价法，是制药企业普遍采用的一种定价方法。该方法的操作过程是医药企业预先根据投资回收期的长短，在单位总成本、产量等指标的基础上，考虑企业的投资所能获得的投资报酬率来制订价格。这个价格不仅包括投资回收期内单位医药产品应分摊的投资额，也包括单位医药产品的成本费用。公式为

$$药品价格（单价）=\frac{总生产成本+总投资额\times投资收益率}{产品量}$$

如果医药企业对成本和预测的销售量都计算得较准确，采用这种方法确定的价格能实现预期的投资收益，且计算非常简单。但是，销售量要受到市场需求、竞争状况等诸多因素的影响，企业还应考虑销售量达不到产量的状况。采用此定价方法的条件是医药企业的医药产品具有较大的

市场垄断性或在市场上处于领导者地位，其价格不易引起消费者的反感。

（四）目标收益定价法

目标收益定价法也称为固定报酬定价法，是根据医药企业的总成本和估计的总销售量，确定一个目标收益率，作为定价的标准。这种方法的实质是将利润作为医药产品成本的一部分来看待，此时的成本和利润是预期的，因此也可称作目标成本或目标价格。其计算公式为

$$药品价格（单价）=\frac{总生产成本+目标收益}{产品量}$$

目标收益定价法是生产者追求长期利润的定价方法，一般适合于经济实力雄厚且有发展前途的生产者和产品，特别适用于新产品的定价。

总之，成本导向定价法简单易行，但是这种定价导向存在很明显的缺陷。因为在大多数行业中，要在产品价格确定之前确定产品单位成本是不可能的，原因就在于随着产品销量的变化，单位成本也会随之变化。从发展趋势来看，绝大多数企业都放弃了单纯的成本导向定价法，而转变为需求导向定价法和竞争导向定价法，基于竞争和消费者心理的定价策略越来越受到重视。

二、需求导向定价法

需求导向定价法又称顾客导向定价法、市场导向定价法，指医药企业在定价时以消费者对医药产品价值的理解和需求强度为依据。需求导向定价法一般是以该医药产品的历史价格为基础，根据市场需求变化情况，在一定的幅度内变动价格，以至同一医药产品可以按两种或两种以上价格销售。需求导向定价法具体可采用以下方法。

（一）销售价格倒推法

销售价格倒推法是依据消费者能够接受医药产品的最终销售价格，反向推算出中间商的批发价和生产企业的出厂价格的定价方法。反向定价法被分销渠道中的批发商和零售商广泛采用。该方法的特点是价格能反映市场需求情况，有利于加强与中间商的良好关系，保证中间商的正常利润，使产品迅速向市场渗透，并可根据市场供求情况及竞争状况及时调整，定价比较灵活。

采用销售价格倒推法的关键在于正确测定市场的期望价格或可接受的价格，既要与消费对象的支付能力大体相适应，又要与同类医药产品的市场价格水平大体相适应。测定市场期望价格的基本方法有主观评估法、客观评估法、试销评估法等。

（二）需求差异定价法

需求差异定价法指医药产品价格的确定以需求为依据，首先强调适应消费者需求的不同特性，而将成本补偿放在次要的地位。这种定价方法，对同一商品在同一市场上制订两个或两个以上的价格，或使不同商品价格之间的差额大于其成本之间的差额，这些不同的价格体现的是不同市场对该产品需求的迫切程度的差异。其好处是可以使医药企业定价最大限度地符合市场需求，促进医药产品销售，有利于企业获取最佳的经济效益。这种定价法主要有以下几种形式。

（1）以不同消费者为基础的差别定价，如同一医药产品，根据医院终端和药店终端制订不同的两种价格，一般医院销售价格略高。

（2）以不同产品包装规格为基础的差别定价，如同等质量的医药产品，包装规格小的可定价略高。

（3）以不同地理位置为基础的差别定价，如同一医药产品，在不同国家和地区的售价不同，主要考虑当地购买力水平。

(4) 以不同时间为基础的差别定价，主要适用于中药材定价。

实行需求差异定价法的条件是：医药市场能够根据需求强度的不同进行细分；细分后的医药市场在一定时期内相对独立，互不干扰；对医药企业来说，实行不同价格的总收入要高于同一价格的收入；高价市场中不能有低价竞争者；价格差异适度，不会引起消费者的反感。

三、竞争导向定价法

竞争导向定价法指以医药市场上竞争对手的价格为依据，随市场竞争状况的变化来确定和调整医药产品价格的定价法。这种方法具有在价格上排斥对手，扩大市场占有率的优点。一般可分为以下几种形式。

(一) 随行就市定价法

随行就市定价法又称为流行水准定价，指与本行业同类医药产品的价格水平保持一致的定价方法。适用这种定价法的医药产品，一般需求弹性小，供求基本平衡，市场竞争较充分，且市场上已经形成了一种行业价格，医药企业轻易不会偏离这个通行价格，除非它有很强的竞争力和营销策略。

采用这种方法的优点是可以避免挑起价格战，与同行和平共处，减少市场风险，同时可以补偿平均成本，获得适度利润，易为消费者所接受，因此，这是一种较为保守的定价法，尤其被中小企业普遍采用。

(二) 竞争价格定价法

竞争价格定价法指根据本企业医药产品的实际情况及与对手的产品差异状况来确定价格的方法。这是一种主动竞争的定价法。一般为实力雄厚、产品独具特色的医药企业所采用。这种方法通常将企业估算价格与市场上竞争者的价格进行比较，分为高于竞争者定价、等于竞争者定价、低于竞争者定价三个价格层次。

(三) 投标定价法

投标定价法指在投标交易中，投标方根据招标方的规定和要求进行报价的方法。这也是我国医疗机构普遍实行集中招标采购药品以来医药企业必须采用的定价方法。

投标定价法一般有密封投标和公开投标两种形式。公开投标有公证人参加监视，广泛邀请各方有条件的投标者报价，公开成交。密封投标的方式则由招标人自行选定中标者，投标的价格主要以竞争者可能的递标价格为转移。递价低的竞争者，可增加中标机会，但不可低于边际成本，否则就不能保证适当利益，而标价过高，中标机会又会太小。由于各企业密封投标，中标概率难以估计，因此，医药企业在报价时，既要考虑实现企业目标利润，又要结合竞争状况考核中标概率。最佳报价应是目标利润与中标概率二者的最佳组合。

企业经常通过计算期望利润的办法来确定投标价格。期望利润即某一投标价格所能取得的利润与估计中标的可能性的乘积，期望利润最大的投标价格，即为企业最佳的投标报价。

第 4 节 医药产品定价策略

医药产品定价策略指医药企业为实现定价目标，在特定的营销环境下采取的定价方针和价格竞争方式。针对不同的消费心理、营销条件、营销方式、销售数量而灵活调整产品价格，并有机地结合市场营销组合中的其他因素，是确保医药产品定价目标实现的重要手段。医药产品定价策略主要有以下几种类型。

一、折扣与折让策略

折扣和折让是降价的特殊形式，指在原定产品价格基础上给予购买者一定的价格优惠，以吸引其购买的一种价格策略。这里主要介绍与医药产品相关的几种折扣和折让形式。

（一）现金折扣

现金折扣是对迅速支付账款的购买者的价格优惠，因此也叫付款期折扣。这种策略有助于增加企业的变现能力，减少坏账损失。采用现金折扣一般要考虑折扣比例、给予折扣的时间限制和付清全部货款的期限三个因素。因此，实行现金折扣的关键是合理确定折扣率，一般来说，折扣率不能高于企业由于加速资金周转所增加的盈利，但要稍高于同期银行存款利率。

（二）数量折扣

数量折扣是对购买医药产品数量大的顾客给予价格优惠。其目的是鼓励顾客大量购买，从而降低企业在生产、销售、储运、记账等环节中的成本费用。这种折扣策略可以刺激顾客在固定的地方订货与购买，培养顾客的购买忠诚度。数量折扣的实质是将大量购买时所节约费用的一部分返还给购买者，其关键在于合理确定折扣的起点、档次及每个档次的折扣率。数量折扣又可分为累计数量折扣和非累计数量折扣两类。

（三）贸易折扣

贸易折扣又称功能折扣、同业折扣或中间商折扣等，是根据中间商担负的不同功能及对企业贡献的大小来给予不同的折扣优待。其目的在于鼓励中间商大批量订货，扩大销售，争取顾客，与制药企业建立长期、稳定、良好的合作关系。贸易折扣的多少依据中间商在工作中承担风险的大小而定。贸易折扣的具体做法有两种：一种是先确定医药产品的零售价格，然后再按照不同的比例对不同的中间商倒算折扣率；另一种是先确定医药产品的出厂价，然后再按不同的差价率顺序相加，依次制订出各种批发价和零售价。

（四）季节折扣

季节折扣是对在淡季购买医药产品的购买者的价格优惠。由于有些医药产品的生产是连续的，而其消费却具有明显的季节性，采用这种策略可以鼓励客户早进货、早购买，减轻企业的仓储压力，加速资金周转，促进企业均衡生产，充分发挥生产和销售潜力，避免因季节需求变化所带来的市场风险。如中药材的销售就可以采用这一策略。

（五）促销折让

促销折让是企业对医药产品进行广告宣传、布置专用橱窗等促销活动的中间商给予减价或津贴，作为对其开展促销活动的报酬，以鼓励中间商积极宣传促销本企业的医药产品。这种策略特别适合于医药新产品的导入期，其实质是企业为开拓医药市场而支付的费用。

二、差异定价策略

差异定价是企业对同一医药产品制订两种或多种价格以适应顾客、地点、时间等方面的差异，但这种差异并不反映成本比例差异。差异定价主要有以下几种形式。

（一）顾客细分定价

顾客细分定价指企业按照不同的价格把同一种医药产品卖给不同的顾客。例如，对老客户和新客户、长期客户和短期客户、城市客户和农村客户、国内客户和国外客户等，分别采用不同的价格。

（二）产品包装定价

产品包装定价指企业对不同包装式样或档次的医药产品定不同的价格。产品包装定价与它们各自的成本是不成比例的，多用于中药材和保健品等产品。

（三）渠道定价

渠道定价指企业对经不同渠道出售的同一医药产品制订不同的价格。如制药企业给批发商、零售商和用户的药品价格往往不同。

（四）地点定价

地点定价指对处于不同地点的同一医药产品制订不同的价格。这种定价策略的目的是调节客户对不同地点的需求和偏好，平衡市场供求。

（五）时间定价

时间定价指企业对不同季节、不同时期甚至不同钟点的医药产品分别制订不同的价格。如中药材的期货交易就是时间定价。

差异定价可以满足顾客的不同需要，能够为企业谋取更多的利润。但是，实行差别定价必须具备一定的条件，否则，不仅达不到差别定价的目的，甚至会产生副作用。这些条件包括：市场能够细分；企业实行差别定价的额外收入要高于实行这一策略的额外成本；低价市场的医药产品无法向高价市场转移；在高价市场上，竞争者无法与企业进行价格竞争；差别定价的形式合法。

三、心理定价策略

心理定价策略是企业针对消费者在购买医药产品过程中的心理状态来确定产品价格的一种策略。这是一种非理性的定价策略，但在现代市场经济中，往往可以激发和强化消费者的购买欲望。针对消费者不同的需求心理，可采用以下几种定价策略。

（一）尾数定价

尾数定价又称“非整数定价”或“奇数定价”，是企业利用消费者求廉、求实的心理，把医药产品价格定为奇数或有零头，以促使顾客购买，这种定价方法多用于价格低廉的医药产品。心理学研究表明，价格尾数的微小差别，能够明显影响消费者的购买行为。一般来说，价格较低的医药产品采取零头结尾，常用的尾数为“8”和“9”，给消费者以便宜感，同时因标价精确给人以信赖感而易于扩大销售。有时候尾数的选择完全是出于满足消费者的某种风俗和偏好，如日本的消费者对“4”忌讳、欧美国家的消费者对“13”忌讳，我国的消费者则喜欢为“6”“8”和“9”的尾数。

（二）整数定价

整数定价与尾数定价策略相反，企业有意将产品价格定为整数，以显示产品具有一定质量。整数定价是针对消费者的求名、求方便心理，将医药产品价格有意定为以“0”结尾的整数。心理学研究表明，消费者往往倾向于以价论质，而将医药产品的价格定为整数，使商品显得高档，正好迎合了消费者的这种心理。整数定价一般多用于价格较贵的医药产品。

当然，医药企业的定价策略还要以优质优价、质价相符为基础，过分看重心理定价，流于一种纯粹的数字游戏，只能哗众取宠一时，从长远来看，却于事无补。

（三）声望定价

声望定价是企业利用消费者仰慕名牌的心理来制订医药产品的价格，把价格定成整数或高价，因为消费者通常依据价格的高低来衡量医药产品的质量。对于医药产品而言，声望定价主要适用于名牌药品、稀有药品、医药保健品。采用声望定价策略时应注意：第一，要确保药品质量上乘；第二，严格掌握声望定价与同类普通药品价格的差价；第三，不能只靠已有的声望维持高价，要不断提高质量。

（四）习惯定价

习惯定价策略又称固定策略和便利策略，是对市场上销售多年，已形成固定价格的医药产品执行既定价格的一种惯例。习惯定价策略主要用于质量稳定、需求大、替代品较多的常用药品，如青霉素、六味地黄丸等。对这类药品，企业制订价格时应尽量顺应消费者的习惯价格，不能轻易改变，否则会引起消费者的不满，导致购买的转移。

（五）最小单位定价

最小单位定价策略是通过较小单位标价，让人感觉较为便宜，容易接受，从而促进销售的定价策略。例如，某种名贵中药材标价每10克6元会比标价每千克600元更容易让消费者接受。

四、地理定价策略

地理定价策略是一种根据医药产品销售地理位置不同而规定差别价格的策略。根据这种定价方法，价格是由货物成本加上调整后的运费构成的。其具体形式如下所述。

（一）产地交货价

产地交货价格在国际贸易术语中被称为离岸价格或船上交货价格，指企业在制订医药产品价格时，只考虑医药产品装上运输工具之前（即交货之前）的费用，其他一切费用（如交货后的运费及保险费等）一律由买方负担的一种定价策略。这种定价策略定出的价格较低，对于距离产地较远的买主是不利的，而对于距离产地较近的买主或有运输优势的买主来说比较容易接受。

（二）目的地交货价

目的地交货价在国际贸易术语中被称为到岸价格或成本加运费和保险费价格。目的地交货价实际上就是生产者的全部成本。使用这种策略时，是卖主出于竞争需要或为了使消费者更满意而由自己负担货物到达目的地之前的运输、保险和搬运等费用。虽然手续较烦琐，卖方承担的费用和风险较大，但有利于扩大医药产品销售额。

（三）运费补贴价

运费补贴价是为弥补产地交货价格策略的不足，减轻买方的运杂费、保险费等负担，由卖方补贴其部分或全部运费，其实质是运费折让。为了争夺远距离的潜在消费者，医药企业必须通过采取运费补贴价格来扩大市场销售区域。该策略有利于减轻边远地区顾客的运费负担，使企业保持市场占有率，并不断开拓新市场。

（四）统一运货价

统一运货价是不分买方距离的远近，一律实行统一价格，统一送货，一切运输、保险费用都由卖方承担的定价策略。这种策略如同邮政部门的邮票价格，平信寄到全国各处均付同等邮资，所以又称“邮票定价法”。其优点是扩大了卖主的竞争区域；统一价格易赢得消费者的好感；大大简化了计价工作。该策略适用于体积小、重量轻、运费低或运费占成本比例较小的医药产品。

五、促销定价策略

医药企业为促进销售，在某些情况下，会暂时性地将其医药产品价格定在价目表的价格以下，有时甚至低于成本，这种价格就叫促销价格。促销定价策略主要有以下几种形式。

（一）招徕定价

招徕定价是医药企业利用顾客求廉的心理，故意将一些顾客熟悉的、有代表性的医药产品的价格定得很低，以此来吸引顾客。如零售药店可应用这种策略，将一些常用的感冒药、维生素等低价销售，招徕更多的顾客，建立自己的顾客群。但是这些被降价的药品的供货商可能不愿意看到自己的品牌成为牺牲品。这种定价策略有可能会损害品牌医药产品形象，而且会遭到其他零售商的不满或抵制。

（二）特殊定价

特殊定价是医药企业在特定的时间可以制订特定的价格来吸引顾客。如有些零售药店在搞“爱眼日”“爱耳日”“爱牙日”等纪念活动时，配合一定的主题宣传教育的同时，对相应的专科用药制订临时性的优惠价格等。

（三）心理折扣

心理折扣定价策略是企业开始时故意给医药产品制订较高的价格，然后大幅降价出售。采取这种方式，不得违反有关法律、法规。这种策略多用于中药材等产品的销售。

六、医药产品生命周期不同阶段的价格策略

这是一种根据医药产品在生命周期不同阶段的不同特点而采用不同定价方法的策略。

（一）导入期定价策略

导入期是医药新产品进入市场的初期。其特点是医药产品制造成本高，促销费用大，而销售数量少。针对这些特点，企业可采取三种策略：一是高价策略。即高价投放医药新产品，售价大大高于成本，力求短期内收回成本，并迅速获利。二是低价策略。即低价投放医药新产品，使医药产品在市场上广泛渗透，从而提高市场份额，然后再随市场份额的提高调整价格，实现盈利目标。三是中价策略。即价格水平适中，同时兼顾厂商、中间商及消费者利益，使各方面满意。导入期的总原则是努力取得市场占有率。

（二）成长期定价策略

成长期是医药新产品在市场上打开销路的阶段。进入成长期以后，新产品销售量迅速增加，成本不断下降，质量逐步提高，市场竞争者较少。针对这一阶段的特点，可通过规模效益，适度降价来吸引消费者。成长期的总原则是努力扩大市场占有率。

（三）成熟期定价策略

成熟期是医药产品在市场上普及并达到饱和的阶段。这个阶段的特点是销售量趋于平稳，企业利润稳定，市场竞争更为激烈。企业必须根据市场条件的变化实行竞争价格策略。成熟期的总原则是力争巩固市场占有率。

（四）衰退期定价策略

衰退期是医药产品在市场上逐渐被淘汰的阶段。其特点是医药产品销售量急剧下降，替代品出现，消费者兴趣转移，竞争者降价销售，企业利润降低。针对其特点，可采用降价销售策略。衰退期总的原则是力争维持局面，实现新老产品顺利交替，尽量减少企业损失。

第 5 节　医药产品价格变动分析

医药产品定价会因环境不断变化而变动，因此医药企业必须审时度势，在适当的时候对价格做出适当地调整。

一、医药企业变价分析

医药企业主动变价包括降价和提价两个方面，这里主要分析企业主动变价的动因及顾客对企业变价的反应。

（一）医药企业降价动因分析

医药企业降价的原因很多，有企业外部因素、企业内部因素以及国家政策干预因素等。制药企业在生产能力过剩的情况下，企业通过降价来扩大产品销售；在强大竞争者的压力下，制药企业市场占有率下降，通过降价对抗竞争者的威胁；在具有成本优势的情况下，制药企业试图通过主动降价来提高市场占有率；对于政府定价药品，国家强制降价，企业必须执行降价政策。

（二）医药企业提价动因分析

医药企业提价的原因主要有两个：一是通货膨胀导致成本费用提高；二是医药产品供不应求。医药企业采取的某些变相提价措施，尽管可以缓解企业的价格压力，但会损害企业的声誉与形象，给企业的长远发展带来不利影响。

总之，无论出于何种原因进行提价，总会引发消费者的一些不满情绪，为此医药企业在提价时应尽可能向有关方面说明提价的原因，以求得各方的理解。

二、顾客对医药企业变价的反应

医药企业的变价行动无论是降价还是提价对消费者都会产生一定的影响。消费者在价格变化后往往会产生一些疑惑。对于医药企业的降价，消费者可能会做出种种判断：这种医药产品有某些质量问题，销售情况不好；这种医药产品要被新产品替代了；这家医药企业遇到了财务麻烦……对于医药企业的提价，消费者一般会有些抵触情绪，消费者有时会由此断定该产品是畅销货或这种医药产品的品质或价值有所提升等。消费者对价值高低不同的医药产品的价格调整反应是不同的：对价值高且经常购买的医药产品的价格变动会较为敏感；反之，对于那些价值低或不经常购买的医药产品，消费者往往不在意。

三、医药企业对竞争对手变价的反应

在现代市场经济条件下，医药企业经常会面临竞争对手变价的挑战。对竞争者的变价做出及时、正确的反应，也是企业定价策略的重要内容之一。

对于普通药市场，制药企业的同一产品没有明显的差异，消费者对医药产品价格差异反应敏感。一家制药企业降价，其他企业也必须跟随降价，否则大部分顾客将转向价格较低的竞争者；一家制药企业提价，如果其他企业不都随之提价，那么提价的制药企业就无法继续坚持，否则顾客就转向未提价的企业。在专利药品或差异化大的医药产品市场上，由于各制药企业的医药产品在品牌、质量、服务、消费者偏好等方面存在差异，价格并非消费者唯一考虑的因素，顾客对较小的价格差异反应不十分敏感。面对竞争对手降价，制药企业的主要对策有四种：第一，保持价格不变，即依靠消费者对本企业产品的偏爱和忠诚度来抵御竞争者的价格进攻；第二，保持价格不变，加强产品、渠道、促销等非价格竞争；第三，部分或完全跟随竞争者的价格变动，采取较稳妥的策略，维持原来的市场格局，巩固已取得的市场地位；第四，提高价格并提升质量，或推出新产品，与竞争对手抗衡。总之，面对竞争对手的价格变动，制药企业必须事先准备好防范和应对措施，以较快的速度果断地做出适当的反应，灵活应对竞争者的价格攻击。

第6节 我国药品定价政策的改革

根据国家医药卫生体制改革的总体要求，国家发展改革委员会、国家卫生和计划生育委员会、人力资源社会保障部、工业和信息化部、财政部、商务部、食品药品监管总局制定了《推进药品价格改革的意见》，自 2015 年 6 月 1 日起开始实施。其主要内容如下所述：

一、总体要求

建立以市场为主导的药品价格形成机制，最大限度地减少政府对药品价格的直接干预。坚持放管结合，强化价格、医保、招标采购等政策的衔接，充分发挥市场机制作用，同步强化医药费用和价格行为综合监管，有效规范药品市场价格行为，促进药品市场价格保持合理水平。

二、改革药品价格形成机制

除麻醉药品和第一类精神药品外，取消药品政府定价，完善药品采购机制，发挥医保控费作用，药品实际交易价格主要由市场竞争形成。

（1）医保基金支付的药品，由医保部门会同有关部门拟定医保药品支付标准制定的程序、依据、方法等规则，探索建立引导药品价格合理形成的机制。

（2）专利药品、独家生产药品，建立公开透明、多方参与的谈判机制形成价格。

（3）医保目录外的血液制品、国家统一采购的预防免疫药品、国家免费艾滋病抗病毒治疗药品和避孕药具，通过招标采购或谈判形成价格。

（4）麻醉药品和第一类精神药品，仍暂时实行最高出厂价格和最高零售价格管理。

（5）其他药品，由生产经营者依据生产经营成本和市场供求情况，自主制定价格。

三、强化医药费用和价格行为综合监管

推进药品价格改革必须发挥政府、市场“两只手”作用，建立科学合理的价格形成机制。取消药品政府定价后，要充分借鉴国际经验，做好与药品采购、医保支付等改革政策的衔接，强化医药费用和价格行为综合监管。按照“统筹考虑、稳步推进”的要求，重点从以下四个方面加强监管，促进建立正常的市场竞争机制，引导药品价格合理形成。

（一）完善药品采购机制

卫生健康部门要按照规范公立医院和基层医疗卫生机构药品采购的相关要求和措施，坚持药品集中采购方向，根据药品特性和市场竞争情况，实行分类采购，促进市场竞争，合理确定药品采购价格。要调动医疗机构、药品生产经营企业、医保经办机构等多方参与积极性，引导各类市场主体有序竞争。

（二）强化医保控费作用

医保部门要会同有关部门，在调查药品实际市场交易价格基础上，综合考虑医保基金和患者承受能力等因素制定医保药品支付标准。在新的医保药品支付标准制定公布前，医保基金暂按现行政策支付。做好医保、招标采购政策的衔接配合，促进医疗机构和零售药店主动降低采购价格。定点医疗机构和药店应向医保、价格等部门提交药品实际采购价格、零售价格以及采购数量等信息。同步推进医保支付方式改革，建立医疗机构合理用药、合理诊疗的内在激励机制，减轻患者费用负担。

（三）强化医疗行为监管

卫生和计划生育委员会部门要建立科学合理的考核奖惩制度，加强医疗机构诊疗行为管理，控制不合理使用药品、医疗器械以及过度检查和诊疗，强化医药费用控制。要逐步公开医疗机构诊疗门（急）诊次均费用、住院床日费用、检查检验收入占比等指标，并纳入医疗机构目标管理责任制和绩效考核目标。加快药品供应保障信息平台建设，促进价格信息公开。

（四）强化价格行为监管

价格主管部门要通过制定药品价格行为规则，指导生产经营者遵循公平、合法和诚实信用的原则合理制定价格，规范药品市场价格行为，保护患者合法权益。要健全药品价格监测体系，探索建立跨部门统一的信息平台，掌握真实交易价格数据，重点做好竞争不充分药品出厂（口岸）价格、实际购销价格的监测和信息发布工作，对价格变动频繁、变动幅度较大，或者与国际价格、同类品种价格以及不同地区间价格存在较大差异的，要及时研究分析，必要时开展成本价格专项调查。要充分发挥12358全国价格举报管理信息系统的作用，建立全方位、多层次的价格监督机制，正面引导市场价格秩序。对价格欺诈、价格串通和垄断行为，依法严肃查处。此外，有关部门要认真履行监管职责，加强对药品生产、流通、使用的全过程监管，切实保障药品质量和用药安全。

四、加强组织实施

（一）强化组织领导

各地区、各有关部门要充分认识推进药品价格改革的重要性和紧迫性，进一步统一思想，加强领导，周密部署。各地要制定具体实施细则，细化政策措施，确保改革取得实效。各有关部门要强化协作配合，加强对地方改革工作的督促指导，确保改革扎实有序推进。

（二）建立评估机制

药品价格改革与群众切身利益密切相关，政策性强、涉及面广。各地要建立药品价格改革评估机制，加强对改革的跟踪评估，及时总结经验、完善政策。要密切关注改革后药品价格和医药费用变化情况，对改革中出现的新问题要及时研究并提出解决的政策措施。

（三）加强宣传引导

各地要通过多种方式，做好宣传解释工作，向广大群众解释清楚药品价格改革的意义、内容和预期目标，及时回应社会关注的热点问题，争取社会各界的理解支持，凝聚各方共识，形成改革合力，确保改革顺利推进。

案 例 学 习

案例9-1　兰州太宝制药有限公司的“渠道与价格的双重整合策略”

兰州太宝制药有限公司是甘肃省外贸出口专业生产企业，是甘肃省首批高新技术企业之一，也是全国外经贸质量效益型先进企业，公司的“唐龙”商标被评为“甘肃省著名商标”。公司立足传统中药，依靠雄厚的科研实力，面向国内外市场，致力于中药浓缩产品的研制和生产，产品包括中药浓缩丸、中药浓缩精粉等6个剂型，400多个品种规格。企业连续6次通过澳大利亚治疗商品管理局（Therapeutic Goods Administration，TGA）的GMP（good manufacturing practice，GMP）认证，2009年在国内第一家通过美国卫生基金会（National Sanitation Foundation，NSF）的GMP认证。公司的主导产品“唐龙”牌系列浓缩丸选用道地药材、传统配方，科学提炼，制作考究，已大量销往美国、加拿大、日本、新加坡、澳大利亚、英国及南非等二十多个国家和地区，赢得了海内外客户的广泛信赖。2007年，公司调整了营销思路，通过渠道策略与价格策略的双重整合，成功地开拓了国内市场。在渠道策略方面，公司与全国百强连锁药店紧密合作，采取“一步到终端”的渠道模式，实行品种区域独家经营，保护经营者利益，缩短药品流通环节，节约流通成本，加强信息沟通；在价格策略方面，采取“低价格销售，让利于终端”的价格策略模式，通过低价让利来调动连锁药店的积极性，使药店积极主推本公司产品，实现药店利益最大化。这种渠道策略与价格策略双重整合的销售方式，使公司的产品很快占领了国内一、二线城市的市场，提高了企业OTC药品的市场占有率，在短时间内给企业带来了新的利润增长点。

资料来源：罗臻根据兰州太宝制药有限公司的相关资料编写。

问题：请结合本案例学习价格策略与其他营销策略配合运用的方法。

案例9-2 “松茸变成了鹿茸”

我国云南省出产一种野生蘑菇——松茸。日本人是松茸的主要收购者之一，日本人到当地去收购松茸，是按千克计算的，但是，他们带回国去，却不是按千克销售，而是按枝分成上百种等级。从长相、色彩、完整性等各方面，日本人通过重新量身订制包装，起不同的名字，按枝定价，总价是原料收购价的100倍！商品还是原来的商品，松茸并没有因为远渡东洋，就变成鹿茸，可是，经过重新分类，它们的身价却翻了百倍！价格也分了三六九等！这难道不是定价的魔力吗？

资料来源：李践. 定价定天下［M］. 北京：机械工业出版社，2009：86.

问题：请结合本案例学习差异定价策略。

案例9-3 药品定价谈判实现了医保、企业、参保人“三赢”的目标

2017年7月19日，人力资源和社会保障部发布通知，将36种谈判药品纳入了《国家基本医疗保险、工伤保险和生育保险药品目录（2017年版）》乙类范围，并同步确定了这些药品的医保支付标准，这36种药品的价格平均降低44%。

创新药物疗效显著，对治愈或改善疾病症状、提升患者生活质量有着不可替代的作用。另一方面，由于专利排他性保护，创新药物通常具有市场垄断、单一货源渠道等属性，在市场资源无法有效配置的前提下，其价格居高不下，药品可支付性差，无法满足广大参保人用药需求。因此，由国家出面与药品生产企业进行谈判，以进入医保为条件，换取药品的大幅降价，最终受益的将是广大参保人员。

此次参与谈判的药品品种共有44个，其中谈判成功的有36个，成功率达到81.8%，谈判成功的药品统一纳入药品目录乙类范围。谈判确定的支付标准与2016年平均零售价相比，平均降幅达到44%，降幅最高的达到70%，明显减轻了参保人员药费负担，同时也有效控制了医保基金支出。

此次谈判成功的36个药品中包括了31个西药和5个中成药，31个西药中有15个是肿瘤治疗药，涉及肺癌、胃癌、乳腺癌、结直肠癌、淋巴瘤、骨髓瘤等常见癌种，包括了此前参保人员反映比较多的曲妥珠单抗、利妥昔单抗、硼替佐米、来那度胺等；还有5个是心血管病用药，如治疗急性冠状动脉综合征的替格瑞洛、治疗急性心肌梗死的重组人尿激酶原等；其他的药品分别是肾病、眼科、精神病、抗感染、糖尿病以及罕见病用药。5个中药中有3个是肿瘤药，还有2个是心脑血管用药。

通过谈判将社会反响比较强烈的肿瘤靶向药等重大疾病治疗用药纳入药品目录，大大提高了基本医疗保险的保障水平，同时也兼顾了基金的承受能力，并有利于引导合理医疗行为、促进医药产业发展创新，基本实现了医保、企业、参保人“三赢”的目标。

资料来源：刘文兮. 医保谈判有套路［N］. 医药经济报，2017-08-03（8）.

问题：请结合本案例理解医保谈判定价的优点。

思　考　题

1. 药品价格的构成要素包括哪些？

2. 药品定价主要受哪些因素影响？

3. 如何看待价格策略在营销组合策略中的作用和地位？

4. 医药企业应如何应用定价策略进行有效的市场竞争？

5. 简述医药产品的定价目标。

6. 为什么近些年我国出现药价虚高的现象？你认为政府应该采取怎样的措施来控制药品价格？

（李　岩　王　玲）

第10章 医药产品分销渠道策略

学习目标和基本要求

通过对本章的学习，掌握医药产品分销渠道策略的概念、作用、类型；熟悉分销渠道设计与建设的程序和具体步骤；了解分销渠道管理工作的基本内容。

渠道策略既是医药企业的经营特色，又是其市场营销组合中的一个重要策略。医药产品只有通过一定的渠道，才能在合适的时间、地点，以合适的价格供应给消费者，克服生产者与消费者之间存在的时空距离，进而实现企业的市场营销目标。分销渠道既是营销通道，也是感触市场的“神经末梢”。了解分销渠道的类型，合理选择渠道合作伙伴，加强渠道的管理工作，是医药企业进行市场营销的核心环节，也是实现企业营销目标的关键。

第1节 医药产品分销渠道的作用与类型

一、医药产品分销渠道的概念及特点

（一）医药产品分销渠道的概念

分销渠道指促使某种产品或服务顺利地经由市场交换，转移给消费者（用户）消费使用的一整套相互依存的组织。其成员包括产品（服务）从生产者向消费者转移过程中，取得这种产品或服务的所有权或帮助所有权转移的所有组织和个人。因此，分销渠道包括经销商（取得所有权）和代理商（帮助转移所有权），以及处于渠道起点和终点的生产者和最终消费者或用户，但不包括供应商和辅助商。

根据医药行业的特点，医药产品分销渠道指在医药产品或服务从医药企业向消费者转移过程中，取得医药产品（服务）的所有权或帮助所有权转移的所有组织和个人，如医药批发公司、零售药店、医药代理商等。

（二）医药产品分销渠道的特点

因为医药产品涉及公众健康，是一种特殊的商品，受到政府部门的严格管制，对其分销市场的运作和分销渠道建设有更严的要求，与普通商品分销渠道有着很大的区别。

1. 医药产品分销渠道成员受到政府部门严格的管制 根据相关法律、法规的规定，医药经营者（渠道企业）除需要营业执照、药品经营许可证和GSP证书外，还需要有与经营医药产品相适应的经营场所、设备设施、质量管理机构、人员、规章制度。开办医药经营企业需要较复杂的审批程序和大量的投资，企业经营行为亦受到政府严格的管制。如医药产品的销售必须按照GSP规范进行，处方药必须凭医师处方并在执业药师的指导下方能调配和销售。

2. 医药产品分销渠道进入壁垒高　由于受政府严格的管制，医药分销渠道进入程序复杂，门槛较高，进入者需要较强的资金实力、较好的人才储备和经营管理能力。此外，不同类型的医药产品还需要在相对应的特殊渠道中经营，而这些特殊渠道并不是对社会开放的。如普通疫苗需要在预防控制体系中经营，而该体系未向社会开放。

3. 医药产品分销渠道选择自由度较低　由于准入条件和经营过程的限制，医药产品分销渠道选择空间非常有限。一些特殊医药产品（主要指麻醉药品、精神药品、医疗用毒性药品和放射性药品）需要由药监部门指定的机构来经营，这些渠道成员一般具有垄断经营该类医药产品的能力。

二、医药产品分销渠道的类型

（一）根据医药产品分销渠道的长度分类

按照所包含的医药产品购销环节中层级的多少，医药分销渠道可以分为零级、一级、二级和三级渠道，如图 10-1 所示。

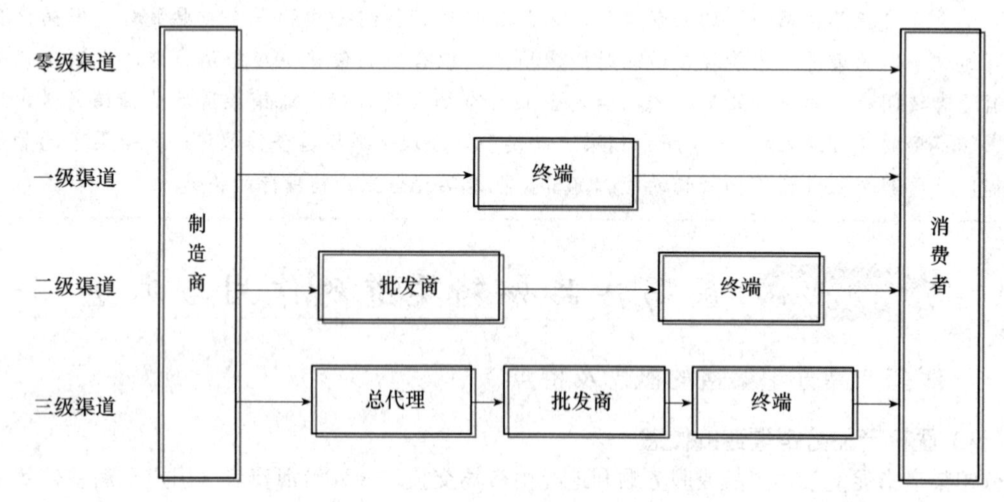

图 10-1　医药产品分销渠道的类型

注：终端指直接与消费者交易的渠道环节，通常包括医院药房、社会药房、诊所、社区卫生服务中心等

1. 零级渠道　也称直接渠道，指在没有医药中间商参与的情况下，医药生产企业直接将医药产品销售给消费者的渠道类型。OTC 药品营销过程中经常采取这种渠道模式，近年来医药电子商务的广泛开展，促进了零级渠道的发展，该渠道类型越来越被 OTC 药品生产企业重视。零级渠道可以表示为：医药企业—消费者。

2. 一级渠道　指医药企业和消费者之间，通过一级终端渠道，将医药产品销售给消费者，其中一级终端渠道一般由医疗机构药房或是社会药房构成。一级渠道可以表示为：医药企业—终端—消费者。

3. 二级渠道　指医药企业和消费者之间经过二级渠道，实现医药产品从医药企业到消费者的转换。二级渠道可以表示：医药企业—批发商—终端—消费者。

4. 三级渠道　指医药企业和消费者之间经过三级渠道，实现医药产品从医药企业到消费者的转换。三级渠道可以表示为：医药企业—总代理—批发商—终端—消费者。

此外，在某些情况下实现医药产品从医药企业到消费者的转换可能需要多于三级的渠道。层级越多，分销渠道的效率越低，也越难于控制与协调；反之，短渠道在效率和控制力方面均较优。在渠道选择上，短渠道较适合在较小地区范围内销售医药产品，长渠道则适合在较大范围内销售医药产品。

（二）根据医药产品分销渠道的宽度分类

若医药企业在同一分销层级选择较多的同类中间商（批发商）经销其产品，则这种分销渠道称为宽渠道；如果医药企业在同一层级只选择一家或少数几家中间商经销其产品，则这种医药分销渠道称为窄渠道。分销渠道的宽窄是相对而言的。受医药产品市场特征和医药企业分销战略等因素的影响，分销渠道的宽度结构大致有下列三种类型：

1. 密集型分销渠道 是医药生产企业在各个层级尽可能多地选择医药批发商、零售商经销其产品所形成的渠道。密集型渠道通常能扩大医药产品市场覆盖面，促使医药产品快速进入新市场，以便消费者随时随地购买这些产品。OTC药品多采用密集型分销渠道。

2. 选择性分销渠道 是医药生产企业在同一层级选择少数几家同类医药中间商经销其产品形成的渠道。选择性分销渠道通常由实力较强的医药中间商组成，能较有效地维护医药企业的品牌信誉，建立稳定的市场和竞争优势。这类渠道多为中小医药企业的分销渠道。

3. 独家分销渠道 是医药生产企业在同一层级仅选择一家医药批发商经销其产品所形成的渠道，独家经销有利于控制医药市场。

（三）根据医药产品分销渠道的系统结构分类

按医药分销渠道成员相互联系的紧密程度还可以将分销渠道分为传统渠道系统和整合渠道系统两大类。

1. 传统分销渠道系统 指系统中各渠道成员彼此独立，没有一个成员能完全或基本控制其他成员，系统结构比较松散。

2. 整合渠道系统 指在渠道系统中，渠道成员通过不同程度的一体化整合形成的分销渠道。整合渠道系统主要包括垂直渠道系统、水平渠道系统和多渠道系统。

（1）垂直渠道系统：是由医药产品生产者和批发商纵向整合组成的统一系统。在垂直分销渠道系统中，被称为渠道领头人的渠道成员或者拥有其他成员的主权，或者是在特许经营中处于特许者的地位，或者是对其他成员有很强的影响力。渠道领头人可以是医药生产企业，也可以是医药批发商。由于处于强势地位的渠道成员可以控制渠道行为，减少独立的渠道成员为了实现各自的目标而导致的冲突。

（2）水平渠道系统：是由两家或两家以上没有隶属关系的公司横向联合，将资源、项目整合起来，共同拓展医药市场的分销渠道系统。这些公司或因资本、营销资源不足，无力单独开发市场，或因惧怕承担风险，或因与其他公司联合可实现最佳协同效应，因而组成联合的渠道系统。这种联合，可以是暂时的，也可以组成一家新公司，使之永久化。

（3）多渠道系统：是对同一或不同的医药市场细分，由多条渠道组成的营销体系。多渠道营销系统大致有两种形式：一种是医药生产企业通过两条以上的竞争性分销渠道销售同一品牌医药产品，另一种是医药生产企业通过多条分销渠道销售不同品牌的差异性产品。

三、医药产品分销渠道的功能及作用

（一）医药产品分销渠道的功能

医药分销渠道对医药产品从生产者转移到消费者所必须完成的工作加以组织，并实现医药产品的时间、空间转换。作为连接医药企业与消费者的分销渠道，应当发挥以下基本功能：

1. 信息收集与传递功能 信息传递是双向的，渠道成员既要在各自的位置上把企业、产品等信息传递给目标市场，又要有意识地发现、收集消费者及下一级渠道成员对医药产品的需求反馈，使医药企业按照市场需求来生产医药产品。渠道成员高效的信息沟通可使医药企业宣传的推力与市场宣传的拉力达到良好结合。

2. 实现资金流动功能 主要包括三个方面：① 货款以各种形式从消费者流向医药企业，渠道成员使付款形式更加灵活多样；② 渠道成员为医药企业缓解企业的资金压力；③ 渠道成员凭借自己的实力和信用进行融资，实质上扩大了医药产品流通的资金来源，便于医药产品更有效地分销。

3. 服务功能 分销渠道连接产销，代表医药企业发挥售前、售中和售后服务功能。特别是专业性极强的医药产品，分销渠道成员有大量的医药方面的专业人员，可以代替医药企业为消费者提供及时、可靠的药学服务。如许多医院药房、药店都在开展药学服务工作。

4. 物流功能 医药产品分销渠道实际承担了医药产品的运输和储备功能。

（二）医药渠道的作用

医药渠道是连接生产和消费的桥梁和纽带，其主要作用表现在以下几个方面：

1. 调节医药产品供需矛盾 医药产品分销渠道主要是调节生产与消费之间在医药产品数量、品种、规格、剂型、时间及空间上的矛盾。要解决这些矛盾，就需要中间商的参与，通过运输、仓储等活动对各种医药产品进行分散销售。

2. 减少交易次数，节省流通费用 在医药产品流通过程中，由于中间商的参与，可以降低医药产品交易的次数。

如图 10-2 所示，假设现有五家医药生产企业，将医药产品销售给五家医药产品终端零售商，若没有批发商的参与，则要发生 25 次交易才能完成所有交易任务；若在药品流通的过程中设立批发商，则总交易次数会降低，由 25 次降为 10 次。由于每次交易都会产生一定的交易费用，减少交易次数有利于降低交易费用，所以医药产品分销渠道的设立有利于降低药品交易费用。但值得注意的是，如果分销渠道层级过多，则会增加医药产品交易成本。

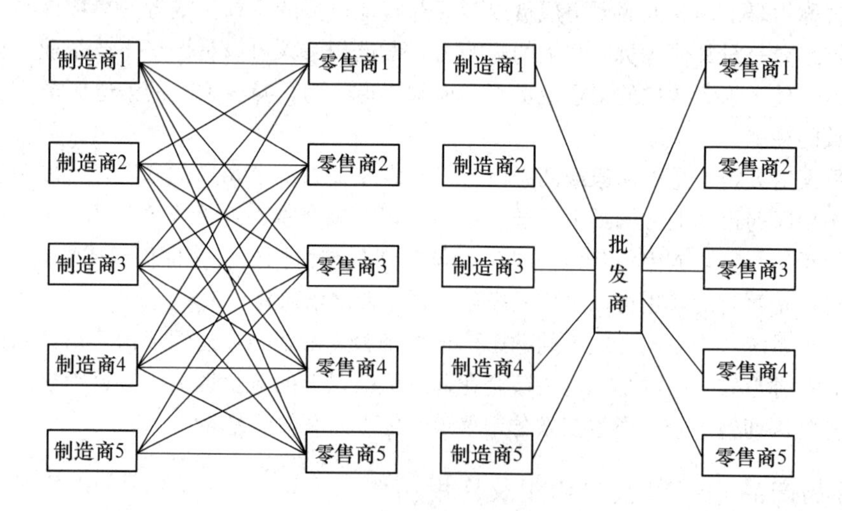

图 10-2 医药渠道的作用

第2节　医药产品分销渠道设计与建设

一、影响医药产品分销渠道设计与选择的因素

（一）医药产品特性和种类对分销渠道的影响

医药产品是特殊商品，具有专业性、健康关联性、高质量性和强调流通中的信息流的特点，它们对医药产品分销渠道产生重要影响。

1. 专业性　医药产品是预防、治疗人类疾病的物质，旨在维护人们的健康，其专业性极强，消费者一般需专业人员的指导方能正确使用。如果使用不当不仅不能促进人们的健康，甚至还会造成伤害。如果医药产品分销渠道成员组织中没有受过良好医药专业教育的专业技术人员，就难以承担分销的责任。医药产品的高度专业性对分销渠道成员的销售和服务提出了较高的要求。

2. 健康关联性　医药产品与普通商品的根本区别是它与人们的健康直接关联，产品是否被合理使用直接对人们的健康产生重大影响。消费者缺乏医药知识，在购买医药产品时很难做出正确的决策，如果不正确购买和使用医药产品，将给消费者的健康带来巨大的风险。医药企业在分销渠道成员的选择时，应该充分了解其专业技术能力和分销实力。

3. 高质量性　由于医药产品与人们的生命和健康有关，这就对药品质量提出了较高的要求，要保证医药产品的有效和安全，宜采用短渠道进行分销。在我国，由于多种原因造成医药产品分销渠道层级过多，渠道较长，在渠道成员选择上应该尽量选择实力较强的医药经营企业。

4. 双向沟通性　医药产品分销过程是医药服务具体化的过程，医药产品信息与其分销密不可分。医药产品从生产企业到消费者这一过程含有复杂的信息，医药企业要将产品信息传递给消费者，而消费者也要将医药产品的疗效反馈给生产企业，使得他们不断根据消费者的要求对医药产品和制造技术进行更新、改进，只有通过渠道成员间快速的信息交流，才能及时有效促进生产者与消费者的沟通。

（二）药品生产企业产品组合对分销渠道的影响

医药产品组合就是由医药企业所有的产品线和四个变化的因素（宽度、长度、深度和相关度）所构成的不同产品组合。宽度是指产品线的多少，长度是指产品品种的数目，深度是指产品线中每一产品有多少细分品种，相关度是指各产品线在生产条件、最终用途、分销渠道以及其他方面的关联程度。

医药企业产品组合四个因素对医药产品分销渠道有着显著影响。如果医药生产企业的产品组合方式是多系列型，产品品种就比较多，需广泛接触用户，其医药产品分销渠道适宜采用短渠道与宽渠道相结合的分销网络。如果医药产品生产企业的产品组合方式是产品系列专业型，只生产某一类产品，并且产品品种较多，产品组合比较深，其分销渠道宜采用宽渠道网络。如果医药企业产品组合方式是市场专业型，是向某个专业市场（某类消费者）提供所需要的产品，那么其分销渠道宜采用窄渠道网络。

此外，不同种类的医药产品有不同的分销渠道。例如，疫苗产品的分销必须通过疾病预防控制体系来完成。而特殊管理药品的分销渠道则受到政府严格的管制，有资格分销的渠道很少，且多处于渠道垄断地位，医药企业分销渠道自主选择性较差。

（三）医药产品生命周期对分销渠道的影响

医药产品生命周期就是医药产品从进入市场到最后被淘汰退出市场的全过程。一般包括导入

阶段、成长阶段、成熟阶段和衰退阶段。在导入阶段，医药产品刚刚进入市场，市场对产品了解较少，需要迅速拓展市场，分销渠道宜采用宽渠道进行选择性分销，也可以选择有新产品销售经验的分销渠道进行分销。在成长阶段，医药产品的销售量上升，利润上升很快，竞争对手急剧增加。因此，应当扩大市场份额，采用宽渠道，进行密集广泛分销。在成熟阶段，同类产品不断进入市场，竞争更加激烈，市场基本饱和，应当继续拓宽渠道，采用宽渠道和密集型渠道，进行更密集广泛的分销。在衰退阶段，医药产品销售下降，价格下降，利润降低，应当再次进行选择性分销，减少渠道数量，取消微利渠道和亏损渠道，采用低成本渠道或者将产品卖断给其他公司分销。

（四）医药生产企业自身实力对分销渠道的影响

如果医药企业实力比较雄厚，管理能力比较强，那么它对渠道的控制能力就比较强，宜采用宽渠道、长渠道。如果医药企业实力比较弱，管理能力比较差，那么它对渠道的控制能力就比较差，易采用窄渠道、短渠道。医药企业的实力还体现在企业和产品的信誉和品牌上。如果药品生产企业产品信誉和品牌优势明显，宜采用宽、多渠道，进行密集型销售；如果产品信誉和品牌一般，可以采用直销或者选择性分销渠道进行分销。具有良好的品牌效应的企业，其分销渠道成员的选择也会偏重于与之匹配的分销商和零售终端。

（五）医药生产企业自身发展战略对分销渠道的影响

企业的声誉、规模、管理能力、资金实力及战略等也影响分销渠道的选择和设计。对于声誉较好、管理能力及资金实力都比较强的大企业，在选择分销渠道时会以短渠道或直接渠道为主；而对于知名度较低、资金有限的中小企业，宜选择以长渠道或间接渠道为主的方法，主要依赖于分销渠道的力量来分销产品。

（六）医药产品分销商对分销渠道的影响

医药产品分销商对于医药产品分销渠道至关重要，它直接影响医药产品分销渠道长度，我们可以从医药产品分销商选择的自由度、医药产品分销商的规模、医药产品分销商的分销成本、医药产品分销商对用户服务的质量四个方面来分析分销商对于渠道的选择的重要性。

1. 医药产品分销商选择的自由度　分销商选择自由度指在选定的市场区域内可供选择的分销商数量的多少。如果不能找到合适的医药产品分销商，那么企业只能自己建立分销机构，采用直接渠道；如果能够找到合适的医药产品分销商，则由医药产品分销商的层次来决定渠道的长度。

2. 医药产品分销商的规模　一般来说，规模大的医药产品分销商，购货比较多，宜采用直接渠道，直接送货。规模小的医药产品分销商，由于购货比较少，如果采用直接渠道，直接送货，利润很小，甚至会小于运输成本，造成亏损，宜采用间接渠道。

3. 医药产品分销商的分销成本　如果医药产品分销商的分销成本比较高，采用长渠道会出现微利或者亏损的状况，宜采用短渠道；如果医药产品分销商的分销成本比较低，在保证利润的情况下，可以采用长渠道。

4. 医药产品分销商对用户的服务质量　如果医药产品分销商对用户服务质量比较低，采用长渠道，医药企业对终端销售难以控制，对用户的服务难以保证，宜采用短渠道；如果医药产品分销商对用户服务质量高，可以采用长渠道。

二、医药产品分销渠道设计与建设

（一）医药产品分销渠道设计的概念

医药产品分销渠道设计指对关系医药企业生存与发展的基本分销模式、目标与管理原则的决策。其基本要求是：适应市场环境的变化，以最低总成本传递医药产品，以获得最大限度的顾客满意。

（二）医药产品分销渠道设计原则

1. 畅通高效的原则 这是渠道设计的首要原则。任何正确的渠道决策都应符合经济高效的要求。医药产品的流通时间、流通速度、流通费用是衡量分销效率的重要指标。畅通的分销渠道应以消费者需求为导向，将医药产品尽快、尽好、尽早地通过最短的路线，以尽可能优惠的价格送达消费者方便购买的地点。畅通高效的分销渠道模式，不仅要让消费者在适当的地点、时间以合理的价格买到满意的医药产品，而且应努力提高企业的分销效率，争取降低分销费用，以尽可能低的分销成本，获得最大的经济效益。

2. 适度覆盖的原则 医药企业在设计分销渠道模式时，仅仅考虑加快速度、降低费用是不够的，还应考虑及时准确送达的产品能不能销售出去，是否有较高的市场占有率足以覆盖目标市场。不能一味强调降低分销成本，这样可能会导致销售量下降、市场覆盖率不足的问题。成本的降低应是规模效应和速度效应的平衡。在分销渠道模式的选择中，也应避免扩张过度、分布范围过宽、过广，以免造成沟通和服务的困难，导致无法控制和管理目标市场。

3. 稳定可控的原则 医药企业的分销渠道模式一经确定，便需花费相当大的人力、物力、财力去建立和巩固，整个过程往往复杂而缓慢。所以，企业一般轻易不会更换渠道成员，更不会随意转换渠道模式。只有保持渠道的相对稳定，才能进一步提高渠道的效益。畅通有序、适度覆盖是分销渠道稳定的基础。由于影响分销渠道的各个因素总是在不断变化，一些原来固有的分销渠道难免会出现许多问题，这就需要分销渠道具有一定的调整功能，以适应市场的新情况、新变化，保持渠道的适应力和生命力。调整时应综合考虑各个因素的协调，使渠道始终都在可控制的范围内保持基本稳定的状态。

4. 协调平衡的原则 医药企业在设计选择、管理分销渠道时，不能只追求自身的效益最大化而忽视其他渠道成员的利益，应合理分配各个成员间的利益。渠道成员之间的合作、冲突、竞争的关系，要求渠道的领导者对此要有一定的控制能力，有效地引导渠道成员充分合作，鼓励渠道成员之间进行有益的竞争，减少冲突发生的可能性，解决矛盾，确保总体目标的实现。

5. 发挥优势的原则 医药企业在设计分销渠道模式时为了取得在竞争中的优势地位，要注意发挥自己各个方面的优势，将分销渠道模式的设计与企业的产品策略、价格策略、促销策略结合起来，增强营销组合的整体优势。

（三）医药产品分销渠道设计理念

1. 整合理念 医药企业应树立整合营销观念，最大限度地实现顾客价值，并实施有效的整合营销策略。在渠道的设计中，要充分考虑消费者的方便购买，了解不同类型消费者的购买方式偏好和服务要求，合理设置销售网点，并通过渠道中各成员的成本整合、技术整合、服务整合、渠道整合、网络整合与战略整合，为消费者提供实实在在的便利。

2. 服务理念 服务已经成为企业市场营销中的一个重要因素，企业通过服务来满足消费者的需求，促使消费者对企业的产品感到满意，从而帮助企业的营销活动达到预期目标。医药产品的服务大多由分销渠道提供，包括售前的消费者教育、售中的医药产品运送、售后的投诉与建议，这些工作一般都要由分销渠道来承担。因此，医药企业的渠道设计必须强调服务理念，不断提高渠道成员的服务质量，为消费者提供全面的服务。

（四）医药分销渠道设计的具体步骤

1. 确定渠道的基本模式 医药企业在设计分销渠道时需对以下问题做出回答：① 医药产品销售终端是医院药房、社会零售药店还是其他终端？② 医药产品分销需不需要中间商的参与或者是自建营销网络和中间商共同存在？

2. 具体步骤

（1）确定医药分销商的选择标准：医药分销商的选择标准应满足以下几点要求：第一，分销网络覆盖面，能够使本医药产品在某地区覆盖一定的市场；第二，良好的资信情况，包括回款情况及经销盈利能力，良好的盈利能力能保证双方长期合作；第三，分销商应该具有良好的顾客满意度和美誉度，以及较高工作、服务质量水平；第四，分销商应该对企业产品较认同，分销商对产品的认同度高低决定着其对所要分销医药产品的信心、努力程度，尤其是分销商的经营决策者和重要执行者的认同非常重要。

（2）确定中间商的层次与幅度：在确定了基本分销渠道以后，还需要确定中间商的层次与幅度，如采用长渠道还是短渠道，密集型渠道还是选择型渠道，独家渠道还是多种渠道并存。

（3）确定渠道成员的权利与义务：要确定渠道成员的权利与义务，其主要内容是价格策略、销售条件、经销区域及其他事项等。

（4）对渠道方案的选择与评估：对于不同的方案要按照一定的评估标准进行评估，如适应性和可控性等，对这些选项赋予一定分值及权重，最后计算分值，再综合各种因素后，选出比较满意的分销渠道方案。

（5）制订实施计划方案：将渠道战略设计具体化，确定任务的轻重缓急和时机，进一步明确工作量和时限，并考虑由谁来执行、如何执行、如何配置资源等。

（五）医药产品分销渠道设计与构建的逆向创新

1. 医药产品分销渠道的逆向模式 成功构建医药产品营销网络的关键是以满足消费者的需要为前提，并正确地处理医药企业与分销商的关系。在这种思想指导下，分销渠道的逆向模式应运而生。医药产品分销渠道的逆向模式即根据医药产品的消费需求、消费行为和产品特性选择零售终端，充分考虑终端的特性和利益，并根据分销商财力、信誉、能力和与零售终端的关系，进一步向上选择分销商，直至与医药企业有直接业务联系的分销商，将整条渠道纳入企业的营销体系，通过加强各环节的协作达到企业的战略意图。由于医药产品的特殊性，医药产品的销售有严格的控制与规定，尤其是处方药仍然以医院为主渠道，这种逆向分销渠道模式的构建显得困难重重。但是对于非处方药而言，其分销渠道市场化程度高，渠道模式也日趋多样化，逆向分销渠道构建模式不失为许多医药企业的一种不错的选择。事实上，许多医药企业在分销渠道的设计与构建中已经有了逆向模式的雏形。

2. 渠道正向模式和逆向模式的区别 逆向模式是以系统化的经销商甄选标准和过程化的控制模式为基础，以协作、双赢、沟通为基点来加强对渠道的控制力，达到为消费者创造价值的目的。简单地说，这种渠道模式就是“弱化一级分销商，加强二级分销商，决胜终端零售商”，医药企业一方面通过对一级分销商、二级分销商、零售商等环节的服务与监控，使医药产品能够及时、准确地通过各环节到达零售终端，提高产品的知晓度，引起消费者的注意；另一方面，通过加强销售终端的管理，激发消费者购买欲望。逆向模式是更适应市场的一种渠道创新模式，与传统模式在渠道目的、性质等方面都有所区别，详见表 10-1。

表10-1 分销渠道正向模式和逆向模式的对比

项　目	正向模式	逆向模式
渠道目的	短期利益	长期利益
渠道性质	交易型	关系型
渠道重心	前端	末端
渠道控制	逐级控制	全员控制
厂家态度	消极被动	积极主动
终端覆盖	盲目覆盖	有效覆盖
终端作用	企业产品售卖点	企业形象宣传点

3. 医药产品分销渠道逆向模式的合理性 与正向模式相比，医药产品分销渠道逆向模式在理念与操作上都有所不同，其优势也显而易见。从理论和实践两方面看，逆向模式的合理性体现在它的目标性、战略性和协同性。

(1) 医药产品分销渠道逆向模式真正体现了营销活动“顾客满意”的目标：现代营销思想要求经营者更多地从消费者的角度考虑营销策略的选择，把企业利润最大化建立在消费者利益最大化基础之上。渠道所体现的消费者利益就是获得医药产品的方便性和经济性，即“买得到，买得起”。随着现代商业的发展，消费者获得商品时间和空间的自由度和选择度加大，消费者行为也发生了转变，医药企业为使其产品能被消费者买得到，首先应考虑消费者行为特性，选择合适的销售形式并加强对终端的管理和控制，以方便购买；其次，医药产品价格的形成不仅仅取决于生产该产品的单位成本，而且取决于流通成本的高低；不仅取决于医药企业的产品整体效用，也取决于因分销商的声誉、实力和分布密度所带来的市场份额的大小。合理的渠道选择和严格控制可以提高渠道效率，节省流通成本。相较于传统渠道模式，逆向模式在以上两点都有更多优势，真正体现了“顾客满意”的营销目标。

(2) 医药产品分销渠道逆向模式有利于实施品牌战略：过去，医药企业在树立品牌的过程中，主要依赖于广告的拉动作用，往往忽视渠道的推动作用，通过广告“轰炸”出来的品牌只能形成较高知名度，而品牌的美誉度则主要是依靠企业和分销商孜孜不倦的努力加以塑造的。医药产品分销渠道逆向模式，其品牌形象更易于得到强化支持。通过逆向选择建立起来的渠道将渠道成员统统纳入医药企业的营销体系，分销商成为其实施品牌战略不可或缺的成员，医药企业的品牌意识更易贯彻于整个分销渠道，品牌形象能更准确地传递给消费者。

(3) 医药产品分销渠道逆向模式有利于发挥渠道成员的协同作用：医药产品分销渠道逆向模式通过医药企业与经销商一体化经营，实现对分销渠道的集团控制，使医药产品分销商形成一个有机整体，渠道成员为实现整体目标而共同努力，追求双赢，达到“1+1>2”的效果。在分销渠道逆向模式中，医药企业与分销商共同进行促销，共享市场调查、竞争形势和消费动向信息。医药企业为分销商提供人力、物力、管理和方法等方面的支持，以确保分销商与其共同进步、共同成长；同时，分销商为厂家提供市场信息反馈、竞争对手信息，使医药企业适时而动，快速、准确地做出营销策略的调整。

4. 医药产品分销渠道逆向模式的设计思路

(1) 在一定区域市场中按零售点分布情况划分若干个片区，在每一片区选取终端零售点（分销商），并配备业务人员协助分销商工作，促进终端销售工作的深入和细化。

(2) 将经营重心下移，加强与批发商和零售商的联系。医药企业和批发商直接联系，同时派人员加强终端维护和推销工作，依据零售点普查所掌握的信息对零售点进行分级管理。

（3）强化医药企业对分销商的服务。帮助分销商拓展市场，服务其下属的零售点，加强终端销售力量。

（4）与分销商结成“利益共同体”，达成双赢，一致对外。双方签订协议，明确责任与权利，利益同享，风险共担。

第3节 医药产品分销渠道管理

医药产品分销渠道的管理决策在整个营销组合策略中占有重要地位，医药企业必须给予足够的重视。医药产品分销渠道的管理内容包括渠道成员的选择、激励、评估和调整。

一、选择渠道成员

一个优秀的医药产品分销渠道成员应具备以下条件：①具有符合国家规定的医药产品经营资格和条件；②具有良好的商业信誉，能够快速准确地将医药产品推向目标市场，提高医药产品的市场占有率；③能够与医药企业开展良好的合作；④具有良好的市场推广能力和市场管理能力。

渠道成员的选择是一个双向互动过程，医药企业吸引分销商的关键在于医药产品的优劣、销售获利能力的大小。医药企业只有搞好生产经营管理，提高产品质量，扩大企业与产品在市场上的影响力，以增加对分销商的吸引力，才有可能选择优秀的分销商。在选择渠道成员时需要收集以下信息，以对备选渠道成员的情况进行评估。

（一）基础资料

1. 团体资料 即客户的最基本资料，主要包括客户的名称、地址、电话、隶属关系、经营管理人员、法人代表及单位等级、经营医药产品所必需的证照是否齐全等。

2. 个人资料 即客户法人及合伙人的姓名、年龄、籍贯、性格、兴趣、爱好、学历、职称、职务、业务专长、科研成果、社交团体、家庭成员、相互关系、有特别意义的日期等。

（二）经营特征

经营特征主要指备选渠道成员的服务区域、营销网络、营销能力、发展潜力、经营理念、经营方向、企业规模、经营体制、权利分配等经营方面的内容。

（三）业务状况

业务状况主要指备选渠道成员之间以往的经营业绩、同类产品的营销情况、市场占有率、管理者及业务人员的素质、与其他竞争者的关系、与本医药企业合作的意愿等。

（四）交易情况

交易情况主要指备选渠道成员的营销活动现状、存在问题、保持和扩大产品市场占有率的可能性及优劣势、未来的变化及对策、企业形象、声誉、信用状况、交易条件等。其中特别需要着重考察的是其资信状况，如该备选渠道成员的应收款数量、回款期限、会计事务所审计报告、银行信誉等级等。

二、激励渠道成员

医药产品分销渠道成员选定之后，需对其进行日常监督与激励，使之不断提高经营业绩。医药企业应本着互利互助的原则，对经营业绩好的渠道成员应及时予以奖励，以争取建立长期合作的关系。

（一）医药产品分销渠道成员的心理与需求分析

研究医药产品分销渠道成员心理与需求，是医药企业采取激励措施的前提。主要需从以下四个方面把握医药产品分销渠道成员的行为与心理。

1. 医药产品分销渠道成员是一个独立、平等的经营者 医药企业需要充分尊重和理解分销渠道成员，正视彼此之间的相互依存关系。医药产品分销渠道成员需要依靠医药企业的商誉和产品获得生存发展机会，而医药企业也要依赖医药产品分销渠道成员才能在市场营销中获得有利地位。这种相互的同盟关系要求双方在相互尊重和理解的前提下，友好协商解决一切问题。

2. 医药产品分销渠道成员最关心的是销售医药产品给其带来的经济利益 在经济利益的驱动下，医药产品分销渠道成员会倾向于承销营销难度低、利润高的品种，而不愿意承担营销难度大、利润低的产品的营销工作。医药产品分销渠道成员首先是客户利益的代表，其次才是医药企业的营销代理人。因此，生产企业只有不断为其提供品质优良、营销前景看好的医药产品，医药产品分销渠道成员的“忠诚度”和“营销热情”才有可能得到保持。

3. 医药产品分销渠道成员通常会经销多个企业的多种产品 医药产品分销渠道成员与医药企业的关系不可能像独家经销那样紧密，也不可能将每一个企业的每一种产品都作为主打产品去精心运作。医药企业与医药产品分销渠道成员的合作强度，往往于取决于医药产品的获利能力。

4. 医药产品分销渠道成员在与医药企业的合作过程中也会受到人际关系影响 如果产品相同、市场相同、各生产者提供的条件也相差无几，则人际关系的好坏就会影响医药产品分销渠道成员与医药企业的合作关系，因而医药企业需要与合作者保持良好的人际关系。

（二）常用的激励措施

医药生产者对中间商的激励措施很多，常用的有以下几种。

（1）根据市场需要及时向医药产品分销渠道成员提供适销对路的药品，并协助其做好相应的医药市场开发工作。通常OTC药品需要做大众促销工作，处方药品生产企业通常需派专业营销人员做医院推广工作。

（2）制订合理的医药产品价格与折扣政策。合适的医药产品价格不仅有助于市场营销，而且会使医药产品分销渠道成员获得合理的利润。医药企业在制订价格时要充分考虑企业成本与医药产品分销渠道成员的利润。同时根据实际营销业绩，给予医药产品分销渠道成员适当的价格折扣（通常有累计折扣和数量折扣两种）是鼓励其积极营销本企业产品的有效手段。

（3）设立合理的奖惩制度，鼓励医药产品分销渠道成员多销货、早回款。通常做法是当医药产品分销渠道成员销售医药产品累积到一定数量后（可以按一月计算，也可按一年统计）给予它一定数量的返利；或是当经销商及早回款时也给予一定数量的返利。相反，当中间商没有达到合同约定的销售量或不按期回款时，则给予一定的惩罚。

（4）可通过医药企业负担广告费用，或者与医药产品分销渠道成员合作广告等形式，扩大企业和医药产品的知名度，以促进市场销售。对于处方药品生产企业而言，在能力允许的情况下可自行负责医院推广工作，或者由医药产品分销渠道成员负责医院的推广工作，但相关费用由医药企业承担的方式来激励。

（5）医药企业可提供技术指导、宣传资料、举办药品展示会、指导商品陈列、帮助零售商培训营销人员或邀请医药产品分销渠道成员派员参加业务培训等工作，来支持其开展业务活动，提高专业水平，改善经营管理，促进医药产品的销售。

（6）医药企业可以通过建立规范的客户管理制度，对原本分散的客户资源进行科学的动态管理，协助营销人员及时了解医药产品分销渠道成员的实际需要，通过良好的沟通建立相互信任、相互理解的业务伙伴关系。

三、评估渠道成员

医药企业可以通过对医药产品分销渠道成员已销售医药产品的数量，药品库存状态，售前、售中、售后的服务及回款情况等的调查，来评估其履行合同的情况。对医药产品分销渠道成员的考查和评估，目的是及时采取相应的监督、控制与激励措施，保证营销活动顺利而有效地进行。医药企业对现有医药产品分销渠道成员的情况进行评估，需要开展以下几个方面的工作。

（一）医药产品分销渠道成员构成分析

通过对一定时期内企业全部或某个区域的产品营销、回款情况统计分析，将医药产品分销渠道成员分为不同类别，确定不同渠道成员的重要程度，以利企业或营销人员在日后营销工作中保证将优势资源投向重点渠道成员。

（二）重要医药产品分销渠道成员与本公司的交易业绩分析

医药企业应随时掌握各医药产品分销渠道成员的月交易额或年交易额及回款额，计算出各重要医药产品分销渠道成员占本公司总营销额的比重，通过对比其实绩与计划要求，查找原因，以采取相应措施保持企业总体营销的稳定增长。

（三）医药产品分销渠道成员合作意愿评估

医药企业应加强对医药产品分销渠道成员的合作意愿的评估，特别是营销策略即将或已经发生重大变化的时候。医药产品分销渠道成员合作意愿会直接影响其对医药产品投入的强度，也直接关系到产品的营销效果。

（四）医药产品分销渠道成员发展潜力评估

医药企业不仅要重视医药产品分销渠道成员的现有实力，更要重视其发展潜力，客观评估分销渠道成员的实力有利于医药企业的长远发展。

四、调整渠道成员

医药企业营销工作者不仅要做好分销渠道的建立与运行管理工作，而且还需要根据实际情况对分销渠道成员进行适时的调整。特别是当市场环境发生变化、企业营销策略进行重大调整时，调整分销渠道成员的数量和结构显得尤其必要。医药产品分销渠道成员调整的主要策略如下所述：

（一）增减渠道成员

增减渠道成员，即保持原有渠道模式不变，只是增加或减少个别渠道成员。这时需要认真权衡增加或减少中间商所带来的影响。在淘汰医药产品分销渠道成员时，应先通过分销渠道成员的审计和评估，找出绩效较差的，决定是继续合作，还是终止合作。在进行分销渠道调整之前，医药企业应该先分析造成分销渠道成员绩效较差的原因，然后根据分析结果提出有针对性的整改建议，帮助渠道成员提高绩效。对于合作意愿不强、努力不够或者拒不改变的渠道成员应该坚决淘汰。

（二）增减渠道环节

增减渠道环节，即原有基本分销渠道类型不变，根据需要适当增减渠道环节。如在原有市场区域内增加或取消代理商这一层。一般情况下，需对增减渠道环节可能带来的影响进行比较，然后再决定如何调整。

（三）对原有渠道进行彻底调整

因经营理念、商业模式的变化等原因，有时医药企业需要对医药产品分销渠道进行彻底的革新，打破原有分销渠道网络。这种变革是对原有医药产品分销渠道的全面放弃，是对未来分销渠道的重新设计和构建。

五、医药产品分销渠道冲突的分类及管理

（一）医药产品分销渠道冲突的分类

由于医药产品分销渠道成员的目标和利益不一致，彼此之间的冲突无法避免。根据冲突的形式和内容的不同，医药分销渠道冲突可以分为垂直冲突、水平冲突、多渠道冲突。

1. 垂直冲突 垂直冲突是指同一渠道中不同层级分销成员之间的利益冲突。医药产品分销渠道中的垂直冲突主要来源于医药企业与医药产品分销商，以及医药产品分销商与零售终端之间的矛盾，这些矛盾包括以下三个方面：① 价格方面。医药企业希望以低价来获得销售的增长，而医药产品分销商却为了更高的利润不予配合。在价格折扣方面，医药企业、分销商、终端之间的冲突则更为普遍和突出。② 推广方面。医药企业更希望在全国范围内进行推广，而分销商和零售商则更愿意在自己市场覆盖的范围内进行推广，以维护自己的利益。③ 服务方面。如在产品销售过程中，医药企业与医药分销商，在服务水准、服务对象等方面很难协调一致，容易导致双方的冲突。

2. 水平冲突 水平冲突是处于渠道同一层级的医药产品分销商之间的利益冲突。医药产品分销渠道中的水平冲突主要来源于渠道成员间不协调的定价策略。同一层级不同分销商定价不协调会直接损害相互的利益，也极易引起相互不满甚至冲突。

3. 多渠道冲突 多渠道冲突是指医药企业已经建立的两个以上的分销渠道，它们将同一医药产品推向同一市场时产生的冲突。药品分销渠道中多渠道冲突主要源于：① 价格方面。不同渠道的医药产品进货差价导致它们售价的差异，并由此产生矛盾。如在同一区域范围内，医药企业直接销售给药品零售商较药品批发商销售给药品零售商的价格要低，会导致进价高的药品零售商不满。② 服务方面。不同的渠道的服务不统一，容易导致医药产品分销商之间的摩擦。③ 道德方面。如医药产品分销商在销售中弄虚作假，损坏了品牌形象，也就损害了其他医药产品分销商的利益。

（二）医药产品分销渠道冲突的管理

1. 协调垂直冲突的策略 加强医药企业与分销渠道成员之间沟通，可以在以下三个方面加强：一是在价格方面，采用联合定价，医药企业与分销渠道成员共同制订价格，使价格让医药企业、分销渠道成员和消费者都满意。二是在推广方面，医药企业与分销渠道成员共同制订推广方案，合理分摊促销费用。三是在服务方面，医药企业与分销渠道成员签订关于售前、售中、售后的服务协议，保持服务目标与服务水准的相对统一。

2. 协调水平冲突的策略 协调水平冲突的策略主要有两个：一是在价格方面，由医药企业与医药产品分销渠道成员共同协议价格，并保持同一层级医药产品分销渠道成员中同种产品的价格一致，并协同配合服务和推广工作。二是由渠道成员和医药企业共同组成区域性价格、服务等方面的综合监督团队，一经发现违反共同约定，应给予严厉处罚。

3. 协调多渠道冲突管理策略 协调多渠道策略主要从两方面着手：一是在价格方面，除同水平冲突在价格方面相似的对策外，医药企业直接售货给零售商的出厂价应参照分销渠道成员售给零售商的批发价格，这样才不会导致零售商进价的差异。二是对分销渠道成员进行严格的管理

和评估，规范他们的经营行为，保持不同渠道服务的一致性和协调性，减少冲突发生的可能。

六、“窜货”现象及其管控

“窜货”是分销渠道中的医药企业销售机构或分销渠道成员在利益驱动下，以低于医药企业约定的价格在授权范围之外的区域进行销售的行为。“窜货”扰乱了医药产品的价格体系，降低部分渠道成员的销售的利润，易引起产品窜入区域分销渠道成员的不满，对其销售的积极性造成极大的伤害。“窜货”是一种市场投机行为，会引起医药企业分销渠道的动荡，影响销售目标的实现。要解决好“窜货”问题，首先要了解“窜货”的原因及表现形式，在此基础上寻找“窜货”问题的解决方案。

（一）“窜货”的形成原因

1. 医药企业价格管理体系不完善 许多医药企业在确定渠道成员折扣率时，不同区域甚至同一区域不同规模的分销渠道成员所享受的折扣率都不一样。价格差使“窜货”变得有利可图。

2. 医药企业对渠道成员销售目标设置不合理 为了达到销量目标，医药企业往往给分销渠道成员规定相应的销售目标。为完成年销售目标，销售较差的区域分销商就有将其产品发往销售好的区域的冲动，这样一来不仅可以完成销售任务，还可以降低推广费用和存货风险。

3. 销售利润的驱动 一些分销渠道成员受利润驱动，不惜降低出货价，销到异地。还有的分销渠道成员利用畅销产品异地降价销售增大销量来实现总利润的最大化。此外，还有部分分销渠道成员由于受到竞争产品的强烈冲击，准备放弃原产品的销售，为将损失最小化，以低价方式在异地进行销售。

（二）“窜货”的管理与控制

加强渠道的管理与控制是防止“窜货”现象的有效手段。主要包括全面掌握产品流向、完善医药产品价格体系、合理划分市场区域、对“窜货”行为进行处罚、建立完善的激励机制和加强市场执法力度等措施。

1. 全面掌握产品流向 医药企业要有专人对产品的流向进行管理，掌握各分销渠道成员的销售情况和产品流向。弄清产品因季节、促销等因素引起销量变化的情况，对分销商销售量的突然变化进行调查，以防止“窜货”现象的发生。

2. 完善医药产品价格体系 医药企业应建立完善的价格体系，尽可能保持全国市场的出厂价和零售价的统一，确保各级渠道成员遵守企业的规定，控制每一层级的利润空间。对重点市场采取有力的扶持措施，而不是进行价格折让。在产品价格需要调整时，应做好调价前的保密工作和调价后的解释说服工作，杜绝调价前囤货。

3. 合理划分市场区域 医药企业可采用按商圈划分市场区域，避免商圈和行政区的重叠造成的“窜货”现象。医药企业还可以按照分销商长期经营中形成的网络覆盖实力范围划分，对于跨区跨省的给予承认，这样可以加大分销商的“窜货”难度，以杜绝“窜货”现象的发生。

4. 对“窜货”行为进行处罚 医药企业可以与分销商签订预防“窜货”的协议，收取一定的市场保证金，如果发现分销商有“窜货”情况，可以没收保证金，同时终止分销合作。

5. 制订完善的激励制度 医药企业应制订完善的绩效评估和酬赏制度，综合考虑各方面的因素，建立包括市场增长率、回款时间、新产品推介成果等多个指标的考核体系。在客观评估市场的情况下，确定各分销商的营销目标，防止经销商片面追求销量而“窜货”。

6. 改进“窜货”监控手段 医药企业可以采用激光喷码或者流水工号控制，在销售药品的过程中采用不同地区不同的外包装，以便及时发现“窜货”行为，并对“窜货”者予以处罚。例如，昆明金殿制药有限公司生产的熊胆炎必克胶囊就采取在外包装上注明“专供某某地区”的字样来防范“窜货”的发生。

第4节 我国医药产品分销渠道现状及发展趋势

一、我国医药产品分销渠道的现状

(一) 医药产品分销市场集中度提高

2015年，我国药品批发百强企业销售额占药品批发市场总额的比重从2010年的69%提高至86%；药品零售连锁经营率从2010年的33%提高至46%；形成3家年销售额超过1000亿元的全国性大型药品流通企业和25家年销售额超过100亿元的区域性药品流通企业，行业集中度明显提升。通过资本市场上市融资的企业由2010年12家增加到2015年20家，上市公司兼并重组行为活跃。

(二) 医药产品分销商盈利能力较弱

我国大型医药批发企业的毛利率为6%，净利率只有0.63%。美国药品销售规模为4000多亿美元，医药分销业毛利率在4%左右，低于国内6%的水平，但由于规模大，集中度高，平均费用率约为2.9%，因此获利能力强，净利率为1%左右。

(三) 医药产品分销商区域分布不合理

由于受传统医药流通体制的影响，药品批发企业仍按照行政区划而不是按照药品的流向进行优化，平均每个省拥有400多个批发企业，不符合全国医药大流通、全国统一医药大市场的趋势。药品零售网点则主要集中在北京、上海、广州、深圳等大、中城市及沿海发达省区，而广大农村及偏远地区，药品零售终端数量较少。

(四) 医药产品分销信息化程度参差不齐

我国医药流通主体的信息化水平较低，计算机及其网络技术的应用还不普及，尤其是县及县级以下的医药流通企业中，信息化程度很低。多数企业不熟悉、不了解电子商务、网上销售、物流配送等现代流通方式，经营管理者难以借助网络技术及计算机信息系统来掌握客户动向及药品流向，很难实现商品流、信息流、资金流的有效流通和管理。

(五) 现代化医药物流尚未成熟

一方面，我国许多医药企业、医药批发企业以及医药零售企业投资兴建大型物流设施，企业间彼此相互独立，缺乏交流与沟通，重复建设、盲目投资的情况相当普遍。另一方面，存在着物流需求的严重不足，物流资源过剩，物流设备、设施没有得到有效利用。有统计数据表明，中国医药物流设施平均空置率高达60%。

(六) 医药分销中介组织发展缓慢

医药分销中介组织是指为适应电子商务交易方式的要求，具有与传统流通主体运作方式不同的新的市场媒介体，包括新型网络服务商、第三方医药物流企业等。目前，由于中国药品分销体系仍然以传统分销企业为主，电子商务条件下的新型市场中介组织的产生和发展所需的政策环境和社会环境不理想，医药分销中介组织发展缓慢。

二、我国医药产品分销渠道发展趋势

(一) 渠道扁平化

1. 医药企业与药品零售终端直接合作 我国医药流通渠道的“多环节”是导致药品价格居

高不下的重要原因之一。减少中间环节最有效的方式是由医药企业与分销终端直接合作，缩短分销渠道的长度。如老百姓大药房直接向厂家发出“采购订单”，不少医药企业通过老百姓大药房即可把药品推向终端，分销渠道大大缩短，流通成本显著降低。

2. 医药企业开发第三终端市场 随着医药产品市场竞争日益加剧，不少医药企业开始把目光投向长期被忽视的农村地区、城市诊所、牧区医疗点和民营医院等“第三终端”市场。目前国家加大在社区医院和乡村医院等领域内的投资，第三终端市场规模越来越大。原来由医药批发商向第三终端供货的长渠道模式，变为现在由医药企业直接向第三终端供货的短渠道模式，提高了渠道效率，降低了医药产品的流通成本。如广西梧州制药（集团）股份有限公司，采用直接邀请第三终端客户召开招商会的形式进行医药产品销售推广，经过近两年时间的实践，逐步形成了一套行之有效的渠道建设模式。

（二）渠道精细化

1. 医药企业提供更多渠道服务 这种趋势表现为医药产品渠道成员的服务深化及分工细化。通常来说，在代理制分销模式中，医药企业只负责生产，不涉足药品分销业务，而分销商负责销售及回款。随着市场竞争日趋激烈，医药企业需要及时了解市场动态，以便及时应对，因此它们希望参与医药产品分销各个环节。如为代理商提供医药产品支持及相应培训，指导代理商如何利用资源和进行渠道推广活动，协助代理商开发市场等，从而形成广义上的渠道联盟。对于药品代理商而言，由于得到上游生产商的服务，市场开拓的难度将有所降低，因此其合作意愿很强。

2. 做细药品终端市场 医药企业采取“区域总经销模式”的分销模式，存在一定的弊端，在这种模式中，终端维护的任务主要由区域经销商来完成。通常情况下，区域分销商无法实现对区域市场的理想覆盖，也很难保证终端促销工作有效地进行，医药企业销售政策也存在执行变形的情况，医药产品积压或断货的情况时有发生。为改变这种粗放式的渠道模式，医药企业采取“区域总经销＋助销”“区域代理＋助销”“区城经销＋办事处”等模式，做细医药产品终端市场。通常由经销商负责物流、资金流的管理工作，医药企业负责促销和信息管理，分工更为明确。

（三）渠道规模化

随着药品零售市场竞争加剧及市场环境的变化，药品零售终端呈现规模化趋势。中国商业协会的数据表明，目前中国的药店数量有32万多家，其中连锁药店企业有1600家，门店已经超过6800家。销售排名前100位的连锁药店零售总额为500多亿元，连锁药店市场集中度不断提高。

案例学习

案例10-1 南京医药“罢购”西安杨森

自2007年4月28日起，南京医药股份有限公司（以下简称南京医药）开始暂停采购其所代理的西安杨森制药有限公司（以下简称西安杨森）的所有药品。南京医药方面表示，要与西安杨森建立新的合作关系，包括稳定的供应量和中间环节的利润分配，而西安杨森却表示无法接受，两家谈判一直处于僵持阶段。此次医药行业发生渠道冲突的根源主要是渠道成员的实力对比发生了变化。在渠道合作初期，作为中国最大的医药合资企业之一的西安杨森，其旗下OTC产品“吗丁啉”“达克宁”“派瑞松”等都是大品牌，处方药产品利润空间也相对较高，这使得其在与下游分销商的谈判中处于相对强势的地位。此次南京医药敢于“公开叫板”，与其实力增强不无关系。除了医疗机构渠道外，南京医药旗下还拥有分布于苏、皖等地的近千家零售药房，具有较强的终端销售能力。更重要的是，自2006年南京推行二级医院药房托管后，南京医药目前已托管了130多家医院药房，使得其终端控制实力大增。2006年，南京医药已跃居全国医药分销商药品销量排行榜第四名，是华东地区最主要的医药产品分销商之一。南京医药“罢购”西安杨森的渠道冲突事件说明，医药产品分销渠道成员实力的变化，会对医药企业带来严重影响，也会改变它们之间的关系和利润分配格局。医药企业应该充分发挥认识分销渠道成员的重要性，并进行妥善管理。

资料来源：袁虹根据黄佩所著《南京医药“罢购”西安杨森》一文编写。

问题：请结合本案例理解医药产品营销渠道管理的重要意义。

案例10-2　上海罗氏医药渠道整合

1996年，我国医药流通渠道鱼龙混杂，结构复杂，上海罗氏医药公司和许多合资公司一样，销售活动主要借助于一个庞大而复杂的中间商体系来完成。伴随着企业在中国市场的快速成长，许多弊端逐渐暴露出来。首先是分销渠道成员的管理难度非常大，主要表现在公司与代理商（分销商）目标难统一、“窜货”问题严重、回款困难等方面。与上海罗氏医药公司直接发生经销关系的中间商就有200余家，在这些中间商的下游，又有众多的二级、三级经销商，一方面向200多家直接客户的收款存在管理上的难度，另一方面，中间环节之间混乱的资金债务关系，使得回款更加困难，1995年按期回款率仅为30%，存在很大的财务风险。其次，销售和推广队伍涉足的广度和深度都不够，围绕罗氏芬的队伍仅覆盖14个大城市，90%的销售集中在广州、北京和上海，一方面深度不够，拜访医院只有300余家，另一方面，还有许多省会城市没有覆盖。针对上述问题，上海罗氏医药公司对分销渠道进行了调整，制订了强硬的分销商管理制度。首先对现有的200家分销商进行细致的考察，淘汰了60多家经营不规范或不具实力的中间商，并补充了40多家新的分销商；随后，对这些分销商进行分级管理，筛选出15家关键客户作为直接销售对象（一级分销商），其余的分销商按区域分配给15家一级分销商，并要求上海罗氏医药公司的所有产品只能从这些分销商直接供应到医院，一旦发现“窜货”现象和流入其他医药分销商的情形，则直接取消当事人的经销资格；与一级经销商、二级经销商共同签署三方协议，明确各级经销商的供货关系和指导价格及主要的商业政策。

资料来源：袁虹根据《我国医药分销渠道的影响因素分析》一文编写。

问题：请结合本案例理解医药产品营销渠道调整的重要意义和措施。

思　考　题

1. 什么是医药产品分销渠道？它有哪些类型？
2. 医药产品分销渠道的功能和作用有哪些？
3. 影响医药产品分销渠道设计与选择的因素有哪些？
4. 如何有效进行医药产品分销渠道管理？
5. 谈谈你对“窜货”现象的认识，以及如何有效管控“窜货”行为。
6. 结合我国医药市场现状，谈谈你对我国医药产品分销渠道的认识。

（袁　虹）

医药产品促销策略

学习目标和基本要求

通过对本章的学习，要求掌握医药产品促销的概念、促销组合的构成和各促销工具的基本概念、特点；熟悉医药产品人员促销、广告促销、销售促进和公关策略的要点；了解各医药产品促销工具的优点和缺点。

在现代医药市场营销策略中，医药企业不仅要开发适销对路的创新产品、制订合适的产品价格、构建高效的医药产品营销渠道，同时还要采取有效的促销策略，因此，医药企业要综合运用人员促销、广告、销售促进、公共关系等现代促销工具，全方位进行医药营销信息沟通，营造营销氛围，从而促进医药产品销售。

第1节 医药产品促销的基本概念

一、促销及医药产品促销的概念与作用

（一）促销和医药产品促销的概念

促销（promotion），英文的原意是“促进”“前进”，在市场营销学中指将企业及其产品的相关信息通过各种有效的方式传递给目标市场，以创造需求，并引起消费者购买欲望和购买行为的综合性策略活动。促销的实质是营销者与购买者之间的信息沟通。

医药产品促销（drug promotion）指将医药企业及其产品的有关信息通过各种方式传递给目标市场，以更好地推动和满足消费者的需求并最终促成其购买行为的一系列活动的总称。医药产品促销活动应和医药企业的其他营销活动相互配合、相互协调，利用多种营销工具共同积极推动企业与现实或潜在的顾客之间的信息沟通，把企业信息、产品信息和服务信息高效率地传递给消费者、中间商和医师等受众，在传播过程中树立良好的企业和产品形象，激发市场需求，扩大产品销售，实现良好的经济效益和社会效益。

（二）医药产品促销的作用

医药产品促销在整个医药市场营销活动中扮演着极其重要的角色。在市场经济条件下，无论是跨国制药公司、国有制药企业还是民营制药企业，无论制药企业的规模如何，都越来越离不开促销工具的运用，医药产品消费者和临床医师也习惯于依据促销活动的信息来购买药品或做出临床用药决策。具体来说，药品促销有如下几种作用：

1. 实现企业与外界的良好信息沟通 促销活动起着沟通医药企业、中间商和消费者的信息桥梁作用，它是联系医药企业与营销外部环境的重要沟通工具。通过行之有效的促销活动，

企业信息、医药产品信息、服务信息可被现实或潜在顾客充分了解；通过促销活动，医药企业可以获得第一手的反馈信息，准确了解和追踪市场需求，从而及时调整医药产品研发和营销策略。

2. 激发医药市场需求　医药企业首次向市场推广某种新产品时，往往通过促销激发消费者的需求，帮助顾客认识新产品，有目的地告知潜在顾客新产品的性质、用途、使用方法以及购买的渠道。在医药产品生命周期的导入期，通过介绍新产品，强调新产品的优点，刺激消费者对新产品的需求。医药企业在新产品上市之初，更要不遗余力地运用促销工具向广大临床医师、医药产品批发商、零售商和最终消费者进行促销，使其产生兴趣，进而刺激并创造需求。

3. 树立良好的品牌形象　当前医药市场营销工作的重心越来越多地围绕品牌策略进行，而塑造和提升品牌形象离不开促销工具的运用。以客户为中心，适当地选择促销传播工具，连续不断地进行品牌宣传，提高产品知名度，可以达到事半功倍的效果。在市场竞争日益激烈的情况下，我国医药企业面临着竞争对手众多、产品同质化严重等问题，企业可以通过促销确立或传递本企业品牌的认知度、产品特征、企业形象，把自己的产品与竞争品牌区分开来，以便在细分市场中取得成功。

二、医药产品促销的信息传播过程

医药产品促销活动的全过程实际是将医药企业、产品及服务等信息向公众传播的过程。有效的信息传播是企业实施促销策略的决定性因素。为了使信息传播的模式更为合理、信息传播的效果更有价值、信息传播的过程更有效率，医药营销人员必须掌握信息传播的原理。

（一）传播的概念

传播（communication）指人与人之间、人与组织之间、组织与组织之间通过声音、文字、图像等形式相互发送、传递、交流、接收和分享信息的活动过程。简单地说，传播的根本目的是传递信息。医药市场营销中的信息传播主要是指制药企业采用人员或非人员传播渠道，将相关信息传递给顾客、合作者及公众，以达到塑造良好企业形象和产品形象、获取社会支持和信赖、占领和扩大市场的目的。

（二）传播的过程

传播的过程主要由传播的参与者、传播工具和传播的主要职能等要素构成。传播的参与者指信息的发送者和受众，传播工具主要指传递信息的媒体，传播的职能主要指编码、解码和反馈。

三、药品促销组合

药品促销组合（drug promotion combination），指医药企业综合运用人员推销、销售促进、广告和公共关系四种促销手段向组织和个人进行信息传播的活动。根据信息传递媒介的不同，促销可以分为人员促销和非人员促销。人员促销就是人员推销，非人员促销包括销售促进、广告和公共关系。

（一）促销的含义及特点

1. 人员推销（personnel selling）　指企业向目标市场派出销售人员，拜访顾客，介绍产品知识，宣传企业形象，面对面地与顾客直接进行交流，说服顾客购买本企业产品的促销方式。人员推销的优点是信息传播的反馈迅速，双向沟通，通过和顾客肢体、眼神、口头语言的交流，营销人员能对顾客的需求做出迅速反应，及时调整对策；可以与顾客培养感情，建立深厚友谊，树立良好的企业形象和产品的良好信誉；还可以兼做提供服务、收集情报、市场调查、销售产品、回收货款等工作。与广告等其他促销手段相比，人员推销的缺点在于成本较高，是一种昂贵的促销手段。

2. 广告（advertising） 指企业支付一定的费用，通过电视、广播、互联网、报纸、杂志、期刊、户外建筑物及运输工具等大众媒体，把产品、服务及企业介绍给目标顾客的促销方式。广告作为一种非人际传播方式，其特点是能够同时向大量受众传递大量的信息，效率高、速度快，是营销活动中最为人所熟知的一种促销手段。广告促销主要特点包括：公众性好，特别适用于OTC药品的营销信息传播；表现性好，形象化、艺术性的信息传播，使消费者易于接受；广告的渗透性好，多次重复同一信息，信息渗透性极强；具有非人格性，是一种单向的信息沟通方式。广告的缺点在于其信息反馈的速度很慢，短时间内难以衡量其对销售量的影响。另外，在黄金时段的电视节目中插播广告，需要大量的资金投入。

3. 销售促进（sales promotion） 又称营业推广，是企业向销售人员、中间商和消费者提供额外价值或激励的营销活动，目的是迅速刺激销售。销售促进具有短期性、时效性和不定期性的特点，它通常表现为折价销售、有奖销售、销售竞赛、免费试用、附带赠送礼物、奖券等促销方式，在短期内可使企业促销工作的成效立竿见影，销售量大幅度增长。其缺点在于只能配合其他促销手段使用，不能单独使用，也不能长期使用，否则会造成受众对产品质量的怀疑，引起产品和企业声誉的下降。

4. 公共关系（public relationship） 指企业以非付款的方式通过第三者在报刊、电台、电视、会议、信函等传播媒体上发表有关医药企业的报道，以促进人们对企业及其产品产生好感的行为，是为建立并维护与公众之间的良好关系而采取的一系列传播计划和控制措施。如采取召开新闻发布会、提供新闻稿、提供特写照片等新闻形式，或采取参与公共事务、赞助特殊事件等社会公益活动的形式。由于通过中立的第三方发布消息，消费者很少怀疑信息的真实性，公共关系传播的可信度很高。公共关系活动花费的成本低廉，是最省钱的促销工具之一。但由于大众媒介不受企业控制，负面的新闻报道对企业不利甚至会带来灾难性的后果。

（二）影响促销组合选择的因素

1. 促销目标 医药企业的促销目标是影响促销组合选择的重要因素，促销目标不同，促销组合就会大相径庭。如果某医药企业在成立之初进行促销的目标是迅速提高公众对企业和产品的认知度，其促销组合就会依赖公共关系、广告和人员推销；如果医药企业的促销目标是迅速增加销售额，抢占市场份额，那么促销组合应侧重于广告和销售促进。

2. 目标市场 企业目标市场的规模、地理位置和消费者特征等因素决定企业选择不同的促销组合。如目标市场容量有限并且较为集中，顾客的医药学专业知识丰富，则企业应更多地使用人员推销，在无须投入较高成本的前提下就可与目标市场直接接触；如目标市场人口众多而且地理位置分散，顾客文化程度较低，产品安全性高，属于非处方药，则使用广告可以达到向大量受众传播大量信息的效果。

3. 医药产品性质 我国法律禁止处方药在大众媒体进行广告，所以人员推销是处方药促销活动的首要选择，是与医生进行沟通的最佳途径；非处方药的促销工具则应当首选广告，并在增加销售促进、人员推销方面予以配合。

4. 医药产品的生命周期 医药产品的生命周期也是促销组合选择时必须考虑的因素。如导入期的产品要进行广泛的宣传，以提高产品的知名度和认知度，广告是首选的促销工具，人员推销和销售促进也必不可少；进入成长期和成熟期后，则需通过公共关系树立企业品牌与特色，培育顾客忠诚度；到了衰退期，除了保留部分销售促进措施外，其他各种促销工具尤其是广告可以弱化，甚至可以取消。

5. 推拉渠道策略　促销策略总体上可以分为推动和拉引两种。推动策略（push strategy）指企业沿着营销渠道的物流路线针对渠道成员进行促销，由渠道成员依次把产品促销给下一级渠道成员直至推销给最终顾客。推动策略主要依靠人员推销和针对中间商的销售促进活动。拉引策略（pull strategy）正好相反，企业只针对最终顾客进行促销，促使顾客形成对产品的强烈需求，运用广告诱导顾客去零售商处询购，零售商再去批发商处购买，批发商再向企业提出发货要求，将产品拉进营销渠道。不同的促销策略对促销组合的选择有重要影响。

6. 医药产品功效　产品功效也会影响其促销组合。大部分消费者都极力避免与销售人员讨论与个人隐私相关的问题，一些涉及此类功效的药品只能通过广告促销。如非处方避孕药、治疗妇科疾病的医药产品、性保健品等。

7. 其他营销因素　促销组合的效能大小不仅取决于各种促销手段本身的配合使用状况，还取决于与产品开发、渠道选择、定价策略等企业营销组合因素的协调情况。

第 2 节　医药产品人员促销策略

医药产品是一种特殊的商品，其消费模式与普通商品不一样，具有典型的代理消费特征，即临床医生的处方和专业技术人员的推荐对消费者的购买行为产生决定性影响，因此，医药产品的人员促销对象主要是医药产品零售企业和医疗机构中的专业技术人员。发挥人员促销作用的是医药企业的营销人员，也被称为医药信息沟通员。

一、人员促销的概念和特点

（一）人员促销的概念

人员促销指医药企业派出推销人员直接与顾客接触、洽谈、宣传产品、处理异议，以达到促进销售目的的沟通协调过程。在人员促销活动中，促销人员、促销对象、促销品（医药产品）是三个基本要素，前两者是促销活动的主体，医药产品是促销活动的客体。

（二）人员促销的特点

1. 需求满足的动力性　一方面，促销人员为满足自己多方面的需求而去从事促销活动，并从促销的成功及顾客需求的满足中获得自己需求的满足；另一方面，客户为满足自己的需求而向促销方寻找能满足需求的内容、方式。

2. 信息传递的双向性　在人员促销过程中，一方面，促销人员将医药产品的相关信息，如所在企业的情况、药品的成分、生产工艺、原材料的选择、疗效、适应证、使用方法等传递给医疗机构的医生或者药店的店员，便于他们开出处方或指导患者用药；另一方面，促销人员又将顾客对医药产品的相关要求反馈给医药企业，为医药企业制订战略规划和营销策略提供依据。

3. 处理问题的灵活性　在人员促销过程中，促销人员与顾客面对面交流，通过仔细观察，可适时地了解顾客的需求，掌握顾客的疑问和异议，并及时有针对性地做出处理，这样可以更好地抓住有利时机促成交易。

4. 关系建立的效益性　促销人员与医疗机构的医生和药店的店员直接见面，长期接触，可使双方建立友谊。医药企业营销人员和消费者可以在较好的感情基础之上进行互动，易于使消费者对该医药企业的产品和促销人员产生好感，促进销售活动的开展。

二、人员促销的作用

（一）发现市场

通过人员促销可以寻找与发现潜在市场。潜在市场是医药企业拓展市场的空间，是医药市场营销活动的重点工作。因此，医药促销人员在促销活动中必须时刻留心对潜在市场的发现，并研究潜在市场。

（二）开拓市场

医药促销人员只有开拓与进入目标市场，才能把潜在市场变为现实市场，把市场机会变为医药企业的盈利机会。开拓目标市场包括举办公关活动、制订并实施医药产品在该市场的销售网络计划等。

（三）传递信息

医药促销人员是市场与医药企业信息传递的桥梁。医药促销人员要向医生或药店店员传递医药产品及生产企业的相关信息，同时又要向医药企业传递药品供求信息，使企业按需生产。

（四）开展活动

通过医药促销人员进行具体的促销业务，如寻找顾客、约见洽谈、处理异议、促使成交、办理交易手续、催缴回收货款等。另外，医药促销人员通过有效引导，可以促使医生和药店店员优先推荐其销售的医药产品。

（五）提供服务

医药促销人员通过提供全面、优质的药学服务，影响医生及药店店员优先使用和推荐本企业的产品。另外，医药促销人员还可以提供更加广泛的服务，建立良好的人际关系，宣传医药企业的真诚和信誉。

（六）树立形象

医药促销人员担负着树立医药企业、产品形象的使命。对医疗机构及零售药店来说，药品促销人员就是医药企业的代表，其一言一行都代表着制药企业的形象。良好的企业形象关系到企业、产品能否赢得顾客的信任和好感，进而带来销售效益。医药促销人员应该在顾客面前展示本企业文化，建立良好的信誉，不断提高企业的知名度与美誉度。

三、促销人员的基本素质要求

促销人员是医药企业的代表，也是医生及药店店员的顾问，为此，促销人员应该具有较高的专业素质、丰富的知识和较强的业务能力。培养优秀促销人员是医药企业营销成功的关键。医药促销人员应该具备以下几方面的素质。

（一）基本素质

1. 具有强烈的敬业精神 促销人员首先要热爱自己所从事的营销工作，具有较强的敬业精神。只有热爱本职工作，才会有动力，才会感觉到工作的乐趣，才会以饱满的热情去工作，去感染顾客。优秀促销员有一个共同点，那就是内心有不断超越自己的动力，在工作中精益求精。

2. 具有高度的责任感 促销人员的责任感主要表现在忠实于本企业，忠实于自己的顾客，维护企业的形象和顾客的利益。促销人员是企业利益的实现者，是企业的形象代表。促销人员只有具有高度的工作责任感，才会自觉维护企业的形象和利益。

3. 具有良好的职业道德 医药促销人员需具有良好的职业道德。促销活动是一项塑造医药企业形象、建立声誉的事业，如果没有良好的职业道德来约束，则很难做好这一事业。医药促销人员的良好职业道德具体表现：不夸大所推广医药产品的功效及适用范围；不隐瞒药品的不良反应；不为伪劣医药产品做宣传；充分考虑患者使用医药产品的有效性及经济承受能力；不对医生做无原则推荐或误导；工作时间不做促销工作以外的事情等。

（二）心理素质

1. 坚强的自信心　医药促销人员要成功地把产品促销出去，必须具有较强的自信心。只有具备了较强的自信心，才能在医药产品促销时语言坚定自信，富有感染力和说服力，说话办事干脆利落。

2. 顽强的毅力　促销工作是医药企业运转循环中最艰苦的环节，促销人员必须具备吃苦耐劳、百折不挠的精神。胜不骄，败不馁，面对挫折和失败，促销人员要以韧性、理智、自信的态度处之。不管面对任何情况，都永远保持平和的心态和永不服输、开拓进取的精神。

3. 良好的调控能力　促销是最容易遭遇挫折的职业，促销人员经常会遭到拒绝，甚至会遇到冷落、嘲讽和打击，每一次挫折都可能导致情绪的低落、意志的消沉，这些都会影响业务的拓展，有些促销人员或者干脆选择退出，因此，医药促销人员要有良好的情绪调控能力。

（三）能力素质

1. 沟通能力　医药促销人员向顾客促销的过程，实质是信息沟通的过程。沟通能力是促销人员必须具备的核心能力。

2. 语言能力　医药促销人员的工作主要是与客户进行交流，说服顾客购买其产品，而说服需要有良好的语言表达能力。促销人员的语言表达要有较强的针对性、艺术性，做到有的放矢，要恰当地使用肢体语言。

3. 社交能力　医药促销人员面对的顾客各种各样，如何与众多的顾客成为朋友，这就要求促销人员具有很强的社交能力。

4. 观察能力　医药促销人员敏锐的观察能力对销售成功是至关重要的。在促销过程中，医药促销人员应该从客户的言谈举止、表情等方面的微妙变化中去洞察对方的心理活动。

5. 应变能力　在医药促销过程中常常会遇到各种突发情况，加上促销工作的独立性较强，需要促销人员有较强的随机应变的能力。

（四）知识素养

1. 医药产品知识　完整准确地提供所促销医药产品的信息是促销成功的关键。促销人员应对自己所促销的医药产品非常熟悉。由于医药产品专业性较强，这就要求促销人员具备一定医药知识，并且有良好的学习能力。医药产品知识主要包括：该医药产品的基本信息及临床的研发背景、发展历史及与同类产品相互比较的特点等。同时，医药促销人员还应该具备搜集有关医药产品临床治疗的最新资料和最新进展，并整理成通俗易懂的宣传材料的能力。

2. 市场营销知识　促销人员应具备市场营销相关知识，具备如市场学、广告学、心理学以及销售方法与技巧等方面的知识。

四、促销人员的工作策略

促销人员的工作策略是其促销成功的重要保证，主要包括语言策略、演示策略和营造需求环境策略等。

（一）语言策略

1. 试探性策略　促销人员在不了解客户需求的情况下，事先准备好要说的话，对客户进行试探，同时密切注意对方的反应，然后根据客户反应对医药产品进行说明或宣传。运用试探性策略的关键是要引起客户的积极反应，激发客户的购买欲望。

2. 针对性策略 采取针对性策略的前提是促销人员事先基本了解客户的某些方面的需要，然后有针对性地进行“说服”，要根据客户的需求状况和心理状况有效地设计好促销措施和语言，做到言辞恳切，实事求是，有目的地宣传、展示和介绍医药产品。运用针对性策略的关键是促使客户产生强烈的共鸣，促成交易。

3. 引导性策略 促销人员运用激起客户某种欲望的说服方法，唤起其潜在需求，从而引导其购买医药产品的行为。运用引导性策略的关键是促销人员有较高的语言技巧和艺术，能够引发客户产生某方面的需求，然后抓住时机，向客户说明所促销的产品正好能满足他们的需求，从而达成交易。

（二）演示策略

1. 对比演示 将两个或两个以上具有可比性的同类医药产品放在一起进行综合分析比较，让医生或店员进行对比考察。通过客观的医药产品实验数据，理性地与其他产品进行比较、分析，往往能得到客户的认同，也易于达成交易。

2. 工具演示 指用图画、图片、模型和照片等做道具，将一些不便携带的医药产品向客户演示介绍的方法。

（三）营造需求环境策略

1. 开展学术推广 医药促销人员开展学术推广在医药产品信息的传播中起着至关重要的作用。医药产品的学术推广表现形式为科室会议和各类学术会议。开展学术推广能与目标医生、药店店员进行有效的沟通，将医药产品的安全性、有效性、稳定性等学术信息传递给医师、药店店员，以达到推广销售产品的目的。

2. 开展医药科普教育活动 合法开展医药科普知识教育是医药产品推广的有效途径。通过专家讲座，向包括医生在内的公众传播健康知识，能在客户和患者心目中树立医药企业和产品的良好形象。例如，诺和诺德制药有限公司与中国政府合作的“中国糖尿病管理工作项目”等科普知识教育活动，对医生、护士以及患者进行糖尿病防治教育。经过多年的推广，“诺和关怀”已经成为糖尿病患者教育和服务的第一品牌，与诺和诺德的糖尿病产品品牌互相促进，相得益彰。

3. 利用医药专业媒体营造气氛 医药专业媒体具有学术性、针对性和公信力强的特点，其主要读者是医药卫生专业技术人员和医疗管理人员，对医生、药师等目标客户群体影响较大。医药企业可以与学术机构和临床医师合作，开展产品学术研究，在医药企业杂志、报纸和网络等媒体上发表学术性论文，从深度和广度上为促销人员促销医药产品做好舆论铺垫和学术宣传，提高学术推广的水平。

五、促销人员的管理

（一）促销人员的选择

促销人员的选择是医药企业市场营销获得成功的关键，因此，医药企业需要认真挑选合适的促销人员。

1. 全面考察促销人员的综合素质 促销人员要具备如前所述的基本素质、心理素质、能力素质、知识素养等。合格的促销人员应具有一定的医药产品知识、医学知识、药学知识、市场知识；具有较高的医学或药学学历，良好的修养和风度；具有较强的应变能力和沟通能力；具有较强的观察力、理解力、创造力、想象力和判断力；具有相应的药事法律、法规知识。

2. 促销人员的来源　医药企业招聘促销人员有两种途径：一是企业内部招聘。医药企业可以通过内部招聘的形式，选拔一些素质高的、能力强的、热爱促销工作的员工从事促销工作。二是企业外部招聘。主要包括招聘医药相关专业的应届毕业生和向社会招聘。前者具备相关医药知识，可塑性强，但缺乏工作经验；后者虽然工作经验相对丰富，但可塑造性差，管理难度大。

3. 促销人员选择的步骤　通常采用面试和笔试相结合的方法，基本步骤为：填写申请表、学历与经历调查、初步面试、测验、正式面试、确定录用对象、体格检查、正式录用等程序。

（二）促销人员的培训

对于录用的促销人员，即使是具有一定经验的促销人员也必须经过培训后方能上岗，使他们了解企业文化、产品知识、营销战略和市场策略。

1. 培训方法　促销人员的培训方法一般分为三种：一是集中课堂讲授培训，即采取举办培训班或专家讲座的形式，聘请专家、业绩优秀的促销人员讲授相关知识，这类培训时间较长，受训对象多为新招聘的促销人员；二是模拟培训，即模拟真实促销场景，促销人员在专家指导下向模拟的客户进行推销活动；三是实践培训，即通过老促销人员传、帮、带的形式让新入职促销人员尽快掌握促销方法。

2. 培训内容　培训内容主要包括知识培训、促销技巧培训、促销经验培训、职业道德培训等内容。知识培训主要包括医药产品知识、企业知识、市场知识、客户知识和其他知识等；促销技巧培训主要包括促销人员的举止、仪表、言谈、良好个性、倾听、微笑、促销时机、人际关系等；促销经验培训主要包括总结经验、使用经验等；职业道德培训主要包括相关法律和法规、公司规章制度、职业道德、社会伦理等培训。

（三）促销人员的考核

为了对促销人员进行有效的管理，同时也作为分配报酬的依据，医药企业需要定期或不定期对促销人员的销售业绩进行考核。

1. 促销报告考核　销售报告分两类：一是促销人员的工作计划；二是促销人员的工作情况报告制度。从销售报告中，销售管理部门或销售经理能及时掌握促销人员的工作情况，了解市场动态，以便更好地开展促销活动。

2. 促销活动指标考核　主要包括访问率、销售量、销售任务完成率、访问成功率、增加的客户数目等。这些指标主要考核促销人员工作的业绩以及工作的积极性和开拓性。

（四）促销人员的激励

组织中的任何成员都需要激励，医药促销人员更加需要激励，因此，对医药促销人员的激励工作十分必要。常用的激励方法有以下几种。

1. 物质激励　一般可以采用底薪加提成的方式进行激励，即促销人员需要完成一定的任务指标，才能拿到底薪，超出最低指标可以拿到销售业绩提成。底薪与提成如何搭配应根据促销人员能力大小及承担风险的大小进行调整，对能力较低、承担风险较小的促销人员给予较高的底薪及较低的提成；对能力较强及承担风险较大的促销人员，可以给予较低的底薪和较高的提成，以激励其更加努力地工作。此种激励方式有利于促销人员获得必要的报酬，也有利于激励他们提高促销业绩。

2. 精神激励　除了物质激励促销人员之外，还有非物质激励即精神奖励，如口头表扬、晋升、赋予更大的责任与权力、赠送礼物、提供培训机会等方式。此种激励是一种辅助激励措施，成本不高，灵活运用会起到较好的激励效果。

3. 多重激励 根据具体情况的不同，对促销人员进行多重激励，即物质激励、精神激励、股票期权激励等措施相结合的激励方法。此种奖励方法能满足不同人员的偏好，可极大地调动促销人员的积极性。

4. 特别激励 除以上正常奖励外，可根据促销人员不同时期的不同表现给予特别奖励，如奖励某一个季度、某一年度的促销冠军，给予一部分奖金并授予冠军奖杯。

六、医药促销团队建设与管理

（一）医药促销团队的定义

医药促销团队是一个由多个医药促销成员组成的小组，小组成员具备一定的知识或技能，有共同的目标，他们共享工作成果和分担工作责任。

（二）医药营销团队建设与管理

1. 人员选择 选择优秀的促销人员充实到促销团队中，是团队建设最为关键的一步。同时，选择大家认可的团队领袖也是极为重要的，合适的团队领袖可以提高团队的凝聚力和战斗力，提高团队的工作绩效。

2. 培养团队意识 团队意识的培养十分重要，是团队的生命力所在。医药产品促销团队是一个集合体，不论个体如何优秀，只有他们都具备了较强的团队意识，在工作中相互支持和配合，才能使团队获得较好的促销效果。

3. 设计团队目标 每个促销团队应确定自身在一定时期内的总体销售目标，团队领导给团队成员布置具体的工作任务。设计促销团队销售目标要注意目标的可测量性和精确性，最好采取定量的方法描述销售量、市场占有率和利润率。

4. 确定促销团队的结构 医药产品促销团队的结构指促销人员在市场的分布情况和内部构成。根据医药企业销售产品种类的不同，可以采取不同的结构。

（1）地区式团队：指分别把各个促销人员派往不同的地区，授权其负责某一地区市场所有产品的促销工作。地区式结构的优点是促销人员的职责清楚，工作地点相对稳定，有利于节省差旅费用，有利于促销人员集中精力做好本地区市场的促销工作，有利于树立企业的形象。但如果市场过分分散，促销人员就会难以应付，促销效率会下降。

（2）产品式团队：指按医药产品的种类组织促销队伍结构。把企业产品分为几类，每一位促销人员分别负责一类或几类产品的促销工作。此种结构适用于医药企业产品类型多且产品间关联不密切的情况。产品式结构的缺点是如果出现不同种类产品的促销人员面对同一顾客进行促销时，容易招致顾客的反感；同时，若某个促销人员的工作未做好，影响到企业形象，就会影响其他产品的销售。

（3）市场式团队：指根据顾客类别组织促销队伍。即按照医疗机构或药店的特征将其分为若干类别，分别配置不同的促销人员。如按照医疗机构的规模把医疗机构分为三甲医院、二甲医院、私立医院、社区医院等，就可分别委派不同的促销人员负责不同的医院的促销工作。市场式结构的优点是有利于每一个或每一组促销人员了解特定顾客的特定需要。

（4）混合式团队：如果医药企业的市场范围广泛，产品种类复杂，顾客分散，那么仅仅凭借上述其中任何一种结构都不能有效提高促销效率。此时医药企业就应使用混合式结构，即采取地区—产品、地区—市场、产品—市场等设计合理的促销队伍。

5. 确定促销团队的规模 促销团队规模的大小即促销人员的多少，要根据本企业的产品特点、市场情况等来灵活确定。配备适合市场需求的促销团队规模，才能降低促销成本，保证企业利润的最大化。

第 3 节 医药产品广告促销策略

广告宣传是医药企业普遍重视和广泛采用的促销方式。近年来，我国医药产品广告数量有了很大的增长，广告的内容、形式、表现手法等也日趋丰富，对消费者的心理、观念和行为都产生了重要的影响。

一、医药产品广告概述

（一）医药产品广告的定义

医药产品广告指医药企业承担一定的费用，通过适当的媒介向目标市场传播医药企业及产品有关信息的传播活动。

医药产品广告的定义包括以下内涵：① 医药广告是一种付费传播；② 医药广告是通过媒体传播医药产品信息的非人际传播；③ 医药广告的对象是目标市场；④ 医药广告的目的是传播医药企业及产品有关信息，促进消费者购买行为的发生。

（二）医药产品广告的作用

1. 传递医药新产品信息 医药新产品指市场上首次销售的产品，介绍新产品的广告又称通知广告。医药新产品上市之初，以发布广告的形式介绍情况，告知医生或消费者新产品的利益点和创新点，有效激发消费者的购买欲望。

2. 创立企业和产品品牌 在客户心目中树立品牌形象是医药产品广告的另一重要作用。这类广告的目的是使顾客对本企业品牌产生信任、偏好，并且持续购买，也称为说服广告。在法律允许的范围内，医药企业可以通过与竞争产品相比较来突出本企业产品所具有的优势，最终引导顾客转向本企业的品牌。

3. 提醒顾客持续关注本企业的产品 有一些广告在公众面前出现的频率很高，其主要目的是提醒顾客注意本企业的产品，唤起顾客的需求，让顾客记住这个产品，以刺激顾客对产品或服务的重复购买行为，如“脑白金”的广告。

4. 表现顾客对产品的肯定态度 “满意的顾客就是最好的广告”，一些医药产品广告旨在表现顾客对产品使用后的满意度，目的是说服顾客相信他们做出的购买决策是正确的，从而影响潜在顾客对产品的态度。

（三）医药产品广告的原则

1. 真实性 真实性是医药广告的生命。医药广告的内容要真实，必须以药品说明书的内容为基础，并符合《药品广告审查办法》的要求。

2. 针对性 医药广告要根据不同的广告对象来决定广告的内容与形式，选择适合的传播媒体。

3. 简明性 简短、清晰地说明品牌的特色和个性是医药产品广告设计的客观要求，应突出宣传目标顾客最重视的产品属性或购买该种产品的主要关注点。广告越简单，其穿透力越强。

4. 艺术性 广告是一种艺术。医药广告设计理念、传播内容、表现形式要新颖，要有艺术感，要用美感打动消费者。

5. 文化性 医药广告必须符合社会文化、思想道德的客观要求，符合目标市场的文化习俗。

二、医药产品广告的目标

广告的目标是指企业借助广告活动所要达到的目的。广告的目标往往来自于企业的整体营销战略。一般而言，医药企业会根据产品生命周期的不同阶段来确定不同的广告目标。

（一）提高医药企业和产品知名度

当医药企业创立初期或医药产品处于导入期时，企业通常会选择以提高医药企业和产品知名度为目标的通知性广告，向目标市场介绍本企业的情况及医药产品的质量、特性、功效等，以激起消费者的初次购买欲望，激发初步需求。

（二）促进顾客需求偏好的形成

当产品处于生命周期的成长期和成熟前期时，为维持自身的地位，抵御竞争者的威胁，企业就需要投放带有竞争性质的广告。这类广告目标旨在建立选择性需求，促进目标购买者从选择竞争对手的品牌产品转向选择本企业的品牌产品。

（三）维持顾客的“惯性”需求与购买

当产品进入成熟后期时，销售量达到顶峰，销售增长速度趋缓，市场基本上已达到饱和状态，品牌的知名度和美誉度达到了稳定的水平，品牌已拥有稳定的消费群体。此时的广告目标是要维持和巩固消费者对产品的忠诚度，不断提醒顾客，使之产生“惯性”需求。

三、医药广告经费预算

广告经费预算指医药企业在一定时期内预期分配给广告活动的总费用。中国医药企业的广告经费已经占销售额的 5%～10%，广告费用成为医药产品销售费用最重要的组成部分。医药企业应该研究影响广告经费预算的各种因素，采用科学的方法进行成本收益分析，尽可能以较低的成本达到最佳的效果。

（一）影响医药广告经费预算的因素

影响医药广告经费预算的因素很多，主要包括医药企业资金实力、目标市场规模和市场份额、医药市场竞争激烈程度、医药产品的特性及产品所处的生命周期阶段、广告投放频率等方面。要综合考虑这些影响因素，统筹平衡，并根据主要因素做出具体预算。

（二）确定医药广告经费预算的方法

1. 目标任务法 首先确定医药广告活动要达到的目标，在此基础上明确达到目标所需要完成的各项具体任务，分别计算完成各项任务的经费，将其汇总之后就可以得出整个广告的预算经费。

2. 销售百分比法 首先根据企业已经完成的销售情况估计销售量增长或减少的趋势，预测将来某段时期的销售总量，再以预测的销售总量乘上一个标准百分比得到广告预算。这个标准百分比是根据医药行业平均广告支出和企业通常的广告支出确定的。

3. 竞争匹配法 企业根据竞争对手广告支出总额或占销售额的百分比决定自己的广告经费预算，也就是使自己的广告预算与竞争对手的广告预算大致相当。

四、医药产品广告的媒体选择

医药广告媒体是实现医药信息沟通的工具和手段。广告媒体选择的核心就是寻找最佳传递路线，以求广告在目标市场范围内达到所期望的影响力。选择好广告媒体，充分发挥各类广告媒体的作用，可以取得最佳的传播效果和经济效益。

（一）医药广告媒体的类型和特点

随着现代信息科学技术的发展，可供医药企业选择的广告媒体的类型很多。目前常见的广告媒体主要有报纸、杂志、广播、电视、户外媒体、直邮广告、互联网、移动终端等。广告媒体类型不同，其承载信息的表现形式、信息传递的数量、信息传递的时间和空间以及接受信息的对象都有所不同。为了使企业和产品的信息能够以最合适的途径传播给目标市场，达到最好的广告传递效果，医药企业应比较各媒体的优、缺点，结合自己企业和产品的特点，扬长避短，充分利用不同广告媒体的优点，寻求成本效益比最佳的沟通路线。

表 11-1　主流广告媒体优、缺点

媒　体	优　点	缺　点
报纸	弹性大、及时，对区域市场的覆盖率高，易被接受和被信任	时效短，转阅读者少
杂志	可选择适当的地区和对象，可靠且有名气，时效长，读者多	广告购买前置时间长，有些发行量是无效的
广播	大量使用，可选择适当的地区和对象，成本低	仅有音响效果，不如电视吸引人
电视	视、听、动作紧密结合且引人注意，送达率高	绝对成本高，展露瞬间即逝，对观众无选择性
直接邮寄	沟通对象已经过选择	成本比较高，容易造成滥寄的现象
户外	比较灵活，展露重复性强，成本低、竞争少	不能选择对象，影响力受到局限等
互联网	覆盖范围广，费用低廉，迅捷，互动性强	效果评估困难，创意受局限，易被过滤

（二）医药产品广告媒体功能

1. 传播功能　医药产品广告的基本功能是传递信息，广告媒体具备传播功能，可以承载医药产品广告信息并把它传达给目标受众。医药产品广告媒体能够适应广告主对信息传达的各种需求，它沟通了广告主和顾客之间的联系，使信息发送和接收成为可能，进而实现广告活动的预期目标。

2. 吸引功能　广告媒体可以吸引不同公众，使他们接触媒体，进而接受媒体传播的信息。各种广告媒体都拥有一定数量的接触者，但是各种媒体的吸引力又是不同的。由于许多医药产品都有特定的消费群体，产品的宣传广告都有特定的目标受众，所以要求广告媒体对目标受众有较强的吸引力，通过媒体自身的吸引力唤起目标受众接触媒体的兴趣，使目标受众有可能接收到相关的医药产品信息。

3. 服务功能　广告媒体具有根据自身的特点为广告主、广告经营机构提供有效服务的功能，向广大受众提供真实有价值的信息，以满足不同层次的需要。医药企业通过广告媒体将企业及产品的信息传递给目标市场；广告经营机构通过广告媒体发布供求双方的信息；目标受众通过广告媒体了解各种医药产品信息，为他们的购买决策做准备。

（三）医药广告媒体策略

1. “多媒体”策略　即针对特定目标市场，在一段时间内，同时选用多种广告媒体，利用各种媒体的特性进行互补组合，造成宏大的宣传声势，使得目标顾客与广告接触机会增多，容易引起消费者关注。如“脑白金”的宣传就“软硬”兼施，既在报纸上做广告，也利用电视媒体进行传播。这种策略一般耗资巨大，适合实力比较雄厚的医药企业采用。

2. 变换媒体策略 即定期交换或交替使用不同媒体进行广告宣传。仅仅使用一种媒体，容易漏掉一部分顾客。因为即使同一类型的顾客，经常接触的媒体也存在差别。医药企业若能以大致相同的广告费用，选择某种媒体为主，交替使用其他几种媒体进行广告宣传，也可以扩大广告的覆盖面。这种策略比较适用于实力有限的中小医药企业。

（四）医药广告媒体选择的特殊性

2007年国家工商行政管理总局和国家食品药品监督管理局联合发布的《药品广告审查发布标准》明确规定，处方药只可以在卫生部和国家食品药品监督管理局共同指定的医学、药学专业刊物上发布广告，而不得在大众传播媒介发布广告或者以其他方式进行以公众为对象的广告宣传，而且不得以赠送医学、药学专业刊物等形式向公众发布处方药广告。不允许在未成年人出版物和广播电视频道、节目、栏目上发布医药产品广告。因此，医药企业要根据产品类别合理选择广告媒体，一方面可以充分利用专业媒体针对性更强的优势宣传处方药，另一方面可以通过大众媒体宣传非处方药，树立良好的企业品牌形象。

五、医药产品广告设计

为了达到理想的信息宣传和传播效果，医药广告设计人员在进行广告创意时，必须充分考虑消费者的心理需求和对信息的接纳程度，使医药企业和产品信息给消费者留下深刻的印象。

（一）选择医药广告主题

医药企业必须首先明白什么样的广告信息才能引起消费者的注意并使之产生共鸣。医药广告设计的核心是要突出广告的基本主题。常用的广告主题选择策略有USP策略、品牌形象策略、感性诉求策略三种。

1. USP策略 USP（unique selling proposition）策略是罗瑟·瑞夫斯（Rosser Reeves）在20世纪50年代提出的一种广告构思策略，强调产品的“独特销售主张”。当医药市场上具有相同功能的产品很多时，广告必须强调差异性。USP策略就是给消费者一个明确的利益点。这个利益点是该产品独具的、其他竞争对手不具备的或在广告中未曾表现过的。如“康泰克”的“治感冒30分钟起效，不含PPA”就是通过强调快速和安全展现产品的特色。通常在下列情况，使用USP策略比较合适：①在医药新产品、新功能出现时，将这一信息告知目标受众；②医药产品的功能特色在较长时间内难以被模仿；③医药产品专业化程度高，企业实力雄厚，产品在消费者心目中有良好的信誉，消费者相信只有该产品才具有某一特性。

2. 品牌形象策略 一般来说，单纯的产品广告着眼于销量的提高，作用是短期的，而品牌形象广告不仅可以提升销量，而且为今后产品线的延伸和新产品的推出做好准备，作用是长期的。例如许多大型医药企业往往产品种类繁多，在广告中不可能对其产品逐一介绍，品牌形象传播也就成为必然之选。品牌形象宣传的另一个好处在于可以影响医生，使医生们对该品牌产生好感。同时，品牌形象宣传也能够吸引合作伙伴，促成交易。

3. 感性诉求策略 广告的诉求主题是对本产品最具竞争力的优势进行提炼和挖掘后得出的，通常广告诉求可以分为理性诉求和感性诉求。理性诉求是直接向消费者说明该产品的特性或使用该产品带来的利益，比如“胃痛、胃酸、胃胀，请用‘斯达舒’”，直接说明了产品的功效，直观且理性。而感性诉求不是要告诉消费者产品的特性，而是通过激发消费者的情绪或情感，使消费者对产品产生好感。因为“以情动人”的医药产品广告往往比单纯宣传产品功效的广告更容易吸引人，通过情感纽带更有可能真正建立起消费者的品牌忠诚度。

（二）确定医药广告的呈现

如果说广告的构思是“说什么”，那么广告的呈现就是“如何说”。医药广告的呈现要有一定的独创性和感染力。将医药广告信息用感情化、合乎逻辑的表达方式表现出来，是一门高度灵活的艺术。在纷繁的信息海洋当中，大部分消费者唯一能够记住的也许就是一个响亮、简洁、易记且富有表现力的广告语。因此，医药产品广告语应是意义完整的一句话，应是能够长期反复使用的一两句简明扼要的、口号性的、表现产品特性或企业理念的主题句。医药企业要根据产品的某种特点、功能或消费者利益点来确定适合的口号。如邦迪创可贴的“妥帖保护，伸缩自如”；金嗓子喉宝的“保护嗓子，请用金嗓子喉宝”。

（三）医药广告设计的特殊性

广告监管部门对医药产品广告的信息内容和发布做出了严格的规定，因而设计医药产品广告还需要注意法律、法规和社会道德规范对医药广告的限制。《药品管理法》规定：“医药产品广告的内容必须真实、合法，以国务院药品监督管理部门批准的说明书为准，不得含有虚假的内容。”《药品广告审查发布标准》也规定：医药产品广告中有关医药产品功能疗效的宣传应当科学准确，不得含有不科学的表示功效的断言或者保证；不得直接或间接怂恿任意、过量地购买和使用医药产品，并具体规定了不得含有的内容，如免费治疗、免费赠送、有奖销售或含有评比、排序、推荐、获奖等综合性评价内容；不得含有利用医疗机构或者专家、医生、患者的名义和形象做证明的内容；不得涉及公共信息、公共事件或与公共利益相关联的内容；不得以儿童为诉求对象，不得以儿童名义介绍医药产品等。

六、医药产品广告效果评价

医药产品广告效果指医药产品广告通过媒体传播后，对其接受者所产生的影响或达到的综合效应。测定和评价广告效果，是完整的广告活动不可缺少的部分，它一方面可以检验现有广告活动成效，另一方面评估结果可以作为改善广告投放的依据。评估医药产品广告效果一般包括对广告沟通效果（对消费者的影响）和广告销售效果（对企业经营的影响）的评估。

（一）广告沟通效果评估

评估医药产品广告沟通效果，主要是了解目标受众对广告的知晓度、了解度和偏好度方面产生的影响是否达到了预期的程度。一般分为事前测定和事后测定。

1. 事前测定 事前测定指在医药产品广告作品发布之前进行的各种测验，主要有样本直接测试和仪器测试两种。样本直接测试一般采用消费者打分法，请医药产品受众观看样本或收听（看）广告，然后要求他们讲述所看见、听到的全部内容，并通过打分评估广告的突出性及信息被了解或记忆的程度；仪器测试目前只作为一种辅助性手段，用来了解和研究相关作品被受众接受和喜好的程度，比如视线测试仪、电流跟踪反应仪等。事前测定可以根据测定过程中发现的问题及时调整广告策略，改进广告的制作与发布形式。

2. 事后测定 事后测定主要用来评估广告在媒体发布后所产生的实际效果，主要有回忆测定法和识别测定法。回忆测定法是让消费者在没有任何线索帮助的前提下回忆看过的广告，用于测量广告是否有人注意；识别测定法是测试消费者是否能辨认出已经看过的广告，用于判断广告给消费者留下的印象是否深刻。事后测定可以直接了解媒体受众在日常生活中对医药产品广告以及其发布媒体的反应，得出的结论将更加准确可靠。事后测定能对医药产品广告的宣传效果进行全面、准确的评价，为改善广告策略提供指导。

（二）广告销售效果评估

评估广告销售效果，主要是测量广告发布之后产品销售额和市场份额的变化。通常广告销售效果的评估比较困难，因为销量的变化不仅受到广告的影响，价格变化、营销环境变化等都会影响销量。评估广告销售效果常用以下两个指标。

1. 广告费占销率 指一定时期内医药企业广告费的支出占该企业同期销售额的比重。广告费占销率越小，说明广告的促销效果越好。

2. 广告费增销率 指一定时期内销售额的增长幅度与同期广告费投入的增长幅度的比率，它反映广告费增长对销售带来的直接影响。

第 4 节 医药产品销售促进

一、医药产品销售促进概述

（一）医药产品销售促进的定义

医药产品销售促进指医药企业为了刺激市场需求而采取的能够迅速产生激励作用的促销活动。它能在很短的时间内促进消费者的购买行为，又称为营业推广。医药产品销售促进是一种用于特定时期、特定任务的特种推销模式，介于企业人员促销和广告促销之间，是一种补充促销模式，需与其他几种促销形式共同使用，才能取得理想的销售效果。

（二）实施销售促进的动因

医药企业实施销售促进策略可能有以下原因：新产品上市需要消费者了解和购买；短期内吸引中间商订货；商品库存较多需要清理库存，销售积压商品；竞争对手采取销售促进策略，需要抗衡并稳定市场份额。销售促进策略不能长期频繁使用，否则，会使消费者对产品质量或企业发展产生猜疑，不利于产品品牌与企业形象的塑造。

（三）销售促进的分类

医药企业根据所生产、经营药品类型的不同，可将销售促进分为两种类型：非处方药的销售促进和处方药的销售促进。根据促销对象不同，又可以分为两类：针对消费者的销售促进；针对中间商的销售促进。针对消费者的销售促进对象主要是患者，针对中间商的销售促进对象则包括连锁药店、医药公司、医疗单位等。由于国家法律、法规的限制，非处方药可以同时针对消费者和中间商进行促销，处方药则主要针对中间商进行促销。

二、医药产品销售促进方法

（一）针对消费者的销售促进方法

针对消费者的销售促进以 OTC 类药品为主，此类药品一般在市场中容易找到多种替代品，市场竞争异常激烈，这对销售促进手段的运用提出了较高的要求。销售促进过程中可采用各类促销手段，提高消费者的现场购买兴趣，达到促进销售的目的。针对消费者的销售促进可以起到扩大消费群体、提高产品销量、抑制竞争对手等作用。常用的促销方式有：

1. 折价促销 医药企业通过降低医药产品价格来吸引消费者购买。折价促销可以在销售淡季使用，如夏季是感冒药的销售淡季，某品牌感冒药选择从 8 月 8 日起开展促销活动，采用 8.8 折优惠销售，为期一周。

2. 免费赠送 医药企业采用赠送免费药品或者提供赠品等方式来吸引消费者，提高其购买欲望。如某药厂在进行销售促进时，一盒感冒药赠送一包面巾纸，取得了较好效果，与此同时，它的竞争对手也推出购买两盒感冒药赠送一支精美温度计的活动，对部分消费者产生了吸引力。

该类促销活动的关键点在于赠送产品要对消费者产生吸引力。

3. 累计兑换 通过积累一定数量的医药产品外包装或者包装商标，兑换一定数量的现金。有时也将购物金额累计，达到一定数量后换取不同的奖励，如现金、礼物或者抽奖机会等。如某儿童营养液生产企业在促销活动中采用每购买一盒该厂儿童营养液，可以在外包装上剪下分值卡片，累计到一定数量后，可以选择兑换儿童玩具、图书等。

（二）对中间商的销售促进方法

针对中间商进行的销售促进的主要对象是医药公司、零售药店和医疗机构等，促销的药品可以是处方药，也可以是 OTC 药品。通过销售促进可以增强中间商对于某产品的信心，鼓励他们增加购货量，积极参与促销。

1. 经销折扣 即根据医药产品经销商在一定时间内销售的产品数量，分别给予不同的价格优惠政策。销售的产品越多，享受的价格折扣就越多，以此来鼓励医药产品经销商销售更多产品，提高销量。经销折扣可以累积，也可以单次计算。

2. 免费赠品 由医药企业给经销商提供带有特定标识的赠品。如某感冒颗粒生产企业曾经将一批药品放置在塑料桶中，经销商将药品售出后，塑料桶可以留下放置杂物。

3. 回款返利 根据中间商回款的速度与数额，医药生产企业给经销商返还一定利润。此举旨在鼓励经销商多销快销产品并及时回款。回款返利一般分为单次回款返利和累计回款返利。

4. 合作广告 由医药生产企业和经销商共同出资在媒体上刊登广告，提高产品在当地的知名度，促进销量，同时减轻经销商的资金压力，是一种双赢的合作模式。

5. 人员推广 由医药生产企业派出促销人员，在终端进行促销活动。人员推广常用于处方药的销售，推广对象主要是医生。人员推广也可在非处方药的促销中应用，一般由医药企业直接在卖场设置公司产品专柜，安排企业促销人员，直接面对消费者推销。

6. 销售培训 由医药企业派出产品经理或聘请专家，专门为零售药店培训销售人员。这种培训可以在当地进行，也可以由医药企业选择在特定地点举行。通过此类培训，能够提高销售人员的产品知识、销售技巧，并可对该企业的产品产生亲切感、认同感，使其更加愿意向消费者推荐该产品。

7. 销售竞赛 由医药企业组织经销商或是内部销售人员开展销售竞赛，多以产品销售数量为评定指标。根据销售业绩的等次不同给予不同金额的奖金或者产品奖励，也可以额外提供其他类型的奖励。奖励对象可以是经销商，也可以是销售人员。

三、医药产品销售促进实施

（一）医药产品销售促进的程序

医药企业在制订销售促进策略时，除了确定具体的销售促进目标，选择合适的销售促进形式外，还要制订具体的销售促进方案，例如激励的规模、对象、期限、途径和总预算等内容。医药产品销售促进实施主要包括以下五部分。

1. 激励规模 激励规模应该选择合适的范围，如果规模过大，可能造成成本过高，企业负担加重，营销成本提高；反之，如果规模过小，则难以让消费者了解，影响力弱，无法达到预期效果。所以企业在确定激励规模时，应先进行销售促进的成本/效益分析。

2. 激励对象 激励对象应该选择长期顾客，或者具有潜在可能成为长期顾客的消费者。短期顾客则需要适度限制。如部分药品零售店采用会员卡积分制，购买药品换取积分，根据累计积分可换取礼品，并定期推出会员活动，吸引长期顾客。

3. 激励途径 激励途径指消费者通过何种方式获得相应奖励，例如产品奖券可以直接放在药品包装内，也可直接邮寄给消费者。制订激励途径时，医药企业应当根据自身情况，选择合适的激励措施。

4. 激励时限 医药企业销售促进活动应该在合适的时间推出，不宜时间过短或过长，对于竞争激烈，产品差异化不大的季节性药品，应当选择在销售淡季进行促销。激励时限过长，或让消费者对产品品质产生不信任感，企业成本也将增加；激励时限过短，消费者尚处于观望期，来不及购买产品或者没有听说此类活动，活动便已经结束。

5. 经费预算 根据销售促进需要的花费，计算总促销费用，也可根据企业当年总促销费用，按照一定比例进行支付。

医药企业制订好销售促进方案后，可以在适当地区小规模预试，对促进方案的效果进行评估和调整。同时，在销售促进实施过程中，医药企业应当随时关注市场环境变化，应及时解决出现的各种问题，以便对促销活动进行有效的控制。

（二）医药产品销售促进效果评估

当医药产品销售促进活动结束后，应对销售促进效果进行评估，以便总结经验和发现问题。评价销售促进效果常用的方法有以下两种。

1. 前后比较 将销售促进活动分为三阶段并进行销售额的比较，以确定促销效果。该方法为最常见的促销评估方法。三阶段多分为促销前期、促销中期、促销后期。三阶段不同的表现可以反映出促销效果。评估的核心指标是销售量的增减及保持情况。

2. 市场调查法 指医药企业组织有关人员进行全面的市场调查，以评估销售促进效果的方法，这种评估方法以销售量增长为唯一依据。评估项目包括促销活动的影响力、消费者认可程度、销量变化等。

总之，销售促进是一种能快速起效的促销方式。在销售促进过程中，应特别注意不同国家和地区对销售推广活动的限制、经销商的合作态度、当地市场的竞争程度等问题。这些都可能影响销售促进的顺利实施。

第5节 医药公共关系策略

医药公共关系属于企业公共关系范畴，主要服务于医药企业生产经营活动。近年来，许多医药企业因产品质量问题，公共关系危机不断显现，严重影响产品的销售和企业形象。因此，医药企业越来越重视公共关系策略。

一、医药公共关系概述

（一）医药公共关系概念

医药公共关系指医药企业为营造有利于自身生存和发展的社会环境，针对目标公众，运用有效的传播手段，开展双向沟通交流的战略性管理活动。医药公共关系主要由公共关系主体、客体和传播媒体三部分组成。医药公共关系的主体通常是医药企业和独立公共关系机构；医药公共关系的客体通常由内部公众和外部公众组成，内部公众指企业员工，外部公众则包括医药消费者及其家属、医务人员、媒介公众、政府公众、社区公众等。传播媒体则是联结主体与客体的纽带。医药企业通过有效的公共关系活动，向公众提供优质的医药产品，妥善处理各种矛盾，树立和维护医药企业在公众中的良好形象。

（二）医药公共关系的特点

医药公共关系与商品关系、私人关系不同，具有自身的特点，主要包括以下几个方面。

1. 公共性 医药公共关系是组织与公众的关系，是具有更高层次和水平的社会公共关系。

2. 稳定性 医药公共关系是长期可持续存在的，医药企业不仅谋求眼前利益，更要考虑长远利益。医药公共关系的维持和发展，需要有计划的、连续的、持久的构建。

3. 关联性 医药公共关系的建立不是随意的、随机的，而是具有明确的目标。医药企业与公众一般具有直接或者间接的联系。

4. 变化性 医药公共关系的状态是随着环境的改变而不断发展变化的。医药企业与公众是合作互助的关系，并随着环境变化而发展变化。

（三）医药公共关系的作用

构建良好的公共关系对于医药企业的发展十分重要，有效的公共关系也是企业促销的重要手段。医药公共关系的作用主要表现为两个方面，即对内部的作用和对外部的作用。

1. 对内部的作用 主要包括：强化内部沟通，协调内部关系；强化团队意识，凝聚企业竞争力；创造和谐的工作环境。

2. 对外部的作用 主要包括：树立企业良好形象，促进产品销售；协调社会关系，化解危机；增进社会效益。

二、医药公共关系应遵循的原则

（一）坚持诚实守信原则

医药公共关系活动应该以诚实守信为第一原则。医药企业在公共关系中，应在全面、客观地掌握事实的基础上，向公众实事求是地传递信息，真诚地对待公众。医药企业在公共活动中要言而有信，这是塑造企业良好公共形象的关键。

（二）坚持促进公众健康原则

医药公共关系活动应该以促进公众健康为出发点和落脚点。医药企业在公关活动中应该牢固树立公众健康第一的思想，以促进公众健康为第一要务。医药企业在公关活动中应以促进公众健康为使命，从而谋求经济效益和社会效益双丰收。

（三）坚持互利互惠原则

医药公共关系活动应该充分考虑企业与公众的利益，在互惠互利的基础上寻求企业与公众的双赢。医药企业如果一味追求自身利益，必然会损害相关公众的利益，影响企业公共关系，进而损害企业长期利益；而如果医药企业只追求公众利益，以损害自身利益为代价，则这种公关活动无法持续开展。

（四）坚持塑造形象原则

良好的企业形象是医药企业的无价之宝和无形资产。医药公共关系活动应以塑造良好的企业形象为目的，视企业良好形象为重要资源。良好的企业形象能给社会公众留下令人信赖的印象，公众会以各种方式回报企业；良好的企业形象能给员工以团结、负责任、富于人文关怀的印象，员工会以主人翁的姿态进行工作，从而提高工作效率。

（五）坚持社会公德原则

开展医药公共关系活动时，只有遵守社会公德，才能获得感情回报，才能与公众建立良好的关系。医药公共关系的最终目标是为了获取更多的利益，但见利忘义是违反道德规范的，所以医药公共关系活动必须在利与义之间保持适度的平衡，最好是义利双收。

三、医药公共关系工作程序

（一）公共关系调研

医药公共关系调研是公关活动的起点，是一项基础性工作，主要是了解企业目前的公共关系现状，分析其发展趋势和存在的问题，并形成改善公共关系的措施和工作思路。

（二）公共关系策划

医药公共关系策划是构建和提升医药公共关系的关键，是对公共关系活动计划和方案的设计、制订，是公共关系实施的指南，使在调研基础上的公共关系活动具体化。

（三）公共关系实施

医药公共关系实施指公共关系活动的具体执行过程。良好的公共关系执行力是医药企业公共关系成功最为核心的要素。

（四）公共关系评估

对医药公共关系工作的成效评估，是改进医药公关活动必不可少的一步。主要是对公关活动的每一个步骤、每一个具体事件进行客观的评估，寻找工作中存在的问题，为改进公关工作提供参考意见。

四、医药企业危机公关

医药公共关系危机指严重危害企业正常运营的、对企业的公众形象造成重大损害的、具有较大公众影响的危机事件。如突发性的质量事故、严重药品不良反应等。当医药企业发生危机时，公共关系便处于紧急状态，协调和处理好突发性危机事件，并寻求公众对企业的谅解，尽量减少危机给企业和公众的影响，以重新树立和维持企业良好的形象，是危机公关的关键。

（一）医药企业公共关系危机成因

医药企业公共关系危机的形成原因主要包括自然环境原因、社会环境原因和企业自身原因。前两个因素偶发性强，无法预测。由于企业自身原因造成的公共关系危机主要包括：企业质量管理水平差，质量意识不强；企业公关意识淡薄，企业负责人言行不当；企业没有建立正常有序的危机预警和管理机制；企业公共关系工作违背了“与公众共同发展”的理念。

（二）医药企业公共关系危机特点

医药企业公共关系危机通常表现为以下几个方面的特征：

1. 偶发性强　医药企业公共关系危机通常是偶发性事件，具有不可预测性，且发展迅速，公共关系部门处理危机需要很强的灵活性和随机应变能力。

2. 影响面大　医药产品是关系人们生命健康的特殊商品，医药企业一旦发生公共关系危机事件，涉及面广，社会影响大，易于引起公众和媒体广泛关注。

3. 破坏性大　医药企业公共关系危机如果处理不当，不仅会使企业的良好形象毁于一旦，而且会对企业正常运营带来严重影响，甚至使企业无法生存下去，具有极强的冲击力和破坏力。

因此，医药企业应建立公共危机预警工作机制，在面对公共关系危机时能够迅速地采取有效的措施来化解危机，减少对企业造成的不良影响。

（三）医药企业危机公关管理

危机公关管理是一项复杂和棘手的综合性工作，涉及面较广，需要动用较多资源。如果危机处理得好，不仅可以使企业化险为夷，有时还可以将危机转化为商机。危机公关管理一般采用下列步骤。

1. 正视危机　当危机出现时，医药企业应该正视危机，沉着应对，快速反应，搜集危机相关信息，对于受害者要进行无条件救治和安抚；要主动与有关政府部门密切配合，妥善处理危机。

2. 积极应对 当危机出现时，要以积极的心态应对，确定危机公关对策。对企业内部、对受害者、对政府部门、对业务往来单位和对其他公众采取相应的对策。

3. 有效沟通 依据危机公关对策，与相关组织和公众进行积极、有效的沟通。通过沟通获得公众的谅解，快速地修复破损的公共关系。

案例学习

案例11-1 “白加黑”的广告创意促销

感冒药“白加黑”在 1994 年末上市，比 1989 年上市的“康泰克”和 1993 年上市的“泰诺”都晚。后两个品牌的广告宣传都各具特色，“康泰克”凭借独有的缓释胶囊技术，建立了全国性强势品牌，其广告是“早一粒晚一粒，远离感冒困扰”，在当时普遍 6 小时吃一次的感冒药中，确立了“长效”定位；“泰诺”则诉求“30 分钟缓解感冒症状”，其定位于“速效”，与康泰克针锋相对。面对强大的竞争品牌，“白加黑”感冒药没有盲目跟进康泰克或泰诺，而是在长效、速效之外，提炼出了“白天服白片，不瞌睡；晚上服黑片，睡得香”的核心利益诉求，将感冒药进行了黑白分明的区分，直接提出“治疗感冒，黑白分明”的广告口号，使人耳目一新。正是由于其独特的广告宣传思路，“白加黑”上市仅 180 天销售额就突破 1.6 亿元，在竞争激烈的感冒药市场上分割了 15%的份额，登上了行业第二品牌的宝座，在中国大陆营销传播史上，堪称奇迹。

资料来源：罗臻根据张雅嵘所著《九大药品广告营销成功案例解析》一文编写。

问题：请结合本案例学习医药产品广告的创意。

案例11-2 中美史克PPA事件的危机公关

2000 年，美国一项研究表明，苯丙醇胺（PPA）会增加患者出血性卒中的危险，根据这一情况，中国药品监督管理局于 2000 年 11 月 16 日发布了《关于暂停使用和销售含苯丙醇胺药品制剂的通知》，并且是以中国红头文件的形式发至中国各大媒体。在十五种被停止使用和销售的含 PPA 的药品中，包含了史克公司生产的康泰克。康泰克为中美史克天津制药有限公司的支柱性产品，年销售额在 6 亿元人民币左右。PPA 事件发生后立即引起媒体的极大关注，康泰克多年来在消费者心目中的优秀品牌地位陷入危机之中。中美史克公司迅速启动危机管理工作系统。他们迅速对 PPA 事件进行全面调研，发现政府主管部门和各大媒体均已直接或间接介入此次 PPA 事件。危机管理是否有效取决于对舆论的引导。社会舆论只能引导，不能控制，更不能使其产生抵触情绪。而要做到这一点的关键是对媒体关系的把握。中美史克公司在调研的基础上出台并实施危机期间的媒体关系管理方案，采取一系列措施，迅速控制并处理了由 PPA 事件引发的重大危机，有效保护了品牌，更为中美史克重返感冒药市场奠定了良好的舆论基础。除对媒体的公关工作外，以诚相待消费者、经销商，积极沟通，赢得他们的理解与支持。在 PPA 禁令 292 天后，中美史克公司成功地推出了不含 PPA 的“新康泰克”（用伪麻黄碱替代了 PPA，确保了药品的安全性），重新赢得了消费者和政府的信赖和支持。中美史克公司对 PPA 事件的成功危机公关，主要得益于以下几点：一是建立危机管理小组，统筹危机管理；二是迅速反应，表明立场，化被动为主动；三是采取有效的媒介关系管理措施，强化危机信息的传播管理。

资料来源：侯胜田．医药市场营销案例［M］．北京：中国医药科技出版社，2009：266-269.

问题：请结合本案例学习医药企业危机公关管理的方法。

思考题

1. 简述医药产品促销的概念和作用。
2. 医药促销手段有哪些？影响促销组合选择的因素有哪些？
3. 医药促销人员应该具备哪些素质？如何进行医药营销团队建设与管理？
4. 主流医药产品广告媒体的优、缺点有哪些？
5. 对医药产品中间商的销售促进方法有哪些？
6. 医药公共关系应遵循的原则有哪些？简述医药公共关系的特点和作用。
7. 医药企业公共关系危机的成因及特征有哪些？简述危机公关活动的基本步骤。

（罗　臻　李　靖）

第12章 医药品牌策略

学习目标和基本要求

通过本章学习，掌握品牌的概念与组成、医药品牌策略和医药品牌的管理与维护；熟悉品牌的整体含义和品牌的作用；了解品牌设计的原则和医药品牌培育的方法。

品牌是企业核心竞争力的物化和商品化的表现，也是企业最持久、最独特的竞争能力。与跨国医药企业相比，品牌竞争力是目前我国医药企业最为缺乏的能力。随着中国医药市场竞争的国际化，品牌培育已成为我国医药企业市场营销的重要内容。尤其是在医药产品高度同质化和国家限制药品商品名使用的环境下，品牌营销的作用更加突出。医药企业要树立品牌意识，确立品牌战略，培育品牌影响力。

第1节 品牌概述

一、品牌的概念与组成

(一) 品牌的概念

美国市场营销协会对品牌的定义为："品牌（brand）是一种名称、术语、标记、符号或设计，或是它们的组合运用，其目的是借以辨认某个销售者，或某群销售者的产品及服务，并使之与竞争对手的产品或服务区别开来。其中，这些构成品牌的名称、术语、标记、符号或设计，或它们的组合称为品牌元素。"

世界著名营销学大师菲利普·科特勒在其著作中描述："品牌就是一个名字、称谓、符号或设计，或是上述的总和，其目的是使自己的产品或服务有别于竞争者。"

上述品牌的内涵为：① 品牌是一种名称、术语、标记、符号或设计，或是它们的组合运用；② 品牌能够把不同生产者或经销商的产品或服务区别开来，便于消费者识别和购买；③ 品牌是一种质量、信誉的承诺和保证；④ 品牌是一种特殊资产，能给拥有者带来利益和价值，其价值的源泉来自于消费者心智中形成的关于其企业或产品的印象。

(二) 品牌的整体含义

品牌实质是企业对消费者关于产品或服务的特征和利益的承诺，其整体含义体现在以下六个方面：

1. 品牌属性 品牌能让人们联想到某种属性，即该品牌的产品区别于其他品牌产品的最本质特征，主要包括产品的质量、性能、价格等基本内涵。例如，"佛慈"品牌让人们联想到浓缩丸中成药。

2. 品牌利益 消费者购买医药产品时购买的不是属性而是利益，属性需要转化为功能性或情感性的利益，才能被消费者接受。医药产品带给消费者的核心利益是疗效和安全。

3. 品牌价值 品牌的价值是组织或个人通过长期积累在消费者心目中形成的信赖和利益的表现。例如，有400多年历史的“陈李济”品牌体现了创始人“同心济世”的企业经营理念，在消费者心目中形成的信赖给企业带来了丰厚价值。

4. 品牌文化 品牌的底蕴是文化，是物质形态与文化形态的有机结合。例如，“同仁堂”品牌蕴含着历史悠久的“国药国粹”中医药文化内涵。

5. 品牌个性 品牌必须反映一定的个性，不同的品牌具有不同的个性。例如，“华北制药”品牌会使人们想到抗生素。

6. 品牌用户 品牌暗示着购买或使用医药产品的消费者类型。例如，“太太口服液”让人联想到一个已婚年轻女性的形象。

以上品牌内涵的六个方面并不是并列平行的关系。品牌最核心的含义是价值、文化和个性，它们是品牌的基础，体现不同品牌间本质差异。医药企业设计品牌应以价值为核心，建立品牌文化，塑造品牌个性，体现品牌特色。

（三）品牌的组成

品牌一般是由品牌名称、品牌标志、商标三部分组成。

1. 品牌名称 品牌名称是品牌中可以用语言称呼的部分，如“三九”“江中”等。

2. 品牌标志 品牌标志是品牌中可以用视觉识别的部分，通常表现为某种符号、图案、色彩、设计。例如，河南宛西制药股份有限公司的“仲景”牌六味地黄丸标签上的张仲景头像；四川太极集团的急支糖浆标签上的“太极”图案。

3. 商标 商标是一种法定的标志，表示拥有者对品牌拥有的专有权，并从法律上禁止他人使用。根据我国法律规定，人用药品必须使用注册商标，否则不得在市场上销售。注册商标一般用“R”或“注”表示，非注册商标则不受法律保护。品牌和商标是两个相近的概念，两者既有联系，又有一定的区别。

二、品牌的作用

在现代市场营销中，品牌的作用日益突出。结合医药产品特点，品牌的作用主要体现在以下几个方面：

（一）品牌代表产品的质量

品牌能够体现医药产品的质量和特色，有利于企业对医药产品进行营销管理，也便于购买者识别。知名品牌会占领消费者的心智，牢固地定位于消费者心目中。一提到某品牌，消费者就能联想到这一品牌产品的质量和特色。例如，一提阿胶产品，人们马上就想到“东阿阿胶”品牌的阿胶。

（二）品牌有利于企业市场营销

品牌有助于企业的市场营销，是医药企业开拓市场的利器。品牌一旦形成一定的知名度和美誉度后，就会形成消费者品牌忠诚，医药企业就可利用品牌优势扩大市场销售。品牌也有自己独特的风格，有利于医药企业进行市场细分和市场定位，更好地满足消费者需求的个性差异。

（三）品牌有利于监督企业的产品质量

品牌有利于监督和保证医药企业的产品质量。品牌的建立需要企业日积月累的努力，生产者不能不关心品牌的声誉。医药企业为了巩固品牌已有的市场地位，必须加强生产经营管理，提高产品质量水平。因此，品牌是医药企业对产品质量进行自我监督的一种重要手段。

(四) 品牌有利于企业抵御竞争者

品牌是医药企业保持竞争优势的一种手段，品牌忠诚是竞争者通过模仿难以达到的，为其他医药企业进入构筑了壁垒。品牌还可以通过注册得到法律保护，防止他人模仿、抄袭或假冒，从而使医药企业的正当权益得到维护。当产品市场趋向成熟，市场份额相对稳定时，品牌忠诚度是抵御同行竞争者进攻的最有力的武器。

(五) 品牌有利于企业推广新产品

品牌是医药企业和消费者沟通的最有效的载体之一，是企业巨大的无形资产。医药企业如在原有品牌的产品线中增加新产品，则比较容易被消费者接受。所以，医药企业可以利用品牌积累的无形资产，不断开发并成功推出新产品，扩大经营规模，提升企业的竞争力。

(六) 品牌有利于企业积累无形资产

2016年8月22日，在海南博鳌西普会上，2016年“健康中国·品牌榜”价值排行揭晓，共50个药品品牌上榜。2016年药品品牌价值上榜门槛为6.33亿元，相比去年提高了0.16亿元。在上榜品牌中，品牌价值超过10亿元的有39个，超过20亿元的有24个，超过30亿元的有14个，超过50亿元的有9个，超过80亿元的有3个，分别为东阿阿胶、云南白药、波立维。与一般有形资产相比，品牌所蕴含的财产价值具有不确定性。因为品牌的财产价值主要不是指创立、使用和维持一个品牌所支出的成本，而是指品牌所具有的收益能力。品牌的收益能力取决于品牌所标示的产品各项指标的市场领先度、国际化倾向程度、品牌收益的稳定性等。

第2节 医药品牌策略

医药品牌策略是医药市场营销决策的重要组成部分。在市场营销活动中，医药企业要根据市场实际情况、医药产品的特点和企业自身的资源状况等因素，制订相应的品牌策略。

一、品牌化策略

品牌化策略指医药企业是否对自己的产品使用品牌营销的策略。品牌化策略包括无品牌策略和使用品牌策略。

(一) 无品牌策略

无品牌策略即医药企业对自己的产品不使用品牌。这种情况在医药企业很少见，因为我国法律规定药品必须使用注册商标，也就是说药品必须使用品牌。目前只有部分未经加工的中药材原料采取无品牌策略。无品牌营销可以节省宣传费用，降低成本，以低廉的价格吸引低收入的消费者。另外，某些出口的医药产品采用无品牌策略，采用中性包装形式，其目的是为了适应国外市场的特殊情况，为了转口销售，避免某些外国政府限制等。例如，我国东北产的部分人参以无品牌包装出口到韩国，韩国再把从中国进口的人参冠以“高丽参”的品牌重新包装，以数倍的价格在国际市场上销售。

(二) 使用品牌策略

使用品牌策略即医药企业对自己的产品使用品牌，并精心塑造企业和产品品牌形象。随着市场经济的发展和全球化浪潮的冲击，使用品牌策略是大势所趋。创造一个品牌需要付出高昂的成本和不懈的努力。使用品牌策略的优点在于：有利于医药企业细分市场和市场营销定位，便于实施差异化营销；有利于保护医药产品特色，防止他人假冒；有利于建立稳定的顾客群，培育品牌忠诚的消费者，使企业的销售保持稳定和增长。因此，优秀的医药企业不仅要向消费者提供好产品，更要培育知名品牌。使用品牌策略的主要弊端是增加产品营销费用。

二、品牌归属策略

品牌归属策略就是品牌归谁所有和由谁管理的决策。品牌归属策略包括制造商品牌策略、经销商品牌策略、混合品牌策略。品牌归属策略本质上是生产企业与经销商之间实力的较量，制药企业在进行品牌归属决策时，要结合企业和市场的具体情况，充分考虑生产企业与经销商的实力对比，客观科学地做出正确决策。

（一）制造商品牌策略

制造商品牌也称生产者品牌，即医药生产企业使用自己的品牌。目前，我国绝大多数的医药生产企业的产品都是使用生产企业品牌，这种品牌策略更有利于树立企业的品牌形象，体现企业的经营特色与优势。

（二）中间商品牌策略

中间商品牌也称经销商品牌，即中间商向医药生产企业大量购进医药产品或加工订货，产品使用中间商的品牌。这种品牌策略有利于中小型制药企业的产品销售，也有利于医药连锁企业打造自己的经营品牌，增加对供货商产品质量和产品价格的控制力。例如，国内大型药品连锁企业——海王星辰连锁药店有限公司在药品零售领域要求药品生产商贴牌生产药品，产品使用海王集团自有的商标，这些贴牌生产的药品的质量由海王集团严格把关，控制进入渠道，并且只能在海王星辰连锁药店有限公司内销售。

（三）混合品牌策略

混合品牌也称制造商和经销商共存品牌，即医药生产企业将自己的一部分产品使用企业自己的品牌，另一部分产品使用中间商的品牌。混合品牌策略既保持本企业品牌特色，又通过使用中间商品牌扩大了产品销路，一般多见于中小型医药生产企业。

三、品牌统分策略

品牌统分策略就是医药企业对所生产的不同品种、规格的产品使用统一品牌，还是分别使用不同品牌做出决策。品牌统分策略包括个别品牌策略、统一品牌策略、分类品牌策略和个别品牌加企业名称策略四种。

（一）个别品牌策略

个别品牌策略即企业对每一种产品使用不同的品牌。个别品牌策略在医药行业很少使用，多见于日化行业。例如，宝洁公司生产的每一种产品，都有自己的品牌，如洗涤剂有“象牙雪”“碧浪”“汰渍”等品牌，分别表现出不同的质量和特色。这种策略的优点是不会因为个别产品的失败或信誉下降，而影响企业的声誉和其他产品的销售。此外，这种策略也有利于企业对各个产品品牌进行市场定位，从而占领不同的细分市场。这种策略的缺点是品牌运营和维护费用较高，企业投入分散，不利于企业打造整体品牌，而且对企业管理品牌的能力要求较高。

（二）统一品牌策略

统一品牌策略即企业生产的所有产品共同使用一个品牌。使用统一品牌策略的企业必须具备两个条件：一是已有品牌具有一定的市场基础和品牌美誉度；二是所有产品具有相同或相近的质量水平和产品特色，如果差别较大，容易混淆品牌形象。医药行业多采取统一品牌策略，例如，三九集团所生产的各种药品都统一采用“999”的品牌。统一品牌策略的优点是有利于企业推出新产品，节省品牌的广告费。这种品牌策略的缺点是使用统一品牌的任何一种产品质量发生问题，都会使整个企业的信誉受到不利影响，因此，使用统一品牌策略的企业必须对所有产品的质量严格控制。

（三）分类品牌策略

分类品牌策略即企业所生产的各大类产品分别使用不同品牌。例如，兰州佛慈制药股份有限公司生产的产品，用于国际市场销售的采用“岷山”品牌，用于国内市场销售的采用“佛慈”或“宝炉”品牌。分类品牌策略的优点在于企业可根据产品大类或市场类别进行差异化营销管理。

（四）个别品牌加企业名称策略

个别品牌加企业名称策略即在每一种个别品牌前冠以企业名称。个别品牌加企业名称策略的优点是可利用企业的声誉推出新产品，从而节省促销费用，又可以使每种产品、每个品牌保持自己的特点和相对独立性，使产品更富个性化。例如，江中药业股份有限公司的产品品牌有“江中草珊瑚含片”“江中牌健胃消食片”“江中痔康片”等。

四、品牌延伸策略

品牌延伸策略就是企业利用已具有市场影响力的成功品牌来推出新产品或改良产品。随着市场经济的深入发展，品牌延伸策略广泛运用。品牌延伸策略的优点是知名品牌能使新产品容易被市场接受，有益于降低新产品的市场导入费用；另外，如果品牌延伸获得成功，还可进一步扩大核心品牌的影响和企业声誉。品牌延伸策略也有明显的缺点和风险：一是如果将著名品牌延伸使用到与其品类、形象、特征不相吻合、不相接近的产品领域，则可能有损原品牌形象；二是如果原产品与品牌扩展产品之间在资源、技术、市场等方面不存在关联性或不具有互补性，则推出的新产品可能难以被消费者接受；三是如果将高品质形象的品牌扩展使用到低档次产品上，也会损害品牌价值，甚至会使消费者产生反感。如果品牌延伸滥用，就产生了“品牌稀释”效应。所以，医药企业运用品牌延伸策略，要遵循关联性和系统性的原则，从经营战略的高度上来考虑，进行可行性论证，设计和实施系统化的品牌延伸方案。

五、品牌再定位策略

品牌再定位策略就是企业全部或局部调整或改变品牌在市场上的最初定位。品牌再定位的原因很多，也许品牌在市场上的最初定位是适宜的，但是到后来客户的喜好和需求发生了变化，需要重新定位；也许是品牌在市场上最初定位就不合适，需要重新定位等。品牌的重新定位一般需要与产品改进相结合，才能实现再定位的预期目标。

六、品牌特许策略

品牌特许策略就是通过特许协议，品牌拥有者允许其他机构使用自己的品牌，并收取一定的特许费用。特许接受方承担所有的产品生产、市场销售和广告促销责任。运用此策略可以使品牌拥有企业获得额外的收入、降低企业成本等。品牌特许策略一般多见于医药连锁经营企业。

综上所述，品牌策略是现代医药企业市场营销的一项重要内容。品牌策略的选择和运用取决于医药企业的资源整合能力、产品状况、竞争对手情况、目标市场的特点等因素。企业要统筹资源，综合平衡，系统决策，优选最佳品牌策略方案。

第3节 医药品牌建设与管理

一、医药品牌设计与培育

（一）医药品牌设计

一个优秀的医药品牌源于精心设计。品牌的名称和标志是品牌设计的核心。一般来讲，品牌设计与商标设计密切相关，应遵循以下原则。

1. 简单易记 品牌设计一定要简单，不能太复杂。一个好的品牌设计，要简单醒目，便于消费者记忆，使人过目不忘。例如南方制药厂的“999”。

2. 新颖独特 品牌设计一定要新颖，不能太庸俗。雷同是品牌设计的大忌。品牌设计既要有鲜明的特色，又要具有艺术性，应力求构思新颖，造型美观，易于识别。例如，“朴雪”“护彤”等。

3. 音意联想 品牌名称要简短，容易发音，利于传播。一般认为，品牌名称应以不超过3个字为好。品牌名称的读音和字义要让消费者产生积极的、健康的联想，有利于引导其购买，例如，吴太集团的“感康”。

4. 符合风俗 品牌名称、图案、符号和颜色要符合国内外目标市场的习俗，尊重当地的传统文化和民族风俗习惯，避免触犯禁忌，从而使消费者乐于接受医药品牌。

5. 符合法律 医药品牌设计必须严格遵守法律的有关规定。要维护社会和消费者的利益，维护医药行业平等竞争的秩序。

（二）品牌的培育

品牌名称和品牌标识物是品牌的物质载体，培育品牌核心即有序地逐步提升品牌的精确度、知名度、美誉度、忠诚度。

1. 做好品牌定位，提高品牌的精确度 医药企业要根据自己的战略定位和目标消费群体的特点，充分挖掘和提炼企业文化和产品内涵，形成独特的品牌文化和核心价值观；企业要通过导入企业形象识别系统，塑造品牌外在形象，把抽象的品牌理念进行物化，使品牌图案、标准色等外在形象具有独特性、持久性和易识别等特点，充分表达品牌的核心理念，使品牌具有个性，彰显特色，体现差异化，并贯彻落实在企业的整个生产、经营活动中，在消费者心目中占据独特的、有价值的位置。

2. 做好品牌传播，扩大品牌的知名度 品牌知名度是评价品牌社会影响力大小的指标，指某品牌被公众知晓、了解的程度，它表明品牌为多少消费者所知晓，反映的是顾客关系的广度。医药企业要通过商业广告、新闻事件、学术推广、销售促进等营销传播活动，提高企业和产品在消费者心目中的影响力，扩大品牌的知名度。品牌传播最重要的方式是广告，广告是提高品牌知名度、塑造品牌形象和个性的常用工具，广告成功的关键在于策划和创意的差异化以及艺术表现手段是否出色。

3. 塑造品牌形象，提升品牌的美誉度 品牌美誉度指某品牌获得公众信任、支持和赞誉的程度。如果说品牌知名度是一个量的指标，那么品牌美誉度就是一个质的指标，它反映某品牌社会影响的好坏。品牌的美誉度越高，口碑效应就越明显，品牌的资产价值也就越高。品牌美誉度包括公众美誉度、社会美誉度和行业美誉度三个方面。医药企业要通过承担社会责任、进行健康教育、向特殊群体捐赠药品等公关活动，在公众心目中树立独具特色的良好形象，赢得公众的信任，提升品牌的美誉度。例如，诺和诺德制药有限公司与中国政府合作的“中国糖尿病管理工作项目”等科普知识教育活动，对医师、护士及患者进行糖尿病防治知识教育。经过多年的推广，“诺和关怀”已成为糖尿病患者教育和服务的第一品牌，与诺和诺德的糖尿病产品品牌互相促进，相得益彰。另外，品牌美誉度的资产价值体现在人们的口碑效应上，所以人际传播也是提升医药品牌美誉度的重要途径。特别是处方药的品牌传播中，销售代表与医生之间的人际传播，对于处方药的品牌传播十分重要。

4. 提高产品质量，培育品牌的忠诚度 品牌忠诚度是顾客对品牌情感的量度，反映出一个顾客对一个品牌重复购买的可能程度，是企业重要的竞争优势。按品牌忠诚度把消费者分为无忠诚度者、习惯购买者、满意购买者、情感购买者和忠诚购买者。质量是一切成功品牌的基础，医药产品的消费具有特殊性，质量关系人的生命与健康，疗效和安全是消费者的根本需求，所以，医药生产企业要永远把产品质量放在首位，严格执行药品生产质量管理规范（good manufacturing practice，GMP），实施全面质量管理，构建科学的质量保证体系，用质量培育消费者对品牌的忠诚度。

二、医药品牌管理与维护

一个优秀的医药品牌不仅需要努力建设和培育，而且需要精心管理和维护，不断增加品牌对消费者的吸引力和感召力，使品牌资产给企业带来持续的附加利益。

（一）品牌战略定位差异化

在产品高度同质化的医药市场环境下，医药企业要选择差异化的品牌定位策略，通过一系列有价值的创新和创造，与竞争者的品牌定位形成显著的、系统的、动态的差异，获得差异化的品牌竞争优势。医药企业实施差异化的品牌定位，就有可能重建市场和产业边界，开启巨大的潜在市场需求。根据医药产品的特点，医药品牌定位差异化可以通过医药产品的质量、包装、规格、用途、用户、价格、渠道等方面的创新，建立与众不同的品牌定位。差异化的品牌必须具有独特的利益点。例如，全国生产六味地黄丸的企业有800多家，其中有北京同仁堂和兰州佛慈这样的名牌企业，但河南宛西制药厂生产的“仲景”牌六味地黄丸，以其独有的中药材生产质量管理规范（good agricultural practice，GAP）基地的原料来区分同类产品，形成自身独特的产品品牌差异，创造出了“药材好，药才好”的利益诉求点，实现了年销售4亿元的业绩。

（二）品牌运营管理系统化

品牌运营是涉及企业研发、生产、营销、财务、供应、物流等各方面工作的一项系统工程，因此，医药企业要整合企业内、外部资源，使之转化为企业的品牌优势。在具体运营过程中，要抓好两个“整合”：一是整合企业外部资源，要引入现代物流管理理念和技术，以发展供应链管理为模式，建立与上、下游企业紧密的合作关系，把医药产品生产、流通和市场终端结合在一起，形成利益共同体，从而提高企业的市场控制能力和品牌形象；二是企业内部资源整合，医药企业要根据医药物流特点和货物供应规范（good supplying practice，GSP）要求进行整体方案设计，从原辅料的购进、储存到成品的生产、运输、销售的各环节进行业务流程的整合与再造，提高产品质量，降低产品成本，夯实品牌所依赖的物质基础。

（三）品牌核心产品集中化

品牌的载体是产品，医药品牌的价值和给企业带来的附加值最终必须通过医药产品的销售来实现，所以医药企业要对产品实施集中化的品类管理，坚持“有所为，有所不为”的方针，集中优势，将企业的人力、物力、财力聚焦在有市场优势的大品种上。对企业的核心大品种进行产品改良和市场改良，采用有效的营销组合策略，提高产品的质量层次和市场占有率，形成核心产品的市场优势，从而形成产品品牌优势。

（四）品牌终端维护精细化

医药营销终端指医药产品从生产者向最终消费者转移过程中经过的最后一个环节，是联系医药生产经营者和最终消费者的纽带，是医药品牌维护的关键部位。医药企业要实现营销终端管理精细化，对目标市场进行精细化开发与管理。要根据医药产品特点，有针对性地开展对医院、药店等终端的促销活动。对处方药，要重点针对医院终端，通过举办高水平的学术会议、开展以人员推广、医药专业报刊广告宣传等促销活动，提升服务水平，与医生有效沟通，满足医生深层次的需求，充分发挥医生在品牌传播和维护方面的核心作用；对非处方药，要重点针对药店终端，开展以营业推广为主的销售促进活动，通过对店员的培训、宣传和联谊等活动，与店员建立合作关系，发挥店员对品牌传播和维护的关键作用。企业也可利用大众媒体进行广告宣传，直接面向消费者传播品牌，提高品牌对消费者的影响力。

（五）品牌管理团队专业化

长期以来，由于受计划经济思想的影响，医药企业重视技术和管理人才队伍建设，忽视品牌营销队伍建设。在新形势下，医药企业要转变观念，从战略的高度看待品牌管理人才队伍建设的重要性和必要性。要通过引进品牌专业管理人才和对现有营销人员进行专业知识培训等途径，建立一支既有医药专业知识背景，又有品牌营销实践技巧；既有敬业精神，又有品牌管理能力的专业化品牌管理与维护团队。同时，企业要充分利用社会营销人才资源，以聘请高级品牌管理顾问等方式，建立品牌管理与维护的高层次参谋智囊团队。

案例学习

案例12-1 高质量打造大品牌

“高质量”始终是扬子江药业集团制胜市场、赢得口碑的法宝。“药品质量是企业的核心竞争力”。多年来，扬子江药业始终秉承“求索进取、护佑众生”的企业理念，坚持把“每一粒药做到极致”，严把药品研发、采购、生产、放行、储存、售后六道关口，建立了一整套高于法定标准的企业内控标准。目前集团已有20多个产品质量达到欧美药典标准，4个车间通过了欧盟GMP认证。扬子江药业集团在生产、科研、质量第一线成立了100多个质量管理（quality control，QC）小组，常年开展质量提升、工艺革新和技术攻关活动。2016年7月，在全国医药行业QC小组成果发表会上，扬子江荣获92项质量管理成果一等奖，蝉联全国医药行业QC成果一等奖“十二连冠”，成为名副其实的中国制药行业质量管理的“梦之队”。截至2016年，扬子江共斩获了7项国际质量管理小组竞赛（international convention on quality control circle，ICQCC）金奖，又荣膺“全球卓越绩效奖（世界级）”，成为国内第一家也是唯一一家获此殊荣的中国制药企业。2016年12月12日，中国品牌价值评价信息再次发布，扬子江药业集团以953分的品牌强度和228.42亿元的品牌价值强势上榜，位列中国生物医药类品牌强度、品牌价值双料冠军。这些“第一”和“唯一”，成为企业综合实力提升、发挥品牌引领作用的有力见证。

资料来源：刘良鸣. 扬子江药业集团品牌强度、品牌价值位列中国生物医药类榜首[N]. 中国质量报，2016-12-14（2）.

问题：请结合本案例学习质量对品牌培育的作用。

案例12-2 石家庄以岭股份有限公司坚持科技创新培育知名品牌

石家庄以岭药业股份有限公司（以下简称以岭药业）由中国工程院院士吴以岭创建，在他的领导下，以岭药业始终坚持以科技为先导，以市场为龙头的科技创新发展战略，创立“理论-科研-新药-生产-营销”五位一体的独特运营模式，即“科研带动临床治疗与新药研发，临床为新药研发奠定坚实基础，生产使科技成果实现产业化，教学不断提升集团的科研医疗水平，营销使新产品迅速走向市场”。以岭药业以络病理论创新带动中医药产业化，运用现代高新技术研发现代中药，研发国家专利新药9个，覆盖心脑血管疾病、感冒呼吸疾病、肿瘤、糖尿病及其并发症等重大疾病领域，其中，治疗心脑血管病品牌药物通心络胶囊单品种销售额超过10亿元，2007—2009年，在9个一线城市心脑血管中成药高端医药市场中，通心络胶囊市场占有率位居第一。以岭药业为国家创新型企业、中国制药工业50强，“以岭”商标成为中国驰名商标。2012年12月4日，在由中国中药协会、中国医药商业协会等举办的“2012中国中药行业年度峰会”上，主办方颁布了“2012中国中药行业优秀企业品牌和产品品牌”榜单，以岭药业以其良好的主营业务收入、品牌竞争力、优秀企业领袖、新药研发创新表现，一举获得五大行业奖项，除了“中药行业工业企业主营业务收入十强”“中药行业研发型优秀企业品牌十强”两个企业奖项外，以岭连花清瘟胶囊、通心络胶囊分别获“呼吸系统疾病类优秀产品品牌十强”及“心脑血管疾病类优秀产品品牌十强”，董事长吴以岭院士以其在行业中的巨大影响力当选“2012中国中药行业领军人物”。以岭药业是坚持科技创新培育知名品牌的典型代表，也是集企业品牌、企业家品牌、产品品牌为一体的典型代表。

资料来源：罗臻根据石家庄以岭药业股份有限公司的相关资料编写。

问题：请结合本案例学习科技创新对品牌培育的作用。

案例12-3 甘肃陇神戎发药业股份有限公司以核心产品培育知名品牌

甘肃陇神戎发药业股份有限公司是一家集新药研发、中药加工和生产经营为一体的制药企业。公司共有14个品种的国药准字号产品，其中有元胡止痛滴丸、斯娜格药膜、酸枣仁油滴丸、麻杏止咳胶囊、七味温阳胶囊等五个全国独家保护品种。元胡止痛滴丸因疗效确切，价格适宜，2004年被收录于《国家医保甲类目录》，2009年进入《国家基本药物目录》，该品种为中药保护品种，保护期至2017年。2007年，公司实施集中化的品类管理，将营销资源聚焦于优势品种元胡止痛滴丸，通过创新营销模式，全力打造核心大品种，元胡止痛滴丸连续6年以80%以上的速度递增。目前元胡止痛滴丸的市场网络遍布全国30个省市的基层医疗机构，现有经销商500余户，终端医院10000余家，该品种年销售收入由2006年的373万元，快速增长到2012年的2.2亿元，成功地培育出了核心大产品。公司对注册商标“陇神”提出了“商标行为与经营行为统一、商标信誉与企业信誉统一、商标优势与企业优势统一的‘三统一’的发展战略”，通过元胡止痛滴丸大品种的带动，切实提高了“陇神”商标的知名度和美誉度，使企业的经济效益和社会效益有了显著提高，企业得到了长足发展。“陇神”商标已经在行业内、社会和广大消费者心目中具有良好的信誉和很高的知名度。“陇神”商标持有人甘肃陇神戎发药业股份有限公司为了加强商标管理与维护，成立了商标管理领导小组，使商标和品牌的管理与维护专业化、制度化、长效化。“陇神”商标产品通过不同渠道、不同载体多年来在全国范围持续不断地有效宣传，使“陇神”商标享有很高的知名度，2011年，“元胡止痛滴丸”荣获“甘肃名牌产品”称号，“陇神”商标荣获“甘肃省著名商标”称号，“陇神”商标已成为“陇神”产品打开市场的一把金钥匙。

资料来源：本案例资料由甘肃陇神戎发药业股份有限公司提供，由罗臻整理编写。

问题：请结合本案例理解核心产品在品牌培育中的重要作用。

思 考 题

1. 简述品牌的概念、组成和作用。
2. 简述品牌的整体含义。
3. 论述医药品牌策略。
4. 简述品牌设计原则。
5. 简述医药品牌培育方法。
6. 简述医药品牌管理与维护的相关内容。

（罗 臻）

第13章 医药网络营销

学习目标和基本要求

通过本章学习，掌握医药网络营销的概念、特点及其营销策略组合；熟悉网络营销的概念、特点及其主要方式；了解我国医药网络营销的发展情况。

网络营销是以国际互联网（Internet）为基础，集通信技术、信息技术和计算机技术为一体的一种新型的市场营销方式。网络营销兼具渠道、电子交易、广告、信息互动和顾客服务等多种功能，已成为新型的现代营销工具，呈现高速发展态势。

第1节 网络营销概述

随着信息技术的迅猛发展，互联网在我国得到快速普及和应用，现已成为我国经济发展的新动能。根据权威数据统计，截至2016年底，中国网民规模已达到7.31亿人，互联网用户人数居全球第一，互联网普及率达到了53.2%，超过全球平均水平7.2个百分点。我国网购用户规模则达到4.67亿，在顺应新型消费升级的发展趋势下，网购迅猛发展，网购使用比例已增长到63.8%。其中B2C电商交易总额超过6810亿元，且71%来自于移动终端。网络营销作为信息技术和营销方式相结合的新业态，越来越受到政府、企业和全社会的高度重视，我国政府于2013年提出了“互联网+”行动计划。

一、网络营销的定义

网络营销（cyber marketing）是利用计算机网络、现代通信技术以及数字交互式多媒体技术来实现市场销售的现代营销方式。简单地说，网络营销就是以互联网为主要手段开展的新型营销模式。网络营销概念包括网上营销、互联网营销、在线营销等同义词。

网络营销是以现代市场营销理论为基础，贯穿于企业经营的全过程中，包括市场调查、客户分析、产品开发、生产流程、销售策略、售后服务等多个环节，是以互联网技术为基础的新型营销方式和商业模式。

二、网络营销的特点

网络营销与传统营销方式相比较，具有以下特点。

1. 便捷性 网络营销不受时间和地域的限制，通过网络销售或者购买产品在物流和货款支付上越来越方便。网络营销可以为顾客提供非常丰富的产品信息，顾客可以快速地查询他所需要的产品，也很方便进行同类产品的质量和价格比较，便于顾客做出购买决策；网络购买行为是在虚拟空间发生的，顾客坐在家里就可以购物，在货款支付时也不需要排队等候；顾客可以享受网络售后服务，通过网络得到企业的技术支持和服务。随着互联网用户的进一步普及，越来越多的消费者选择通过网络平台购物，主要原因之一就是网络购物的便捷性。

2. 经济性 网络营销由于其虚拟性，企业节省了开店费用、促销费用和仓储费用，能够以比传统营销更低的价格提供产品和服务。同时，网络还是一种低成本的传播媒体，在网络上发布广告的成本要比电视、广播、报纸等传统的大众媒体低得多。网络营销活动不受空间的限制，可以在短时间内很快地扩大销售规模，从而能够有效降低成本。另外，顾客可以利用互联网在全球范围内进行产品的价格比较，选择购买性价比最高的产品。因此，网络营销在售前、售中和售后各环节都大大降低了顾客的购买成本，具有显著的经济性。

3. 互动性 网络营销具有极强的互动性，是实现全程营销的理想工具。网络营销提供了一种企业同顾客之间充分沟通信息的渠道，而且这种信息沟通成本非常低。网络营销在信息交流、产品交易、营销服务等方面实现供需互动与双向沟通，提高了消费者的参与性和积极性，顾客可以主动参与到产品的设计、生产和销售等过程中。例如，很多网上药店都提供缺药登记业务，如果顾客需要的药品在网站上没有销售，可以通过网络告知网上药店，线下药店根据顾客需求进货后再用电子邮件通知顾客。企业还可以通过网络进行消费者满意度调查等活动。

4. 服务性 网络营销能够超越时间和空间的约束进行信息交换，使得营销脱离时空限制进行交易变成可能，企业可以为顾客提供全方位、全过程和全天候的服务。企业可以每天24小时随时随地提供全球性营销服务，企业的服务人员也可以向顾客提供远程服务，在很大程度上克服了地域上的限制。利用互联网，企业也可以同时向大量顾客提供服务，大大提高了服务的效率，并通过信息提供与交互式交流，能够与消费者建立良好的客情关系。

5. 成长性 网络营销产生于20世纪90年代，发展十分迅猛。网络营销的主要消费主体是年轻消费群体，他们受教育程度好、经济收入高、购买力强、市场影响力大，因此网络营销极具开发潜力和增长活力。例如，2012年11月11日（也称“双11节”），阿里巴巴淘宝网单日实现网上交易额191亿元，到2017年11月11日，淘宝网单日网上交易额增长为1682亿元，年均增长率为58.55%，是典型的高成长性业务模式。

6. 个性化 网络营销是一种以消费者为导向，强调个性化的营销方式。在网络营销中，消费者将拥有比过去更大的选择自由，他们可以根据自己的个性特点和需求在全球范围内寻找自己满意的产品，不受地域限制。消费者进入感兴趣的企业网址或虚拟商店，可以获取更多的产品信息，使购物更显个性化。

三、网络营销的主要方式

网络营销可以渗透到企业发现需求信息、产品设计、确定价格、信息沟通、产品销售和售后服务等各个营销环节中，企业开展网络营销的方式主要有以下几种。

（一）网络广告

网络广告就是利用网站上的广告横幅、文本链接、多媒体等方法，在互联网刊登或发布广告，通过网络传递到互联网用户的一种广告运作方式。网络广告同传统的媒体广告相比，广告费用较低，是许多中小型的企业发布广告的理想选择。在互联网上，有许多网站为企业发布供求信息提供平台，可以免费发布信息。网络广告的“互动式”运作方式使其完全有别于报纸、广播、电视、杂志等传统媒体，真正实现了双向互动的信息交流。企业将商品的特点、性能、功能、规格、技术指标、价格、售后服务等信息放在网络上，顾客可以自由地根据自己的意愿和需求随时查询。经过网络多媒体技术处理的信息可以实现图文并茂，有声有色，可以获得很好的传播效果。

网络广告与传统媒体广告相比，具有以下优势：

1. 广泛性 互联网是一个全球性的信息传输网络，通过互联网发布广告，不受时间和地域的限制，信息传播覆盖范围广，广告效应大。

2. 体验性 网络广告的载体基本上是多媒体和超文本格式文件，顾客能够了解更多、更详细、更生动的信息，从而使消费者能亲身“体验”产品、服务和品牌，极大地增强了网络广告的实效。

3. 经济性 在互联网上，企业提供的信息容量是不受限制的，企业可以在网上发布相当于数千页计的广告信息和说明，而不必顾虑传统媒体随时间延长而增加的昂贵的广告费用，这在传统媒体上是无法想象的。

4. 时效性 网络媒体具有随时编辑信息的功能，企业可以根据需要及时更改广告信息，包括调整产品价格、商品信息，可以即时将最新的产品信息传播给消费者。根据企业的需要，网络广告信息也可以较长时间地保留在互联网上，顾客可以随时查询。

5. 针对性 消费者通常是通过网络搜索功能，有选择地浏览真正感兴趣的广告信息，所以网络广告信息的准确性高、针对性强。同时，传统媒体广告都具有强迫性，都是强行灌输给受众，而网络广告使顾客有更多的选择权。

（二）网络调研

网络调研是指基于互联网平台进行市场营销信息的收集、整理、分析和研究的过程。企业科学合理地利用网络手段进行市场营销调研和预测，能够更方便地收集顾客和潜在顾客的信息，对制定企业营销战略和营销组合具有重要价值，是企业整体市场营销活动的重要组成部分。利用网络调研，企业可以收集顾客对企业产品和服务的反馈信息，企业可以通过对顾客的反馈信息进行整理和分析，为营销活动提供信息支持。网络调研具有速度快、成本低、互动性好、数据处理方便等优点，能够客观反映消费者的消费心理和市场发展趋势，已被企业广泛采用。

网络调研包括在网上搜索二手资料和在网络上的直接调查法。企业要在网上收集有关产品、消费者、竞争者的信息，可通过选择合适的搜索引擎进行查询。搜索引擎是帮助网络使用者及时发现其所需内容的电子指针。目前互联网上可供选择的专业搜索引擎很多，如谷歌、百度等。企业也可以在网上直接针对顾客进行调查，与传统调研不同，网络调研不受空间和地域限制，既可以随机调研，也可以有针对性地定向调研。

（三）电子商务

电子商务，简称EC（electronic commerce），是指在开放的网络环境下，依靠浏览器和服务器应用方式，买卖双方在不见面的情况下进行各种交易活动，实现消费者的网上购物、商户之间的网上交易和在线电子支付以及各种商务活动、金融活动、交易活动和相关的综合服务活动的一种新型的商业运营模式。目前，电子商务有以下几种主要模式。

1. B2C模式 B2C模式（business to consumer，B2C）即企业和消费者间的电子商务，其中文简称为“商对客”。B2C是直接面向消费者提供产品和服务的一种电子商务模式。这种电子商务模式一般以网络零售业为主，主要借助于互联网开展在线销售活动和服务，如网上商店，消费者可以通过网络，在网上购物、支付和线下验货、收货。

2. B2B模式 B2B模式（business to business，B2B）即企业和企业间的电子商务，其中文简称为“商对商”。B2B指企业与企业之间通过网络进行商业数据信息的交换、传递，开展交易活动的商业模式。B2B包含三个要素，即买卖、合作和服务。买卖是B2B网站或移动平台为消费者提供质优价廉的商品，吸引消费者购买的同时促使更多商家入驻。合作是与物流公司建立合作关系，为消费者的购买行为提供最终保障，这是B2B平台的硬性条件之一。服务是为消费者提供购买服务，从而实现可持续交易。

3. C2C模式 C2C模式（consumer to consumer ，C2C）即消费者和消费者间的电子商务，其中文简称为“客对客”。C2C是消费者个人与个人之间的电子商务，是按照一定的交易与服务规范，通过为买卖双方提供一个第三方网络平台服务，为买卖双方提供商业服务，也可称为第三方电子商务企业，如淘宝网、拍拍网、易趣网等属于典型的C2C模式。

4. O2O模式 O2O模式（online to offline，O2O）即线上和线下协同的电子商务，其中文简称为“从线上到线下”。O2O是指将线下的商务活动与互联网结合，也就是让互联网成为线下交易的平台。O2O实质上是B2C（ business to customers）的一种特殊形式。

5. BOB模式 BOB模式（business-operator-business，BOB），即供应方（business）和采购方（business）之间通过运营者（operator）达成产品或服务交易的一种电子商务模式。BOB模式的核心目的是帮助有品牌意识的中小企业或者渠道商打造品牌，实现企业转型升级。BOB模式是一种全新的电商模式，在全国范围内尚未全部覆盖，目前只有部分城市实现运营。

（四）网络服务

网络营销能够为用户提供更加便捷的在线服务，如常见问题解答、电子邮件、在线论坛和各种即时服务等。在线顾客服务具有成本低、效率高、能互动等优点，成为网络营销的重要组成形式。网络服务的核心理念是通过优质在线服务，最大限度地提高顾客满意度和忠诚度，实现营销绩效的提升和企业的可持续发展。

1. 售前服务 网络营销售前服务的方式主要是企业通过网络宣传和介绍产品信息，包括产品性能介绍和同类产品的比较信息。为方便顾客购买，还应该介绍产品如何购买的信息，产品包含哪些服务、产品使用说明等。

2. 售中服务 网络营销售中服务是企业通过网络为顾客购买产品的过程提供服务，包括网上订单提交、网上支付、订单查询、货物运输状况查询等内容。

3. 售后服务 网络营销售后服务就是通过互联网的直接沟通的优势，以便捷方式满足顾客对产品安装、技术支持和使用指导以及维护的需求的客户服务方式。网上售后服务有两类：一类是基本的网上产品支持和技术服务；另一类是企业为满足顾客的附加需求提供的增值服务。

（五）塑造品牌

塑造品牌就是在互联网上宣传推广企业的品牌，实现企业的品牌在网上的延伸和拓展。互联网为企业塑造品牌提供了广阔的平台，无论是大型企业还是中小企业都可以用适合的方式展现自己的品牌形象。建立企业网站是塑造品牌的重要基础，通过企业网站平台的影响力，可以快速提高顾客和公众对企业品牌的认知度。

四、网络营销的新媒体

（一）新媒体的概念

“新媒体”是指新技术支撑体系下出现的媒体形态，其概念包括两层含义：一是基于技术进步引起的媒体形态的变革，尤其是基于数字技术、互联网技术以及移动通信技术等新技术基础上出现的媒体形态。如数字杂志、数字报纸、数字广播、手机短信、手机微信、微博、移动电视、桌面视窗、数字电视、数字电影、触摸媒体、手机网络等。二是基于人们生活方式的转变和企业营销理念创新，开发的具有信息传播价值的新载体，如楼宇电视、车载移动电视等。

（二）新媒体的分类

1. 网络新媒体 网络新媒体包括依托计算机网络技术和特殊应用网络的新媒体，如门户网站、电子商务网站、搜索引擎、博客、微博、即时通信工具等。

2. 数字新媒体 数字新媒体是指依托数字技术产生的新媒体，如数字电影、数字广播、卫星电视、网络电视等。

3. 移动新媒体 移动新媒体是指依托移动通信技术的新媒体形式，如手机媒体；也可以指在信息传播的过程中，始终处于移动状态的新媒体形态，如公交视频、地铁视频、航空视频等。

4. 环境新媒体 环境新媒体主要指媒体的应用创新，而不是新技术，如楼宇视频、超市卖场视频等。

（三）新媒体的特性

1. 互动性 新媒体在某种程度上实现了传播者与接受者之间的实时互动，受众能够主动地参与到传播过程中，对传播者的信息进行反馈，甚至能够影响传播的内容，在一定程度上充当了传播者的角色。新媒体的互动性，实现了传播者和接受者之间的结合。

2. 实时性 新媒体极大地缩短了信息加工、制作和传播的过程，信息传播迅速、便捷。人们通过新媒体在第一时间获得信息，又可以随时调看。越来越多的突发事件传播首先出现在网络或手机信息中。

3. 个性化 新媒体可以面向特定的受众定制他需要的个性化信息，这是新媒体的显著特征。现代新媒体改变了传统媒体的大众化，实现小众化、分众化和个性化。

五、新媒体对网络营销的作用

新媒体的发展改变了企业的思维方式和经营模式，也改变了人们的生活方式。新媒体为企业的营销活动提供了广阔的平台，使企业的营销传播多样化。

新媒体的发展给网络营销带来了重大机遇，也提出了严峻挑战。新媒体对网络营销的影响体现在两个方面：第一，新媒体具有良好的信息传播作用。新媒体成本较低、传播速度快、互动性强，能够为网络营销提供良好的沟通平台。第二，新媒体具有良好的信息收集作用。新媒体能够与受众互动沟通，能够直接、快速、准确地反馈顾客需求信息，从而增强企业应对市场变化的动态感知和适应能力，有利于实施精准营销。

因此，在新媒体时代环境下，企业必须具备良好的学习能力，持续关注新媒体的发展趋势，积极主动地适应和拥抱新媒体，掌握媒体的传播特征及其全新的竞争态势，熟悉新媒体时代消费者的信息接收习惯，趋利避害，利用新媒体的优势做好网络营销。

第2节 我国医药网络营销发展现状

一、我国医药网络营销发展的法律、政策环境

2005年，原国家食品药品监督管理局出台了《互联网药品交易服务审批暂行规定》，标志着我国医药网络营销进入较快发展的阶段。我国现行的医药网络营销法律体系由四部分构成：一是基本法律层面，包括《中华人民共和国民法通则》《中华人民共和国刑法》等；二是经济法层面，包括《中华人民共和国合同法》《电子银行业务管理办法》《电子银行安全评估指引》等；三是电

子商务法律、法规，包括《中华人民共和国电子签名法》《中华人民共和国计算机信息系统安全保护条例》《电子认证服务管理办法》《信息网络传播权保护条例》《电子支付指引（第一号）》等；四是医药类法律、法规，包括《中华人民共和国药品管理法》《药品经营质量管理规范》《医疗器械监督管理条例》《药品电子商务试点监督管理办法》《互联网信息服务管理办法》《互联网药品交易服务审批暂行规定》等。这些法律、法规紧密联系、相辅相成，初步形成了我国医药网络营销发展的法律、法规和政策的基本框架，使我国医药网络营销的开展有法可依。

二、我国医药网络营销的发展情况

（一）我国互联网药品交易服务企业发展情况

按照我国行政许可的权限，《互联网药品交易服务资格证书》分为A证、B证和C证。A证是药品网络交易B2B平台，如京东医药城、天猫医药馆、1药网、818医药网等，属于第三方医药电商服务平台。B证要求平台拥有者必须是制药企业或药品批发公司，通过互联网交易提供企业生产或经营范围内的药品批发业务，也是B2B平台，如以岭药业建设的“以岭健康城”、中国医药网等。C证要求平台拥有者必须是药品零售连锁店，在网上向个人消费者零售经营范围内的医药相关产品，如七乐康、健客网、老百姓网上药店、康爱多网上药店等。2017年4月6日，国家食品药品监督管理总局转发了《国务院第三批取消中央指定地方实施行政许可事项的决定》，取消了医药电商B证和C证的审批，由以前的审批制改为备案制（A证仍然由国家实行审批）。2017年9月29日，国务院发布《国务院关于取消一批行政许可事项的决定》（国发〔2017〕46号），取消了互联网药品交易服务企业（第三方）（A证）审批。取消医药电商的审批政策，将更加有利于促进医药电商的发展。国家食品药品监督管理总局数据显示，截至2017年4月20日，全国累计有962家企业拥有《互联网药品交易服务资格证书》，其中A证46张，B证238张，C证678张。

（二）我国医药电子商务发展情况

目前，我国医药电子商务主要有B2C、B2B、O2O等模式。

1. 医药电子商务B2C发展情况 根据中国医药物资协会发布的《2016年中国医药电商发展蓝皮书》数据，中国医药电商B2C市场规模已从2011年的4亿元增至2016年的285亿元，其中药品达到99亿元，年复合增长率达103.61%，发展态势良好。近年来，具有代表性的医药电商B2C平台如阿里健康大药房、京东大药房、七乐康、康爱多、健客网等企业增长较快，提高了行业的集中度，有希望成为行业骨干企业。

2. 医药电子商务B2B发展情况 根据商务部发布的《2016年药品流通行业运行分析报告》数据，中国医药电商B2B销售额占医药电商销售总额的94.2%。B2B业务中，移动终端占4.3%。医药电商B2B平台未来具有广阔的发展前景，关键要通过互联网平台合理匹配产业链上、下游资源，实现医药产业链、价值链的深度融合，并通过线下的现代物流配送服务体系完成销售流程。

3. 医药电子商务O2O发展情况 O2O模式是医药电商发展的重要业态，也是传统药店实现转型的必然选择。阿里巴巴集团董事局主席马云在2016年“双11节”期间指出，纯电商时代很快会结束，未来将被“新零售”取代，即由线上、线下和现代物流结合创造出来的新零售业态。医药电商O2O模式将成为未来发展方向，是基于两点优势：一是医药电商O2O模式便于药品监督管理部门监管，因为药品由本地药店提供，能够保证药品质量，杜绝假劣药品，还能够提供合理用药相关服务。二是符合国家政策方向，2017年1月24日发布的《国务院办公厅关于进一步改革完善药品生产、流通、使用政策的若干意见》明确提出，要推进“互联网+药品流通”，规范零售药店互联网零售服务，推广“网订店取”“网订店送”等新型配送方式。

三、我国医药网络营销的特点

（一）入行门槛高

由于医药产品的特殊性，我国对医药网络营销企业实行审批制度。拥有医药实体连锁店、具备标准医药物流配送体系的企业，在获得由国家食品药品监督管理部门审批的《互联网药品交易服务机构资格证书》《互联网药品信息服务机构资格证书》后，方可在网上运行医药电子商务经营模式，而医药物流配送标准更高，获取资格证书所列要求更加严格，所以，目前获得《互联网药品信息服务机构资格证书》的医药企业并不多。

（二）限制性强

由于网上售药、购药较难监管，很容易被不法分子利用，非法经营假药、劣药，从而危害人民群众的生命健康，因此，国家对医药网络营销从严监管，只允许在网上销售非处方药、医疗器械和保健产品。目前电子处方尚无法实现网上有效管理，识别困难，需要专业医师、药师的用药指导，放开处方药网上销售风险较大。因此，网上销售处方药的条件尚未完全成熟，还需要从法律、人才、技术等方面进一步完善。

（三）发展前景好

根据中国电子商务研究中心分析，医药网络营销潜力巨大，发展前景良好。原因主要有三个方面：一是我国重点推进医药分开改革并有所突破，国家关注医院的药占比、医疗保险费用控制等，客观上鼓励药品零售连锁药店发展，为医药电子商务发展提供了市场基础；二是近年来我国医药电子商务进行了多种新模式的探索，B2B、B2C、O2O 等模式快速发展并逐渐成熟；三是药品监管环境日趋有利，相关配套政策将逐步完善，网上处方药销售已开始试点探索，尤其是慢性病用药和自费用药将逐步放开，会给整个医药电子商务带来更多市场机会。因此，未来医药网络营销将呈现爆发式增长。

四、我国医药网络营销发展的制约因素

（一）法律、法规和政策环境有待健全

医药网络营销涉及很多法律、法规和政策方面的问题。由于医药产品的特殊性，国家对处方药网上销售政策尚未放开，电子处方尚未广泛应用，所以占药品总量 80%以上的处方药的网络营销依然受限。另外，医疗保险费用的支付也没有与网络药品销售对接，这些都涉及国家层面的法律、法规和政策。

（二）消费者的购买习惯有待培养

由于医药产品的特殊性，长期以来，消费者基本上是从医院药房和社会零售药店这两个主渠道购买药品，由医院药房药师和药店执业药师指导消费者进行合理用药。另外，医药产品的主要消费群体是中老年人，而这些消费者长期通过现场直观的感觉来判断和选择医药产品，对上网购买医药产品的认同感较低，尚未形成网上购买习惯。

（三）物流配送体系建设滞后

我国地域面积辽阔，城市化程度较低，交通运输能力有限。目前物流领域的现状是：配送范围小，运输费用高，配送时间长。特别是医药产品的物流配送，必须要符合《药品经营质量管理规范》，部分药品必须全程冷链储存运输。符合《药品经营质量管理规范》要求的第三方药品物流配送体系尚未建立，低效率、高成本的医药物流体系直接制约着医药网络营销的发展。

（四）医药企业的网络营销意识不强

目前中国大多数医药企业还习惯于传统的营销方式，对网络营销的重视程度不够，没有将网络营销提升到战略层面。有的医药企业虽然也建立了企业网站，但是对网络营销的认识不到位，只是作为形象工程看待，未能真正发挥网络营销的优势和作用，企业网站上的内容非常陈旧，很少更新。

五、我国医药网络营销未来的发展趋势

未来我国医药网络营销发展将呈现三大趋势：

（一）医药网络营销将呈现快速发展态势

医药网络营销有助于推动解决目前我国医疗体系中存在的一些痛点问题，带来产业链上不同类型企业的角色转换。从效率上来说，医药电子商务可以让患者有更多的购药途径，可以促进医药分开的进程。从成本上来说，医药电子商务压缩流通环节，让患者获得更大的透明度和自主权，有助于降低医疗费用。因此，医药电子商务符合国家医药产业和医药卫生事业的发展方向，符合医药市场的实际需求，符合患者的切身利益，未来将迎来高速增长。

（二）医药网络营销模式将呈现差异化发展

由于处方药和非处方药在监督与使用等方面差异较大，在医药电子商务模式选择方面将形成不同的业务模式，未来制胜需要差异化竞争。处方药的电子商务模式必须通过互联网企业和传统医药企业紧密结合，与医疗机构深度合作，成功打通“医”与“药”环节的企业能够获得领先优势。例如九州通医药集团股份有限公司、上药控股有限公司等将利用丰富的医疗终端资源、药品销售、配送资质以及熟悉药品销售的优势，与互联网企业紧密合作，形成共赢。非处方药和保健品的电子商务模式主要颠覆传统线下零售模式，形成线上线下协同发展的新型电子商务模式，如O2O模式。

（三）医药网络营销与传统营销深度融合

医药网络营销将会加速医药产业链上各类型企业的转型。对于制药企业，过去是药品生产供应者和药品学术知识宣传教育者，未来将利用医药电子商务开拓更多的直接面对患者的教育与销售机会；药品流通企业受医药电子商务的冲击将更大，过去主要以药品批发代理、物流配送为主要业务模式，未来线上、线下都将成为药品流通的渠道，药品流通企业必须尽早转型升级；对于药品零售企业，过去是药品销售关键环节，掌握着患者资源，未来线上销售平台扩大患者选择空间，能生存下来的药品零售企业必须具备打通线上、线下的能力；对于医药电子商务平台，未来将采取自营或与医药第三方物流合作，提供具备专业资质的物流服务，培育更加专业化的医药服务能力。

第3节 医药网络营销策略组合

一、医药网络营销策略组合的基本原则

（一）整合原则

医药网络营销是以互联网为工具的系统化的企业营销活动，企业在网络营销策略组合方面既要考虑企业内部资源，又要分析市场需求环境，要通过产品、价格、渠道、促销和品牌等各个营销要素的整合，实现系统整体优化。

（二）创新原则

医药网络营销必须深入研究顾客的实际需求和竞争者的策略，通过网络营销的创新，形成区

别于竞争者的差异化策略，为顾客提供特色鲜明的医药产品与医药服务，满足顾客个性化需求，提高顾客购买的效用和价值。

（三）简单原则

医药网络营销方案必须具有可操作性，否则没有价值。医药网络营销是一系列具体的、明确的、直接的、相互联系的操作指令，是一套操作性强的实施路径和方法，必须简单易行，操作方便。

（四）双赢原则

在医药网络营销中，企业要通过网络营销策略组合，优化企业经营资源的配置状态和利用效率，为顾客购买最大限度地节约成本，为企业提高收益。医药产品具有特殊性，成功的医药网络营销策略组合必须把经济效益和社会效益结合起来，实现企业和顾客的双赢。

二、医药网络营销策略

医药网络营销策略包括产品策略、价格策略、渠道策略、促销策略和品牌策略。

（一）产品策略

产品是医药网络营销的关键要素。由于受到处方药网络销售和医疗保险费用网上支付两方面限制的影响，医药网络营销的产品目前主要集中在非处方药、医疗器械、保健品、隐形眼镜等品类。医药网络营销产品策略要有针对性，其产品形态、产品定位要突出体现互联网的特点。

1. 质量策略 医药产品要素一般由质量、规格、剂型、品牌和包装等组成。医药产品是关系人民群众生命健康的特殊产品，医药网络营销产品策略的关键是保障药品的质量安全，杜绝假劣药品。质量和疗效是医药产品的核心内容，也是医药产品的生命线，医药网络营销必须确保产品质量安全、有效、稳定，让产品质量成为医药网络营销的核心竞争力。例如，为消除消费者网上购药安全的疑虑，医药电子商务企业健客网联合广药集团等著名企业在国内发起第一个正品联盟，力争将联盟增加到上千家，以质量赢得顾客的信任。

2. 差异化策略 网上购买的主要群体是年轻人，他们的消费特点是更加倾向个性化购买，差异化的产品更加符合年轻人的消费需求和消费习惯。同时，差异化的医药产品有利于形成独特的价值卖点，能够吸引更多的消费者购买。另外，由于网络营销的价格信息对称，顾客可以随时随地查询同类产品的价格信息，产品的价格信息几乎是透明的，只有差异化的、独特的、有别于竞争者的特色产品，才能维持较高的价格和较高的毛利率，避免单纯的价格战。

3. 包装策略 包装是医药产品的重要部分，体现产品的外在质量，是消费者购买医药产品的重要依据。良好的包装有美化产品、促销销售、刺激消费等作用。医药网络营销产品的包装要有鲜明的特色和个性，并与产品质量价格水平相匹配，符合产品性质要求，符合法律、法规的规定，使用方便，美观大方，绿色环保。

（二）价格策略

1. 高价策略 高价策略是针对差异化的医药产品进行定价，主要适用于名牌产品、稀有或独家产品、医药保健品等产品类型。采用高价策略时应注意：第一，要确保医药产品质量上乘，物有所值；第二，准确掌握医药产品价格定位，消费者愿意支付较高的价格；第三，产品一定要有品牌效应，能满足消费者的心理需求。

2. 竞争定价策略 竞争定价策略针对主要竞争对手的价格水平，制定具有竞争优势的价格，主要适用于普通产品、常用产品、众多厂家都能生产的产品等。由于这类医药产品缺乏特色，市场竞争激烈，价格往往是其主要竞争手段，企业要利用网络营销的优势，压缩医药产品的中间流通环节，节省费用，降低成本，形成价格竞争力，以低于竞争者的定价吸引消费者购买。

3. 特殊价格策略 特殊定价是在医药网络营销中，企业在特定的时间可以制订特定的价格来吸引顾客。如在“爱眼日”“爱耳日”“爱牙日”“双11节”等特殊时间节点，配合一定的主题健康宣教的同时，对相应的专科用医药产品制订临时性的优惠价格等。特殊价格策略既要考虑医药产品的需求弹性，同时又要考虑网络营销的特点。

（三）渠道策略

1. 会员渠道 会员渠道是医药网络营销一个最重要渠道，主要适合医药网络零售形式。会员渠道是在企业建立虚拟组织的基础上形成的网络团体，通过会员制，促进顾客相互间的联系和交流，以及顾客与企业的联系和交流，培养顾客的忠诚度，并把顾客融入企业的整个营销过程中，使会员网络的每一个成员都能互惠互利，共同发展。

2. 分销渠道 医药网络分销渠道的建设必须适应具体营销模式和医药产品的特点。由于医药产品关系公众健康，受政府监管部门的严格管控，医药网络营销渠道的物流配送环节必须要符合《药品流通质量管理规范》要求。所以，目前我国医药网络分销渠道在销售环节通过网络平台进行交易，在物流配送环节基本上利用医药企业的分销渠道完成。

3. 线上线下协同渠道 线上线下协同渠道在医药网络营销渠道中应用最为广泛，这种渠道策略是指零售连锁药店建立自己的网络营销平台，通过网上销售医药产品、支付货款和完成交易，通过线下的实体药店把产品配送给消费者或由消费者自取产品，这种模式最大的优点在于既符合网络营销的特点，又符合《药品流通质量管理规范》的要求，线上线下资源的整合提升了消费者的购买体验，提高了药店的销售规模和经济效益。

（四）促销策略

1. 拉销策略 医药网络营销中，拉销策略就是企业吸引顾客访问自己的网站，让顾客浏览医药产品网页，做出购买决策，进而实现产品销售。医药网络销售中，最重要的是企业要推广自己的网站，吸引大量的访问者，才有可能把潜在的顾客变为现实的顾客。企业的网站除了要提供顾客所需要的医药产品和服务，还要生动、形象和个性化，要体现企业文化和产品特色。

2. 推销策略 医药网络营销中，推销策略就是企业主动向顾客提供产品信息，让顾客认识、了解企业的产品，促进顾客购买产品。医药网络推销有两种方法：一种方法是利用互联网服务商或广告商提供的经过选择的互联网用户名单，向用户发送电子邮件，在邮件中介绍产品信息；另一种方法是应用推送技术，直接将企业的网页推送到互联网用户的终端上，让互联网用户了解企业的网站或产品信息。

3. 链销策略 在医药网络营销中，互动的信息交流可以强化企业与顾客的关系，增加顾客的满意度，这是企业开展网络链销的基础和前提。企业使顾客充分满意，满意的顾客成为企业的种子顾客，会以自己的消费体验为企业做宣传，向其他顾客推荐企业的产品，从而形成口碑效益，最终形成顾客链，实现链销。

（五）品牌策略

1. 重视品牌 品牌是质量、信誉和文化的集合体，也是一种无形资产，其价值源于消费者对企业或者产品内在的认可。例如哈药集团有限公司的“哈药”品牌、云南白药集团股份有限公司的“云南白药”、东阿阿胶股份有限公司的“东阿”等是医药领域的著名品牌，给企业创造了巨大的财富和价值。因此，医药网络营销企业要高度重视品牌建设，形成强大的品牌效应。

2. 建立品牌 网络品牌是企业品牌在互联网上的延伸。医药网络营销企业要在激烈的市场竞争中立于不败之地，就必须建立自己的网络品牌，网络品牌包括企业的域名、网站、电子邮箱等。例如，康爱多、七乐康、1药网、健客网等医药电商已经塑造了自己网络品牌，在消费者心智中形成了品牌效应。

3. 推广品牌 在网络品牌推广上，企业要首先考虑网络品牌的定位，即网络品牌带给顾客什么样的价值，这种价值同其他企业的网络品牌相比较有什么特色。其次要选择合适的网络品牌推广形式。可以采用互联网传播，如搜索引擎、电子邮件、网络广告等，也可以选择特定的专业会议推广，例如，七乐康2017年6月在成都举办的第三届中国医生集团大会上，通过推出“10亿医生创业基金”“互联网医院智库”等项目，宣传建立自己的网络品牌，掌握优质医生资源。

4. 维护品牌 医药网络营销企业要有针对性地开展品牌维护工作，通过举办高水平的专业学术会议、培训会议、医药专业报刊广告宣传等传播活动，重点与行业内有影响力的领袖医生、药店店长等进行互动沟通，充分发挥他们在品牌传播和维护方面的核心作用。企业也可利用大众媒体进行广告宣传，直接面向消费者宣传网络品牌，提高网络品牌对消费者的直接影响力。

案例学习

案例13-1 1药网与九州通达成深度战略合作

2017年8月8日，互联网医药健康领域的领军企业1药网与国内民营医药流通巨头“九州通”共同宣布达成深度战略合作。双方表示，将互相以“最惠待遇”成为对方的合作伙伴，并将发挥各自资源优势、企业实力和市场影响力，在采购渠道、互联网联合营销、物流配送等方面展开深度合作，建立战略合作伙伴关系。

九州通医药集团是中国A股上市公司，位居中国民营医药商业企业第一名，其主营业务覆盖药品、医疗器械等产品批发业务、药品生产及研发业务、物流配送、零售连锁以及电子商务等几大部分。在电子商务的浪潮下，九州通积极拥抱互联网转型。早在2011年，九州通就成立了好药师电商平台，并在2016年1月成立健康998电商集团，融合好药师全渠道电商平台、健康管理、远程医疗等线上平台业务。

双方在商品采购渠道合作上将互享“最惠待遇”。九州通集团将与1药网实现医药产品价格优惠共享，产品覆盖中西药品、医疗器械等品类。同时，九州通旗下的好药师还将与1药网尝试互联网联合营销，实现互相引流。双方将在互联网营销上进行优势互补，联合进行精准营销，共同做大市场。

1药网致力于用互联网模式和思维，解决中国大众“看病难、买药贵”的现状。公司运用创新的互联网和IT技术提供在线诊疗和购药服务，缩减中间环节，优化供应链，为中国大众的就医买药提供完整的解决方案以及实惠和方便。

双方还将共同探索“网订店取”“网订店送”模式。1药网将依托九州通自营及其三方平台合作的线下共10万家门店，以及九州通在全国的强大物流配送网络，以更低的物流成本覆盖全国市场，为顾客提供6小时配送服务。顾客通过1药网下单后，订单将由顾客所在城市就近的门店完成最后一千米的配送。首期合作区域将先从北京、上海、广州、深圳、南京、杭州、天津7个城市开始，未来将逐步向全国推广。

随着两票制、分级诊疗、医药分家等医改政策的不断推进，加上“互联网＋药品流通”发展变革，不论是医药流通企业，还是医药电商品牌都将迎来变革中的机遇和挑战。九州通与1药网的战略合作，是医药行业生态与融合发展的典型案例，势必会给行业未来发展带来深远影响。

资料来源：裘炯华．医药电商与流通企业相互“引流”[N]. 医药经济报，2017-8-17 (5).

问题：请分析1药网与九州通达成深度战略合作形成的运营模式。

案例13-2 广州首家“互联网+”药店

广州首家医药电商康爱多O2O体验店于2015年5月30日在白云区云景路开业。该店以“互联网”为主导理念，构建以用户服务为基本、提升用户体验为核心的O2O模式。康爱多O2O旗舰店面积400平方米左右，门店设置品种规格过万，门店更为现代化、年轻化、互联网化、智能化。

从模式上看，康爱多O2O体验药房的优势在于集“低价＋体验＋服务”三者于一身。首先，门店WiFi全覆盖、开辟体验区、提供免费煎药服务和服药休息区、开通互联网支付，为顾客提供技术体验和购物方便。在体验区，门店配备互联网设备，安排销售人员引导顾客了解、熟悉、体验和下载APP。在服务方面，门店不仅提供线下快速配送服务，还针对不同疾病和不同人群设置了六大专业药师服务团队，为顾客提供健康咨询和用药指导。并且，门店开通了网络医院，顾客可通过网络远程接受诊疗服务。

该店以O2O体系为基础，一方面将自身线上、线下业务全线打通，形成闭环；另一方面，打造连接药厂、医生和患者的新模式，承接处方药品市场份额，同时完善慢性病会员管理服务。截至目前，康爱多运用移动互联网，连接患者端、专业医务人员、上游药企的沟通平台已经完成搭建，他们希望通过互联网元素与患者互动。

业内专家认为，药品作为特殊商品，对于顾客而言，O2O最核心的价值点在于提升专业服务。医药O2O尽管模式各有差异，但其最终导向均以低价优惠及线上下单线下送货为主。如何以用户为核心，最大化发挥并提升药房专业价值是药店未来竞争获胜的关键。

资料来源：罗臻根据相关资料编写。

问题：请分析康爱多O2O体验药房的核心竞争力。

案例13-3 甘肃渭水源药业科技有限公司 “互联网+中药材”营销之路

2014年5月，甘肃渭水源药业科技有限公司成立了电子商务部，建成了“西部中药材网”和“西部中药材交易网”，其中“西部中药材网”作为中药材信息平台，主要发布全国中药材供求信息以及省内外大型专业中药材交易市场行情信息和价格走向分析；“西部中药材交易网”作为中药材交易平台，采用B2B、B2C经营模式，主要经营“渭水源”党参、“渭水源”黄芪和“渭水源”当归等甘肃省道地中药材和精制中药饮片的批发和零售业务。2015年8月被甘肃省商务厅评为“省级电子商务示范企业”。截至2016年底，中药材电商平台拥有注册会员企业类190多户，个人类用户4600多人，2016年实现销售收入2800多万元，带动了西部贫困地区中药材产业发展，通过黄芪种植，使甘肃省定西市渭源县莲峰镇天池村（贫困村）整村脱贫致富，也探索出了一条“互联网＋中药材”的特色营销之路。

资料来源：本案例资料由甘肃渭水源药业科技有限公司提供，由罗臻编写。

问题：请结合本案例学习“互联网＋中药材”营销策略。

思 考 题

1. 简述网络营销的概念和特点。
2. 简述网络营销的主要方式。
3. 简述我国医药网络营销未来的发展趋势。
4. 医药网络营销策略组合包括哪些内容？

（罗　臻　张军民）

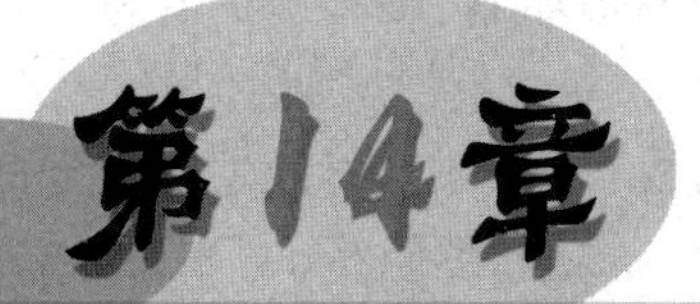

第14章 中药材和中药饮片营销策略

学习目标和基本要求

通过本章学习，掌握中药材和中药饮片的营销特点、营销策略和营销方法；熟悉中药材和中药饮片市场营销面临的机遇与挑战；了解我国中药材和中药饮片的基本概念。

中医药是我国独特的卫生资源、潜力巨大的经济资源、具有原创优势的科技资源、优秀的文化资源、重要的生态资源。中药材和中药饮片是中医药的重要组成部分，是中医药事业健康发展的基础。中药材和中药饮片的营销与中成药和西药的营销有显著的区别。

第1节 中药材和中药饮片营销概述

一、中药材和中药饮片的概念

（一）中药材

中药材一般是指药用植物、动物和矿物的药用部分采收后经产地初加工形成的原料药材。中药材是中药科学发展的物质基础，也是中药产业的基础物质。

（二）中药饮片

2010版《中国药典》首次明确了中药饮片的定义，在“凡例十三”中将中药饮片定义为：“中药饮片系指药材经过炮制后可直接用于中医临床或制剂生产使用的处方药品”。2015版《中国药典》也沿用了这一定义。简单来说，药材凡经净制得中药材，再经切制或炮炙等处理后，均称“饮片”，是指取药材切片作煎汤饮用之义。

二、中药材和中药饮片的营销特点

（一）中药材的营销特点

1. 农产品性质　中药材首先表现为农产品形态。中药材生产涉及的种植养殖、采集、贮存和初加工等环节都属农业范畴，生产过程管理和产品质量特点具有农产品特性。中药材的生产受海拔、土壤、温度、湿度、光照等环境因素影响较大，生产的标准化、规范化、规模化、市场化程度相对较低。因此，中药材营销具有自发性、季节性、粗放性、道地性，商品属性更多体现农产品特性。

2. 原料药性质　中药材是生产中药饮片和中成药的原料物质，是整个中药产业链的源头，其产量和质量直接影响中药产业和中医事业的发展。因此，国家把中药材的生产和经营纳入药品范畴进行管理，在生产采挖、产地加工、储存运输、流通交易等环节，都按药品管理，必须符合有关药品生产经营管理规范，符合药品标准。

3. 价格波动性 中药材的农产品属性决定了其价格的波动性。中药材的生产量受人为因素和自然因素的双重影响，生产供应量不稳定。如果种植面积扩大、自然条件好，中药材就会丰产，市场价格就会降低；反之，如果中药材种植面积减少或者遭受极端天气影响，中药材产量会大幅减少，中药材价格就会上升。特别是部分生产周期长的中药材，例如，人参的生产周期至少6年，很难在短期内达到供需平衡，价格调节手段较少。

（二）中药饮片的营销特点

1. 产品的复杂性 中药饮片是中药材按照中医药理论和中药炮制方法，经过加工炮制后的初级工业产品，分为中医临床配方调剂饮片和工业制药饮片两大类。它包括了切制后的片、段、丝、块，如人参片、薄荷段、陈皮丝、茯苓块等；捣碎后的碎块，如使用时捣碎的瓜蒌子、酸枣仁等；配方粉末饮片，如砂仁粉、川贝母粉、珍珠粉等，也包括了修制后的以原药材自然形态入药的花，如红花；叶，如番泻叶；果实如连翘；种子，如菟丝子等；以及动物、植物的分泌物或渗出物等。近年来，又出现了配方颗粒、超微饮片等新型饮片。因此，中药饮片种类丰富，品系众多，产品形态十分复杂。

2. 产业的关联性 中药饮片行业处于中药产业链的中游，与上游的中药材相关联，中药材的产量、质量以及成本直接影响中药饮片的销售。中药材本质上是农产品，具有道地性，有很强的地域性和资源特性，地域、气候、地理等条件决定了中药材的分布、资源储备、产量和价格等要素，对中药饮片的产品质量、价格及本行业的发展有较大影响。同时，中药饮片与下游产业中药制造业、医疗机构、药店以及食品加工和餐饮服务等行业也密切相关，这些行业的发展速度和市场容量客观上决定了中药饮片的市场需求。

3. 渠道的广泛性 中药饮片可直接用于中医临床，也可以用于中药制剂生产，部分药食同源的中药饮片还用于保健食品或日常餐饮。因此，中药饮片通常的营销渠道有医疗机构药房渠道、零售药店渠道、中药饮片经营公司渠道、中药制药企业渠道和超市渠道等，这些不同的营销渠道对中药饮片的质量等级要求不同，销售价格的差别也很大。

三、中药材和中药饮片营销的机遇与挑战

（一）中药材和中药饮片的市场机遇

1. 市场需求旺盛 随着经济的发展和社会的进步，人们的生活质量和医疗保健水平不断提高，人们已从“治病救人”的救治医疗需求发展到预防疾病、康复调理、延缓衰老等多位一体的高层次的医疗需求。20世纪90年代以来，中医药和天然植物药在全球备受关注和重视。近年来，中药材和中药饮片行业发展迅猛，正在向现代化、国际化方向发展，未来在国家政策利好、市场需求扩大等有利因素的共同推动下，中药材和中药饮片将继续快速增长。根据国家统计局数据显示，从2006—2016年，中国中药饮片的销售规模保持10%以上的增长率，高居医药工业子行业榜首。中药饮片2016年的销售收入较上年增长15%，是医药工业中增速最快的子行业，占医药工业总销售收入的6.6%。因此，中药材和中药饮片具有广阔的市场发展潜力。

2. 政策环境利好 近年来，国家相继出台了一系列鼓励中医药发展的政策。2015年2月13日，国家卫生和计划生育委员会等部门发布了《国家基本药物目录管理办法》，明确规定“国家基本药物目录中的药品包括化学药品、生物制品、中成药和中药饮片”。首次将中药饮片纳入《国家基本药物目录》，给中药材和中药饮片的营销提供有力的政策支持。另外，在所有公立医院取消药

品加成和控制药占比的情况下，国家对中药饮片的销售出台了优惠政策。2016年10月17日，国家中医药管理局、国家卫生计生委、人力资源社会保障部等部门发布了《基层中医药服务能力提升工程“十三五”行动计划》，明确规定“鼓励和规范中药饮片与中药制剂的使用。各地要全面落实不取消中药饮片加成、中药饮片不纳入药占比控制范围等政策”。这一政策更是极大地利好中药材和中药饮片的销售。

（二）中药材和中药饮片市场营销面临的挑战

1. 生产环节的粗放性 目前我国中药材生产的主体是农户，中药材种植养殖模式落后，产地初加工管理粗放，标准化、规范化、产业化的技术支撑不足，产业整体缺乏计划性，中药材的质量不稳定，价格波动较大。中药饮片生产的主体是中小型企业，总体呈现“小、散、乱”特点，整体产业水平低下，部分企业的生产车间还是作坊式生产，工艺设备落后，生产条件简陋，管理不规范，专业技术人才缺乏，难以保证中药饮片的质量。

2. 储运环节的零散性 目前，我国中药材和中药饮片的仓储设施分散，贮存管理不够规范，对中药材及饮片的养护不够重视，为了防霉防虫，采用硫黄熏蒸等不当技术措施，对中药材及饮片的质量产生了严重的影响。在运输环节，大部分中药材和中药饮片企业缺乏现代物流理念，储运技术和设备较落后，运营成本较高，整体经济效益偏低。

3. 交易环节的无序性 近年来，药品监管部门对中药材和中药饮片市场进行严格监管，市场秩序明显好转，但仍然存在一些乱象。有些中药饮片企业为了降低成本、增加利润，甚至在生产经营过程中采用非法染色、增重和掺杂使假等违法行为；中药材和中药饮片交易市场的专业化、信息化、现代化程度不高，贯穿中药材种植、产地加工、仓储物流和商贸流通等全产业链的商品规格标准和质量溯源体系尚未完成；中药材和中药饮片的市场竞争以价格为主要竞争手段，存在“劣币驱逐良币”现象，优质优价的市场机制尚未形成。

第2节 中药材和中药饮片营销策略

中药材和中药饮片营销策略包括产品策略、价格策略、渠道策略、促销策略和品牌策略。

一、产品策略

产品是市场营销组合中的核心要素。中药材和中药饮片产品策略应该从质量营销、绿色营销方面进行创新，形成差异化的产品策略。

（一）质量营销策略

质量是中药材和中药饮片市场营销的关键。

1. 中药材质量营销策略 中药材质量营销策略的核心是培育新型中药材生产经营主体，采取“企业＋基地＋合作社＋农户”的农业产业化经营模式，推进中药材“订单式”生产和企业上下游一体化经营。推动农业龙头企业、专业合作社、专业中药材大户、家庭中药材农场等新型产业发展模式，实现中药材从分散生产向组织化生产转变。制定中药材标准化生产技术规程，建立标准化、规范化的中药材生产基地，发挥基地的示范和辐射作用，带动农户开展中药材标准化种植，鼓励开展GAP认证，从源头保证中药材的质量品质，提升中药材的市场竞争力。

2. 中药饮片质量营销策略 中药饮片生产企业要转变经营观念，改进技术装备，改善加工环境，扩大生产规模，实现高端化、集约化生产经营，全面提升中药饮片质量和科技含量。中药饮片生产企业要研究中药饮片科学仓储技术，切实解决虫蛀、霉变等问题。政府部门要通过政策扶持和加强监督，逐步探索更加科学、更加规范、更加有效的中药饮片管理机制，按照“现代化生产、规模化经营、品牌化销售”的发展模式，培育一批新型中药饮片生产骨干企业，创新中药饮片质量营销新模式。

（二）绿色营销策略

1. 中药材绿色营销策略 中药材生产是整个中药产业链的源头，是中药生产的“第一车间”。中药材绿色生产要从种子种苗、大田种植、锄草施肥、采挖收割等环节按照《中药材生产质量管理规范》要求，实现规范化、标准化生产，推行种养殖清洁生产，强化农业投入品监管，严格规范农药、抗生素、激素类药物和化肥使用，从根本上解决中药材的农药残留、重金属等问题，从而实现中药材符合绿色标准要求。在此基础上，推进无公害中药材、绿色中药材、有机中药材和地理标志中药材等政府主导的安全优质中药材的发展，实现中药材绿色营销。

2. 中药饮片绿色营销策略 中药饮片生产企业首先要严格把好原药材的购进关，优先选择优质道地药材，确保原药材质量合格。在中药饮片生产环节，要按照《药品生产质量管理规范》要求，严格执行中药饮片的加工炮制工艺规范，采用先进质量检测仪器设备，对中药饮片进行在线质量控制，确保生产优质绿色中药饮片。在中药饮片仓储环节，要按照《药品经营质量管理规范》要求，进行科学化管理，控制好中药材和中药饮片库房的温度和湿度，做好产品养护，必要时对部分容易生虫、霉变的产品采用先进绿色的气调技术，确保产品质量。另外，企业应对中药饮片的包装进行绿色主题设计，注重选择新型环保材料，把满足产品包装、保护环境、降低成本等要素统筹考虑，让消费主体更为直观地感受到产品的绿色属性，进而得到消费者的认可。

二、价格策略

中药材和中药饮片的价格策略在其市场营销中占有十分重要的位置。中药材和中药饮片的价格策略主要有优质优价策略和分别定价策略。

（一）优质优价策略

从本质上看，中药材和中药饮片的营销一定要实现优质优价，彻底改变以压价为主要竞争手段的“劣币驱逐良币”现象。中药材和中药饮片企业要通过提升产品质量，形成差异化、可视化的产品标识和标志，让市场用户和消费者感受到产品质量的价值，明白“药材好，药才好”的道理，愿意为优质产品溢价付费。国家药品监督管理部门要采取严厉整治措施，打击假冒伪劣产品，维护市场秩序，净化市场环境，促进中药材和中药饮片优质优价机制的形成。

（二）分别定价策略

1. 用户差异定价策略 中药材和中药饮片的销售渠道不同，销售价格差别较大。一般讲，制药企业采购中药材和中药饮片，对价格敏感，企业把降低成本放在首位，对质量要求是合格品。医院药房和社会药房更加注重品牌，更愿意采购优质中药饮片。因此，企业应针对不同渠道的需求，进行差别定价，满足不同层次用户需求。

2. 产品差异定价策略 中药材和中药饮片具有农产品特性，在生长过程中，产品自然形成不同的分级，如某企业在生产加工黄芪饮片时，根据黄芪药材粗细程度分5个等级，分别加工，差别定价，满足不同用户的差别化需求。另外，中药材和中药饮片具有道地性，不同产地的中药材和中药饮片的价格也不同，如枳壳有川枳壳、湘枳壳和江枳壳，这三种药材因产地不同，市场销售价格差别很大。

三、渠道策略

中药材和中药饮片的销售渠道差异较大，必须分类论述。

（一）中药材渠道策略

1. 直接渠道策略 直接渠道策略是指药农直接向企业销售中药材。这种模式一般是药农和中药材企业通过签订合同的方式进行契约式的种植，即订单种植。这种模式的优势在于减少了中间环节，降低了交易成本，有利于双方实现双赢。同时，因为有企业对药农中药材生产进行技术指导，中药材质量也会更好，市场的供应量比较稳定。

2. 间接渠道策略 间接渠道策略是指药农、中间商和企业三者之间逐级销售模式。药农将中药材通过中药材专业交易市场或集贸市场，卖给中药材中间商，中间商再把收购的中药材出售给中药材经营企业、中药饮片企业或中成药生产企业。这种模式增加了流通环节，增加了交易成本，但市场交易体系较健全，总体交易效果好，更加适合目前中药材生产流通实际。

（二）中药饮片渠道策略

1. 汤剂饮片渠道策略 汤剂饮片渠道策略是指主要面向医院药房和零售药店销售中药饮片的营销模式，这种营销渠道对销售服务和产品质量要求高，销售利润也较高，但渠道开发成本高。

2. 工业饮片渠道策略 工业饮片渠道策略是指主要面向中药制药企业或保健食品企业销售中药饮片的营销模式，这种营销渠道对产品价格敏感，销售利润较低，但单次销售额较大，渠道开发成本较低。

3. 膳食饮片渠道策略 膳食饮片渠道策略是指主要面向大众消费者销售中药饮片的营销模式，消费者一般在超市、药店或网店购买，消费者对外观质量要求高，产品售价高，销售利润高。这类中药饮片主要是一些药食同源的中药饮片和名贵中药饮片，消费者主要用于餐饮和养生保健。

四、促销策略

（一）广告宣传策略

广告宣传策略是指通过电视、广播、互联网、报纸、杂志等媒体，针对中药材和中药饮片的特色优势进行宣传，重点介绍推广道地药材及其饮片。广告宣传作为一种非人际传播方式，其特点是效率高、速度快、表现性好，是中药材和中药饮片营销活动中一种常用的促销手段，但广告宣传促销的缺点是信息反馈速度慢，促销成本高。

（二）人员推销策略

人员推销策略是指通过销售人员拜访目标市场客户，宣传推销中药材和中药饮片。人员推销是面对面地与顾客直接进行交流沟通，说服顾客购买产品的促销方式，其优点是信息传播迅速，双向互动，营销人员能对顾客的需求快速反应，及时调整营销对策；人员推销策略有利于建立良好的客情关系，还可以兼顾提供服务、市场调研、回收货款等工作。人员推销策略的缺点在于费用较高，培养推销队伍较慢。

（三）会展促销策略

会展促销是指通过举办或参加相关交易会、博览会、学术交流会等会议，宣传推销中药材和中药饮片。会展促销是中药材和中药饮片营销活动中常用的促销方式，具有很好的品牌效应，能够为用户提供体验价值和学术交流；会展促销具有短期性、时效性的特点，在短期内可实现促销成效，促进销售量大幅度增长，其缺点是只能配合其他促销手段使用，不能单独使用，也不能长期使用。

五、品牌策略

品牌是企业理念和价值观的外部体现和识别标志，是企业无形资产价值的重要构成。中药材和中药饮片营销一定要树立品牌意识，强化顶层设计，形成品牌发展路径。

（一）道地药材品牌策略

“道地药材”是指那些具有明显地域性，因其生长环境适宜，品种优良，栽种加工合理，以致较同种药材在其他区域所产者品质佳、疗效好的药材。中药材和中药饮片特别讲究道地性，如甘肃的当归、宁夏的枸杞、内蒙古的甘草、吉林的人参、云南的三七、河南的山药等，由于其得天独厚的产地环境条件，其有效成分含量远高于其他地区的产品。因此，以“道地药材”的概念培育品牌最能体现中药材和中药饮片的特色价值，是打造中药材和中药饮片品牌的最佳途径。

（二）中医药文化品牌策略

我国中医药文化博大精深，将传统中医药文化运用于中药材和中药饮片品牌建设，会形成事半功倍的营销效果。例如，某企业生产的“本草纲目”牌中药饮片已在全国 20 个省市陆续上市，这种通过传承和挖掘中医药文化的营销模式，有利于实现传统中医药文化和品牌建设的完美结合，将中医药文化植入品牌体系，并形成独特的品牌价值主张，能够快速提升品牌的知名度和美誉度。

（三）全产业链品牌策略

中药材和中药饮片的生产经营具有全产业链性质。利用物联网技术，在中药材种植、中药饮片加工储存、市场流通和终端消费等各环节实施电子监管码技术全覆盖，建立中药材和中药饮片全产业链溯源系统，动态掌握各环节质量信息，逐步形成可追溯的倒逼约束机制，从根本上建立中药材和中药饮片的质量保证体系，实现产品质量“来源可知、去向可追、质量可查、责任可究”。通过建立中药材和中药饮片的全产业链溯源系统，把中药材和中药饮片的传统生产工艺与现代生产工艺有机结合，打造全产业链品牌，发挥品牌对下游用户选择中药材、中药饮片的引领作用，促进优质优价市场机制的形成。

案例学习

案例14-1　因种植面积扩大，石斛价格大跌

石斛因药用成分丰富均衡，能治多病，价格高，以药材“软黄金”而著称，云南则因得天独厚的地理气候，十分适宜石斛种植。石斛产业从浙江起步，后来在云南发展壮大，2007 年至今，云南石斛种植从铁皮石斛单一品种到 10 多个品种同步发展，从农户种植到企业规模化生产，从提供原料到产品加工，走出了一条云南石斛产业轨迹。凡石斛种植户，年收入少则几万元，多则几十万元，上百万元的也大有人在。石斛产业成为云南百姓的富民、惠民产业，深受老百姓欢迎。近年来，大批浙江石斛种植大户及云南本土生物公司相继投资到云南石斛种植中，使云南成为全国石斛最大产区，目前云南石斛产量占全国石斛总产量的 70%。

石斛产业从 2007 年起步发展，经过 6 年高速发展后，2013 年石斛产量剧增，石斛产业进入转型期，价格当即遭遇明显下滑。南铁皮石斛鲜品价格从 2012 年的 1000 元/千克左右，下跌至 300 元/千克左右，大批种苗组织培育企业减产或转型。截至 2016 年底，全国各类石斛种植面积为 21.83 万亩，总产值约为 200 亿元，石斛产业发展正在理性回归。

资料来源：刘国信. 石斛产业期待理性回归 [N]. 医药经济报，2017-8-17 (7).

问题：请分析石斛价格下跌的原因。

案例14-2 青海柴达木枸杞绿色营销

探寻道地中药材品质源头，传播优秀中华养生文化。2017 年 7 月 24 日，由中华中医药学会联合无限极（中国）有限公司、天方健（中国）药业有限公司举办的“2017 无限极道地原料溯源之旅”在青海格尔木展开。中国中医科学院中药资源中心副主任郭兰萍教授、媒体以及养生文化爱好者组成的百人“溯源之旅”探秘团，抵达柴达木盆地，深入道地枸杞种植基地，一起领略“青藏之灵，道地枸杞”的魅力。

青海柴达木枸杞栽培历史悠久，当地特定的地理环境及优越的光、热、水、土资源条件造就了柴达木枸杞与众不同的外形和品质。青海省海西州把种植枸杞作为优势特色产业来发展，通过发展枸杞及中药材、藏药材等生态产业增加农牧民收入。

青藏高原被认为是世界四大超纯净区之一，空气、土壤、水源等保持着零污染的状态，是柴杞最佳的种植地。这里的柴杞从播种、耕作到采摘、晾晒均沿用古法，只使用天然牛羊粪肥料、高效手工除草。

把产品品质做到极致，是无限极始终的追求。为此，其所属的李锦记健康产品集团，专门成立了天方健（中国）药业有限公司，以保障无限极高品质中药材原料的供应。通过对原材料品种、产地生长条件的充分调研、系统研究、对比分析等，天方健走遍全国，寻找最适合种植、培育高品质原料的种植基地。目前已在“三七之乡”云南文山、“千年当归药乡”甘肃岷县、“中华灵芝第一乡”浙江龙泉等地布局了多个中草药种植基地。

无限极（中国）有限公司市场总经理薛守春表示，优质的中草药健康产品，原料是首要因素。“溯源之旅”不仅为大众展示了柴达木枸杞道地高品质的奥秘，更是体现了无限极 25 年来对高品质的追求，以及弘扬中华优秀养生文化的决心。

资料来源：黄心．无限极道地原料溯源探秘柴杞［N］．中国中医药报，2017-8-3（5）．

问题：请思考无限极（中国）有限公司为什么选择青海柴达木种植枸杞。

案例14-3 数字化中药材产业链营销

2017 年 5 月 23 日上午 11 时，历时两年多建成的“安国数字中药都、中药材专业化公共服务平台”中央交易大厅正式开市。安国数字中药都中药材专业化公共服务平台旨在打造中药材全产业链追溯体系，加入质量检测基因，融入“互联网＋”思维，为解决中药材质量问题提供了全新的解决思路和模式。

质量问题一直是制约中药行业持续健康发展的瓶颈。长期以来，我国中药市场存在诸多问题，如以伪品冒充正品、不同药材品种混用、非法染色增重、提取过的饮片药渣再利用、重金属和农药残留超标等，制约着中药行业持续健康发展。

在种植过程中，平台将提供优选良种、品质化肥和符合要求的杀虫剂，解决药农专业化种植的技术问题和资源供应难题。目前安国数字中药都已经建成 20 多个道地药材平台，在甘肃陇西等地已经开始种植党参、当归、黄芪等药材。

为破解药农无处仓储、分散加工的难题，平台还将提供标准化仓储设备和集中化加工，解决药材虫蛀、变质和初加工问题。

建立贯通中药全产业链的质量追溯体系，可以从根本上提升我国中药材质量，更好地保障人民群众用药安全，促进中药产业良性发展。安国数字中药都不仅实现了全产业链布局的追溯体系建设，还引入了中药材第三方检测机构进行质量控制，将假药、劣药堵在交易市场的大门之外。

安国数字中药都的数字本草检验中心依托中国中医科学院、中国药科大学等高校的技术支撑，建立起了完善的技术体系，在天津建立了技术标准研究中心，在河北安国、甘肃陇西、云南文山等地建立了检测中心，搭建起了从种子、种苗到仓储物流交易等全产业链的质量检测体系，构建了涵盖中药材全产业链的第三方检验公共服务平台。安国数字中药都的产品追溯从建立道地药材检验基础数据库开始，构建全程质量追溯体系及所需的一切配套基础数据库和标准，利用物联网等技术构建追溯体系，最终达到来源可查、去向可追、责任可究。在质量追溯中，安国数字中药都将对大品种药材进行重点监督，并且采取混合追溯的方式，从不同产地间断性抽检药材，必要时封闭仓库，防止药材被中途调包。

安国数字中药都首创三网合一模式，将中药材电子交易、中药材第三方检测和产品追溯三大平台贯通，依托互联网辐射全国，并与日本、韩国、澳大利亚以及北美、欧洲国家相联通，开展国际贸易服务，吸引了众多企业入驻。

资料来源：贾岩．中药材交易迎来“数字本草”时代［N］．医药经济报，2017-5-29（4）.

问题：中药材数字化营销模式对中药材传统营销策略带来的挑战是什么？

思考题

1. 解释中药材、中药饮片的概念。
2. 简述中药材和中药饮片营销的特点。
3. 简述中药材和中药饮片营销的机遇与挑战。
4. 中药材和中药饮片营销策略包括哪些？

（罗　臻　张军民）

第15章 医药物流管理

学习目标和基本要求

本章主要介绍现代物流的基本概念、系统构成；医药物流的概念、内容、医药第三方物流及供应链管理；我国医药物流的现状、存在的问题及发展的新思路。通过对本章的学习，掌握医药物流的基本概念和医药物流管理的主要内容；了解我国目前医药物流的现状以及未来发展趋势。

物流在国民经济发展中具有重要地位，被称为“第三利润源泉”。医药企业越来越注重物流在拓展市场、降低成本、信息沟通和增强竞争力等方面的作用，因此，近年来现代物流与供应链管理技术在医药行业得到广泛应用。加强医药物流管理对降低医药营销成本，提高营销效率，增强企业核心竞争力，具有十分重要的意义。

第1节 物流管理概述

一、物流的概念

物流概念的提出，最早可追溯到1901年，约翰·格鲁威尔（J. F. Growell）在美国政府报告《关于农产品的配送》一文中，论述了对农产品配送成本产生影响的各种因素，从而揭开了人们对物流认识的序幕。“物流”一词出现于第二次世界大战期间，由于美国的战线拉得很长，美国庞大的军事后勤补给在某种意义上决定了战争的胜负。美军邀请著名的管理学家、运筹学家、军事专家共同组成课题组，研究军事物资采购、运输、储存、分配、保养以及废弃后处理的一体化方案，并将此方案称为Logistics，当时被称作“后勤学”。“二战”后，物流在企业界得到应用和发展，Logistics现在多被称为“物流”。

关于物流的定义，目前国内外的表述很多。不同的学者、组织、国家在不同的时期对物流有不同的认识。

1963年，美国国家物流管理协会（National Council of Physical Distribution Management，NCPDM）将物流定义为：物流是为了计划、执行和控制原材料，对制品及制成品从供应地到消费地的有效率的流动而进行的两种或多种活动的集成。1985年美国物流管理协会（The Council of Logistics Management，CLM）将物流的定义更新为：物流是对货物、服务及相关信息从供应地到消费地的有效率、有效益的流动和储存而进行计划、执行和控制，以满足客户需求的过程。

1998年，美国物流管理协会为适应物流的发展，重新修订的物流定义为：物流是供应链流程的一部分，是为了满足客户需求而对商品、服务及相关信息从原产地到消费地的高效率、高效益的正向和反向流动及储存进行的计划、实施与控制过程。这一定义将物流纳入供应链流程的一部分，标志着现代物流理论发展到一个全新的阶段。

从上述各种关于物流的定义可以看出，对物流的定义既有狭义的认识，也有广义的理解；既有抽象概括，也有具体详实的描述。有些定义强调流通，有些强调技术，有些又强调管理，但物流的基本目的是实现物品的时间与空间效用。

结合我国物流的实际情况，2006 年修订实施的中华人民共和国国家标准《物流术语》（GB/T 18354—2006）对于物流的定义是：物品从供应地向接收地的实体流动过程，根据实际需要，将运输、储存、装卸、搬运、包装、配送、流通加工、信息处理等基本功能实施有机结合。

二、现代物流系统的构成与功能

从系统角度看，物流是一个大系统，也是一个过程，这个过程是物质资料流动的过程，是信息传递的过程，是满足客户需求的过程，是若干功能协调运作的过程。因此，从物流生产过程和生产活动环节分析，物流系统可分为物流作业系统（实物流动）和物流信息系统（信息流动）两大部分（图 15-1）。

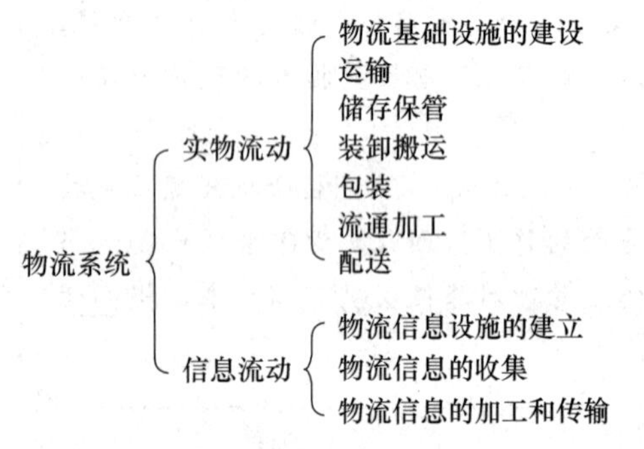

图 15-1 物流的系统构成图

（一）运输子系统

运输是国民经济正常运转的命脉，从某种意义上来说，任何跨越空间的物质实体的流动，都可称之为运输。在物流系统的所有子系统中，运输是物流业务的核心活动。

运输子体系在物流中的主要功能体现在以下几个方面：

1. 满足货物的空间移动需求 这是运输物流体系在流通中最主要的作用。随着社会分工的不断发展，生产者和消费者之间的空间分离日趋扩大，生产部门、生产要素和生产过程的空间组合日趋复杂，运输物流体系的地位和作用也日趋重要，成为经济发展的基础。

2. 提高物流速度 运输物流系统的效率、运输的组织管理水平、运输线路的质量以及运输工具的现代化程度都对运输所需的时间和速度产生重要影响。高效率的运输物流系统，能够提升物流速度，缩短物流的时间。

3. 降低物流费用 运输费用占整体物流费用的比例最高，有些产品的运输费用甚至高于其生产费用。高效率的运输物流系统，能有效降低运输费用，这对于降低整体物流费用，提升物流企业及相关企业的经济效益，稳定商品价格，满足消费需求，提高社会经济效益都有重要意义。

4. 促进流通范围及规模的扩大 商品流通的范围及规模是随着运输物流系统的发展而发展的，运输物流系统延伸到哪里，商品流通就随之发展到哪里。

（二）储存子系统

在物流系统中，储存子系统的功能包括对进入物流系统的货物进行堆存、管理、保管、保养、维护等一系列活动。储存的作用主要表现在两个方面：一是保证货物的使用价值和价值得以完好保存；二是为将货物配送给用户，在物流中心进行必要的加工活动而进行的保存。随着经济的发展，储存功能也从重视保管效率逐渐转变为重视顺利地发货和配送作业。

（三）装卸搬运子系统

装卸搬运是货物不同物流状态间相互转换联结成“流”的桥梁，是物流不可缺少的环节。物流作业大都以装卸搬运开始和结束。装卸搬运虽然其本身不产生价值，但它对节约物流时间、降低物流费用具有不可低估的重要作用。

（四）包装子系统

为保护商品在流通、储存过程中的完整性和不受损害，大多数商品需要进行不同方式的包装。包装可分为运输包装和销售包装两种。运输包装的作用是便于运输，保护货物在途中不受损害，并且便于装卸、存储；销售包装的目的则是诱导和激发消费者的购买欲望，并且方便消费者使用。因此，包装的功能体现在保护功能、便利功能和促销功能三个方面。前两项属于物流功能，最后一项则属于营销功能。

（五）配送子系统

配送指按用户的订货要求，在物流中心进行分货、配货并送达用户手中的活动。配送子系统的特点：一是“配”和“送”结合，要按照用户要求的种类、数量、时间进行运送；二是从物流中心到用户之间的输送，属于中转型输送；三是“门到门”的服务，要求将货物从物流中心一直运送到用户的手中。

（六）流通加工子系统

流通加工指物品从生产领域向消费领域流动的过程中，为了促进销售、维护产品的质量和提高物流效率，对物品进行的简单加工。

（七）物流信息子系统

物流信息指与物流活动有关的信息。物流信息对运输管理、库存管理、订单管理、仓库作业管理等物流活动具有支持、保证的功能。因此，物流信息在物流活动的管理与决策中具有十分重要的作用。

三、物流管理的主要内容

物流管理指在社会再生产过程中，根据货物实体流动的规律，应用管理学的基本原理和方法，对物流活动进行计划、组织、指挥、控制，使各项物流活动实现最佳的协调与配合，从而降低物流成本，提高物流效率和经济效益的过程。现代物流管理的主要内容可以从管理层面和具体业务上进行划分。

（一）管理层面上物流管理的主要内容

1. 物流战略管理　企业物流战略管理就是从企业未来长久发展的高度，就企业物流的发展目标、物流在企业经营管理中的战略定位、物流服务水平和物流服务内容等问题做出长远的、全局的规划。

2. 物流系统设计与运营管理　物流系统设计与运营管理的任务是设计物流系统和物流网络，规划物流设施，确定物流运作方式和程序等，形成一定的物流能力，并对系统运营进行监控，及时根据需要调整系统。

3. 物流作业管理　在物流系统框架内，根据业务需求，制订物流作业计划，按照计划要求对物流作业活动进行现场监督和指导，对物流作业的质量进行监控。

（二）具体业务层面上物流管理的内容

1. 对物流活动各个功能要素的管理　物流活动诸功能要素包括运输管理、储存管理、装卸搬运、配送管理、包装管理、流通加工管理和信息管理等七个方面。

2. 对物流系统各个要素的管理　物流系统各个要素主要包括人的管理、财的管理、物的管理、设备和设施管理、方法管理和信息管理等内容。

3. 对物流活动中具体职能的管理　从物流活动职能上划分，物流管理可包括物流计划管理、物流质量管理、物流技术管理和物流经济管理等。

第2节　医药物流概述

为了有效降低药品的流通成本，保证用药安全，规范药品流通秩序，提高医药行业的市场竞争能力，从2009年开始，国家制订和颁布了大量的保障药品供应的规范性文件，发展现代医药物流体系已成为政府及医药企业的共识。

我国医药物流业的发展历程较短，但发展迅猛，已成为医药流通领域的热点，部分医药流通企业依托其自身优势，抢先组建自己的医药物流公司，获得“第三利润源”。例如，北京医药股份有限公司与西门子德马泰克公司合作，投资6100万元，建立现代化的医药物流配送中心。全国各地有实力的医药公司也纷纷筹资建立各自区域的医药物流中心。

一、医药物流的概念

医药物流是依托一定的物流设备、信息技术和进销存管理系统有效整合营销渠道上、下游资源，通过优化药品供销配运环节中的验收、存储、分拣、配送等作业过程，为实现自动化、信息化和效益化而进行的计划、执行和控制，以满足顾客要求。医药物流的核心是提高订单处理能力，降低货物分拣差错，缩短库存及配送时间，减少流通成本，提高服务水平和资金使用效益。医药物流的重点是对供应商、物流中心、终端销售网络进行合理的整合。

电子商务的兴起促进了医药物流的发展，一批实力雄厚的医药企业开始大力发展医药物流和电子商务。比如国药集团药业股份有限公司、广州医药集团有限公司、山东海王银河医药有限公司、湖北九州通医药集团股份有限公司等骨干企业率先发展医药物流。又如北京京卫大药房和海虹企业（控股）股份有限公司实施医药电子商务B2C和B2B业务，收效良好。

综观全球，先进国家的医药物流体系建设均走在其他行业前列，国际医药物流中心都拥有先进物流科技、作业系统以及先进的管理技术。由于种种原因，目前我国医药物流管理水平较低，医药流通企业的平均费用率将近11%，国家计划通过5年的时间将其降到6%。目前我国医药流通行业的利润持续下滑，医药物流的利润空间越来越小，因而急需降低物流成本。医药产品流通安全及成本问题是我国当前医药物流发展需要解决的主要问题。

二、医药物流管理的内容

从物流作业角度出发，医药物流管理的内容主要体现在物流业务的科学管理方面。概括起来主要有：①预测物流流量；②编制物流产、需、供、销计划；③确定物流最佳成本；④编制物流生产的最佳方案；⑤组织进货、验收、搬运和入库等业务；⑥研究物流运输的最佳方案，包括运输批量、时间、交通运输方式及路线的选择；⑦加强与医药物流业务有关法律的监督执行。医药物流管理活动一般可以分为三个阶段，即物流规划与设计、物流实践和物流系统评估与改进。

三、医药第三方物流

（一）第三方物流的概念

分工细化是社会发展的趋势，建立在供需双方之外的第三方物流企业正是应对这种趋势而产生的。第三方物流（third party logistics，简称3PL或TPL）是20世纪80年代中期在欧美发达国家出现的物流管理新概念。在国外常被称为“契约物流”、“外协物流”或“合同物流”。我国国家标准（GB）对第三方物流的定义是：由供方与需方以外的物流企业提供物流服务的业务模式。

第三方医药物流主要指由独立于医药产品供方和需方的外部组织，利用现代物流技术和管理手段，针对医药产品，专门为医药制造企业和医药流通企业提供全部或部分第三方物流服务。

近年来，我国医药经济持续、平稳、快速的增长，促进了医药物流业的稳定发展，同时也对现代物流业提出更高、更新的要求，特别是对第三方物流服务的需求更为迫切。具体地说，医药行业对专业化、社会化的第三方物流服务需求贯穿于医药产业链的每一个环节（图15-2）。

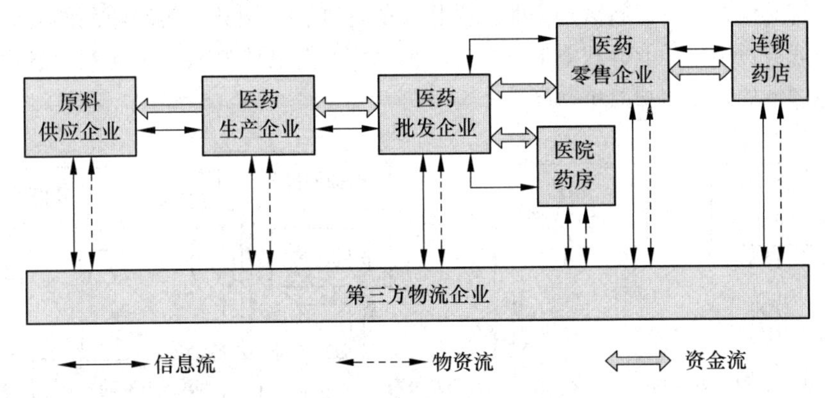

图 15-2 第三方物流在我国医药产业链中的运作模式

理解医药第三方物流，应把握以下几点：

（1）医药第三方物流的经营主体是第三方物流企业，既不是医药产品生产经营企业自身，也不是最终用户。它所提供的医药产品并不是自己所有，即第三方物流企业是独立于医药产品供需双方的，这是第三方物流最基本的内涵。

（2）医药第三方物流的服务是建立在现代技术基础之上的物流活动，包括支持物流服务的工程技术和信息技术，其中信息技术尤为重要。

（3）医药第三方物流提供者与客户之间是以合同形式为基础的现代经济关系，包括个性化服务、合作双方或多方建立企业间战略联盟、业务联盟等形式，合作双方或多方的长期合作伙伴关系。

（二）第三方医药物流的功能

第三方医药物流以医药产品的使用价值为中心，以保存、配送和完善医药产品的使用价值为归宿，其基本功能体现在时空运动、形式交换和信息传播等方面。

1. 空间功能 第三方医药物流企业的空间功能主要体现在运输和配送上。通过第三方医药物流企业的服务，医药产品的供给与需求之间的空间分离的矛盾得到解决。在这个意义上，第三方医药物流活动创造了空间效应，具有空间功能，使供方与需方实现有效的连接、沟通，保障医药产品交换顺利进行。

2. 时间功能 第三方医药物流的时间功能主要体现在储存保管上。通过第三方医药物流企业的服务，解决了供给与需求之间在时间上不一致的矛盾。第三方医药物流活动创造了时间效用，具有时间功能。

3. 信息功能 医药流通是医药产品消费、物流、信息流、资金流的统一。信息流从其载体和服务对象来看，可以分为医药产品消费信息和物流信息。第三方医药物流信息主要是关于医药产品流通活动所涉及的物流数量、物流地区、物流时间、物流费用等情报资料。医药物流信息不仅对第三方医药物流决策有重要作用，而且对医药产品流通的全局有指导作用。充分发挥第三方医药物流的信息功能，重视医药物流信息的收集、整理、分析、传播，不仅是第三方医药物流工作的客观要求，也是医药产业不可或缺的基础工作。

从图 15-3 可以看出，第三方医药物流可以在医药流通领域中的三个基本环节发挥作用。其服务范围包括：以信息交换为基础，为医药企业的部分或全部产品提供运输、仓储服务；进行区域配送、代收货款、代签协议等增值服务；物流过程管理，供应链系统设计、优化；帮助医药企业规划、实施、管理其自建的区域配送中心等综合性服务。因此，第三方医药物流企业在药品供应链中处于一个特殊位置，不仅向医药企业提供相关的基础物流服务，实现药品的有效流通，减少客户的非核心业务负担，还能够搜集上下游客户信息，在药品流通领域中起到信息源的作用，使整个医药流通领域的运作更加简单、高效。

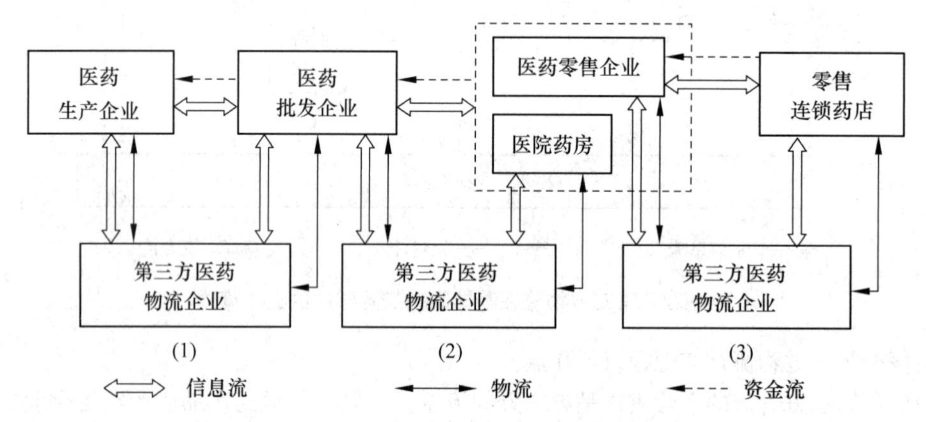

图 15-3　第三方物流在医药流通领域中的运作结构图

（三）第三方医药物流管理决策

1. 物流自营　物流是企业重要的组织职能，企业可以选择自营物流。企业要正常生产就需要得到后勤强有力的支援和保障，其中包括原材料和零部件的供应、库存、配送等。以前，我国一般企业的物流职责都是由内部各职能部门单独完成。而随着物流的不断发展，部分企业内部开始设立专门的物流部门来统一运作企业的物流，甚至一些企业还通过资源整合成立了直属的物流公司，如国药集团医药物流有限公司。

（1）医药企业物流自营的优势：① 能有效控制物流活动各个环节。通过物流自营，企业可以对物流系统运作的全过程进行有效的控制，以便对供应链进行实时监控以及随时调整自己的经营策略。② 对客户的需求快速做出反应，有效管理客户。③ 降低交易风险。通过物流自营，避免交易结果的不确定性，降低交易风险。④ 避免商业秘密的泄露。企业内部的运营情况都是处于相对封闭的环境下，不必向第三方公开，以便保持企业的竞争力。

（2）医药企业物流自营的劣势：① 占用企业大量的资金。企业自营物流必须具备与生产、营销能力相符的运输力量和仓储设施，需要大量的资金投入，而且管理费用亦随之增加，给企业的经营带来资金压力。② 造成物流资源不能充分利用。市场的供求存在着不可预期的波动性，给企业经营带来一系列的风险。如果处于销售旺季，由于企业运力不足，可能导致企业失去商机；如果处于销售淡季，企业的运力和仓储空间就会出现闲置，导致企业资金无法有效利用。③ 物流配送运行成本较高。对很多的医药企业来说，企业产品数量有限，采用自营物流策略，不足以形成规模效应，运行成本较高，降低了产品市场竞争力。

2. 物流外包　企业将物流外包给专业的第三方物流供应商（third party logistics providers,

3PLs），可以有效降低物流成本，提高企业的核心竞争力。

（1）医药企业物流外包的优势：①减少企业的占用资金量。通过物流外包，可解决本企业资金有限的问题，将更多的资源投入核心业务的发展，从而有利于提升企业的核心竞争力。②提高企业的运作柔性。企业可以更好地控制其经营活动，并在经营活动和物流活动之间找到一种平衡，保持两者之间的连续性，提高其柔性，实行物流外包的委托企业由于业务的精简而具有更大的应变空间。③降低企业运行成本。物流外包策略可以优化企业的组织，从而降低由于组织架构臃肿而造成的组织反应迟钝、缺乏创新精神的问题。④减少风险。通过物流业务外包，医药企业可以与第三方物流企业建立起战略联盟，利用其优势资源，缩短产品生产周期，减轻由于技术和市场需求的变化造成的产品风险。

（2）医药企业物流外包的劣势：①企业不能直接掌控物流职能。由于第三方物流企业的介入，使得医药企业对物流职能的掌控能力下降，尤其是在双方沟通出现障碍的情况下，可能会出现物流失控的风险，从而使企业的客户服务水平降低。②第三方物流服务难以满足企业要求。由于第三方物流企业对医药企业的产品和医药行业的政策、规定缺乏深入的了解，在具体实施过程中提供的物流服务难以满足企业要求。医药产品是特殊的商品，其仓储运输必须按照GSP要求管理。③客户关系管理的风险。一方面，由于通过第三方物流企业来完成产品的配送与售后服务，医药企业与客户的关系被削弱，这对建立稳定密切的客户关系非常不利；另一方面，存在客户信息泄露风险，客户信息是非常重要的资源，而第三方物流公司并不只面对一个客户，有可能将企业的商业机密泄露给竞争对手。

3. 物流自营与物流外包结合　物流自营与物流外包结合指将物流环节中的某一部分或几部分外包出去，其余的物流环节则由医药企业自己完成。这是目前我国大多数医药企业采取的物流模式。这种模式集合了自营和外包的优点和缺点，效果取决于企业的选择。哪个环节需要外包主要取决于企业自身的软硬件条件和社会的物流服务能力。企业可以选择将非核心的物流业务首先分包出去，使企业专注于自己的核心业务，避免企业在物流环节浪费太多的资金和精力。

四、医药供应链管理

（一）供应链的概念

在传统的物流管理中，各个企业按照自己的管理模式运作，较少考虑上下游企业的联系，常常会出现生产计划与市场需求脱节、信息反应迟钝以及库存上升等问题。20世纪80年代初有人提出了供应链管理（supply chain management）的概念。

我国2006年发布实施的《物流术语》国家标准（GB/T 18354—2006）把供应链定义为：在生产及流通过程中，涉及将产品或服务提供给最终用户的上游与下游组织活动所形成的网链结构。

供应链管理包括对物流、信息流和资金流的管理和控制。其中，对物料供应链的管理是最主要的。物料沿着供应链从最初的供应商流向其下游不同的生产商、装配商，完成整个制造过程，形成产品，又从生产商流向其下游批发商、零售商，最后到达顾客手中实现其价值。对物流实施供应链管理，其目标是实现组织间物流一体化。信息流在供应链管理中也很重要。信息流与物流二者是相互作用、互不可分的。与物流不同，信息流是双向流动的。

（二）医药供应链的概念

医药供应链是在为患者提供医药产品或医疗服务的共同目标下，由对医药产品质量和医疗服务水平有关键影响的若干原材料供应商、医药产品生产商、中间商、销售终端、患者等组成，并在政府相关部门监管之下运行的动态增值网链结构模式。医药供应链管理是以提高医药产品质量、医疗服务水平以及医药供应链整体效益为目标，把整条供应链看作一个集成组织，把“链”上的各个企业都看作合作伙伴，对采购过程、制造过程、交付过程、分销过程和返回过程中的物流、信息流和资金流的计划、组织、协调和控制。

将供应链管理原则运用于医药行业，将有力推动医药行业的整体发展。在我国，一般来说，医药供应链节点成员包括原材料供应商、制药企业、医药流通企业、医药产品销售终端和患者。除此之外，还包括服务于整条医药供应链的医药物流服务商以及对整条医药供应链起指导、监督、调节作用的政府相关组织（图15-4）。

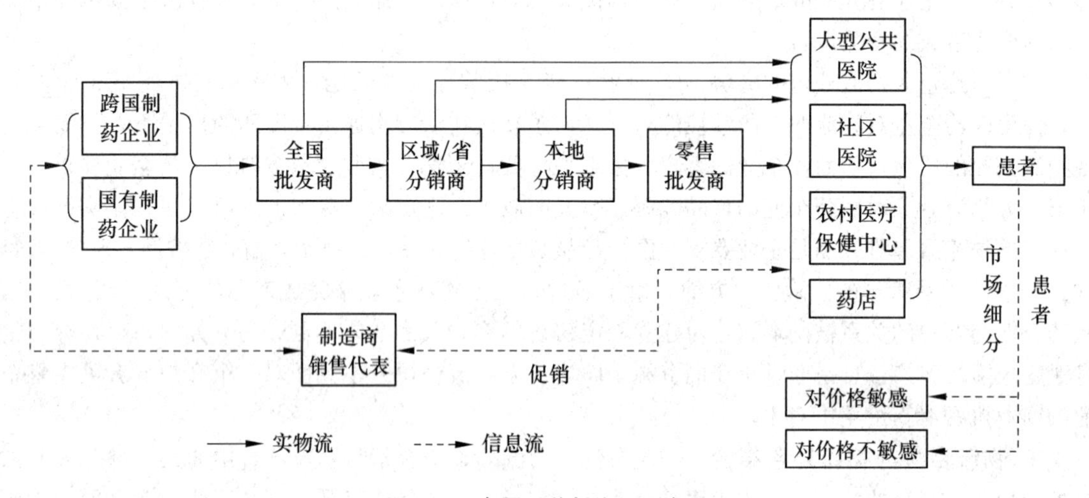

图 15-4 中国医药供应链示意图

（三）医药供应链体系及其构成

医药供应链包含以下10个流程任务。

1. 医药产品的选择 医药产品的选择是医药供应链的重要一环，主要包括对医药产品包装的选择以及医药产品质量的考察。

2. 医药产品的申请 它是需求确认与下单之间的一个环节，一般由业务部门提出申请，有关领导审批。

3. 医药产品的下单 医药产品下单是一种控制职能，主要保证医药产品的配送时间要求及质量规格。

4. 医药产品的生产 医药产品的生产主要是根据订单组织医药产品的生产，确保产品质量及交货时间。

5. 医药产品的运输 它主要涉及医药产品分销过程中的运输批量、运输时间、运输地点以及运输成本等问题。

6. 医药产品的接收 医药产品的接收是核实供方运输的正确性，关键是自动化订单和信息的提取。

7. 医药产品的库存 医药产品库存水准对优化供应链成本具有很大的影响。合理的库存能够有效平衡运输规模、运输成本、仓储成本和服务成本。

8. 医药产品的分销 医药产品分销是将接收或库存地点的医药产品分销到消费地，分销的关键是控制内部运作与运输成本。

9. 医药产品的消费 医药产品消费要求将适当的医药产品在适当的时间以适当的成本送达

适当的地点。

10. 绩效报告 它作为评价和改善医药供应链体系的重要工具，对医药产品的质量、服务、效果做出全面合理的评价。

第3节 我国医药物流的现状和发展趋势

一、我国医药物流的发展现状

我国医药流通领域的市场化改革始于20世纪80年代。在此之前，我国的医药流通领域处于计划经济状态，国家按照分级计划管理、分级调拨供应的模式进行统一管理。医药产品流通基本上属于国有专营，各级医药公司经营药品批发，负责药品零售的药店和医院必须统一从医药公司进货，下属的一、二、三级采购站均为国有企业，这种四级批发模式运行了多年，整个医药流通领域效率低下。改革开放以来，我国医药流通领域从计划分配体制向市场化经营体制转变，行业获得了长足发展，医药流通领域的法律框架和监管体制基本建立，医药供应保障能力明显提升，多种所有制并存、多种经营方式互补、覆盖城乡的医药流通体系初步形成。

（一）我国医药物流发展取得的成绩

进入21世纪以来，随着医药经济的快速发展和医药物流管理体制的逐步完善，我国医药物流行业发展较快，加强现代医药物流管理，提高配送能力，已成为企业竞争的主要手段。医药物流管理已是企业的“第三利润源泉”。

1. 市场规模持续扩大 根据商务部发布的《2016年药品流通行业运行统计分析报告》，截至2016年底，全国共有药品批发企业12975家；药品零售连锁企业5609家，下辖门店220703家；零售单体药店226331家，零售药店门店总数447034家。2016年，全国医药商品销售总额18393亿元，同比增长10.4%。全国医药物流企业配送客户数量逾122万家。全国共拥有674个物流中心，仓库面积约723万平方米。仓库存储标准托盘货位数约279万个，托盘数量约188万个；拥有专业运输车辆13534辆。

2. 发展水平逐步提升 药品流通企业兼并重组步伐加快，行业集中度逐步提高。据商务部发布的《全国药品流通行业发展规划（2016—2020年）》，2016年，药品百强批发企业销售额占全国药品批发销售总额的90%；药品零售百强企业年销售额占药品零售市场总额40%以上；药品零售连锁率达50%以上。现代医药物流、网上药店以及第三方医药物流等新型药品流通方式逐步发展，扁平化、少环节、可追踪、高效率的现代流通模式比重开始提高。

3. 社会作用不断增强 2016年，全国药品流通行业从业人员约530万人；各类药店提供销售及服务约200亿人次，在方便群众购药、平抑药品价格等方面发挥了重要作用。药品流通骨干企业成为药品储备和应急配送主体，药品流通行业对相关产业发展的带动性增强，在国民经济中的地位日益凸显，为维护国家安全、社会稳定和人民群众健康做出了重大贡献。

（二）我国医药物流存在的问题

由于长期实行的“以药养医”等体制性弊端，以及药品定价、采购和医保支付机制不完善等问题，加上准入门槛较低、行业规划管理欠缺、市场竞争不充分、执法监督工作不到位等因素，导致医药物流行业存在以下突出问题。

1. 医药物流行业集中度较低 我国医药行业与美国、日本、欧洲等发达国家和地区相比，行业集中度较低。在美国，前三强医药分销企业康递纳健康（Cardinal Health）、麦克森（Mckesson）和美源伯根（Amerisource Bergen）占据了美国医药市场超过90%的市场份额。日本前五家医药分销企业占据了日本医药市场80%的份额，而欧洲前三强医药分销企业也占有欧洲医药市场65%的份额。相比之下，2016年我国最大的三家医药分销企业（中国医药集团总公司、华润医药商业集团有限公司、上海医药集团公司）仅仅占有中国医药市场28%的份额。目前我国只有中国医药集团总公司和九州通医药集团股份有限公司两家流通企业建构了全国性医药配送网络。

2. 医药物流管理水平落后 近年来，我国部分有实力医药流通企业物流软、硬件设施建设已初具规模，但大多数中小型医药流通企业的物流管理仍处于粗放式经营、低效率运作状态。许多企业受传统物流观念的影响，物流管理手段依旧沿袭传统的“仓储加运输”模式，没有采用现代化的物流管理手段和信息技术。同时企业普遍缺乏供应链管理思想，没有从构建供应链的高度来认识行业和企业未来的发展方向。

3. 医药物流相关政策和法规缺失 现代医药物流业的发展必然要以相应的政策、法律、制度环境为保障。由于医药物流既涉及医药领域，又涉及物流领域，特别需要综合性的政策法规及相关制度对之进行规范。但是，我国目前的医药物流政策、法规缺乏规范性和系统性。如没有统一的药品编码、企业编码等医药行业编码标准；各领域制订自己的物流编码，其结果是编码只能在各自的系统内使用，相互之间不能兼容，不能实现信息共享，造成信息处理和流通效率低下。物流标准不统一已成为制约我国医药物流规范化、高效化、国际化的重要制约因素。

4. 医药物流发展的信息系统不完善 我国医药物流发展起步较晚，其信息化技术水平较为落后，医药物流信息技术基础平台尚未建立。信息技术如电子资料交换（electronic data interchange，EDI）、企业资源管理（enterprise resource planning，ERP）、分销需求计划（distribution requirement planning，DRP）、电子自动订货（electronic ordering system，EOS）、卫星定位技术（global positioning satellite，GPS）等物流信息交换与管理技术目前在大多数物流企业中并未得到应用。虽然目前很多医药物流企业建立了信息管理系统，但普遍没有与供应链上的其他企业进行网络对接和信息共享，管理和运行仍然处于孤立状态。

5. 医药物流发展企业运行成本较高 中国医药商业协会提供的数据显示：目前国内药品流通行业的平均毛利率为12.6%，而平均费用却达12.5%，而美国药品流通行业的平均毛利率为5%，平均费用率只有3%～4%，平均商业利润率为1%～2%。存在这样的差异的主要原因是我国药品流通环节繁多，流通渠道混乱，医药物流企业集中度低，致使医药物流成本过高，利润偏低。

6. 医药物流人才短缺 物流业的竞争不仅是物流软硬件设施、物流技术的竞争，更是物流人才的竞争。由于国内物流教育起步较晚，物流人才已被列为我国12类紧缺人才之一。根据教育部高校物流专业教学指导委员会公布的统计数据，截至2016年，全国共有551所院校开设598个专业，其中物流管理专业479个，物流工程114个，采购管理5个，但是仍旧不能满足市场需求。特别是高级医药物流管理人才严重缺乏，从根本上制约了我国现代医药物流业的发展。

二、我国医药物流行业的发展趋势

商务部发布的《全国药品流通行业发展规划纲要（2016—2020年）》（以下简称《纲要》）明确提出“到2020年，药品流通行业发展基本适应全面建成小康社会的总体目标和人民群众不断增长的健康需求，形成统一开放、竞争有序、网络布局优化、组织化程度和流通效率较高、安全便利、群众受益的现代药品流通体系”。同时该《纲要》还提出了我国医药物流行业的主要任务和发展趋势，具体内容如下所述：

（一）合理规划行业布局，健全药品流通网络

1. 引导行业有效配置资源 按照医疗卫生事业发展需要，根据本地区经济社会发展水平、城乡建设发展规划、人口数量和结构等实际情况，引导药品流通资源有效配置。

2. 构建遍及城乡的流通网络 积极适应“两票制”改革要求，逐步构建以大型骨干企业为主体、中小型企业为配套补充的现代药品流通网络。支持实力雄厚、管理规范、信誉度高的全国性和区域性药品流通骨干企业，重点在物流配送能力薄弱的地区，整合、改造及新建具有一定辐射能力的药品物流配送中心。

3. 提升行业集中度 鼓励药品流通企业通过兼并重组、上市融资、发行债券等多种方式做强、做大，加快实现规模化、集约化和现代化经营。支持中小型药品流通企业发展采购联盟和药店联盟，采用联购分销、统一配送等方式，降低经营成本，提高组织化程度。

（二）提升流通管理水平，打造现代医药供应商

1. 优化药品供应链管理 支持药品流通企业加强供应链管理，完善药品供应链集成系统，向供应链上下游提供市场开发、价格谈判、在线支付、金融支持等增值服务及综合解决方案，加快向药品供应链服务商转型发展。利用云计算、大数据等现代信息技术，整合药品研发生产、流通使用、疾病谱变化及患者健康需求和消费习惯等数据信息，加强对大数据的管理、分析和应用，为药品研发机构、生产企业判断市场趋势、调整产品结构以及医疗机构改进用药选择、加强合理用药，提供有价值的数据支撑，提高整个药品供应链的运作效率。

2. 发展现代绿色医药物流 支持药品流通企业推广使用射频识别、自动分拣输送、卫星定位等先进物流技术，发展上下游供应链紧密衔接、仓储资源和运输资源有效整合、多仓协同配送、物流成本经济的新型现代绿色医药物流。支持药品冷链物流体系建设，鼓励通过协同物流、共同配送等方式，实现企业间冷链资源互联共享。建设集初加工包装、仓储养护、物流配送及追溯管理于一体的中药材现代物流体系，提高中药材物流的组织化、标准化和现代化水平。推动实施城市配送车辆统一标识管理，方便药品配送车辆通行。

（三）创新行业经营模式，拓展行业服务功能

1. 推进“互联网＋药品流通” 推动移动互联网、物联网等信息技术在药品流通领域广泛应用，鼓励企业开展基于互联网的服务创新，丰富药品流通渠道和发展模式。支持药品流通企业与医疗机构、医保部门、电子商务企业合作开展医药电商服务，向患者提供非处方药的“网订（药）店取”、“网订（药）店送”等便捷服务，促进线上、线下融合发展。

2. 创新零售服务模式 在推进零售药店信息系统与医疗机构信息系统和医保支付系统对接的过程中，鼓励具备条件的零售药店承接医疗机构门诊药房服务和其他专业服务。鼓励应用可穿戴医疗设备等新技术，积极发展个人健康管理、疾病预防和慢性病管理业务，构建“服务＋商品”新业态。支持发展专业药房、药（美）妆店、“药店＋诊所”、中医（国医）馆等新型零售经营方式，倡导一站式服务和个性化服务。

3. 培育发展中介服务 培育市场中介机构，鼓励开展与医疗、医药相关的市场研究、管理咨询、价格监测、评估验证、知识产权保护、信息技术支持等中介服务，鼓励提供药品销售渠道、消费结构和区域分布情况等信息服务，以及西药、中成药、中药饮片、中药材重点品种的市场运行监测和预警服务。

（四）“引进来”与“走出去”相结合，提升行业开放水平

1. 提高行业利用外资质量 吸引境外药品流通企业按照有关政策扩大境内投资，参与国内兼并重组。鼓励国内企业与全球领先的跨国企业成立合资公司，学习借鉴国外同行先进的企业

管理理念和经验，全方位优化经营模式、管理方式和技术手段，提高自有品牌质量和核心竞争力。

2. 支持企业对外发展 支持药品流通企业开展形式多样的国际交流与合作，参与药品供应链国际分工，提升国际化发展水平。服务国家“一带一路”战略，积极开发“一带一路”沿线国家医药市场，开展与有关国家的医药投资合作。充分发挥医药会展经济在开拓国际市场中的作用，提升国内企业的国际知名度和美誉度。打造国际化合作平台，积极参与全球公共卫生援助。推动建立中医药国际标准和认证体系，通过多双边谈判扩大中医药国际市场准入程度。大力发展中医药服务贸易，以医带药，扩大我国中医药市场规模，提高中医药的国际影响力。

（五）加强行业基础建设，提高行业服务能力

1. 完善行业标准体系 指导药品流通行业协会提升行业标准的科学性、先进性和前瞻性，进一步健全行业管理和服务标准规范。建立药品流通编码规则或电子数据交互规范，逐步实现药品高效流转和全程可追溯。制订零售药店分级管理制度，开展零售药店经营服务能力分级评定。制订常用中药材商品规格等级标准和中药材包装、仓储、养护、追溯等相关标准。

2. 提升行业统计工作质量 根据行业发展的新动态和新趋势，及时调整行业统计指标体系，完善统计制度，进一步扩大行业统计工作的覆盖面，将更多企业纳入统计直报系统，提高统计全面性和准确度。

3. 加强理论研究和人才培养 组织药品流通行业协会、大专院校、科研院所、中介机构和企业开展药品流通行业重大课题研究，加强对智慧型医药服务、医药电子商务等方面的药品流通理论研究。鼓励行业协会和社会培训机构开展职业培训和国际培训，形成多层次的行业人才培养体系。

4. 强化企业经营管理能力 鼓励药品流通企业加强内部管理，建立信息完备的药品购销记录，积极推行药品购销票据管理规范化、电子化。探索建立药品（中药材）信息化追溯系统，切实提升企业管理能力。结合转型升级进行组织架构变革，制订服务质量标准，建立服务水平评价和考核体系，形成自我激励机制。支持开展品牌建设，实施品牌战略，努力打造品牌企业、品牌药店。

案例学习

案例15-1 第三方物流改变医药流通

杭州邦达物流有限公司（以下简称邦达物流）现已是浙江康恩贝、英特药业等知名医药企业的物流服务商。邦达物流从 1999 年初涉足小件快运业务开始，就一直致力于“门到门”式的物流配送服务，追求零库存，注重信息化建设，是国内较早将电子商务物流理念移植于物流实践的流通配送型物流企业。邦达物流从 2000 年开始为医药生产、流通企业提供第三方物流服务，拥有可辐射全国 600 余座大中城市的物流配送主干网络，在浙江省内建立了可通达 70 余座县级市的“神经末梢”自营配送网络，24 小时之内即可到达县级市，48 小时直送乡镇卫生院、村卫生所和私人诊所。邦达物流的配送网络面广且高效，强有力地保证了邦达物流网络的有效运作。现在邦达物流已为浙江省医药企业价值 50 亿的药品提供 2 万个终端的配送服务。

资料来源：邹建锋. 第三方物流改变医药流通 [N]. 中国经济时报，2010-06-03 (13).

问题：请结合本案例理解第三方物流在医药流通行业中的重要意义。

案例15-2 裕利集团的医药物流成功经验

裕利集团是一家瑞士公司，在亚洲地区专业从事医药物流，目前该公司总部设在香港，在亚洲已有百年历史，在中国及中国香港特别行政区、新加坡、韩国、菲律宾、泰国、马来西亚、越南、印度尼西亚、澳大利亚等十一个国家和地区设有药品物流配送中心，代理着全世界60多个知名企业产品的委托加工和分销业务。裕利集团医药物流的成功在于其网络覆盖广、品种全、价格低、配送快和服务好。

网络覆盖广：裕利公司在亚洲11个国家和地区建立了全覆盖的药品物流配送系统，在菲律宾建有1个配送中心，8个分配中心，在马来西亚建立1个配送中心，在马来西亚东部地区（简称东马）、马来西亚西部地区（简称西马）各建了1个分配送中心，在泰国，裕利公司拥有3万个客户，形成了一个全市场覆盖的网络。

品种全：裕利公司在亚洲除本地产品外，原则上实行集中采购，一个配送中心一般有1万个品种规格，特别是西方国家药厂生产的药品具有很大的优势，如葛兰素、默克、拜尔、史克、强生等世界著名企业的产品，都由裕利公司在亚洲代理分销，它垄断了许多西药品种。

价格低：由于裕利公司网络大，使得其销量也大，再加上在亚洲建立了3个委托加工工厂，许多品种实现了总代理垄断经营，因此该公司产品具有很强的价格优势。

配送快：裕利公司的配送基本上全部实行24小时配送，配送的形式灵活多样，有用自己的车队配送，外包给专业货运公司配送，用摩托车接力配送，借助航空公司空运等。

服务好：裕利公司在每个国家和地区的分销公司都有一个客户服务中心或客户服务部，并在每个服务点设有若干部免费电话，由工作人员不断与客户沟通，从而及时了解产品情况和送货情况，并根据客户的需求和反映提供各种附加增值服务。

资料来源：张珉根据相关资料编写。

问题：请结合本案例理解医药物流企业的成功要素。

思 考 题

1. 解释物流、医药物流、医药第三方物流、医药供应链等名词。
2. 简述现代物流系统的构成和功能。
3. 结合医药第三方物流的特点，谈谈你对医药第三方物流管理的认识。
4. 医药供应链管理包含了哪些流程？
5. 结合我国医药物流发展现状，谈谈你对我国医药物流未来发展趋势的认识。

（张　珉）

药店营销

学习目标和基本要求

通过对本章的学习，掌握药店营销的基本策略；熟悉如何对药店进行准确的定位和开展药店药学服务；了解药店营销的概念与管理内容。

药店作为药品零售的重要场所，其营销策略直接关系到自身的生存和发展。为了在激烈的市场竞争中获得优势，药店经营者必须高度重视营销管理工作。本章主要介绍药店营销管理的概念、意义及药店的定位、营销策略等内容。

第1节 药店营销管理概述

一、药店的分类

（一）根据药店地理位置进行划分

1. 医院辐射型药店 药店位于医院的周边，药店的顾客大部分是从医院医师那里开具处方后前来药店购药的消费者。

2. 社区服务型药店 药店位于居民区，主要的客户为社区内的居民，消费群体相对稳定。

3. 商业中心地区药店 药店位于城市最繁华的商业中心或人流量较多的地方，消费群体多样化，随机购药的人群相对较多。

4. 商场里店中店型药店 药店位于大型商场或大型超市里面，这类药店依托商场或超市的旺盛人气，开展营销活动。如同仁堂在全国的药店专柜和“店中店”，经营同仁堂的知名品牌药材。

（二）根据药店经营品种进行划分

1. 常用医药产品药店 主要经营常用药品和普通药品，经营的项目相对单一。

2. 处方药专卖店 主要经营处方药，主要的服务人群是持医院医师所开处方前来购药的消费者。

3. 医疗器械专卖店 此类药店主要以经营销售医疗器械为主。

4. 药妆店 此类药店不仅经营药品，而且还经营化妆和美容产品。

5. 专业型药店 此类药店专门为消费者提供某类或某几类药品，经营品种比较单一。如糖尿病专业药店。

（三）根据药店经营模式进行划分

1. 单体药店 指以个体形式进行独立经营的药店，这类药店一般规模较小，比较分散，多为个人独立投资或者合资经营。

2. 连锁药店 指以连锁形式存在的药店，在一个地区通常有很多家分店，甚至跨地区、跨省经营，不断扩展市场。如湖南的老百姓大药房、甘肃的德生堂等。

3. 网上药店 网上药店是通过电子商务平台从事药品零售业务的药店，这类药店可以在企业自己建立的网站进行药品销售，也可以利用公共电子商务平台开展药品零售业务，如淘宝网、当当网上的药店等。

（四）根据药店经营规模进行划分

1. 大型药店 指药店销售额较大的药店，多采用超市自选的方式来销售药品，或者是大型连锁药店。

2. 中小型药店 指药店销售额较小，药店面积、销售品种有限的药店，这类药店多为个体经营和单体药店。

二、药店营销的概念及作用

（一）药店营销的概念

药店营销（pharmacy marketing）指药店通过提供以医药产品为核心、以药学服务和用药信息为辅助的健康服务组合，采取一系列的营销策略使其所提供的医药产品及健康服务能够更好地满足消费者的需求，并获得利润及自身发展的一系列行为活动。

（二）药店营销的作用

1. 提高药店的竞争力 药品零售市场的竞争越来越激烈，要想在市场中谋求生存和发展，营销工作十分重要。药店营销可以实现医药产品的价值，使药学服务增值，可以改善药店的经营状况，增加销售额和利润，提高药店的竞争力。

2. 提高顾客的满意度 整合产品、价格、渠道、促销等药店营销策略，可以提高顾客的满意度，培育顾客忠诚度，建立与顾客长期良好的关系，有利于药店保持稳定的客户资源，获得更好的发展。

3. 提高药店的知名度 通过药店营销开展药店宣传及公共关系活动，有利于提高药店的知名度和美誉度，有利于树立良好的药店品牌形象，实现药店、供应商和顾客三者共赢。

三、药店经营的特点

药店经营具有以下特点：一是消费者分散在不同的区域，药店的经营活动需要适当扩大促销信息的传播范围；二是消费者的差异性很大，他们在消费需求和消费行为上有很大的差异，因此，药店需要对消费者进行市场细分，才能取得理想的经营效果；三是消费者每次购买医药产品的数量不会太多，但是重复购买的概率高，尤其是针对慢性病患者和体弱者更是如此；四是大多数消费者对于医药产品缺乏专业知识，因此要求药店在做促销时，要将广告、公共关系、人员推销等促销手段运用好，让消费者更好地参与到促销活动中来；五是顾客的口碑很重要，可以给药店带来源源不断的新顾客，药店促销时既要关注老顾客，树立口碑，同时还要注意发展新顾客。

四、药店营销管理内容

（一）调研与分析药店营销环境

药店营销环境分析是药店开展市场营销活动的重要基础工作，是药店营销活动的基本出发点。药店营销环境指影响药店与客户建立并保持互利关系的各种角色和力量，它可分为宏观营销环境和微观营销环境。影响药店营销的宏观环境主要包括人口、经济、政治、法律和文化等因素。影响药店营销的微观环境主要包括药店内、外环境两个方面，内部环境主要包括营销人员、医药品种、药店的位置、商圈环境、装潢等，外部环境包括供应商、顾客、竞争者的情况等。

（二）制订与实施药店营销策略

正确选择和运用营销策略是药店经营成功的关键。根据药店经营的需要，制订合理的药店营销策略非常重要。药店营销策略包括产品策略、价格策略、竞争策略、促销策略等。实施营销策略是药店营销的重要环节，需要有操作性强的实施计划和强有力的监督体系。

（三）评估与修正药店营销活动

通过对药店营销策略和执行效果进行科学的评估，可以对营销计划及营销过程中的得失进行很好的总结，以利改进工作。评估内容主要包括营销策略是否切合市场需求，实施计划是否周密和具有可行性，计划执行是否到位，营销效果如何等。根据评估结果，对药店营销过程中存在的问题进行修正和调整。

第 2 节 药店营销定位

一、影响药店营销定位的因素

药店营销定位实质是对目标市场的选择。准确的市场定位可以促进药店提升经营业绩，是开展药店营销的基础。影响药店定位的因素主要包括药店选址、经营品类、整体实力等。

（一）药店选址

不同地方聚集的客户群体往往存在较大差异，从某种程度上讲，药店地址的选择就是对目标客户群体的选择。不同目标客户群体在疾病类型、发病率、购买力、受教育程度、用药习惯等方面存在较大的差异，这些因素对药店的经营目标、经营策略、服务类型产生影响，也对药店的定位产生重要影响。

（二）经营品类

不同品类的医药产品，其对经营场所、营销人员素质的要求不同，还有一些品种受法律、法规的限制，有特殊的要求，这些都会给药店经营带来影响。定位不同的药店，其经营药品的种类往往存在较大的差别。

（三）药店实力

药店的综合实力也是药店营销定位的主要影响因素。因为药店营业地址的选择，必然要考虑租金高低；而选择产品类型时，既要考虑资金需求规模，又要考虑保管、存储和经营人员等多方面的要求。企业综合实力在一定程度上决定了药店营销定位选择的自由程度。

二、药店市场营销定位

根据目标顾客群体、产品组合、地理位置和药学服务特色的差异，药店市场营销定位可以分为以下几种类型。

（一）综合健康商场型药店定位

定位于综合健康商场型的药店会向不特定顾客群体提供多元化的产品，同时强调药学服务的重要性。其主要特征为：① 目标顾客极为广泛，利用多元化的产品以求最大范围地满足尽可能多的顾客；② 经营上以品种多、服务全取胜，满足客户的一站式购买需求；③ 兼营与健康相关联的保健食品、化妆美容品、保健药材、健康类书籍、医疗器械、消毒液等产品；④ 在服务上，除以药学服务为核心外，一般还提供包括白领女性的美容美体服务，针对老年人的营养健康服务，以及药材加工服务等。由于此类药店品种多，经营场所面积大，药店还提供存包服务、导购服务、会员服务等。

（二）健康美丽型定位

定位于健康美丽型的药店，除了经营药品外，还经营保健食品或者化妆品。经营的药品品种不如综合健康商场型药店多，一般专注药品、保健食品、化妆品，其销售利润很大一部分来源于保健食品或化妆品的销售。此种定位的药店的主要特征为：① 目标顾客收入较高，对健康有较高需求或对美丽有较高需求；② 经营特色以提供健康服务或美容服务为核心，为顾客提供个性化的保健或美容解决方案，营销人员具有较多健康知识或者美容知识，以随时为顾客提供专业化的服务；③ 保健品或化妆品是药店经营的核心产品，也是其特色产品。

（三）社区型便利店型药店

定位于社区型便利店型药店多在社区或居民聚集区选址，其经营的目标是满足社区居民日常用药的需求。其主要特征为：① 目标顾客为社区居民，发挥便民优势，赢得顾客。② 经营的药品多为社区居民日常用药，价格相对低廉，以治疗社区居民的常见病、慢性病的药品为主。③ 在服务上，多突出社区特色，如开展免费测量血压、送药上门服务等延伸服务。

（四）专业型药店定位

专业型药店指专门致力于提供某一专科药品或某一品牌药品的药店，该类型的药店不以品种多取胜，注重单一品种，类似于零售业中的专卖商店。其主要特征为：① 重点为患有某一类疾病的消费者提供专科产品和专业服务，或者专门销售某一品牌药品，目标顾客人群相对较为单一。如心血管药店、乳腺专科药店、新特药店、肝胆药店及肿瘤药店、糖尿病药店、妇科药店等。② 产品线不宽，但在某一专业领域产品品类极为丰富，更能满足该类客户的个性化需求。③ 服务专业、深入。如可以为目标顾客定期开办相关疾病专题讲座，请专家为顾客提供专业化的药学服务；建立顾客健康档案，为其调整用药方案提供咨询和指导。

（五）平价型药店定位

平价型定位的药店是以低价取胜、薄利多销的药店。一般来说，平价药店多直接从厂家进货，减少流通环节，从而降低了医药产品的成本。其主要特征为：① 目标顾客主要为对药品价格敏感或者是不能享受“医保”的中低收入者。② 该类药店利用低价吸引顾客，客流量较大，药品出货量大。经营的药品品种较多，种类较齐全，多为普通厂商的非品牌药品。③ 重视成本控制和品类管理，成本控制是此类药店生存和发展的根本要求，品类管理有利于此类药店快进快出，以资金流通速度来换取整体收益的提高。④ 出于经营成本的考虑，平价药店较少为顾客提供全面的药学服务，只是一般性的用药介绍和说明，以保证顾客的用药安全。

第3节 药店的营销策略

药店营销策略主要包括产品策略、价格策略、促销策略、展示策略、药学服务策略。

一、药店营销产品策略

药店产品指药店所提供的能满足消费者某种需求的医药产品和药学服务。药店工作人员要对药店的核心产品、形式产品、期望产品、附加产品、潜在产品进行有机组合，运用产品策略提升药店营销水平。

（一）药店产品的差异化及关联产品组合策略

药店可以通过专业人员为顾客提供全面的健康管理方案，并采取与经营产品关联的组合销售策略，为顾客提供差异化服务的同时，还可提升顾客的忠诚度。如当顾客患有急性咽炎前来药店购药时，药师可以在为其配备服用咽炎片的同时，建议顾客配合使用一些维生素C及维生素A，以增强消炎的效果和促进黏膜愈合。此外，高、中、低档药品都需要备货，保证在同一病症下，有不同的价格、不同剂型的药品，给顾客更多的选择。

（二）药店产品的多元化策略

中国澳门和香港特别行政区、美国等地的药店大多实行多元化经营路线，它们在销售医药产品的同时，还兼带销售日用保健品、沐浴露及纸尿布、奶粉等婴幼儿产品。药店的经营也可以借鉴国内外的一些先进有效的经营策略，实施多元化经营。在以经营医药产品为基础的同时，兼营与健康、美丽相关的健康护理产品、化妆品、健康食品、婴幼儿产品等品类，满足顾客的“一站式购物”需求。例如，海王星辰推出了一站式网络购物平台，即星辰商城。星辰商城围绕“大健康、大生活”，其销售的产品涵盖了海王星辰连锁药店所有产品，同时还增加了与家庭生活紧密相关的一些日常生活用品，包括保健用品、医疗器械、农副产品、家用小电器、厨具餐具、家居清洁、个人护理等数千种商品，满足不同消费者的需求，旨在将海王星辰电子商务网站打造成“百姓生活的一站式网络购物平台”。

（三）药店的品类管理策略

药店的品类管理指药店将药品品类作为营销战略来进行管理，通过满足商圈顾客的需求来获得顾客的最大满意度进行战略管理。品类管理是药店产品策略的重要组成部分，是药店营销中非常重要的环节。药店进行品类管理的最终目的是通过提高顾客的满意度来增加整个药店的销售额和利润。如何将众多的医药产品摆放在有限的空间里，如何用医药产品来刺激顾客的购买欲望，如何让顾客推崇你的医药产品等，这些都是药店实施品类管理所要解决的问题。药店的品类管理包括药店品类界定、品类角色确认、品类评估、制订品类策略、确定品类战术及品类管理方案的执行与修正。

二、药店营销价格策略

药店医药产品的价格通常对交易结果有重要影响，同时又是药店营销组合中的重要组成部分。药店在定价时不仅需要考虑经营成本，还需要考虑顾客对医药产品价格的承受能力。由于我国药品价格管理实行的是双轨制，即部分药品价格由政府定价或指导定价，余下的则实行市场定价。对于实行政府定价、政府指导价的药品，药店只能在政府最高限价下进行销售，这类药品价格已经比较低，利润空间非常有限，药店运用价格策略的余地非常有限。而市场定价药品，药店可以根据需要，自主确定药品的价格，价格策略运用的空间和灵活性较好。药店进行定价时，必须遵守《药品管理法》《价格法》《反不当竞争法》等法律、法规。

虽然药品价格管制十分严格，但我国药品价格普遍虚高，因此，药店运用价格策略进行营销，其空间和余地还是比较大。通常情况下，药店可以根据目标顾客、药品种类等的不同采用折扣与折让价格策略、差异定价策略、心理定价策略、促销定价策略等价格策略进行营销。具体价格策略已在“第九章医药产品价格策略”中详细介绍，这里不再重复。

三、药店促销策略

药店促销指综合运用人员销售、广告、销售促进、公共关系以及直接营销等工具组成的药店营销传播组合。药店的促销对于药店经营十分重要，有利于向顾客传递有关药店和医药产品的信息，有利于抵御竞争者的促销活动，有利于有效地刺激消费者购买。药店常用的促销策略有以下8种。

（一）赠送营销策略

赠送医药产品或赠券。即将医药产品分为小包，赠送给有意向购买此药的顾客，让顾客提前感知药效，同时可以增加顾客对于药店的好感，激发顾客的购药欲望。也可采取赠券活动，比如买满100元医药产品，赠送10元代金券，可供消费者下次购买医药产品的时候使用。

（二）会员卡营销策略

会员制营销的关键是建立会员忠诚度，是一种深层次的关系营销。众多药店都已经启用会员卡积分制，积分可以兑换礼券，会员卡还能享受医药产品的会员价格等优惠。药店可以通过设立适合的会员分级管理，提供差异化服务，不同等级的会员可以享受不同层次的优惠折扣。如北京普生人药房通过高入会费、低会员价的方式为会员提供增值服务，会员只需每年缴纳100元的会费，不仅可以享受低价购买医药产品的优惠，还能享受免费健身及积分送公园年票、免费体检等服务。另外，药店还实行联合会员制，提升会员服务。如北京金象大药房与众多领域的企业联合实施会员制营销，实现会员信息共享，会员享受更多实惠，如洗衣店8.5折、汽车保养8折等。

（三）社区促销策略

社区促销就是让药店的销售人员走进社区，针对社区居民开展一系列的医药产品宣传和药学服务。这样做一方面可以为药店树立更好的形象，确保客源稳定和增长；另一方面可以通过加强与社区居民的交流，与居民拉近感情，促进销售。具体促销手段可以是免费为社区居民量血压、讲授一些医药学知识等。

（四）体验促销策略

体验促销主要指药店为满足消费者的体验需求，针对消费者开展的免费体验活动。如医疗保健器械的营销采取的最直接的方式就是体验促销，让消费者亲自感受医疗保健器械的功效。另外，药店的设计装修、医药产品的陈设摆放和药店服务人员的精神面貌也是体验促销的内容之一。

（五）POP广告促销策略

POP（point of purchase）又叫做店头陈设，POP常用于短期促销，它有户外招牌、橱窗海报、店内台牌、价目表、吊旗，甚至是立体卡通模型等多种形式的广告物。POP广告的表现形式丰富多样，色彩强烈，可以将医药产品的特性及说明传达给消费者，有效地吸引消费者的关注，唤起其购买欲望。

（六）主题促销策略

药店可根据全年的主要节假日和药店的实际情况来实施促销活动。药店的节假日营销方案可以定位在每年的“十一”长假、中秋佳节和重阳节等节日进行，促销各种保健品、部分医药产品、老年人用品等产品，提高药店的销量和扩大药店的影响力。主题促销策略成功实施的关键在于选择促销主题以及促销的形式，让顾客感觉到真正的实惠。如深圳海王星辰连锁药店有限公司在其店庆日实施会员全场享受8.5折的优惠活动。

（七）团购促销策略

团购是药店根据薄利多销的原则，给顾客提供低于零售价的团购折扣和优质服务，并且能够在最短的时间内获得最高的人气。药店可以借助第三方团购平台，拿出部分医药产品与一些知名团购网站合作，如拉手网、窝窝团购、大众点评网等。如金象大药房网上药店专门推出了“金象团”的团购频道，“金象团”提供一些折扣健康医药产品。当然，团购药品要符合法律、法规要求。

（八）换购活动

药店可以与药品生产企业联手实施医药产品的“换购”，将“过期药品换购”变成药店的常规便民服务。“换购”不仅仅能够获得客户的喜爱偏好，建立忠诚度，更能够在摊销药店换购成本的同时，扩大药店的知名度。如广州白云山和记黄埔中药有限公司秉承其“爱心白云山、公民白云山”的企业理念，启动“家庭过期药品（免费）回收机制”和“永不过期”药店工程，不仅帮助顾客解决了过期药品的难题，同时又提高了企业形象和企业知名度。

另外，药店也可以开展一些促销竞赛活动，让药店内部员工积极参与进来，对于成绩优异的员工，给予奖励。

四、药店展示营销策略

良好的药店展示能很好促进药品的销售，提高药店的市场竞争力。同时药店货架中的有利位置也是许多医药企业争夺的焦点。往往最畅销产品和利润率最好的产品陈列在最有利的位置。药店提供给顾客的服务是无形的，药店可以通过药店卖场的有形展示，助推药店的无形服务。药店展示主要包括药店环境展示、形象设计和药品陈列设计以及销售人员展示。

（一）药店环境展示策略

温度、湿度、通风情况、整洁度等构成了药店的环境。一个好的药店环境，会增加顾客的流量。如在炎热的夏天，消费者会更倾向在凉爽的药店买药。药店应配备加湿器、空调等设备，在必要时采取措施将药店的温度与湿度调整到规定的范围内。一般来说，药店营业场所温度应该保持在0～30℃之间，同时要整洁、卫生、光线好。药店应保持空气清新，消除不良气味，药店也可以播放一些舒缓的轻音乐，以营造舒适轻松的药店气氛。

（二）药店形象设计策略

药店形象设计主要包括：①药店的店面设计。包括药店的招牌设计、门面设计、照明设计等。一个光亮、整洁、色彩搭配得体和照明舒适的店面设计，是刺激消费者视觉的环境因素和最容易被消费者察觉的有形服务。②药店的照明设计。药店的照明设备也不可忽视，药店的灯光可以凸显药品陈列的形状和外观，吸引顾客的注意力。不同的灯光颜色给人不同的感觉，而暖色系的灯光给人温暖热忱的感觉，富于亲和力，药店可采用一些暖色系的灯光衬托药店环境。③药店货架及柜台的布局设计。药店的布局要能够引导顾客逛遍药店的各个角落，需要根据药店的大小来设定便于顾客触摸药品货架的高度以及货架之间的通道宽度，方便顾客购药。

（三）药品陈列设计策略

药品陈列是药店促销的重要手段之一，药店可以通过药品陈列提高顾客对医药产品的了解，并加深其记忆，激发顾客的购买欲望以达到促进销售的作用。药品陈列的主要原则：①药品陈列应与药店文化相匹配，凸显药店的特色，树立良好的药店形象。②药品陈列应方便消费者购买。③药品陈列应规范合理，突出药品的特性，便于顾客选择、购买。④药品陈列应重视黄金视线原则的应用，即重点销售药品应陈列在与顾客的视线平齐或仰角15°视线投射到的货架范围内，即在顾客的“黄金视线”范围内。黄金视线陈列的药品容易被顾客发现、取放和选中。⑤药品陈列的货架应整洁干净，能够使顾客产生愉悦的感觉。药店的货架陈列需经常改变药品陈列方式，这样能够使顾客耳目一新，给顾客一些新鲜感和增加顾客对药店的好感。⑥药品陈列应遵守先进先出原则，以避免药品滞留过期。⑦药品陈列应遵守最大化陈列原则。当药品陈列的空间多于竞争者品牌时，更能吸引顾客，也能使之产生购买倾向。⑧药品陈列应遵守相关性原则。药品的陈列要按照医药产品的疗效和用途的关联性来进行。关联性陈列的目的是使顾客购买医药产品时能产生连带性，在增加药店销量的同时也方便顾客购药。⑨橱窗陈列。药店可以利用一些畅销或促销药品或药品空盒，采用不同的组合方式将药品生动地展现给顾客，激发顾客的购买欲望。橱窗陈列必须整洁有创意且富有美感，符合药店的整体形象及药店的促销和宣传信息。⑩药品陈列应遵守堆头陈列原则。堆头陈列指医药产品单独陈列所形成的药品陈列方式。堆头陈列比货架陈列更能够集中地、突出地展示医药产品。堆头陈列的形状可以是平面型、梯形、圆柱形、龙船型等造型，目的是吸引顾客的注意力。另外，药店收银台陈列、柜台陈列等也很重要，收银台端架陈列要丰满、美观，能激发顾客的购买欲望；药店的柜台一般陈列一些不开架自选销售的处方药或名贵药材。

（四）药店销售人员展示策略

药店销售人员展示是通过销售人员的服务活动来展示药店形象，提高顾客的满意度。药店销售人员的外貌、语言及服务态度等都可以影响消费者对药店服务的期望和判断。当顾客进入药店时，销售人员应做到以下几步：第一，与顾客主动接触，询问顾客的需求；第二，针对顾客的需求，推荐相应的医药产品，并介绍医药产品的特点、性能、价格等；第三，诚恳地回答顾客所提出的疑问，并向顾客进行比较、推荐，以激发顾客的购买欲望；第四，适度推销，通过亲情服务、专业服务得到顾客的认可，赢得更多回头客；第五，礼貌微笑送客。

五、药学服务营销策略

提供安全有效的药学服务，确保合理用药，已成为社会对药店的必然要求。为此，药店必须建立科学规范的服务体系，实现从以售药为中心，向以药学服务为中心的转变，科学地指导消费者选购药品，开展合理用药咨询业务，加强与消费者的交流和沟通，让消费者安全、有效、经济合理地使用药品。

（一）核心服务

核心服务指向顾客提供最基本的医药学专业咨询服务。药店的核心服务是将适当的药品，在适当的时间，以适当的剂量，经适当的给药途径，给适当的病人，使用适当的疗程，达到适当的治疗效果。做好核心服务，药店药师应该了解患者的基本情况，科学介绍用药方法。药店实施药学服务是一个新的课题，是高度专业化的服务过程，必须以专业知识和技巧来保证药品使用获得满意的结果。药店提供药学服务的人员必须具有医药专业的教育背景，具备扎实的专业知识和药学服务工作实践经验，并具有药事管理与法规知识及高尚的职业道德。同时，还应具备较高的交流沟通能力。药店的营业员在与消费者交谈时，应该尽可能多地使用通俗易懂的专业术语来为顾客服务，使顾客能够很好地理解。药店营业员需要向顾客交代清楚药品的最佳用药时间、服药方法以及医药产品的储存条件等。

（二）感知服务

感知服务是药店给患者提供服务的基本形式，是核心服务借以实现的形式。顾客在药店进行购药，不仅仅是消费“医药产品”，还消费服务。药师的态度、行为举止、沟通和表达能力是否让顾客满意和感到亲切，这些因素能促进顾客满意度的提升。通过亲情服务，重视顾客的感知与体验。以一杯茶、一句话问候、免费给环卫工人提供茶水和休息处、免费提供洗手间、免费为顾客进行脊柱梳理等服务，让顾客感受到无限温暖。

（三）延伸服务

延伸服务指顾客在获得其核心服务和感知服务的同时，附带收获的各种利益的总和。延伸服务可以深化并提升药学服务的内涵，还可以展现企业的特色并使本企业与竞争者区分开来。如为患有高血压、糖尿病、高血脂等慢性疾病的顾客提供较为全面的跟进服务。药店可以在顾客同意的基础之上，建立患者的用药档案，其中包括患者的一般资料信息、家庭病史、药物禁忌、嗜好、过敏史、历次用药记录、用药建议、疾病知识和复购提醒等。患者用药档案的建立可以保障患者能够更好地安全、有效用药，顾客的回购频次显著提升，顾客与药店的黏性加强，有利于提升顾客价值和满意度。

（四）特色服务

药店可以定期或不定期地开展一些健康讲座、专家义诊等活动，增强客户预防疾病和保健的意识。药店可以开展富有特色的服务项目。如开展免费电话送药上门等服务，与消费者建立稳定持久的关系，并进行跟踪服务，留住老顾客，发展潜在的消费人群。药店还可设置“顾客健康服务区”，配备必要的体温计、体重秤、休息椅、饮水机、健康刊物等，为顾客提供方便。如经营中药饮片的药店可提供免费中药加工服务，包括中药的碾磨、切片、制丸、煎煮等。例如，在医药卫生改革创新的背景下，药店将成为老百姓身边的健康管家。“互联网＋药店”创新模式，打造集专业医疗服务与健康智能于一体的智慧药房，将预防、康复、保健、养生等众多智慧医疗保健概念融入其中。智慧药房能准确地监控人体的基础信息，包括身高、体重、心电图、血氧、心率、体温、血压、血糖等，通过网络上传到云数据中心，实时帮助顾客了解自身身体状况及预防措施。同时，智慧药房还能通过互联网提供与专家“面对面”问诊服务，让顾客体验远程问诊、电子处方、慢性病管理、预约挂号等新型互联网医疗服务。如康美智慧药房已先后在广州、深圳、北京、成都等地成功运营，与广东省中医院、广州中医药大学第一附属医院、中山大学孙逸仙纪念医院等170多家医疗机构签约，建立起广州、深圳、北京、成都等多家城市的中央药房，日处方量最高达20000多张，为百姓提供了更加全面便捷的健康服务与体验。

第4节 药店选址

药店选址实质是对企业的目标市场和发展空间进行选择，选址对药店经营成败具有重要的影响，对药店的竞争和盈利能力起关键作用，是开办药店的首要任务。药品零售市场竞争日趋激烈，选择理想的店址越来越难，北京百济堂药品超市有限责任公司曾“万元悬赏新店址”。药店选址具有鲜明的特殊性和规律性，探索、总结药店选址的规律和经验，对药店的经营管理具有重要的理论和实践意义。

一、药店选址的重要性

（一）良好的店址是药店经营成功的首要因素

有业内人士认为，药店要成功，第一是选址，第二是选址，第三还是选址；也有业内人士认为，药店选址对开店成败的影响力占70%以上。从药店经营实践来看，经营失败的药店各有失败的原因，但经营成功的药店一定是选址成功的药店，良好的店址是药店经营成功的核心要素。

（二）药店选址直接影响药店的经营成本

店铺租金是药店经营的主要固定成本，在经营费用中所占的比重较大，对药店的竞争能力和盈利水平具有重要的影响，选址时要结合未来经营规模和毛利水平综合考虑，理性选择，力争在选址过程中降低企业的固定成本。

（三）药店选址直接影响药店的客流量

药店选址对药店的客流量的直接影响体现在以下三个方面：第一，一般顾客购药首先考虑的不是价格而是便利性，药店选址得当，方便顾客来店，药店的聚客能力就强，进店的顾客就多；第二，药店所属的地段和位置的类型直接决定人流量的大小，人流量越大，客流量增大的机会就增加；第三，店面的面积、结构、朝向、装饰以及店面与客流集中点的距离等细节因素也影响顾客进店的倾向性。

二、药店选址的原则

（一）药店选址前必须进行调研

药店选址不能只凭经验和感觉，要对目标店址的地段环境、目标顾客需求及竞争对手的情况等因素认真调研，科学分析，客观评价，准确把握。

1. 选址地段环境调研 地段环境调查研究是药店选址的关键。具体做法如下：一是调查研究地段所处的类型，地段类型一般分商业区、工业区、文教区、办公区、住宅区等几类。二是调查研究地段的交通情况，考查交通便利与否，是否接近交通主干道，是否拥有较密集的公共汽车路线。三是考察人流量、车流量情况，要在每天早上6点到晚上11点的不同时段，考察目标店址所在地的车流量、人流量情况。四是调查研究当地市区的城建动态和发展方向，既要研究店址当前所处的地段环境，又要关注城市（城镇）的发展规划，在符合城市发展规划的政策中把握成长机遇。

2. 消费者需求调研 针对目标店址商圈内消费者的需求，重点调查三项内容：一是调查研究消费者家庭状况。一般要从半径1000米以内的商圈中选择50～100户家庭调查分析，主要调查家庭规模、家庭成员年龄、职业、收入等状况，这些因素既影响药品的销售量，也影响药品需求结构。家庭收入是构成购买力的要素，影响药店的销售量，家庭成员的年龄结构影响药品需求结构。如老年化家庭倾向于购买保健品、营养品以及治疗常见慢性疾病的药品等，而有儿童的家庭则重点投资于儿童营养保健品及补钙产品等。二是调查研究目标店址商圈内的人口密度。人口密度是单位面积区域内的人口数量，在其他条件不变的情况下，人口密度越大，对药店越有利。调查人口密度时，还应考虑流动人口数量。三是消费者购药行为的调查分析。主要调查分析购买习惯、购买时间、购买动机等，重点发现消费者未满足的需求和异常购药行为等现象。

3. 竞争对手调查研究 重点调查该地区及商圈内主要竞争对手的经营规模、经营方式、经营策略，研究竞争对手的店址、经营品种和价格，发现其优势和不足，为企业的市场定位和差异化的竞争做好准备。

（二）选址必须与药店经营战略相匹配

选址必须服从和服务于药店经营战略。药店未来的经营战略、市场定位和竞争策略，决定着选址的地段、类型以及店面的大小。选址时要分析、比较拟选店址商圈内消费者的数量、结构、健康状况、消费水平、消费习惯以及竞争者情况等因素，选择与未来药店经营战略相匹配的店址。规模较大的药店，应尽量选择在比较繁华、客流量集中，且交通方便的地区，如大型商场、大型超市、大型医院附近；开办小型便利药店应首选社区等。

（三）选址必须考虑店铺租金与面积

好地段人气旺、客流量大，能提高药店的营业额，但租金高，会增加开办药店的成本和风险。药品零售业已进入微利时代，租金是药店的一项重要费用支出，药店选址必须在租金的高低和地段的优劣之间综合平衡，理性选择；店铺面积的确定也很重要，面积太小，经营活动难以施展；面积太大，会造成浪费，增加药店的成本，从经验看，一般面积应在100平方米以上，具体要根据药店经营定位、目标消费人群等因素确定。

（四）选址必须综合分析

药店选址需要考虑地段环境、人口与消费特征、店铺面积与租金等诸多因素，每个城市的建设风格和布局也不尽相同，选址要在调查研究的基础上对这些因素辩证分析，具体问题，具体对待，既要看到有利的因素，又要考虑到不利的影响，根据主次因素进行综合平衡，适当取舍，确定店址落点。

三、药店选址策略

药品是特殊的商品，在药店选址具体实践中，既有特殊性，也存在一定的规律性，探索和总结药店选址实践经验，对科学选址有借鉴意义。

（一）紧邻医院选址

紧靠医院选址，目标顾客流量大，还会争取一部分医生处方。实践表明，药店开在医院大门口两侧效果最佳。例如在北京同仁医院，在其两公里的辐射范围内有同仁堂药店、国大药房连锁有限公司、金象大药房、京隆堂大药房、天力泽大药房、北京民康平堂大药房等众多药店。

（二）大型商场、超市选址

紧跟大型商场、超市选址一般有两种形式：一种是紧靠在大型商场、超市旁边选址。这种形式是利用大型商场、超市客流量大的优势，带动药店的业务发展；另一种是直接在大型商场、超市内通过租用铺面、资本合作、营业合作等方式开设“店中店”，药店与商场、超市相互借力，既增加了商场、超市的经营品种，又满足了消费者“一站式”消费的需求，是一种双赢的选择。从实践来看，同样的位置，同样的规模，超市里的药店一般比单独的药店销售额高30%。例如，桐君阁在重庆市渝中区的门店有20%选址在新世纪的大型超市里。

（三）交通干道选址

交通干道选址有车流量和人流量大、药店醒目易见等优点，主要包括主干道选址、次干道选址和主干道路口选址三种情况，其中，在主干道路口选址的药店，聚客能力较强，是较理想的药店选址。具体选址要结合店铺地点是否便于停车、便于顾客进店以及店铺周围目标顾客的情况综合考虑。

（四）繁华商圈选址

繁华商圈交通方便、知名度高，人流量和客流量大，商业氛围浓，人气旺，消费集中度高，购买力强，有助于提高药店的营业额。但繁华商圈内的店铺租金高，市场竞争激烈，需要有较强的竞争能力和盈利水平，才能进驻。

（五）社区选址

社区已成为组成城市商业社会的重要单元，社区的居民有相近的生活习性和消费习惯，顾客稳定、集中、针对性强，有利于采取差异化经营策略和特色药学服务，易培养忠实的顾客。社区药店最大的优势在于便利性，如能取得医保定点药店，情况会更好。例如，华润医药以发展“专业药店”和“社区连锁药店”为核心业务，社区药店定位为覆盖不同需求层次的消费者，提供多元品类和服务。

（六）城乡接合部选址

在城乡接合部选址有三大优势：一是城乡接合部药品零售市场竞争较缓和，易生存；二是城乡接合部铺面租金较低，成本低；三是城乡接合部城市化进程较快，有潜力。如上海开心人大药房在上海市的选址原则是选择低收入家庭多、缺医少药、常住居民多、非医保人群相对集中的中环线以外的城乡接合部，开一家成功一家。

（七）乡镇选址

随着国家对“三农”问题的高度重视、社会主义新农村建设的推进、新型农村医疗合作制度的试点以及农村药品“两网”建设的普及等政策的实施，农村的通信、交通条件得到改善，农民的生活水平有很大的提高，农村药品市场容量将迅速增大；与城市药品市场白热化的竞争相比，农村药品市场是一片“蓝海”市场，存在巨大的机遇和潜力，药店进乡镇选址将是新的发展方向。乡镇选址应着眼于交通便利、人口密集、辐射能力强的中心乡镇。乡镇选址重点要考虑物流配送成本。如辽宁成大方圆医药连锁有限公司的近600家连锁药店中，20%以上的药店分布在乡镇。

（八）“空白”地点选址

进“空白”地点选址，实质是在既没有竞争对手又没有医药保健品市场需求的地点选址，这种选址的关键在于对当地人群真实需求的把握。有些药店在旅游景点、大学校园、高速公路口等地点的选址，基本上就属于这种情况。

案例学习

案例16-1　香港万宁大药房的综合健康广场

香港万宁大药房（以下简称万宁）。万宁品牌一直是香港健与美产品零售业的翘楚，致力为顾客供应最优质的保健、个人护理、护肤及育婴产品，结合创新的营销手法及专业、完善的顾客服务，深受消费者喜爱并屡获殊荣。在亚洲城市共有900多家分店，其中万宁在华东、华南、华北、西南四大区域二十多个城市开设超过200家门店。万宁拥有国际化的自有品牌开发团队，产品范围包括药品、健康产品、护肤品、化妆品、个人护理用品、男士用品、母婴用品、女士用品、时尚精品、缤纷的小吃和饮料等，照顾着不同层次、不同年龄人群的健康与美丽的需求。万宁药店的综合健康广场营销定位及成功经验主要包括：一是万宁的品牌定位于“健与美”，它在“健与美”的基础之上经营药品、健康产品、护肤品、个人护理、母婴用品等商品，多元化经营模式让顾客觉得其在万宁备受呵护。二是万宁的差异化经营，万宁的另一大特点是商品的差异化开发。对一些价格敏感的日用品，他们采取品牌自建及品牌买断的方式进行专营，既保证了利润，又避免与商场超市进行价格战。三是万宁舒适的环境和客户体验。万宁提倡“自内而外的健康美丽”，注重与顾客的情感交流，在硬件的配置以及颜色、灯光和音乐的选择上，都认真考虑顾客的感受。顾客在万宁充分享受健康的产品、体验亲切的环境、感受新颖的创意和时尚的气息，从而使生活更精彩。

资料来源：尹小悦根据万祥军的考察报告《屈臣氏药店多元化定位成功实例》编写。

问题：请结合本案例学习综合健康广场型药店的营销策略。

案例16-2　国药控股：慢性病管理新突破

国药控股零售中心旗下的汉口大药房有限公司、国大药房有限公司在重症病房、专业药房的运营管理模式和先进的慢性病管理体系中发展成为行业标杆，享有盛誉。通过合理的联合用药方案、健康解决方案和后台的持续跟踪服务增强顾客对药店的黏度，从而成为药房的忠实顾客。一是提供标准化药学服务。药房都设有远程问诊，将药师服务和远程服务相结合，为患者提供更细致的服务体验。药师根据智能检测机器人所检测出的结果对患者进行健康和用药指导，建立会员电子档案，定期在系统当中对慢性病患者进行用药跟踪、回访和医患教育等。药师在为慢性病患者服务时，一旦发现用药问题或指标控制不好，就可借助互联网医院与医生进行交流，及时找出相应的解决方案。二是关注患者取药体验。根据对患者的服务流程，专业化药房内部结构分为药师咨询区、患者教育区、慈善援助区和患者休息区等职能区域，各区域都设有项目组专员，各区域服务专员从细节做起，提升患者每一次的取药体验。三是打造特色慢性病服务中心。重症药房根据病种的划分来进行会员管理，整合各种资源，升级慢性病服务功能，打造了慢性病服务中心，为重症慢性病患者提供康复理疗、专家咨询服务、线下的医生服务，以及更加全面的慢性病检测服务项目，涵盖了几乎所有“三高”患者平常应该检测的核心指标。慢性病专员还可以通过患者的购药记录、检测情况，从中筛选出目标客户，做好患者教育服务。

资料来源：尹小悦根据相关资料编写。

问题：请结合本案例学习药店专业化营销策略。

思考题

1. 什么是药店营销？药店营销对药店运营有什么重要意义？
2. 简述药店营销的内容与特点。
3. 简述影响药店营销定位的因素及药店营销定位策略。
4. 试述药店营销策略及主要手段。
5. 简述药店选址原则与策略。

（尹小悦）

第17章 医药国际市场营销

学习目标和基本要求

通过本章学习，掌握医药国际市场营销的概念、环境分析方法、营销策略及医药国际市场目标选择与进入方式；熟悉医药国际市场营销的特点和作用；了解我国医药国际市场营销的现状与发展策略。

在“国内市场国际化，国际竞争国内化”的今天，医药国际市场营销是大势所趋，医药企业必须面对国际市场竞争。医药国际市场营销是跨国界的经营活动，必然面临更加复杂多变的市场环境。所以，医药企业在开展国际营销活动时要准确把握医药国际市场营销的特点，采取适合目标国际医药市场的营销战略和策略，取得良好的经济效益和社会效益。

第1节 医药国际市场营销概述

一、医药国际市场营销的概念

医药国际市场营销指医药企业从国际市场的需求出发，制订符合医药国际市场的营销战略，选择符合医药国际市场产品、价格、渠道和促销等策略，开拓医药国际市场的市场营销活动。

医药国际市场营销是在国内医药市场营销的基础上发展起来的，是国内医药市场营销的延伸与扩展。医药国际市场营销与国内医药市场营销本质上是相同的，二者都是以需求为中心，以市场营销环境分析为基础；以交换为手段，以获取利润或经济效益为目的。由于国际市场营销环境要比国内市场营销环境复杂得多，医药产品又是一种特殊的产品，因此，医药国际市场营销与国内市场营销相比，营销组合更加复杂，营销活动更加困难，营销风险也更大。

二、医药国际市场营销的特点

(一) 营销环境的复杂性

医药国际市场营销既要适应国内市场环境，又要适应国际市场环境。当医药企业进入国际市场时，它所面临的是新的经营环境，不同国家或地区在政治、经济、法律、文化等方面往往存在着很大的差异，这些都大大增加了经营环境的复杂性。

(二) 营销管理的国际性

医药国际市场营销是在两个或两个以上国家进行的医药产品经营活动，需要贯彻和执行全球性营销战略，对各国营销业务进行统一规划、控制和协调，通过优势互补，实现总体利益最大化。

（三）营销活动的困难性

由于在语言、风俗习惯、法律以及贸易壁垒等方面的不同，致使营销调研、沟通困难；由于各国医药市场营销环境不同，发生纠纷时难以解决；由于贸易的关税和非关税壁垒很多，市场进入非常困难。

（四）营销业务的风险性

由于医药国际市场营销存在贸易保护、汇率变化、国际金融动荡等不确定性因素，再加上外国政府、政党、有关团体等政治力量的介入，营销人员无法确切地把握医药国际市场的变化，使得医药国际市场的竞争更加激烈，风险也更大。

（五）营销策略的多样性

医药国际市场是由不同国别的市场组成的，不同国别的市场环境差异性较大，医药国际营销活动要针对不同的市场环境，采取不同的营销战略和营销手段，因此，医药国际市场营销组合策略具有显著的多样性特点。

三、医药国际市场营销的意义

（一）有利于加快医药企业成长

积极开展医药国际市场营销，参与激烈的国际市场竞争，有利于增强医药企业的生存发展能力，提高经营管理水平，从而加速企业成长壮大。对于中国医药企业，开拓医药国际市场既是压力，也是动力，既充满竞争，又充满机遇。鼓励国内医药企业参与国际竞争，有利于企业融入世界经济主流，从根本上转变我国医药企业的发展思路，锻造出适应国际竞争趋势的新型现代医药企业。

（二）有利于扩大医药产品销售

积极开展医药国际市场营销，为医药企业开拓营销空间，寻求更广大的市场，扩大医药产品的销售，获得更大的利润回报。同时，通过扩大医药产品的销售量提高医药企业的生产规模，从而降低单位产品成本，获得规模效益。

（三）有利于规避经营风险

积极开展医药国际市场营销，有利于在本国经济不景气时，寻求更多的市场机会，在一定程度上避开国内医药市场的激烈竞争给企业带来的损失。同时对跨国医药企业来说，开展多国的市场营销，可以在全球范围内选择更加有利的市场机会，实现企业的健康发展。

第 2 节　医药国际市场营销环境分析

一、政治环境分析

国际医药市场营销作为一种经济活动，离不开营销目标国的政治环境的制约。政治环境主要包括政治体制、行政体制、政治稳定性和国际关系等方面。政治体制主要指一个国家或地区的社会性质，如它是一党制还是多党制。政治体制决定着国家的政治主张和经济政策的差异。行政体制主要指一个国家或地区的行政结构与效率、政府对经济的参与程度和政府对外国企业经营的态度。政治稳定性主要指一个国家的政局是否稳定。如果一个国家政局不稳，政府频繁更迭，甚至发生政变、战争等动荡因素，外国医药企业在该国的经营风险就大大增加。国际关系主要指东道国与企业母国的关系、东道国与其他国家的关系。一个国家的国际关系会影响该国的政治、经济和对外贸易政策。医药企业制订国际市场营销策略时需充分考虑这几方面的环境因素。

二、法律环境分析

医药企业在市场经济中的行为主要由法律来规范和约束，医药企业在进行国际市场营销活动时，只有了解国际法律环境，才能依法经营，避免法律纠纷。国际法律环境主要包括国际惯例、国际公约、东道国的涉外法规等。这些法律、法规，国与国之间不尽相同，在进行医药国际市场营销活动中，只有了解目标市场国家有关的法律、法规，才能进行最有效的营销活动。因此，熟悉和了解目标国的法律制度、有关贸易活动的法律规定以及具有法律效力的条约、公约及协定，成为医药国际市场营销人员的重要任务。例如医药企业要特别注意世界各国关于商标注册和专利授权的法律规定。

三、人口环境分析

人口环境决定目标国医药市场规模及市场潜力的大小，是医药企业进入国际市场需要考虑的重要问题。从医药国际市场营销的角度来说，人口因素包括人口数量、人口密度、人口自然增长率等指标。一个国家的人口越多，医药市场容量就越大。人口密度大，购买力集中，医药市场营销费用相对较低。人口的自然增长率是一个反映人口变化的动态指标，人口自然增长率的变化会对市场需求产生直接影响。

四、经济环境分析

经济环境分析包括经济体制、国民收入水平、基础设施、经济发展阶段等方面。经济体制主要是以经济调节手段为标准来划分的。当前世界范围内的一个新趋势是承认市场在调节资源配置方面的合理性。收入因素是决定医药市场规模大小的另一个重要因素，一个国家的国民收入水平，直接影响该国国民的医药产品需求能力和消费水平。一个国家的基础设施包括交通条件、能源供应、通信设施及其他各种商业设施。基础设施是否完善，将直接影响医药企业在该国开展市场营销的效率和效益。一个国家的经济所处的发展阶段不同，会影响该国医药产业的发展及医药市场营销策略的运用。

五、社会文化环境分析

由于各国历史、地理、人文等原因的影响，使得国家之间在社会文化环境方面存在着很大差异，生活在不同国度里的人们分别具有不同的语言文化背景、不同的宗教信仰、不同的价值观念。医药企业的国际市场营销活动由于是一种跨国界、跨文化的社会管理活动，必然要受到文化的影响。社会文化环境包括社会阶层、社会组织、语言文字、宗教信仰、教育水平、价值观念等方面。这些方面都直接或间接影响医药企业在国际市场的营销战略选择和营销策略的制订。例如，不同的宗教信仰的国家具有不同的宗教戒律和文化倾向，直接影响人们的行为准则和价值观念，进而影响人们的医药消费行为。

六、国际医药竞争环境分析

医药行业是国际社会公认的国际化产业之一，医药企业的生产、经营活动日益国际化。因此，医药企业的国际市场营销竞争更为激烈。目前，世界上医药产业最为发达的国家和地区主要包括美国、欧盟、日本等。另外，医药企业开拓医药国际市场，除了分析国际环境外，还要认真研究本国出口环境。主要包括鼓励出口的政策措施，限制出口的法律、法规等。

第3节 医药国际市场目标选择与进入方式

一、医药国际市场目标选择

（一）影响医药国际目标市场选择的因素

1. 医药市场规模 医药目标市场必须具有足够的市场规模与发展潜力，医药企业才能在该医药市场实现一定的销售额和目标利润。考虑医药市场规模，一是要看目标市场的人口数量，二是要看人均收入水平。从世界现状来看，发达国家的人口数量少，但人均收入水平高，医药产品销售能力强，是世界上最大的医药市场。

2. 医药市场潜力 医药目标市场还应具有较大的发展前景，医药企业具有在该医药市场实现长期获利的前景。医药市场潜力取决于目标市场的人口增长率和经济发展速度。相对于发达国家，发展中国家的医药市场潜力较大。

3. 医药贸易费用 贸易费用关系到营销成本和利润的高低。例如，在其他贸易条件相同的情况下，中日两国的成交机会要远远多于中美两国的成交机会，主要原因在于运输费用的差异。除了需要考虑运输费用外，还应考虑医药市场营销调研费用、保险费用、劳动力成本、税收以及有关劳工制度的规定等。

4. 市场竞争优势 在所选医药目标市场上，与竞争对手相比，医药企业必须有现实或潜在市场竞争优势。医药国际市场的竞争优势，主要体现在医药产品的质量和价格两个方面。

5. 市场风险程度 在国际医药市场营销中，医药企业必须充分考虑市场风险问题。战争、政局、两国关系、自然灾害、意外事故、外汇管制、通货膨胀等都可能造成合同废除、货物丢失、交货延迟甚至没收财产等损失。

医药企业应在市场调研和地理细分的基础上，综合分析以上因素，然后选择宏观国际医药市场，再确定哪些国家和区域为目标市场，并决定为哪些顾客群体服务。

（二）医药国际目标市场的选择战略

医药企业在对细分市场进行评估并确定目标市场后，就应该为各个目标市场选择相应的战略。医药企业一般有三种战略选择，即无差异营销战略、差异营销战略和集中营销战略。

1. 无差异营销战略 即医药企业在市场细分之后，不考虑各子医药市场的差异性，只注重子市场的共性，在所有目标市场上使用相同的医药市场营销组合。

2. 差异营销战略 即医药企业在市场细分的基础上，选择两个或两个以上的子医药市场作为目标市场，并为不同的市场确定不同的医药营销组合策略，以分别满足各个目标医药市场的需求。

3. 集中营销战略 即医药企业集中所有的营销力量，以一个或少数几个需求相似的子医药市场作为目标市场。采取集中营销战略的医药企业，追求的不是在较大的医药产品市场上占有较小的份额，而是在较小的医药市场范围内占有较大份额。

二、医药国际市场进入方式

（一）医药产品出口方式

医药产品出口指在国内生产医药产品，然后通过适当营销渠道销往国际市场的方式。这是一种传统的企业进入医药国际市场的方式。目前这种方式被普遍采用，因为制药企业的生产设施在国内，在国外只需投入市场费用，所以风险较小。医药产品出口又分为直接出口和间接出口两种方式。

1. 直接出口　即医药企业在国外建立自己的分支机构，负责国外市场的营销活动，把医药产品直接销售给国外的消费者。直接出口方式的优点是节省中间环节的费用，能够及时调整生产经营活动，其缺点是投资大，风险大，对企业专业人才要求高。

2. 间接出口　即医药企业将其医药产品卖给国内的专业中间商，由其负责出口。间接出口有三种形式：一是通过国内的外贸企业向国外销售医药产品；二是医药企业委托外贸企业代理出口医药产品；三是通过委托本国其他企业在国外的销售机构代销自己的医药产品。间接出口方式的优点是进入国际市场快、投资少、风险小、灵活性大；其缺点是不能直接了解国际医药市场需求信息，过于依赖中间商，易造成营销管理失控。

（二）医药投资进入方式

医药投资进入方式指医药企业在国外进行投资生产医药产品，并在国际市场销售医药产品的方式。医药投资进入方式主要有独资经营和合资经营两种形式。

1. 独资经营　即医药企业在国外单独投资建立拥有全部产权的制药企业，独立经营，自负盈亏。独资经营的优点是可获得投资国的支持与奖励，能够降低经营成本，能够完全控制自己的投资；其缺点是企业的风险大。

2. 合资经营　即本国医药企业与国外一个或一个以上企业按一定比例共同投资建立医药企业，采取风险共担、利益共享的经营方式。合资经营的优点是政治风险较小，并可能享受较多的优惠，潜在利润高，获取市场信息快；其缺点是投资各方人员管理上难以协调，容易产生矛盾。

（三）合同进入方式

合同进入指医药企业通过与国外企业签订合同来转让技术、服务等无形产品而进入国际市场的方式。合同进入主要包括许可证经营和特许经营两种方式。

1. 许可证经营　即通过签订许可证合同的方式，医药企业在指定的时间、区域内将其专利、工艺、注册商标等工业产权转让给外国法人。受许方应支付一定的使用费，并承担保守秘密等义务；许可方通过无形资产的转移获得转让费或其他形式的报酬。许可证经营的核心就是无形资产使用权的转移，其优点是可以避开目标市场提高关税、实行进口配额等限制，使产品快速进入国际市场，不用承担目标市场国货币贬值、产品竞争和其他政治风险，经营成本较低；其缺点是对被授权企业的控制性差，还可能会培养出国际竞争对手。

2. 特许经营　指国内医药企业将其拥有的商标、商号、产品以及经营模式等，以特许经营合同的形式转让给外国企业使用。特许经营的优势在于特许者不需要承担市场开发的风险；其缺点是双方易产生争议。

（四）以医带药进入方式

以医带药进入方式是我国中药产品进入国际市场的特殊方式。中医与中药是一个有机整体，不可分离。中医药有其独特的理论体系，中药必须由训练有素的中医师辨证运用，方能显示其功效。因此，中药要实现国际化，必须利用中医中药密不可分的特点，通过中医服务国际化带动中药国际化。

第 4 节　医药国际市场营销策略

一、医药国际市场营销产品策略

进入医药国际市场的产品，要使其能较好地满足国际市场的需求。医药产品策略是一个关键性因素，是医药国际市场营销组合策略的核心。

（一）固有医药产品策略

固有医药产品策略指以本医药企业原有的医药产品不加任何变动，直接打入医药国际市场。这一策略的优点是以统一的医药产品和包装组织生产，可以获得规模效益，降低医药产品的生产成本和营销费用；其缺点是医药产品的适应性较低。

（二）医药产品更改策略

医药国际市场的需求与国内市场的需求有很大的不同，医药产品在某些方面需要做出相应的调整，才能适应国际市场的需要。这一策略的做法是一方面保留原医药产品合理的部分，另一方面对某些方面适当地更改，以适应不同国家消费者的具体需要。医药产品更改通常包括外观更改、包装更改、商标更改、服务更改等。

（三）全新医药产品策略

不同国家和地区的消费者的医药需求不完全相同，为了更好地适应医药国际市场的需要，医药企业可开发全新的医药来开拓国际市场。这种产品策略的回报高，风险也很大。此外，由于药品的特殊性，各国政府都对其有严格管制。中药是中华民族的瑰宝，在进入其他国家时不可避免地需要针对各国市场的需求和要求加以调整，以实现中药国际化。

二、医药国际市场营销渠道策略

医药国际市场营销渠道是医药企业国际市场营销整体策略的一个重要组成部分。医药国际市场营销渠道有双重含义：一是指医药产品进入国际市场的渠道；二是指医药产品在境外的销售渠道。

（一）直接渠道与间接渠道策略

1. 直接渠道策略 即医药产品从制药企业到国外消费者手中不经过任何中间商。其具体形式包括：制药企业直接接受国外用户订货；制药企业在本国设立经销部门或在国外设立分支机构，经营自己的医药产品；制药企业将医药产品直接售给国外最终用户。直接渠道策略有利于制药企业及时了解市场变化，直接提供市场服务，也有利于控制价格；其不利之处是会增加制药企业的销售成本。

2. 间接渠道策略 即利用中间商将医药产品销售给国外消费者。中间商包括：出口国的外贸公司、进出口双方的代理商、进口方的经销商、批发商等。间接渠道在医药国际市场营销中被广泛采用，它可以节约医药产品出口的人力、财力、物力和时间，充分发挥中间商的市场渠道作用。间接渠道策略更适合中小型医药企业。

（二）长渠道与短渠道策略

1. 长渠道策略 即医药企业在医药国际市场上选用两个或两个以上层次的中间商营销医药产品的渠道策略。长渠道策略优点是医药产品能够进入更广阔的医药市场空间；其缺点是容易形成医药产品较大的市场存量，并增加销售成本。

2. 短渠道策略 即医药企业在医药国际市场上直接把医药产品销售给国外零售商或用户的渠道策略。短渠道策略的优点是减少中间环节，节约经营成本，增强竞争能力；但是，由于医药产品是特殊商品，这种策略在医药国际市场营销活动中并不常用。

（三）宽渠道与窄渠道策略

1. 宽渠道策略 即医药企业在进入医药国际市场的各个层次、各环节中，尽可能多地选用中间商来销售其医药产品。宽渠道策略的优点是有利于医药产品进入更广阔的国际市场，从而扩大产品的销量；其缺点是医药产品价格不易被控制，部分中间商会削价竞争，会损害企业及产品在医药国际市场上的形象。

2. 窄渠道策略　即医药企业在进入医药国际市场的各个层次、各环节中，给予中间商在一定时期内独家营销其产品的权力。窄渠道策略的优点是有利于鼓励中间商积极开拓国际市场，并依据市场需求控制医药产品销售价格；其缺点是容易使中间商垄断市场。

三、医药国际市场营销定价策略

（一）影响医药国际市场定价的主要因素

1. 医药产品的成本　除医药产品的生产成本之外，还包括关税和其他税收、国际中间商成本、运输费、保险费、营销费等。

2. 国外法律、法规　影响医药产品国际市场定价的国外法律、法规包括关税和非关税壁垒、反倾销法、反垄断法、价格控制法等。

3. 国际医药市场的需求与竞争情况　医药国际市场对某医药产品的需求与竞争状况会直接影响其价格制订。

4. 汇率变动　医药国际市场营销活动中使用的计价货币是可以选择的，在实行浮动汇率的情况下，汇率变动使医药产品价格发生相应变动，会极大地影响医药产品的收益。

（二）医药国际市场营销定价策略

医药国际市场营销定价策略与国内定价策略基本相似，包括心理定价策略、折扣与折让定价策略和地理定价策略等。医药国际市场营销定价策略还应考虑以下特殊定价策略。

1. 统一定价策略　即医药企业在医药国际市场上对同一医药产品采用同一价格的策略。此策略简单易行，但是难以适应医药国际市场的需求差异和竞争变化形势。

2. 多元化定价策略　即医药企业在医药国际市场上对同一医药产品采用不同价格的策略。此策略有利于根据具体医药市场情况灵活机动地制订产品价格，但是很容易形成价格无序竞争，影响医药企业的形象。

3. 控制定价策略　即医药企业对同一医药产品采取适当控制价格的策略。这种策略兼具统一定价与多元定价的优点，既适应了市场变化，又避免了盲目的价格竞争，但也会增加价格管理的成本和难度。

四、医药国际市场促销策略

医药国际市场营销促销策略主要包括广告、人员推销、销售促进以及公共关系的综合运用。其基本手段与国内营销相同，这里结合医药国际市场促销特点作简单介绍。

（一）广告

由于各个国家的政治体制，经济发展水平，医药广告法律、法规和民族文化习惯不同，各国政府和民众对广告的态度也有差别。因此，医药国际市场促销广告要因地制宜。目前，许多医药企业常常会通过商品交易会、国外展览会以及国外某些传媒、报刊来做医药广告。其中，国际博览会是一种很好的促销方式，可以将医药产品介绍到国际市场，合法开展交易活动。

（二）人员推销

组建一支高效的医药国际市场营销队伍，是一种传统却非常有效的推销方式。跨国制药企业一般采取本土化策略，即在当地选聘优秀人才组建营销队伍。如美国辉瑞公司在中国每年从高校招聘大量的优秀医药专业的毕业生，通过严格考试和培训后成为医药代表，承担促销工作。

（三）营业推广

医药国际市场营销中营业推广的形式和内容与国内医药营销基本相似，只是推广形式要与所在国的法律或文化习俗相适应。跨国制药企业一般采取学术推广策略，即通过大量的学术会议直接面向医师推介医药产品，培育学术领袖，带动产品销售。

（四）公共关系

在医药国际市场营销中，恰当地运用公共关系十分重要。医药企业利用各种机会，把对企业有利的具有新闻价值的信息传播出去，吸引国际消费者对本企业及其医药产品的注意和了解，在国际市场树立企业和产品的良好形象，增加公众对本企业的认同感。

五、我国医药国际市场营销的现状与发展策略

（一）我国医药国际市场营销的现状

1. 我国医药出口持续快速增长 2010年，出口总额达到397亿美元，“十一五”期间，年均增长23.5%。我国作为世界最大化学原料药出口国的地位得到进一步巩固，抗生素、维生素、解热镇痛药等传统优势品种市场份额进一步扩大，他汀类、普利类、沙坦类等特色原料药已成为新的出口优势产品，具有国际市场主导权的品种日益增多。监护仪、超声诊断设备、一次性医疗用品等医疗器械出口额稳步增长。制剂面向发达国家出口取得突破，“十一五”期间通过欧美质量体系认证的制剂企业从4个增加到24个。境外投资开始起步，一批国内企业在境外投资设立了研发中心或生产基地。

2. 我国制药企业综合实力较弱 在医药国际市场营销中，规模是竞争的核心要素之一。目前我国最大的制药企业规模还不到国际大型医药企业规模的5%。虽然部分制药企业通过兼并重组扩大了规模，但产业集中度仍不高。我国医药工业前10强占全国医药工业总产值的比例为11.5%，而美国前10强的集中度达51%。我国医药产业在全球市场竞争中并没有真正进入主流市场。最突出的问题是大部分医药企业的质量管理体系还没有与国际接轨，我国获得FDA国际认证的企业和品种数量不多，相当多的药品还没有拿到进入国际主流药品市场的通行证。

3. 医药产品出口结构不合理 我国药品出口超过90%是原料药，以资源成本和环境成本都较高的化学原料药、中药材为主。虽然化学原料药的出口仅次于世界第一制药大国美国，但大部分药品档次明显低于国际水平，没有竞争力。制剂出口额所占的比重很小，仅占药品出口总金额的9%左右。中药出口75%靠原材料，科技含量不高，技术工艺落后，附加值低，中成药的出口也难与日本、韩国相抗衡。

4. 中药国际化面临障碍 我国中药的标准化和规范化是中药产品走向国际市场的重要障碍。目前中药在种植、加工、仓储、运输等过程中，存在严重的质量问题，尤其是中药的重金属和农药残留物超标的问题较为严重。目前我国大量中药产品在美国只能在华人超市和诊所流通，没有进入国际主流社会。

（二）我国医药国际市场营销发展策略

1. 营造医药国际营销环境 积极开展医药产品国际注册和生产质量管理体系的国际认证，推动EHS管理体系及其他各项标准与国际接轨，为开拓国际市场创造条件。支持有条件的医药企业“走出去”，鼓励拥有自主知识产权企业在国外同步开展临床研究，支持企业在境外投资设厂和建立研发中心。

2. 优化出口医药产品结构 统筹开发新兴医药市场和发达国家市场，加快转变出口增长方式。进一步巩固大宗原料药的国际竞争优势，提高特色原料药出口比重。依托化学原料药优势积极承接境外制剂外包业务，扩大制剂出口。不断增加生物技术药物和疫苗出口，努力扩大中成药和天然药物的国际市场销售，提高医疗器械出口产品附加值，逐步减少高耗能、高污染产品的出口。

3. 提高出口医药产品质量 参照国际标准，采用先进的检验、检测技术和方法，建立完善化学药品、生物技术药品的质量标准体系，形成与国际统一的质量标准；提高和完善中药材、中药饮片和中成药的质量和临床疗效，形成具有中医药特色、国际认可的中药质量标准体系；鼓励医药企业兼并重组，提高医药产业的集中度，促进医药行业结构调整。

4. 培育医药国际营销人才 医药国际市场营销人才是关键。要通过政府、高校、企业联动合作，大力培育一大批懂医药专业、懂外国语言、懂国际市场运营的复合型人才，全面提升医药国际市场营销队伍的层次。

5. 创新医药国际营销模式 医药企业要深入调研医药国际市场，了解市场需求，熟悉医药国际市场营销规则，根据目标市场的具体情况，研究医药产品进入国际市场的策略，实现产品、信息、人才、渠道等各种资源的优化整合、配置和共享，通过创新营销思维，形成一种高效、便捷、共赢的营销模式。

案例学习

案例17-1 华北制药集团有限责任公司安灭菌进军国际市场

经过一年多的努力，华北制药集团有限责任公司（以下简称华北制药）安灭菌近期顺利通过国际制药巨头葛兰素史克公司的审核，成为其合格供货商。这一合作的达成，标志着华北制药安灭菌进军国际市场迈出了坚实的一步，将对华北制药转型升级起到积极推动作用。葛兰素史克公司是国际顶级制药巨头，阿莫西林克拉维酸钾是该公司的战略产品，其低毒高效的特性牢牢占领国际医药市场，年销售收入超 20 亿美元。2011 年，华北制药和葛兰素史克公司签订了战略合作协议，正式启动合作推进安灭菌制剂生产供应商资格审核。华北制药集团制药总厂为此专门成立了项目团队，开展了一系列卓有成效的工作。历经一年多的艰辛付出，2012 年 9 月，葛兰素史克公司经过审核正式批准华北制药成为安灭菌合格供货商。华北制药安灭菌承载着企业转型升级的重任，是华北制药向国际化转型的新引擎。与国际制药巨头的合作，不仅仅是现场和标准的对接与提升，更关键的是理念和管理由优秀到卓越的跃进，是华北制药制剂走向国际化的又一个里程碑。

资料来源：王利彦根据相关资料编写。

问题：试结合本案例学习华北制药开拓国际市场的成功经验。

案例17-2 甘肃天水岐黄药业有限责任公司探询劳克结核丸的国际市场潜力

甘肃天水岐黄药业有限责任公司始建于 1958 年，至今已有 55 年的药品生产经营历史，2004 年顺利通过澳大利亚 TGA-GMP 认证。公司位于素有西北“小江南”之美称、享有“羲皇故里”之殊荣的历史文化名城甘肃省天水市，是甘肃省陇药产业化重点生产企业。2012 年 10 月，经过股权改革与重组，在完善法人治理结构上迈出了坚实的步伐，成为产权清晰、权责明确、管理科学、机制灵活的现代企业。劳克结核丸（浓缩丸）是公司研发的具有自主知识产权的独家产品，是治疗结核病的特效中成药。非洲地区是结核病的高发区，为了探询劳克结核丸在非洲地区的市场前景，2013 年 1 月，公司决定通过甘肃省红十字协会免费提供四十件劳克结核丸，随甘肃省卫生厅援非医疗队捐赠给结核病高发的非洲地区，为非洲人民防病、治病做贡献。公司将通过援非医疗队医务人员密切关注和观察劳克结核丸的临床效果，为今后开拓非洲地区医药市场，造福非洲人民做好市场前期准备工作。

资料来源：罗臻根据甘肃天水岐黄药业有限责任公司提供的资料编写。

问题：试结合本案例思考劳克结核丸探询国际市场的方式、方法。

思　考　题

1. 简述医药国际市场营销的概念、特点和作用。
2. 简述医药国际市场营销环境分析的内容。
3. 简述医药进入国际市场的方式。
4. 论述医药国际市场营销策略。
5. 了解我国医药国际市场营销的现状与发展策略。

（王利彦　张文君）

参考文献

陈碧琼，2010. 消费者行为学 [M]. 重庆：重庆大学出版社.

陈玉文，2007. 药店服务营销 [M]. 北京：中国医药科技出版社.

成昕，2008. 试述产品生命周期的营销策略管理 [J]. 中国集团经济，16：97.

代航，李从选，罗毅，等，2008. 药店营销 [M]. 上海：上海交通大学出版社.

菲利普·科特勒，凯文·莱恩·凯勒，2012. 营销管理 [M]. 王永贵，译. 14 版. 上海. 上海人民出版社.

冯国忠，2007. 医药市场营销学 [M]. 2 版. 北京：中国医药科技出版社.

付华平，杨金凤，2010. 医药市场营销与实务 [M]. 北京. 人民卫生出版社.

顾海，2006. 医药市场营销学 [M]. 北京：人民卫生出版社.

郭国庆，2009. 市场营销学通论 [M]. 4 版. 北京：中国人民大学出版社.

侯胜田，2006. 药店营销管理 [M]. 北京：化学工业出版社.

侯胜田，2009. 医药市场营销学 [M]. 北京：中国医药科技出版社.

胡怀邦，2006. 物流管理学 [M]. 广州：中山大学出版社.

贾新政，2006. 现代市场营销学 [M]. 长春：吉林大学出版社.

吕一林，陶晓波，杨立宇，2011. 市场营销学 [M]. 北京：中国人民大学出版社.

罗臻，2007. 药店选址理论与实践 [J]. 中国药房，18 (19)：1518.

彭智海，2005. 医药市场营销学 [M]. 北京：科学出版社.

宋远方，宋华，2005. 医药物流与医疗供应链管理 [M]. 北京：北京大学医学出版社.

汤少梁，2007. 医药市场营销学 [M]. 北京：科学出版社.

王宪庆，谢峰，贺君，2010. 零售药店药品陈列不当原因分析及对策 [J]. 中国医药指南，8：32.

吴健安，2014. 市场营销学 [M]. 5 版. 北京：高等教育出版社.

吴泗宗，2011. 市场营销学 [M]. 3 版. 北京：清华大学出版社.

邢花，2011. 医药市场营销学 [M]. 上海：上海科学技术出版社.

严振，2004. 药品市场营销学 [M]. 北京：化学工业出版社.

叶怀珍，2006. 现代物流学 [M]. 北京：高等教育出版社.

张立明，罗臻，2011. 药事管理学 [M]. 北京：清华大学出版社.

张丽，胡天佑，2010. 产品生命周期理论与处方药促销推广策略 [J]. 中国药业，19 (20)：16.

张其成，2017. 中医文化学 [M]. 北京：人民卫生出版社.

张钦德，2005. 药品经营与管理 [M]. 北京：人民卫生出版社.

张欣瑞，尚会英，刘莉，等，2005. 市场营销管理 [M]. 北京：清华大学出版社.

DELL H，DAVID L，MOTHERBAUGH C，2011. 消费者行为学 [M]. 符国群，吴振阳，译. 11 版. 北京：机械工业出版社.

LEON G S，LESLIE L K，JOSEPH W，2011. 消费者行为学 [M]. 江林，译. 10 版. 北京：中国人民大学出版社.

PHILIP K，GARY A，SWEE H A，et al，2010. 市场营销原理 [M]. 亚洲版. 北京：机械工业出版社.